파이썬으로 배우는 엔지니어링

일반공학부터 음성·영상·인공지능까지

허 원 지음

국립공주대학교출판부

머리말

현대 사회에서 파이썬은 단순한 프로그래밍 언어를 넘어, 다양한 분야에서 혁신을 이끄는 핵심 도구로 자리 잡았습니다. 이 책은 파이썬의 기본부터 고급 응용까지, 쉽게 파이썬을 배우고 활용할 수 있는 방법을 제시합니다. 이 책은 원래 공대 학생들의 대학 교과목으로 20 여년에 걸쳐 실제적인 공학 문제들을 코딩을 활용하여 이해하고 해결할 수 있는 역량을 배양하기 위해 옥타브를 활용하여 진행되던 내용을 파이썬으로 업그레이드하고 멀티미디어에 대한 부분을 보완하여 완성한 것입니다. 따라서 첫 번째 장에서는 파이썬에 대한 기초가 있건 없건 간에 간단하게 파이썬 코딩의 개요에 대해서 설명 했습니다.

두 번째 장에서는 파이썬을 활용하여 엔지니어링 문제를 해결하는 방법을 집중적으로 다룹니다. 연립 방정식 해결, 정현파 해석, 푸리에 급수, 주파수 필터, 컨볼루션, 보드선도, 라플라스 변환, 미분방정식 해결 등의 엔지니어링적 문제에 파이썬을 적용하여 실제 구현 코드들을 제공합니다. 이를 통해 독자들은 엔지니어링 문제 해결에 파이썬을 효과적으로 사용하는 방법을 배울 수 있습니다.

특히 주목할 만한 것은 3장에서 다루는 '파이썬을 이용한 음성 및 영상 처리 솔루션'입니다. 이 장에서는 멀티미디어 데이터 처리와 인공지능의 접목을 통해 음성 인식, 실시간 립싱크 변환, 이미지 인식, 영상 편집, DeepFake 기술 등을 포괄적으로 다루며, 현대 기술의 최전선에 서 있는 파이썬의 응용 방법을 세세하게 소개합니다. 이를 통해 독자들은 인공지능과 멀티미디어 처리 분야에서 파이썬이 어떻게 활용되는지 이해할 수 있게 됩니다.

이 책은 기본적인 파이썬 학습부터 실제 엔지니어링 문제 해결, 최신 음성 및 영상 처리 기술에 이르기까지, 파이썬의 다양한 활용법을 다루고 있습니다. 독자들은 파이썬의 기본을 배우고, 이를 실제 문제 해결에 적용해 보며, 끊임없이 변화하는 기술의 세계에서 파이썬이 어떻게 중요한 역할을 하는지 이해할 수 있을 것입니다. 역설적으로 이 책의 저자는 능숙한 파이썬 프로그래머가 아닙니다. (파이썬 코딩에 관한 질문은 사양하겠습니다~^^) 이 책은 파이썬을 이용하여 다양한 엔지니어링 문제를 어떻게 해결할 수 있는지에 대한 지식과 영감을 제공할 것이며, 내용 중에 제시한 chatGPT 활용 팁을 통하여 문제 해결을 위한 파이썬 코드의 본질적인 기능에 집중할 수 있도록 하였습니다. 더불어 첫페이지에 있는 마인드맵의 단축주소/QR코드를 사용하여 코드 및 보조 설명 등의 참고 자료를 잘 사용하기 바랍니다.

2023년 12월

허원 씀

차 례

제 1 장 파이썬 배우기 ················· 11

1.1 편리한 파이썬 ················· 11

1.2 파이썬의 설치: 주피터 랩과 코랩의 활용 ················· 12
 1.2.1 주피터 랩 / 13
 1.2.2 구글 코랩(Google Colab) / 16

1.3 파이썬의 실행 ················· 18
 1.3.1 파이썬의 출력, 버전 확인, 들여쓰기 / 21
 1.3.2 파이썬의 변수 선언, 문자열 / 22
 1.3.3 파이썬 데이터 구조: 리스트, 튜플, 집합, 딕셔너리 / 27
 1.3.4 파이썬의 반복문과 제어문 / 48
 1.3.5 파이썬의 함수와 형(type) / 52
 1.3.6 파이썬에서 파일 다루기 / 57
 1.3.7 파이썬에서 수식/그래프 / 62

제 2 장 파이썬 엔지니어링 솔루션 ················· 89

2.1 연립 방정식 풀기 ················· 90
 2.1.1 마디 해석법 / 91
 2.1.2 망로 해석법 / 93

2.2 정현파의 해석 ················· 97
 2.2.1 적분하기 / 98
 2.2.2 정현파의 평균값, 실효값 / 102
 2.2.3 전력 구하기 / 108

2.3 페이저의 해석 ·· 112
2.3.1 오일러 공식과 페이저 / 112
2.3.2 임피던스와 RLC 회로 / 117
2.3.3 지오지브라(GeoGebra)를 이용하기 / 124

2.4 퓨리에 급수 ·· 126
2.4.1 퓨리에 급수 그래프 그리기 / 126
2.4.2 퓨리에 급수로 구형파 만들기 / 127
2.4.3 퓨리에 급수로 삼각파 만들기 / 131

2.5 퓨리에 변환 ·· 134
2.5.1 데이터값의 퓨리에 변환 / 136
2.5.2 퓨리에 변환의 쌍대성 / 143
2.5.3 퓨리에 변환을 이용한 소리 분석 / 146

2.6 주파수 필터 ·· 152
2.6.1 저역 통과 필터 / 152
2.6.2 고역통과필터 / 158
2.6.3 대역통과(RLC 밴드패스) / 162

2.7 컨볼루션과 라플라스 ·· 166
2.7.1 컨볼루션 / 166
2.7.2 라플라스 변환의 의미 / 179
2.7.3 라플라스 변환의 활용 / 180

2.8 미분방정식과 벡터 미적분 ·· 190
2.8.1 미분방정식과 풀이 / 191
2.8.2 벡터 미적분과 풀이 / 210

2.9 확률 통계의 활용 ·· 227
2.9.1 기술 통계 / 228
2.9.2 확률 분포 / 232
2.9.3 추론 통계의 원리 / 237
2.9.4 데이터 분석 기술 / 241

제 3 장 파이썬을 이용한 음성 및 영상 처리 솔루션 ······ 245

3.1 인공지능 기술의 이해와 음성 인식 처리 ···················· 246
    3.1.1 음성 인식과 처리 / 256
    3.1.2 Whisper 음성 인식 라이브러리 / 257

3.2 이미지 인식과 처리 ·· 259
    3.2.1 이미지 해상도 개선 / 260
    3.2.2 이미지 잡음 제거 / 264
    3.2.3 이미지배경 제거 / 268
    3.2.4 만화처럼 만들기 / 272

3.3 영상 인식과 처리 ·· 276
    3.3.1 영상 데이터의 특성 이해 / 276
    3.3.2 페이스 모핑 기술 / 277
    3.3.3 영상 잡음 및 무음 제거 / 284
    3.3.4 Wav2Lip을 사용한 립싱크 / 303
    3.3.5 MakeItTalk을 통한 음성 애니메이션 / 307
    3.3.6 기타 DeepFake 기술 / 313

3.4 멀티미디어 데이터와 작업 도구 ································ 318
    3.4.1 Audacity를 이용한 음성 처리 / 318
    3.4.2 이미지 처리 도구(Gimp) / 321
    3.4.3 영상편집 도구(OpenShot, OBS) / 324
    3.4.4 가상 캐릭터 제작 도구(Lens Studio) / 328

3.5 멀티미디어 프로젝트 활용 사례 ································ 331

파이썬으로 배우는 엔지니어링 파이썬 배우기

1.1. 편리한 파이썬
- Python cheatsheet
  - https://www.cs.put.poznan.pl/csobaniec/softw
  - https://quickref.me/python.html →
  - python cheat sheet
- 파이썬 위키 페이지

1.2. 파이썬의 설치: 주피터 랩과 구글 코랩의 활용
1.2.1 주피터 랩
- (1) 주피터 설치 방법
- (2) 주피터 사용법
1.2.2 구글 코랩 (Google Colab)
- (1) 구글 코랩의 특징
- (2) 구글 코랩 사용법

1.3 파이썬 실행
1.3.1 파이썬의 출력, 변수 확인, 들여쓰기
- print, 변수, 주석 (리스트 자료형을 반복문과 제어문, 함수와 클래스 파이썬 (추가페이지)
1.3.2 파이썬의 연산자 산술, 문자열
1.3.3 파이썬에서의 데이터 구조: 리스트, 튜플, 집합, 딕셔너리
- (1) 리스트
- (2) 튜플
- (3) 세트 (Set)
- (4) 딕셔너리

1.3.4 파이썬 코드의 구조와 흐름 제어
1.3.5 파이썬 함수와 형 (type)

1.3.6 파이썬에서 파일 다루기
1.3.7 파이썬에서 수식/그래프
- 파이썬에서의 수식/그래프 (추가페이지)

다음 챕터
- 3. 파이썬을 이용한 영상 및 영상 처리 솔루션
- 2. 파이썬 엔지니어링 솔루션
- tempSystemModeling
- 시스템 모델링
  - 시스템 모델링 2부
- Control (제어공학)

참고자료
- ChatGPT Python
- okm.vn/s/dQQz

제1장 파이썬 배우기

"먼저, 첫페이지에 있는 마인드맵의 단축주소/QR코드를 사용하여 코드 및 보조 설명 등의 참고 자료를 잘 사용하기 바랍니다."

1.1 편리한 파이썬

그림 1.1.1 ChatGPT를 이용한 파이썬 학습

파이썬은 프로그래밍 세계에서 중요한 위치를 차지하고 있습니다. 이 언어의 다재다능함은 여러 분야에서의 활용을 가능하게 합니다. 이 책은 독자들이 파이썬을 배워 실무 엔지니어링 분야에서 맡은 바 역량을 발휘하는 데 도움을 줄 것 입니다.

1990년대 초반 Guido van Rossum에 의해 개발된 파이썬은 간결하고 읽기 쉬운 문법, 강력한 표준 라이브러리, 크로스 플랫폼 호환성을 자랑합니다. 또한, 거대한 커뮤니티 지원 덕분에 지속해서 발전하고 있습니다.

파이썬은 다른 언어로 개발된 프로그램의 라이브러리를 확장하여 연계 사용이 편리한 프로그래밍 언어입니다. 예를 들어, C, C++, Java, R과 같은 언어로 작성된 라이브러리를 파이썬에서 쉽게 활용할 수 있습니다. SciPy, NumPy, TensorFlow, PyTorch와 같은 라이브러리는 파이썬에서 수학, 과학 계산 및 딥러닝을 위해 널리 사용됩니다.

파이썬은 오픈소스 프로젝트로서, 라이선스 비용 없이 사용할 수 있습니다. 무엇보다도, 수많은 개발자와 커뮤니티의 지원을 받으며, 이를 통해 항상 최신 기술과 흐름에 발맞추고 있습니다.

이 책은 혁신적인 파이썬 학습 및 활용 방법을 제시합니다. 그림 1.1.1에서 보인 바와 같이 인공지능 모델인 ChatGPT를 같이 활용하여 파이썬 코드를 생성하고 활용할 것입니다. 파이썬과 chatGPT라는 두 거인의 어깨를 잡고, 이를 이용하여 독자들은 원하는 코드를 빠르게 생성하고, 이해하고, 실행할 수 있으며, 파이썬 프로그래밍을 신속하게 습득할 수 있습니다. 이 책의 저자도 숙달된 파이썬 프로그래머가 아닙니다. 이 책에서는 ChatGPT와 같은 도구를 활용하여 파이썬 코드를 작성하는 방법을 배우고 이를 공유하고자 합니다. 이러한 방법으로 처음 파이썬을 접하는 이들도 쉽게 프로그래밍을 시작할 수 있을 것입니다.

1.2 파이썬의 설치: 주피터 랩과 코랩의 활용

그림 1.2.1 구글 코랩과 주피터 랩의 사용

이 책에서는 주피터 랩(Jupyter Lab)과 구글 코랩(Google Colab)을 주요 개발 환경으로 활용합니다. 이러한 선택은 독자들이 필요에 따라 다양한 개발 환경을 유연하게 사용할 수 있도록 하기 위함입니다. 두 환경 모두 무료로 사용 가능하며, 코랩은 필요에 따라 유료 버전으로 활용할 수 있습니다.

주피터 랩은 로컬 환경에서 작동하며, 코드 실행과 실험 중에 상호작용적인 디버깅과 시각화를 제공합니다. 이 환경은 다양한 프로그래밍 언어를 지원하고, 여러 확장 기능을 통해 사용자 경험을 향상할 수 있습니다.

반면, 구글 코랩은 클라우드 기반으로, 어디서나 접근할 수 있습니다. 무료 GPU 또는 TPU 자원을 제공하여 딥러닝 모델 학습과 연구에 이상적입니다. 노트북을 구글 드라이브와 연동하여 저장하고 공유할 수 있으며, 다양한 프리미엄 라이브러리가 사전 설치되어 있어 바로 작업을 시작할 수 있습니다. 특히, 인공지능 관련 라이브러리 사용 시, GPU 자원을 활용하여 효율적으로 코드를 실행할 수 있습니다. 주피터 랩과 구글 코랩의 선택적 사용을 통해, 독자들은 각 환경의 장점을 활용하여 파이썬 프로그래밍을 더욱 효과적으로 학습할 수 있습니다.

1.2.1 주피터 랩

주피터 랩의 특징은 다음과 같이 설명할 수 있습니다.

- 상호작용하는 환경: 주피터 랩은 코드를 셀 단위로 실행할 수 있어, 즉각적인 코드 실행과 결과 확인이 가능합니다. 이는 데이터 분석과 실험 중에 효과적인 디버깅과 시각화를 지원합니다.
- 다양한 언어 지원: 주피터 랩은 파이썬 외에도 다양한 프로그래밍 언어를 지원합니다. 하나의 노트북 내에서 여러 언어를 혼합하여 사용할 수 있습니다.
- 풍부한 확장 기능: 주피터 랩은 다양한 플러그인과 확장 기능을 통해 사용자의 필요에 맞게 확장 및 개인화가 가능합니다.
- 로컬 설치: 주피터 랩은 사용자의 로컬 컴퓨터에 설치할 수 있어, 민감한 데이터의 로컬 처리나 오프라인 작업이 가능합니다.

(1) 주피터 랩 설치 방법

Anaconda를 https://www.anaconda.com/download#Downloads 에서 내려받습니다. Anaconda에는 주피터 랩이 포함되어 있어 별도의 설치가 필요하지 않습니다.

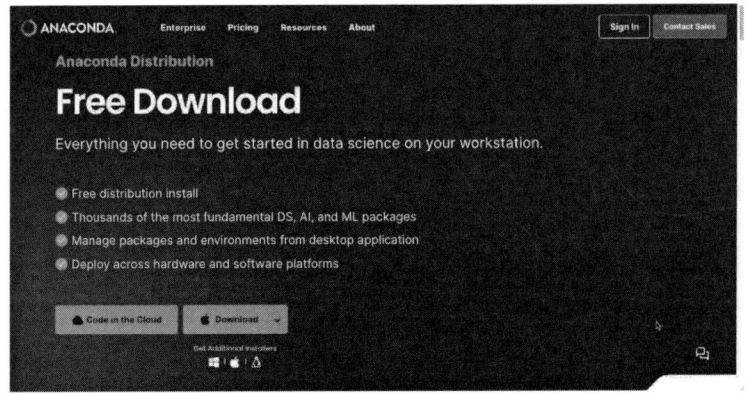

그림 1.2.2 아나콘다 다운로드 화면

Anaconda를 설치하면 주피터 랩이 자동으로 포함됩니다. 다음의 화면을 참고하여 설치하도록 합니다.

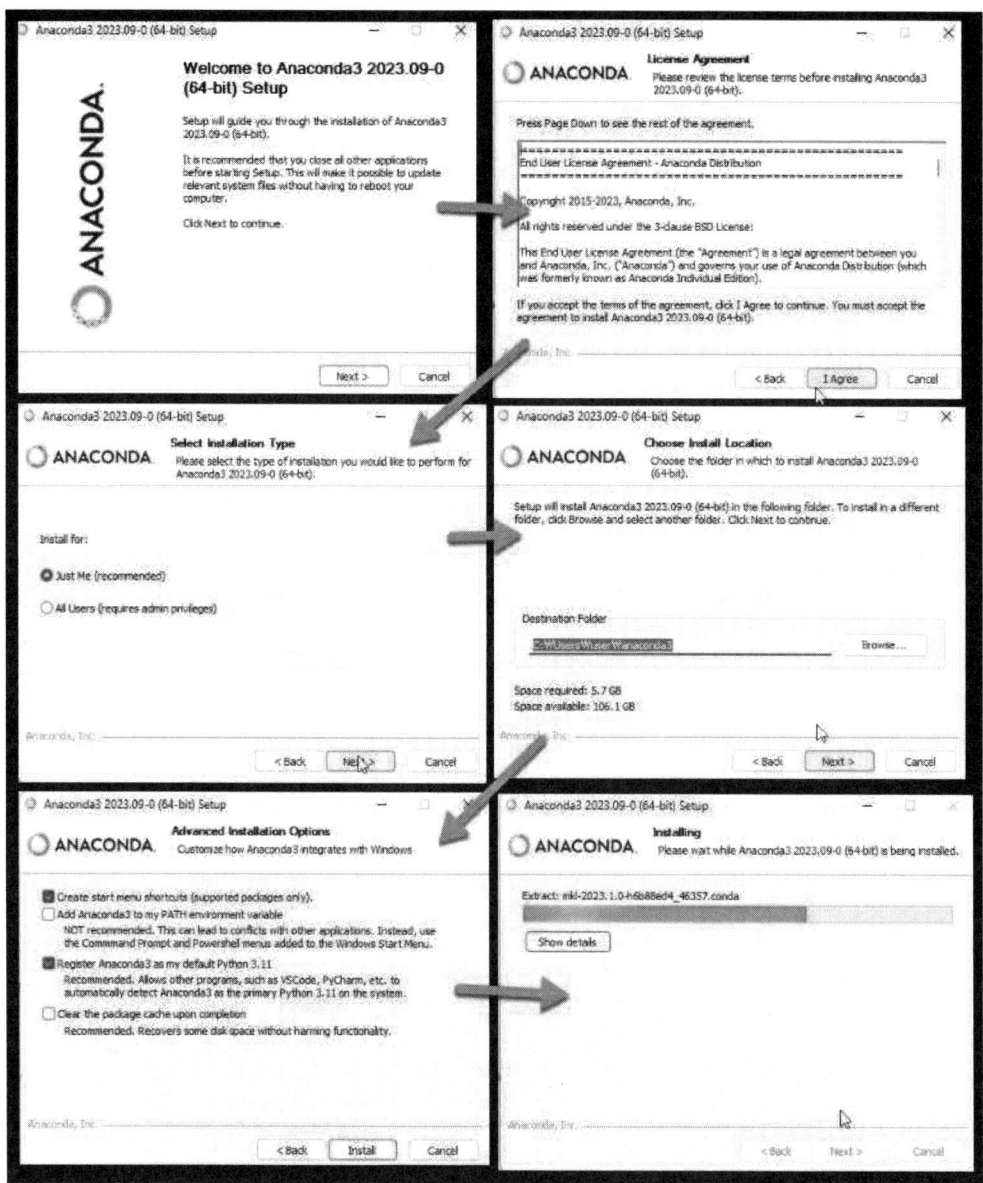

그림 1.2.3 아나콘다 설치 방법

(2) 주피터 랩 사용법

셀에 파이썬 코드를 입력하고 상단의 실행 버튼(삼각형 모양)을 눌러 프로그램을 실행합니다. 실행 결과는 바로 셀 아래에 나타납니다.

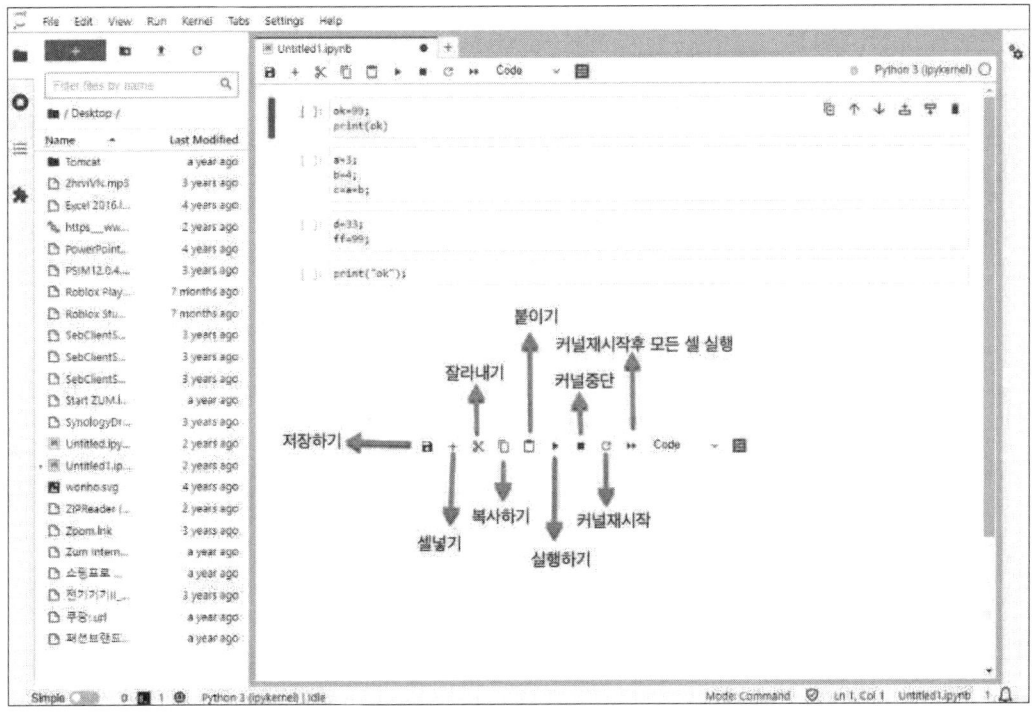

그림 1.2.4 주피터 랩의 메뉴 설명

- 파일 메뉴 옵션: 새 노트북 생성, 노트북 저장 및 열기, 탭 닫기, 콘솔 열기 등의 다양한 옵션이 제공됩니다.
- 편집 메뉴 옵션: 셀 잘라내기, 복사, 붙여넣기, 셀 삭제 및 병합, 출력 지우기 등의 편집 기능을 제공합니다.
- 보기 메뉴 옵션: 명령 팔레트 활성화, 인터페이스 변경, 상태 표시줄 표시, 줄 번호 표시 등의 보기 옵션이 제공됩니다.
- 설정 메뉴 옵션: 테마 변경, 언어 설정, 자동 저장 설정, 확장 관리자 활성화 등의 설정 옵션이 제공됩니다.
- 주피터 랩은 사용자 친화적인 인터페이스와 다양한 기능을 제공하여 파이썬 프로그래밍 학습에 이상적인 환경을 제공합니다.

1.2.2 구글 코랩(Google Colab)

(1) 구글 코랩의 특징

- 클라우드 기반: 구글 코랩은 클라우드에서 호스팅 되며, 별도의 설치가 필요 없습니다. 웹 브라우저를 통해 어디서든 접근할 수 있습니다. 그림 1.2.5와 같이 구글 드라이브에서 왼쪽 상단의 "New>More>Google Laboratory"를 접속하여 곧바로 사용할 수 있습니다.

- GPU 또는 TPU 지원: 코랩은 무료로 GPU 또는 TPU 자원을 제공합니다. 이는 딥러닝 모델 학습 및 연구에 매우 유용합니다.

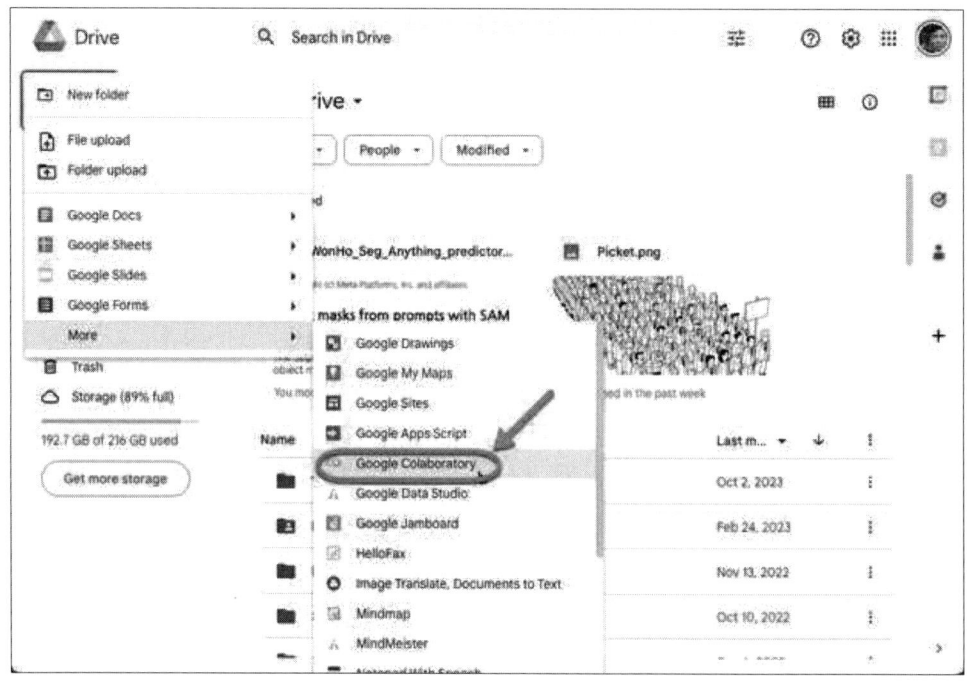

그림 1.2.5 구글 코랩의 접근 법

- 공유 및 협업: 노트북은 구글 드라이브와 연동되어 저장 및 공유를 할 수 있으며, 다른 사용자와의 협업이 쉽습니다.

- 프리미엄 라이브러리: 코랩은 데이터 사이언스 및 기계 학습을 위한 다양한 라이브러리를 사전 설치하여 제공합니다, 이를 통해 작업을 신속하게 시작할 수 있습니다.

(2) 구글 코랩 사용법

코랩 접속 및 노트북 생성: 구글 계정으로 로그인한 후 구글 코랩 웹 페이지에 접속합니다. "새 노트북 만들기"를 선택하여 새 코랩 노트북을 생성할 수 있습니다.

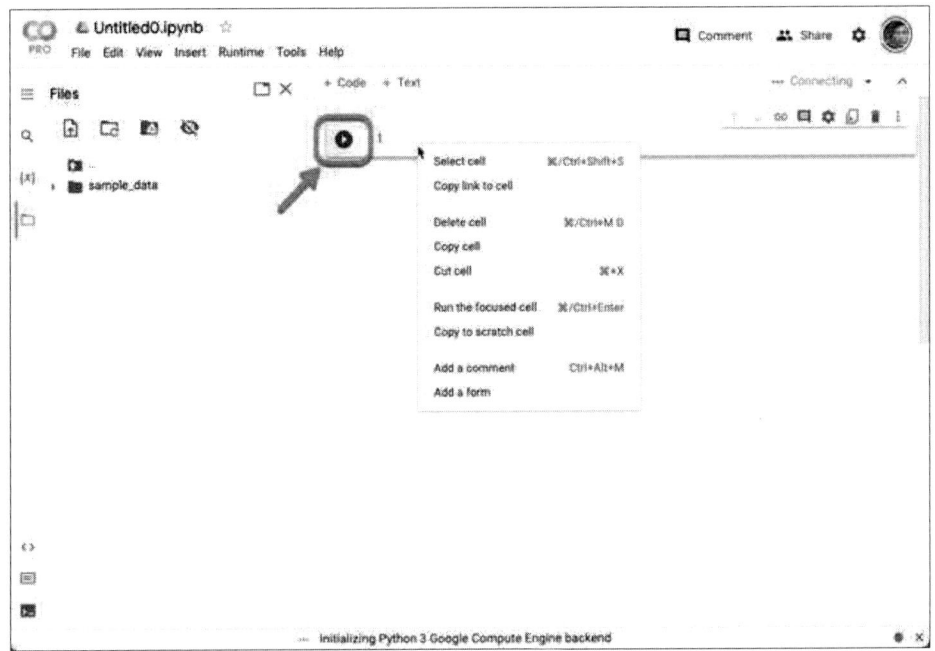

그림 1.2.6 구글 코랩의 실행 방법

- 코드 작성 및 실행: 코드 셀에 파이썬 코드를 작성하고 실행합니다. GPU 또는 TPU 가속을 사용하려면 그림 1.2.6에서와 같은 화면에서 "런타임" 〉 "런타임 유형 변경"을 통해 설정할 수 있습니다.
- 노트북 저장 및 공유: 노트북은 구글 드라이브에 저장할 수 있으며, "공유" 버튼을 통해 다른 사용자와 공유할 수 있습니다.
- 구글 코랩은 클라우드 기반의 편리한 환경에서 파이썬 프로그래밍과 딥러닝 모델 개발을 진행할 수 있는 이상적인 온라인 플랫폼입니다.

1.3 파이썬의 실행

파이썬은 다른 프로그래밍 언어와 비교할 때 몇 가지 독특한 특징과 차이점이 있습니다. 이러한 차이점은 파이썬의 설계 원칙과 언어 특성에서 비롯됩니다. 몇 가지 주요한 차이점은 다음과 같습니다:

- 인터프리터 언어: 파이썬은 대부분의 코드를 직접 실행하는 인터프리터 언어입니다. 이로 인해 컴파일 단계가 없어서 코드 작성 및 실행이 빠르고 간단하다는 장점이 있습니다.

- 동적 형 정의: 파이썬은 변수의 데이터 유형을 명시적으로 선언하지 않아도 됩니다. 이것은 코드 작성을 단순화하고 유연성을 제공하지만 때로는 버그 발생 가능성을 높일 수 있습니다.

- 들여쓰기: 파이썬은 코드 블록을 구분하기 위해 들여쓰기를 사용합니다. 이는 가독성을 높이고 일관성을 유지하는 데 도움이 되지만, 들여쓰기 오류가 발생할 수 있습니다.

- 객체 지향: 파이썬은 객체 지향 프로그래밍을 지원하며 모든 것이 객체로 취급됩니다. 이것은 모듈화 및 코드 재사용을 강조하는 데 도움이 됩니다.

- 가비지 컬렉션: 파이썬은 메모리 관리를 자동으로 처리하는 가비지 컬렉션 시스템을 가지고 있습니다. 이것은 개발자가 메모리 할당과 해제를 직접 다룰 필요가 없다는 장점을 제공합니다.

- 다중 패러다임: 파이썬은 다중 프로그래밍 패러다임을 지원합니다. 이것은 객체 지향, 절차 지향, 함수형 프로그래밍 등 다양한 스타일로 코드를 작성할 수 있음을 의미합니다.

- 라이브러리 생태계: 파이썬은 풍부한 표준 라이브러리와 다양한 외부 패키지를 활용 데이터 분석, 웹 개발, 인공지능 등 다양한 분야에서 사용할 수 있습니다.

- 글로벌 인터프리터 잠금 (GIL): CPython (파이썬의 기본 구현)에서는 GIL이라는 글로벌 인터프리터 잠금 기능이 있어서 멀티스레딩 프로그래밍이 싱글 코어에서 실행되는 것처럼 동작할 수 있습니다. 이로 인해 멀티스레딩의 병렬성이 제한될 수 있습니다.

- 코드 가독성: 파이썬은 명시적인 코드 가독성을 강조합니다. 이로 인해 코드가 읽기 쉽고 유지보수하기 쉽게 작성되는 경향이 있습니다.

그림 1.3.1 파이썬 프로그램의 장점

    chatGPT를 파이썬을 배우는 데 활용하는 것도 매우 좋은 방법입니다. 이미 다른 프로그램을 배운 경험이 있다면, 다른 프로그램에서 상응하는 기능을 chatGPT에게 물어보거나 프로그램 문법의 작동 개념에 대한 부분을 chatGPT에게 물어봄으로써 파이썬을 더 쉽고 빠르게 배울 수 있습니다.

    예를 들어, 파이썬의 입출력 방식이 궁금하다면 다음과 같은 질문을 chatGPT에게 해 볼 수 있습니다.

> **chatGPT 프롬프트**
>
> 파이썬에서는 입력 출력이 어떻게 되지? 두 개의 수를 입력받아 더한 값을 출력하는 프로그램을 작성해 주세요.

제1장 파이썬 배우기 _19

> **chatGPT 응답**
>
> 파이썬에서 입력은 input() 함수를 사용하여 받고, 출력은 print() 함수를 사용하여 처리합니다. 아래는 두 개의 수를 입력받아 더한 값을 출력하는 간단한 파이썬 프로그램의 예제입니다:
>
> **소스 코드**
> ```python
> # 사용자로부터 두 개의 수를 입력받음
> num1 = input("첫 번째 수를 입력하세요: ")
> num2 = input("두 번째 수를 입력하세요: ")
>
> # 입력은 문자열로 받기 때문에 숫자로 변환해야 함
> num1 = float(num1)
> num2 = float(num2)
>
> # 두 수를 더함
> result = num1 + num2
>
> # 결과를 출력
> print("두 수의 합은:", result)
> ```
>
> 이 코드에서 input() 함수를 사용하여 사용자로부터 입력을 받습니다. 그런 다음 float() 함수를 사용하여 입력된 값을 부동 소수점 숫자로 변환하고, 이 두 숫자를 더하여 result 변수에 저장합니다. 마지막으로 print() 함수를 사용하여 결과를 출력합니다.
> 프로그램을 실행하면 사용자로부터 두 개의 수를 입력하고, 더한 결과를 출력할 것입니다.

위의 코드를 주피터 랩 또는 구글 코랩에 복사하여 실행하면 그림 1.3.2와 같이 답을 얻을 수 있습니다. 이처럼 chatGPT를 다양하게 활용하여 파이썬 프로그램을 배우는 데 활용할 수 있습니다. 다음의 기능들은 파이썬 프로그램의 핵심적인 내용을 정리해 보았습니다. chatGPT를 활용하여 변경하기, 질문하기, 유사한 내용 작성해 보기를 수행하며 진행할 것을 추천합니다.

1.3.1 파이썬의 출력, 버전 확인, 들여쓰기

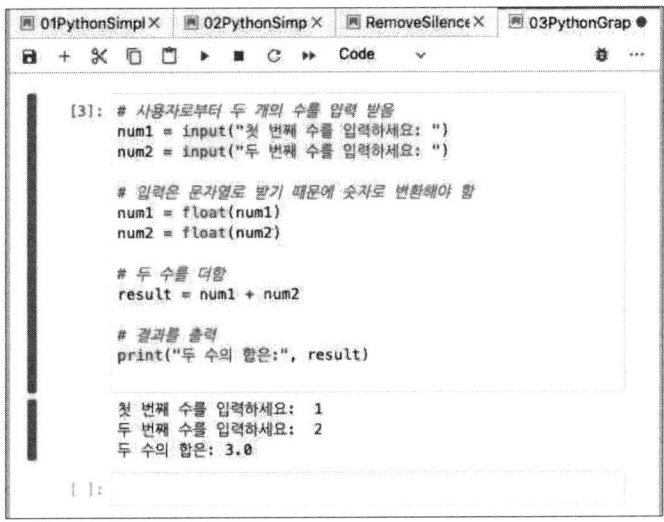

그림 1.3.2 chatGPT의 내용의 주피터랩에서 실행

> 📝 **소스 코드**
>
> # 프린트하기, 버전 확인, 들여쓰기, 변수 선언, 주석 달기
> print(" 안녕하세요? 허원입니다.")

> 💻 **실행 결과**
>
> 안녕하세요? 허원입니다.

위의 코드는 화면에 특정 문자열을 출력하는 방법을 보여줍니다. print() 함수는 괄호 안에 있는 문자열을 출력합니다.

> 📝 **소스 코드**
>
> !python --version

> 💻 **실행 결과**
>
> Python 3.9.7

위의 코드는 현재 설치된 파이썬의 버전을 확인하는 명령어를 실행하는 부분입니다. ! 기호는 주피터 노트북과 같은 환경에서 터미널 명령을 실행하기 위한 것이며, python --version은 파이썬 버전을 확인하는 명령입니다.

📝 **소스 코드**

```
# Indentation (들여쓰기)
if 3>1:
    print("Yes")
else:
    print("No")
```

💻 **실행 결과**

```
Yes
```

파이썬에서는 들여쓰기(Indentation)가 매우 중요합니다. 들여쓰기를 사용하여 코드 블록을 구분하고 코드의 가독성을 높입니다. print("Yes")는 if 3 > 1:에 속하는 블록이며, print("No")는 else:에 속하는 블록입니다.

1.3.2 파이썬의 변수 선언, 문자열

📝 **소스 코드**

```
x=3
y="문자열"
print(x)
print(y)
```

💻 **실행 결과**

```
3
문자열
```

x=3과 y="문자열"은 변수를 선언하고 값을 할당하는 방법을 보여줍니다. 변수는 데이터를 저장하는 데 사용됩니다. 파이썬에서는 변수의 자료형을 명시적으로 선언하지 않아도 됩니다. 변수의 자료형은 할당되는 값에 따라 자동으로 결정됩니다.

📝 **소스 코드**

```
c =""""
```

```
여러 줄 주석
달기
"""
print(c)
```

실행 결과
```
여러 줄 주석
달기
```

여러 줄의 문자열 (multiline string)을 정의하는 부분입니다. 이러한 문자열은 주로 코드 내에서 설명 또는 문서화를 위해 사용됩니다. 여러 줄 문자열은 세 개의 큰따옴표 (""") 또는 작은따옴표(''')로 둘러싸여 있으며, 코드에서 주석처럼 처리되지 않습니다. 대신에 해당 문자열은 변수 c에 할당되고 print(c)를 통해 출력됩니다.

소스 코드
```
# 변수 타입별 선언도 가능
x = str(3)      # x는 '3'이 됨
y = int(3)      # y는 3이 됨
z = float(3)    # z는 3.0이 됨
print(x)
print(y)
print(z)
print(type(x))
```

x = str(3), y = int(3), z = float(3)와 같이 변수를 선언하면서 자료형을 명시적으로 지정하는 방법을 보여줍니다. 이렇게 선언된 변수는 각각 문자열, 정수, 부동 소수점 숫자를 저장합니다.

type(x)는 변수 x의 자료형을 확인하는 방법을 보여줍니다.

소스 코드
```
#변수 선언: 알파벳+숫자+_
myvar = "John"
my_var = "John"
```

```
_my_var = "John"
myVar = "John"
MYVAR = "John"
myvar2 = "John"
2myvar = "John"          #변수 선언 틀림
my-var = "John"
my var = "John"
myVariableName = "John"
MyVariableName = "John"
my_variable_name = "John"
```

파이썬 변수명은 알파벳, 숫자, 밑줄(_)로 구성됩니다. 대소문자가 구분되며, 변수명은 숫자로 시작할 수 없습니다.

유효한 변수명 예제: myvar, my_var, _my_var, myVar, MYVAR, myvar2

잘못된 변수명 예제: 2myvar, my-var, my var

x, y, z = "Orange", "Banana", "Cherry"와 x = y = z = "Orange"는 여러 변수에 동시에 다중 변숫값을 할당하는 방법을 보여줍니다.

📝 소스 코드
```
x, y, z = "Orange", "Banana", "Cherry"
x = y = z = "Orange"
```

!pwd와 %cd는 주피터 노트북 (Jupyter Notebook)에서 사용되는 명령어입니다. 이 명령어들은 주피터 노트북 셀에서 터미널 명령어를 실행하거나 현재 작업 디렉터리를 변경하는 데 사용됩니다.

📝 소스 코드
```
!pwd
%cd ..
!pwd
%cd /Users
!pwd
!ls
```

!pwd: 현재 작업 디렉터리를 출력하는 명령어입니다. "pwd"는 "print working directory"의 약어로 현재 작업 중인 디렉터리의 경로를 표시합니다.

%cd ..: 현재 작업 디렉터리를 상위 디렉터리로 변경하는 명령어입니다. ".."은 현재 디렉터리의 상위 디렉터리를 나타냅니다. 따라서 %cd ..를 실행하면 현재 디렉터리를 상위 디렉터리로 변경합니다.

%cd /Users: 현재 작업 디렉터리를 "/Users"로 변경하는 명령어입니다. %cd 다음에 디렉터리 경로를 지정하여 원하는 디렉터리로 변경할 수 있습니다.

!ls: 현재 디렉터리의 파일 및 디렉터리 목록을 출력하는 명령어입니다. "ls"는 "list"의 약어로 현재 디렉터리의 내용을 나열합니다.

이러한 명령어는 주피터 노트북에서 터미널 명령어를 실행하거나 현재 작업 디렉터리를 변경하고 디렉터리 내용을 확인하는 데 유용합니다.

주피터 노트북 환경에서 !와 %는 다른 목적으로 사용됩니다.

! 기호는 셸 명령을 실행할 때 사용되는 리눅스/유닉스 셸 명령입니다. !를 사용하면 파이썬 환경 내에서 직접 셸 명령을 실행할 수 있습니다. % 기호는 주로 주피터 노트북에서 사용되며, '매직 명령어' 또는 '매직 함수'를 나타냅니다. 매직 명령어는 주피터 노트북 환경에서 특별한 명령을 수행하도록 설계된 명령어입니다. 예를 들어, %cd는 현재 작업 디렉터리를 변경하는 매직 명령어입니다.

📝 소스 코드

```python
# String에 대해서 알아봄
import math
s = "foo bar"
print(s)
s = 'foo bar'
print(s)
```

이 부분에서는 문자열을 정의하는 다양한 방법을 보여줍니다. 파이썬에서 문자열은 큰따옴표(")나 작은따옴표(')로 감싸서 정의할 수 있습니다. 두 가지 방법 모두 사용 가능하며 문자열 내에 작은따옴표나 큰따옴표를 포함할 수 있습니다.

📝 소스 코드

```python
s = r"c:\dir\new"                    # raw (== 'c:\\dir\\new')
print(s)
```

이 부분에서는 raw 문자열 표기법을 소개합니다. r을 문자열 앞에 붙이면 백슬래시(₩)를 이스케이프 문자로 처리하지 않고 그대로 출력합니다. 따라서 "c:₩dir₩new"는 이스케이프 문자를 처리하므로 출력 시 문제가 발생할 수 있지만, r"c:₩dir₩new"는 문제없이 출력됩니다.

📝 소스 코드

```
s = """Hello
        world"""
print(s)
```

이 부분에서는 여러 줄의 문자열을 정의하는 방법을 보여줍니다. 세 개의 큰따옴표(""")로 문자열을 감싸면 여러 줄의 문자열을 정의할 수 있습니다. 이 경우 줄 바꿈도 그대로 문자열에 포함됩니다.

📝 소스 코드

```
#대소문자 구별, '과 " 모두 사용 가능
A='Single quotation'
a="Double qoutation"
print(A)
print(a)
```

역시 큰따옴표(")나 작은따옴표(')로 모두 같이 문자열을 정의하는 데 사용하여 이를 제대로 출력하는 것을 확인할 수 있습니다.

📝 소스 코드

```
# 문자열 출력 방법
x = "Python"
y = "is"
z = "awesome"
print(x, y, z)
x = "Python "
y = "is "
z = "awesome"
print(x + y + z)
```

```
x = 5
y = 10
print(x + y)
x = str(5)
y = "John"
print(x + y)   #왜 잘못인가?
x = 5
y = "John"
print(x + y)   #왜 잘못인가?
```

🖥 실행 결과

```
Python is awesome
Python is awesome
15
5John
```

　print(x, y, z)는 문자열 변수 x, y, z를 사용하여 공백으로 구분된 문자열을 출력합니다. 따라서 "Python is awesome"이라는 문자열이 출력됩니다. print(x + y + z)는 문자열 변수 x, y, z를 연결하여 하나의 문자열로 출력합니다. 따라서 "Python is awesome"이라는 문자열이 출력됩니다. print(x+y)는 정수 변수 x와 y를 더한 결과를 출력합니다. 따라서 5 + 10 = 15가 출력됩니다.

　문자열로 변환한 x와 문자열 y를 연결하면 결합한 결과가 되지만 정수와 문자열을 +를 사용하여 연결하면 오류가 나게 됩니다.

1.3.3 파이썬 데이터 구조: 리스트, 튜플, 집합, 딕셔너리

　파이썬의 데이터 구조에서 리스트, 튜플, 집합(set), 딕셔너리의 네 가지의 데이터 구조를 이해하는 것이 매우 중요합니다. 일반적으로 우리가 생각하는 명단처럼 리스트를 생각할 수 있고, 순서 변경이 불가능한 리스트를 튜플로 정의할 수 있습니다. 수학의 집합과 같은 연산을 쉽게 할 수 있는 환경을 제공하는 것이 집합(set), 사전과 같이 두 개의 매칭되는 개념을 명단에서 관리할 수 있는 것이 딕셔너리(dictionary)라고 간단하게 생각할 수 있습니다.

(1) 리스트

> 📝 **소스 코드**
> #리스트에 대해서 알아보기
> L = [1, 2, 3, 4, 5]

리스트를 정의하는 방법을 보여줍니다. 리스트는 대괄호 [] 안에 요소들을 나열하여 생성할 수 있습니다.

> 📝 **소스 코드**
> print(L[0])   # 첫 번째 요소를 프린트

🖥 실행 결과
1

리스트의 특정 위치에 있는 요소에 접근하는 예제입니다. 인덱스를 사용하여 리스트 내 요소에 접근할 수 있으며, 인덱스는 0부터 시작합니다. 따라서 L[0]은 첫 번째 요소인 "1"을 나타냅니다.

📝 소스 코드
print(L[0:3])   # 처음 세 요소를 프린트

🖥 실행 결과
[1,2,3]

리스트의 일부를 추출하는 예제입니다. 슬라이싱 (Slicing)을 사용하여 리스트의 일부분을 선택할 수 있습니다. 이 경우 0부터 2까지의 요소가 선택되어 [1, 2, 3]이 출력되는 것을 확인할 수 있습니다.

📝 소스 코드
print(L[-2:])   # 마지막에서 두 번째부터 끝까지 프린트

🖥 실행 결과
[4, 5]

리스트의 마지막 요소를 추출하는 예제입니다. 음수의 인덱스를 사용하면 뒤에서부터 요소를 선택할 수 있습니다. -2는 뒤에서 두 번째 요소로부터 마지막까지인 [4,5]를 출력하는 것을 확인할 수 있습니다.

📝 소스 코드
L[1:4] = [7,8]   # 대체하기
print(L)

🖥 실행 결과
[1,7,8,5]

리스트의 일부를 대체하는 예제입니다. 슬라이싱을 사용하여 특정 범위의 요소를

다른 리스트로 대체하여 [1,7,8,5]를 출력하는 것을 확인할 수 있습니다.

소스 코드
```
del L[2]                    # 세 번째 요소 지우기
print(L)
```

실행 결과
[1,7,5]

del 키워드를 사용하여 리스트에서 특정 인덱스의 요소를 삭제할 수 있습니다. [1,7,8,5]에서 8이 없어지고 [1, 7, 5]이 됨을 확인할 수 있습니다.

소스 코드
```
L.append(9)                 # 9를 추가하기
print(L)
```

실행 결과
[1,7,5,9]

리스트에 요소를 추가하는 예제입니다. append() 메소드를 사용하여 리스트의 끝에 새로운 요소를 추가할 수 있습니다. [1,7,5,9]가 출력되는 것을 확인할 수 있습니다.

소스 코드
```
L.remove(9)                 # 9를 제거하기
print(L)
```

실행 결과
[1,7,5]

리스트에서 특정 요소를 삭제하는 예제입니다. remove() 메소드를 사용하여 리스트에서 특정 값의 요소를 삭제할 수 있습니다. 9가 제거되고 [1,7,5]가 출력되는 것을 확인할 수 있습니다.

📝 소스 코드

L.extend([11,12,0,4])   # 또는 L3 = L + L2
print(L)

💻 실행 결과

[1, 7, 5, 11, 12, 0, 4]

리스트를 확장하는 예제입니다. extend() 메소드를 사용하여 리스트에 다른 리스트의 모든 요소를 추가할 수 있습니다. [1, 7, 5, 11, 12, 0, 4] 값이 출력되는 것을 확인할 수 있습니다.

📝 소스 코드

L.pop()
print(L)

💻 실행 결과

[1, 7, 5, 11, 12, 0]

리스트의 마지막 요소를 제거하는 예제입니다. pop() 메소드를 사용하여 리스트의 마지막 요소를 제거하고 반환할 수 있습니다. 4가 제거된 [1, 7, 5, 11, 12, 0] 값이 출력되는 것을 확인할 수 있습니다.

📝 소스 코드

L.sort()
print(L)

💻 실행 결과

[0, 1, 5, 7, 11, 12]

리스트를 정렬하는 예제입니다. sort() 메소드를 사용하여 리스트를 오름차순으로 정렬할 수 있습니다. 정렬된 값인 [0, 1, 5, 7, 11, 12]이 출력되는 것을 확인할 수 있습니다.

📝 소스 코드

```
print(7 in L)              # L이 7를 포함하는가?
print(L.index(7))          # 7이 첫 번째로 나오는 위치(index)는?
```

💻 실행 결과

```
True
3
```

리스트에 특정 요소가 있는지 확인하는 예제입니다. in 연산자를 사용하여 리스트에 요소가 포함되어 있는지를 확인할 수 있습니다. 7이 L에 있으므로 True 값이, 7이 네 번째 있으므로 3의 값이 출력되는 것을 확인할 수 있습니다.

📝 소스 코드

```
[x*2 for x in L if x>2]              # list comprehensions
[10, 14, 22, 24]
```

리스트 컴프리헨션 (List Comprehension)의 예제입니다. 리스트 컴프리헨션은 리스트의 각 요소에 대해 조건을 적용하여 새로운 리스트를 생성합니다. 이 경우 2보다 큰 요소들을 2배로 곱한 리스트를 생성합니다. 이 조건을 만족하는 [10, 14, 22, 24] 값이 출력되는 것을 확인할 수 있습니다.

몇 가지 리스트 활용 사례에 대해서 더 살펴보도록 하겠습니다.

📝 소스 코드

```
thelist = ["apple","banana","cherry"]
""""thelist = ["apple","banana","cherry"]: "thelist" 리스트를 생성하고, 문자열 "apple", "banana", "cherry"를 요소로 포함"""
print(thelist)
thatlist = ["a","a","b",1,"c",False]
""" "thatlist"라는 이름의 리스트를 생성하고, 문자열 "a", "a", "b", 정수 1, 문자열 "c", 그리고 불린 값 False를 요소로 포함, 이 리스트는 서로 다른 데이터 유형의 요소들을 가질 수 있음"""
print(thatlist)
print(type(thatlist))
```

print(thatlist[-4:-1])
""" "thatlist" 리스트에서 인덱스 -4부터 -1까지의 범위를 슬라이싱하여 해당 부분을 출력함, 이것은 리스트의 부분 집합을 추출하는 데 사용"""
print("b" in thatlist)
""" "thatlist" 리스트에 문자열 "b"가 있는지 확인하고, 그 결과를 출력, in 연산자를 사용하여 리스트에 특정 요소가 있는지 확인, 출력 결과는 불린 값인 True 또는 False 중 하나가 됨 """

실행 결과
['apple', 'banana', 'cherry']
['a', 'a', 'b', 1, 'c', False]
<class 'list'>
['b', 1, 'c']
True

다음의 내용은 파이썬 리스트에서 슬라이스를 사용하여 리스트의 일부를 대체하는 방법을 보여줍니다.

소스 코드
thislist = ["apple", "banana", "cherry", "orange", "kiwi", "mango"]
thislist[1:3] = ["blackcurrant", "watermelon"]
""" ["blackcurrant", "watermelon"]: "thislist" 리스트의 인덱스 1부터 2까지의 범위를 슬라이싱하여 해당 부분을 ["blackcurrant", "watermelon"]으로 대체, 결과적으로 "banana"와 "cherry"는 "blackcurrant"와 "watermelon"으로 대체되어 리스트는 ["apple", "blackcurrant", "watermelon", "orange", "kiwi", "mango"]으로 업데이트 됨 """
print(thislist)
thislist = ["apple", "banana", "cherry"]
thislist[1:2] = ["blackcurrant", "watermelon"]
""" ["blackcurrant", "watermelon"]: "thislist" 리스트의 인덱스 1부터 1까지의 범위를 슬라이싱하여 해당 부분을 ["blackcurrant", "watermelon"]으로 대체, 결과적으로 "banana"만 "blackcurrant"와 "watermelon"으로 대체, 리스트는 ["apple", "blackcurrant", "watermelon", "cherry"]가 됨 """
print(thislist)

```
thislist = ["apple", "banana", "cherry"]
thislist[1:3] = ["watermelon"]
"""thislist[1:3] = ["watermelon"]: "thislist" 리스트의 인덱스 1부터 2까지의 범위를 슬라이싱 하여 해당 부분을 ["watermelon"]으로 대체, 결과적으로 "banana"와 "cherry"는 "watermelon"으로 대체되어 리스트는 ["apple", "watermelon"]이 됨"""
print(thislist)
```

실행 결과

['apple', 'blackcurrant', 'watermelon', 'orange', 'kiwi', 'mango']

['apple', 'blackcurrant', 'watermelon', 'cherry']

['apple', 'watermelon']

다음은 파이썬 리스트에 요소를 추가하는 다양한 방법을 보여줍니다. 각 코드 블록의 설명을 참고하도록 합니다.

소스 코드

```
thislist = ["apple", "banana", "cherry"]
thislist.insert(2, "watermelon")
""" "thislist" 리스트의 인덱스 2 위치에 "watermelon"을 삽입, 결과적으로 리스트는 ["apple", "banana", "watermelon", "cherry"]가 됨 """
print(thislist)
thislist = ["apple", "banana", "cherry"]
thislist.append("orange")
""" "thislist" 리스트의 끝에 "orange"를 추가, 결과적으로 리스트는 ["apple", "banana", "cherry", "orange"]가 됨."""
print(thislist)
thislist = ["apple", "banana", "cherry"]
tropical = ["mango", "pineapple", "papaya"]
thislist.extend(tropical)
""" "thislist" 리스트에 "tropical" 리스트의 모든 요소를 추가, 결과적으로 리스트는 ["apple", "banana", "cherry", "mango", "pineapple", "papaya"]가 됨"""
print(thislist)
```

```
thislist = ["apple", "banana", "cherry"]
thistuple = ("kiwi", "orange") # "thistuple"이라는 이름의 튜플을 생성
thislist.extend(thistuple)
""" "thislist" 리스트에 "thistuple" 튜플의 모든 요소를 추가 결과적으로 리스트는 ["apple",
"banana", "cherry", "kiwi", "orange"]가 됨"""
print(thislist)
```

실행 결과

['apple', 'banana', 'watermelon', 'cherry']
['apple', 'banana', 'cherry', 'orange']
['apple', 'banana', 'cherry', 'mango', 'pineapple', 'papaya']
['apple', 'banana', 'cherry', 'kiwi', 'orange']

다음은 파이썬 리스트에서 요소를 제거하는 다양한 방법을 보여줍니다. 각 코드 블록을 설명하겠습니다.

소스 코드

```
thislist = ["apple", "banana", "banana","cherry"]
thislist.remove("banana")
""" 리스트에서 첫 번째로 등장하는 "banana"를 제거, 결과적으로 리스트는 ["apple",
"banana", "cherry"]가 됨"""
print(thislist)
thislist = ["apple", "banana", "cherry"]
thislist.pop(1)
"""리스트에서 인덱스 1의 요소, 즉 "banana"를 빼냄, 결과적으로 리스트는 ["apple",
"cherry"]가 됨"""
print(thislist)
thislist = ["apple", "banana", "cherry"]
thislist.pop()
""" 리스트에서 마지막 요소, 즉 "cherry"를 제거함, 결과적으로 리스트는 ["apple",
"banana"]가 되고, 리스트에서 마지막 요소, 즉 "cherry"를 제거하여 리스트는 ["apple",
"banana"]가 됨 """
```

```
print(thislist)
thislist = ["apple", "banana", "cherry"]
del thislist[0]    #thislist 리스트 자체를 삭제
print(thislist)

thislist = ["apple", "banana", "cherry"]
del thislist
print(thislist)   # 삭제된 thislist를 출력하려고 하면 NameError가 발생
thislist = ["apple", "banana", "cherry"]
thislist.clear() # 리스트의 모든 요소를 제거하여 빈 리스트로 만듦
print(thislist)   # 빈 리스트 내용을 출력
```

🖥 실행 결과

```
['apple', 'banana', 'cherry']
['apple', 'cherry']
['apple', 'banana']
['banana', 'cherry']
[]
```

다음은 파이썬에서 리스트 요소를 반복하고 출력하는 두 가지 방법을 보여줍니다. 각 코드 블록을 설명하겠습니다.

📝 소스 코드

```
thislist = ["apple", "banana", "cherry"]
for x in thislist: """리스트 "thislist"의 각 요소를 반복적으로 가져와 변수 "x"에 할당"""
    print(x)

thislist = ["apple", "banana", "cherry"]
for i in range(len(thislist)): # "thislist"의 인덱스 범위를 순회
  #len(thislist)는 리스트 "thislist"의 길이(요소 갯수)를 나타냄
    print(thislist[i])
```

> 📺 **실행 결과**
>
> apple
> banana
> cherry
> apple
> banana
> cherry

다음은 리스트 "thislist"의 요소를 반복하여 출력하는 두 가지 방법을 보여줍니다. 첫 번째 코드 블록은 for 루프를 사용하였으며 두 번째 코드 블록은 while 루프를 사용하여 구현한 내용입니다. 두 가지의 반복문은 다음 절에서 더 자세하게 살펴보겠습니다.

for i in range(len(thislist))는 "thislist"의 길이를 나타내는 len(thislist)를 사용하여 인덱스 범위를 생성합니다. 이 범위는 0부터 리스트의 길이보다 1 작은 값까지입니다. 이 반복문 안의 print(thislist[i])에서는 현재 인덱스 "i"에 해당하는 "thislist"의 요소를 출력하며, 이 과정을 리스트의 모든 요소에 대해 반복하여 "thislist"의 모든 요소("apple", "banana", "cherry")가 한 줄에 하나씩 출력됩니다.

두 번째 코드 블록은 while 루프를 사용하였으며) "i = 0"에서 인덱스 변수 "i"를 초기화하고, while i < len(thislist): 구문에서는 "i"가 "thislist"의 길이보다 작을 때 print(thislist[i]) 작업을 반복하여 모든 요소("apple", "banana", "cherry")가 한 줄에 하나씩 출력됩니다. 두 코드 블록은 동일한 결과를 얻습니다.

> 📝 **소스 코드**
>
> ```python
> thislist = ["apple", "banana", "cherry"]
> for i in range(len(thislist)):    # for문을 사용한 활용
>     print(thislist[i])
>
>
> thislist = ["apple", "banana", "cherry"]
> i = 0
> while i < len(thislist):          #while 문을 사용한 활용
>     print(thislist[i])
> i = i + 1
> ```

> 📺 실행 결과

apple
banana
cherry
apple
banana
cherry

다음의 코드는 리스트 내의 각 요소 뒤에 "Yes"를 추가한 새로운 리스트를 생성하는 리스트 컴프리헨션을 사용합니다. [x+"Yes" for x in thislist] 구문은 리스트 컴프리헨션으로 "thislist"의 각 요소 "x"에 대해 "x" 뒤에 "Yes" 문자열을 추가한 새로운 문자열을 생성합니다. 이러한 연산을 "thislist"의 각 요소에 대해 반복하고 그 결과를 새로운 리스트로 출력하게 됩니다.

> 📝 소스 코드

```
thislist = ["apple", "banana", "cherry"]
[x+"Yes" for x in thislist]
```

> 📺 실행 결과

['appleYes', 'bananaYes', 'cherryYes']

다음의 코드는 반복문을 활용하여 효과적으로 리스트를 관리하는 사례를 보여줍니다. "fruits"라는 문자열 리스트에서 각 과일 이름에 "a"가 포함된 경우에만 " is delicious"를 추가하여 새로운 리스트 "newlist"를 생성하는 작업을 수행합니다.

fruits = ["apple", "banana", "cherry", "kiwi", "mango"]: "fruits"라는 이름의 문자열 리스트를 생성하고, for x in fruits:에서는 "fruits" 리스트의 각 요소 "x"에 대해 작업을 수행합니다. 작업의 내용은 if "a" in x:에서 요소 "x"에 "a" 문자가 포함되어 있는지 확인하고 확인되면 원래 요솟값"에 " is delicious" 문자열을 추가하고, 그 결과를 "newlist" 리스트에 추가합니다.

코드 실행 후에는 "fuits" 리스트에서 "a"를 포함한 과일 이름에 " is delicious"가 추가된 새로운 리스트 "newlist"가 생성되며, 해당 결과 값을 출력하게 됩니다.

📝 소스 코드

```
fruits = ["apple", "banana", "cherry", "kiwi", "mango"]
newlist = []
for x in fruits:
  if "a" in x:
    newlist.append(x+" is delicious")
print(newlist)
```

💻 실행 결과

['apple is delicious', 'banana is delicious', 'mango is delicious']

(2) 튜플

그림 1.3.3 리스트, 튜플, 딕셔너리의 개념

지금까지 리스트에 대해서 알아보았습니다. 파이썬에서의 데이터 구조는 리스트 이외에도 튜플, 세트, 딕셔너리 등이 있습니다. 각각의 특징에 따라서 활용되는 기능이 다른데 리스트와 튜플은 구조적으로 유사하나 튜플은 리스트와는 달리 구성 요소의 변경이 불가능합니다. 그림1.3.3과 같이 리스트에 속하는 요소들이 순서를 바꾼다든지 변경을 하는 작업이 가능한데 튜플의 경우는 교도소의 죄수와 같이 구조적 변경을 허락하지 않습니다. 세트는 수학에서의 집합과 유사한 연산을 지원합니다. 딕셔너리는 두 개의 짝으로 구성된 요소들을 관리하는 데 유용합니다. 그림 1.3.3에서 사람들이 가방을 가지고 있는 것처럼 요소값과 그에 매칭되는 추가적인 데이터 정보가 연결되어 활용할 수 있습니다. 튜플은 리스트와 유사하지만 중요한 차이점이 있습니다. 이 코드를 통해 튜플의 특징과 활용법을 알아보겠습니다.

튜플을 생성할 때는 x = 1, 2, 3 또는 이 부분에서는 튜플을 생성하고 있습니다. 튜플은 괄호를 사용하지 않고 쉼표로 요소를 나열하여 생성할 수 있습니다. 이 튜플에는 숫자 1, 2, 3이 포함되어 있습니다. y = tuple((4, 5, 6))과 같은 다른 방법으로 튜플을 생성할 수도 있습니다. tuple() 함수를 사용하여 튜플을 생성하며, 괄호 안에 요소들을 나열합니다. 튜플은 print(x + y)와 같이 두 개의 튜플을 더할 수 있습니다. 이 경우 x와 y의 요소들이 모두 합쳐진 하나의 튜플이 생성됩니다.

a, b, c = x와 같은 방식으로 튜플 언패킹(Unpacking)이 가능합니다. 튜플의 각 요소를 변수에 할당할 때 언패킹을 활용합니다. 이 코드에서는 x의 요소가 각각 a, b, c에 순서대로 할당됩니다. 튜플은 리스트와 유사하게 여러 값을 하나의 변수로 묶어서 사용할 때 유용합니다. 튜플은 요소의 값을 변경할 수 없으므로 변경 불가능한 데이터 타입입니다. 이러한 특성은 데이터의 불변성을 보장하며, 특정한 상황에서 유용하게 활용될 수 있습니다.

📝 소스 코드

```
#튜플에 대해서 알아보자. 리스트와 유사하나 순서 변경 불가
x = 1,2,3
y = tuple((4,5,6))
print(x+y)
a,b,c = x
print(a)
```

💻 실행 결과

```
(1, 2, 3, 4, 5, 6)
1
```

다음 코드는 튜플에 원소를 추가하는 방법을 보여줍니다. y = ("orange",): "y"라는 이름의 튜플을 생성하고, 그 안에 "orange"라는 하나의 원소를 포함합니다. 튜플을 생성할 때 원소가 하나인 경우에도 쉼표(,)를 사용해야 한다는 점에 주의하십시오. thistuple += y는 기존의 "thistuple" 튜플에 "y" 튜플을 추가합니다. 이것은 두 튜플을 연결하는 연산으로 코드의 결과는 "thistuple" 튜플에 "orange"라는 원소가 추가된 것을 확인할 수 있습니다.

소스 코드
```
thistuple = ("apple", "banana", "cherry")
y = ("orange",)
thistuple += y
print(thistuple)
```

실행 결과
```
('apple', 'banana', 'cherry', 'orange')
```

다음 코드는 튜플 선언시 주의할 점을 보여줍니다. "y"라는 변수에 할당된 값은 ("abd",)라는 하나의 원소를 가지는 튜플입니다. 이렇게 튜플을 생성할 때 하나의 원소를 갖도록 만들기 위해서는 해당 원소 뒤에 쉼표(,)를 반드시 추가해야 합니다. 그렇지 않으면 파이썬은 그것을 튜플이 아닌 일반 문자열 또는 변수로 처리할 수 있습니다. 따라서 type(y)을 실행하면 출력 결과로 〈class 'tuple'〉이 나오게 됩니다.

소스 코드
```
y=("abd",)
print(type(y))
```

실행 결과
```
<class 'tuple'>
('abd',)
```

다음 코드는 튜플 a를 언패킹하고 나머지 원소를 리스트 k에 할당한 후, 튜플 b를 새로 정의한 뒤 두 튜플을 연결합니다. 코드의 부분별 주석을 참고하기를 바랍니다.

소스 코드
```
a=(1,2,3,4,5)
```

```
(*k,b,c)=a
""" 튜플 a를 언패킹함, (*k, b)의 구조에서 * 연산자는 나머지 원소를 하나의 리스트로 묶
는 역할을 하므로 k에는 (1, 2, 3)이 할당되고,
b에는 4가 할당됨
"""
print(k,b)
b=(6,7)
print(a+b)
cc=0
""" 튜플 a와 b를 합쳐서 출력함, a는 (1, 2, 3, 4, 5)이고 b는 (6, 7)이므로 두 튜플을 합
치면 (1, 2, 3, 4, 5, 6, 7)이
출력
"""
```

실행 결과

```
[1, 2, 3] 4
(1, 2, 3, 4, 5, 6, 7)
```

다음의 코드는 튜플 fruits를 두 번 반복하여 새로운 튜플 mytuple을 생성하고 출력합니다.

소스 코드

```
ffruits = ("apple", "banana", "cherry")
mytuple = fruits * 2
""" fruits 튜플을 두 번 반복하여 새로운 튜플 mytuple을 생성,
이렇게 하면 mytuple에는 fruits 튜플의 원소가 #두 번 반복되어 들어감
```

실행 결과

```
('apple', 'banana', 'cherry', 'apple', 'banana', 'cherry')
```

(3) 세트(Set)

세트는 수학의 집합과 유사한 개념으로 동작합니다. 다음의 코드는 집합(fruits)에 새로운 항목들을 추가하는 방법을 보여줍니다. 집합 구조에 활용할 수 있는 update() 메소드를 사용하여 fruits 집합에 more_fruits 리스트의 내용을 추가합니다. 이로써

fruits 집합에 중복되지 않는 새로운 과일이 추가됩니다.

📝 소스 코드

```
fruits = {"apple", "banana", "cherry"}
more_fruits = ["orange", "mango", "grapes"]
fruits.update(more_fruits)   """ 집합(fruits)에 more_fruits의 새로운 항목#들을 추가"""
print(fruits)
```

💻 실행 결과

```
{'cherry', 'banana', 'mango', 'orange', 'apple', 'grapes'}
```

다음의 코드는 집합(Set)을 생성하고 조작하는 방법을 보여주는 예제입니다. S1과 S2는 각각 중괄호 {} 안에 요소를 나열하여 집합을 생성합니다. S1은 직접 요소를 지정한 집합이고, S2는 리스트 L의 요소를 이용하여 집합을 생성합니다. S1.union(S2)은 S1과 S2의 합집합을 반환합니다. union() 메소드를 사용하여 두 집합을 합친 결과를 출력합니다. S2.difference(S1)은 S2에서 S1을 뺀 차집합을 반환합니다. difference() 메소드를 사용하여 두 집합의 차집합을 출력합니다. S2^S1는 S2와 S1의 대칭 차집합 (XOR)을 반환합니다. ^ 연산자를 사용하여 두 집합의 대칭 차집합을 출력합니다. S2|S1는 S2와 S1의 합집합을 반환합니다. | 연산자를 사용하여 두 집합의 합집합을 출력합니다. if (3 in S2):은 조건문을 사용하여 숫자 3이 S2 집합 안에 있는지 확인합니다. 있으면 "yes 3 is in S2"라는 메시지를 출력합니다.

다음 코드는 집합을 생성하고 합집합, 차집합, 대칭 차집합, 그리고 조건문을 사용하여 집합의 원소를 확인하는 방법을 보여줍니다.

📝 소스 코드

```
#Set에 대해서 알아보기
S1 = {1,2,3,5}
L = [1, 3, 1, 5, 3,8,9]
S2 = set(L)                          # set([1, 3, 5])
print(S1,S2)
print("Adding",S1.union(S2))
print("Difference",S2.difference(S1))
print("^",S2^S1)
print("|",S2|S1)
```

```
print(S1) #, S1-S2, S1^S2, S1|S2)
if (3 in S2):
    print("yes 3 is in S2")
```

📋 **실행 결과**

```
{1, 2, 3, 5} {1, 3, 5, 8, 9}
Adding {1, 2, 3, 5, 8, 9}
Difference {8, 9}
^ {2, 8, 9}
| {1, 2, 3, 5, 8, 9}
{1, 2, 3, 5}
yes 3 is in S2
```

(4) 딕셔너리

다음의 코드는 딕셔너리를 선언하는 방법을 보여줍니다. D = {'f1': 10, 'f2': 20}와 같이 중괄호 {}를 사용하여 딕셔너리를 생성하고 있습니다. 이 딕셔너리는 'f1'과 'f2'라는 두 개의 키(key)와 그에 해당하는 값(value)인 10과 20을 가지고 있습니다. 다른 방법으로는 D = dict(f1=10, f2=20)와 같이 딕셔너리를 생성할 수 있습니다. dict() 함수를 사용하여 키와 값을 직접 지정할 수 있습니다.

📝 **소스 코드**

```
# 딕셔너리
D = {'f1': 10, 'f2': 20}          # 딕셔너리의 선언
D = dict(f1=10, f2=20)
print(D)
```

📋 **실행 결과**

```
{'f1': 10, 'f2': 20}
```

다음의 코드는 주어진 키 값으로 딕셔너리를 만드는 방법을 보여줍니다. 먼저 keys = ('c', 'b', 'a'): 튜플을 생성하고 D = dict.fromkeys(keys) 메소드를 사용하여 새로운 딕셔너리를 생성하고 있습니다. 이때, 키들은 주어진 튜플 keys의 요소로 초기화되므로 해당 키들은 모두 빈값을 갖습니다.

> 📝 **소스 코드**
>
> ```
> keys = ('c', 'b', 'a')
> D = dict.fromkeys(keys)           # keys 값으로 딕셔너리 생성
> ```

다음의 코드는 딕셔너리의 키와 값에 대한 기본적인 조작을 보여주며, 반복문을 사용하여 딕셔너리의 내용을 순회하고 수정하는 방법을 보여줍니다. for k in D: print(k)는 D 딕셔너리의 키(key)에 대해 반복문(for)을 사용하여 각 키를 출력합니다. 이 부분은 딕셔너리의 키를 순회하며 모든 키를 출력하는 역할을 합니다. for v in D.values(): print(v)는 D 딕셔너리의 값(value)에 대해 반복문(for)을 사용하여 각 값을 출력합니다. 이 부분은 딕셔너리의 값들을 순회하며 모든 값을 출력하는 역할을 합니다.

D['c']="CCCC", D['b']="BBBB", D['a']="AAAA"와 같이 딕셔너리 D에 새로운 키-값 쌍을 추가합니다. 'c' 키에 대한 값은 "CCCC", 'b' 키에 대한 값은 "BBBB", 'a' 키에 대한 값은 "AAAA"로 설정하였습니다. 딕셔너리는 키와 값의 쌍을 저장하는 데이터 구조로, 데이터를 빠르게 검색하고 조작할 수 있는 유용한 도구입니다.

> 📝 **소스 코드**
>
> ```
> for k in D: print(k)              # keys
> for v in D.values(): print(v)     # values
> D['c']="CCCC"
> D['b']="BBBB"
> D['a']="AAAA"
> ```

> 💻 **실행 결과**
>
> ```
> c
> b
> a
> None
> None
> None
> ```

다음의 코드는 파이썬에서 딕셔너리(D)의 키(key)와 값(value)에 대한 조작 방법을 계속하여 보여주는 내용입니다. for k, v in D.items():는 D 딕셔너리의 items() 메소드를 사용하여 딕셔너리의 키-값 쌍을 순회하고 각 키(k)와 값(v)을 받습니다. D 딕셔너리의 keys() 메소드를 사용하여 딕셔너리의 모든 키를 리스트로 변환하고 화면에

출력합니다.

　print(sorted(D.keys())): D 딕셔너리의 keys() 메소드를 사용하여 딕셔너리의 모든 키를 리스트로 변환하고 sorted() 함수를 사용하여 키를 알파벳순으로 정렬한 후 출력합니다. 딕셔너리는 키와 값의 쌍을 저장하는 데이터 구조로, 다양한 데이터 조작 작업에서 유용하게 활용됩니다.

소스 코드
```
for k, v in D.items():      # 딕셔너리의 키, 밸류를 각각 k, v변수로 받음
 print(k,v)
print(list(D.keys()))       # 키 값 리스트
print(sorted(D.keys()))     # 키값 정렬 리스트
```

실행 결과
```
c CCCC
b BBBB
a AAAA
['c', 'b', 'a']
['a', 'b', 'c']
```

딕셔너리의 성질을 이해하기 위해서 단어장을 만들어보는 예제를 chatGPT에게 작성 요청해 보았습니다.

chatGPT 프롬프트
간단하게 영어 단어와 뜻을 입력하는 단어장을 파이썬으로 작성해줘. 입력된 단어로부터 랜덤하게 문제를 만들고 세 번 이상 맞추면 단어장 리스트에서 제거하는 기능을 갖도록 함.

chatGPT 응답
아래는 간단한 영어 단어장 프로그램의 파이썬 코드입니다. 이 프로그램은 사용자에게 영어 단어와 그에 해당하는 뜻을 입력받고, 단어를 랜덤하게 선택하여 퀴즈 문제를 내고, 사용자가 세 번 이상 정답을 맞히면 해당 단어를 단어장에서 제거합니다.

소스 코드
```
import random
```

```python
# 영어 단어장 딕셔너리 초기화
word_dict = {}

# 단어 추가 함수
def add_word(word, meaning):
    word_dict[word] = meaning

# 문제 출제 함수
def generate_question():
    word, meaning = random.choice(list(word_dict.items()))
    return word, meaning

# 메인 프로그램
while True:
    print("1. 단어 추가")
    print("2. 퀴즈 풀기")
    print("3. 종료")
    choice = input("원하는 작업을 선택하세요: ")

    if choice == '1':
        word = input("영어 단어를 입력하세요: ")
        meaning = input("단어의 뜻을 입력하세요: ")
        add_word(word, meaning)
        print(f"'{word}'를 단어장에 추가했습니다.")
    elif choice == '2':
        if not word_dict:
            print("단어장이 비어있습니다. 먼저 단어를 추가하세요.")
        else:
            word, meaning = generate_question()
            print(f"뜻: {meaning}")
            for _ in range(3):
                guess = input("위 단어는 무엇일까요? ")
                if guess == word:
```

```
                    print("정답입니다!")
                    break
                else:
                    print("틀렸습니다. 다시 시도하세요.")
            else:
                print("정답을 세 번 이상 맞추지 못해 해당 단어를 단어장에서
제거합니다.")
                del word_dict[word]
    elif choice == '3':
        break
    else:
        print("잘못된 입력입니다. 다시 선택하세요.")
```

이 코드를 실행하면 단어 추가, 퀴즈 풀기, 종료와 같은 메뉴가 제공됩니다. 단어 추가 메뉴에서 영어 단어와 뜻을 입력하고, 퀴즈 풀기 메뉴에서 해당 단어의 뜻을 맞추는 퀴즈를 풀 수 있습니다. 만약 세 번 이상 틀리면 해당 단어가 단어장에서 제거됩니다.

이 프로그램은 오류가 있는 것을 확인할 수 있습니다. 먼저 세번 제대로 맞추면 제거를 해야하는 데 논리적으로 반대로 작동하고 있으며 세번의 횟수를 확인할 수 있는 데이터도 제대로 구현되지 않았습니다. chatGPT를 무조건 신뢰할 수 없다는 것을 보여주는 부분입니다. 하지만 딕셔너리를 어떻게 잘 활용할 수 있는지를 잘 보여주는 사례입니다.

1.3.4 파이썬의 반복문과 제어문

다음의 코드는 반복문(Loops)을 사용하여 숫자 범위에서 숫자를 반복적으로 출력하는 방법을 보여줍니다. for x in range(6):은 0부터 5까지의 숫자 범위에서 반복문을 실행합니다. range(6)는 0부터 5까지의 정수를 생성하는 함수입니다. 반복문 내에서 x값을 출력하고, end=" "를 사용하여 줄을 바꾸지 않고 대신에 공백을 출력합니다. 따라서 0 1 2 3 4 5 다음에 줄 바꿈이 됩니다.

for x in range(1,6):은 1부터 5까지의 숫자 범위에서 반복문을 실행합니다. range(1, 6)은 1부터 5까지의 정수를 생성하는 함수입니다. 마찬가지로 x값을 출력하고, end=" "를 사용하여 줄을 바꾸지 않고 대신에 공백을 출력합니다. 따라서 1 2 3 4 5 다음에 줄 바꿈이 됩니다. for x in range(1,6,2):는 1부터 5까지의 숫자 범위에

서 2씩 증가하면서 반복문을 실행합니다. range(1, 6, 2)는 1, 3, 5의 정수를 생성하는 함수입니다. 반복문 내에서 x값을 출력하고, end=" "를 사용하여 줄을 바꾸는 대신에 공백을 출력합니다. 따라서 1 3 5 다음에 줄 바꿈이 됩니다.

이 코드는 for 반복문을 사용하여 숫자 범위에서 반복 작업을 수행하는 방법을 보여주며, range() 함수를 활용하여 원하는 숫자 범위를 생성할 수 있음을 보여줍니다.

📝 소스 코드

```
#Loops에 대해서 알아보자
for x in range(6):                    # 0, 1, 2, 3, 4, 5
    print(x, end =" ")
print(" ")
for x in range(1,6):                  # 1, 2, 3, 4, 5
    print(x, end =" ")
print(" ")
for x in range(1,6,2):                # 1, 3, 5
    print(x, end =" ")
print(" ")
```

💻 실행 결과

```
0 1 2 3 4 5
1 2 3 4 5
1 3 5
```

다음의 코드는 딕셔너리(Dictionary)인 D의 각 항목을 반복하면서 해당 항목의 키(key)와 값(value)을 출력하는 작업을 수행합니다. for k, v in D.items():은 D 딕셔너리의 각 항목을 반복하며, 각 항목의 키를 k에, 값은 v에 할당합니다. 여기서 items() 메소드는 딕셔너리의 키-값 쌍을 반환합니다. print("D[{}]={}".format(k, v))는 현재 반복 중인 키와 값으로 구성된 항목을 출력합니다. {}는 문자열 포맷팅을 나타내며, 중괄호 {} 안에 있는 k와 v는 각각 키와 값의 자리 표시자입니다. format(k, v) 메소드는 이 자리 표시자를 현재 반복 중인 키와 값으로 대체합니다. 따라서 이 코드는 D 딕셔너리의 모든 항목을 반복하면서 "D[키]=값" 형식으로 출력하게 됩니다. 예를 들어, D['A']='Apple' 항목은 "D[A]=Apple"로 출력됩니다.

소스 코드

```
D={'A':'Apple', 'B':'Banana', 'C':'Cinamon', 'D':'Durian'}

for k,v in D.items():
    print("D[{}]={}".format(k,v))        # D[f1]=10   D[f2]=20
```

실행 결과

```
D[A]=Apple
D[B]=Banana
D[C]=Cinamon
D[D]=Durian
```

다음의 코드는 여러 리스트에 대한 반복 및 리스트 조작 예제입니다. for i, v in enumerate(L):는 리스트 L의 각 항목을 반복하면서 항목의 인덱스를 i에, 값(value)은 v에 할당합니다. 이렇게 하면 각 항목의 위치와 값을 함께 사용할 수 있습니다. for x, y in zip(L1, L2):는 L1과 L2의 각 항목을 짝 지어서 반복하며, 각 반복에서 x에는 L1의 항목, y에는 L2의 항목이 할당됩니다. zip() 함수를 사용하여 두 리스트를 동시에 반복할 수 있습니다. sorted(set(L))는 리스트 L의 중복을 제거하고 정렬한 새로운 리스트를 생성합니다. 그런 다음 for i in ... 루프를 사용하여 정렬된 리스트의 각 항목을 반복하고 출력합니다. reversed(L1)은 리스트 L1을 뒤집은 결과를 생성합니다. 이 뒤집힌 리스트를 반복하면서 각 항목을 출력합니다.

소스 코드

```
L = [1, 5, 3]
L1 = [11, 12 ,13, 14]
L2 = [15, 16, 17, 18]
for i,v in enumerate(L):
    print(i,v)
for x,y in zip(L1,L2):
    print(x,y)
print(L)
for i in sorted(set(L)): print(i,end=" ")# 리스트로부터 세트를 얻고 이를 정렬
```

```
print(" ")
for x in reversed(L1):
    print(x, end=" ")
```

🖥 실행 결과

```
0 1
1 5
2 3
11 15
12 16
13 17
14 18
[1, 5, 3]
1 3 5
14 13 12 11
```

　다음의 코드는 조건문인 if, elif, else를 사용하여 변수 num의 값을 평가하고 결과에 따라 다른 메시지를 출력합니다. num 변수에 값 5가 할당됩니다. if num > 10: 은 num 변수의 값이 10보다 큰지를 확인합니다. 이 조건이 거짓이므로 이 부분은 건너뜁니다. elif num < 10:은 num 변수의 값이 10보다 작은지를 확인합니다. 이 조건이 참이므로 해당 블록이 실행됩니다. 실행 결과로 "num is smaller than 10."이 출력됩니다. else: 블록은 앞선 if와 elif 조건이 모두 거짓일 때 실행됩니다. 이 경우에는 "num is indeed 10."이 출력됩니다.

📝 소스 코드

```
# if에 대해서 알아보기
num = 5
if num > 10:
    print("num is totally bigger than 10.")
elif num < 10:
    print("num is smaller than 10.")
else:
    print("num is indeed 10.")
```

> **실행 결과**
>
> num is smaller than 10.

1.3.5 파이썬의 함수와 형(type)

다음의 코드는 함수와 함수 호출에 관한 예제입니다. 이 함수는 다음과 같이 인수를 받습니다. arg1: 일반 인수(positional argument), *args: 튜플 인수, **dic: 딕셔너리 인수

함수 내에서는 다음과 같은 작업을 수행합니다. arg1의 값을 출력합니다. args가 존재하고, args의 길이가 1보다 크면 args의 두 번째 요소를 반환합니다. 그렇지 않으면 None을 반환합니다. 함수의 마지막에 d = foo(a, *b, **c)와 같이 함수를 호출하는 부분에서 a는 일반 인수로 전달되고, *b는 리스트 b를 인수로 풀어서 전달하며, **c는 딕셔너리 c를 키워드 인수로 풀어서 전달합니다. 이 함수 호출 결과는 d 변수에 저장되고, 마지막으로 d의 값을 출력합니다. 함수 내에서 출력되는 내용과 반환되는 값은 입력에 따라 다를 수 있으며, 여기서는 인수와 관련된 정보를 출력하고, 두 번째 위치 인수를 반환하는 것입니다.

파이썬에서는 함수의 출력을 다양한 방식으로 받는 것이 가능합니다. 한 예로 함수가 리스트의 형태로 결과값을 반환할 때는 다음과 같이 리스트를 직접 받거나 순서대로 값들을 받는 것이 가능합니다.

> **소스 코드**
>
> ```
> # Function의 활용
> def foo(arg1, *args, **dic):
>     # arg1는 일반적 인수
>     # args는 리스트를 받음
>     # dic는 딕셔너리 인자를 받음
>     print("arg1 is ", arg1)
>     print("First of second as list is ", args[0])
>     print("Dictionary is ", dic.values())
>     print(dic)
>     if args and len(args) > 1:
>         return args[1]
> ```

```
    else:
        return None

a = 10
b = ["one", "two", "three"]
c = {"A": "Apple", "B": "Banana","G":"Grape"}

# Use *b는 b 리스트를 **c는 딕셔너리 c를 언패킹함
d = foo(a, *b, **c)
print(d)
```

🖥 실행 결과

```
arg1 is   10
First of second as list is   one
Dictionary is   dict_values(['Apple', 'Banana', 'Grape'])
{'A': 'Apple', 'B': 'Banana', 'G': 'Grape'}
two
```

　다음 코드는 fruits 리스트의 각 항목을 변수 x, y, z에 대입하여 값을 언패킹합니다. 따라서 x에는 "apple", y에는 "banana", z에는 "cherry"가 할당되고, 각각을 출력합니다.

📝 소스 코드

```
fruits = ["apple", "banana", "cherry"]
x, y, z = fruits
print(x)
print(y)
print(z)
apple
banana
cherry
```

　다음의 코드에서 test() 함수는 [1, 2, 3, 4] 리스트를 반환합니다. 함수 호출을 통해 여러 변수에 반환 값을 할당하는 것이 가능하므로 a, w, x, y, z 모두에게 test() 함수의 반환 값을 할당할 수도 있습니다. 여기서 a 변수에는 전체 리스트 [1, 2, 3, 4]

가 할당되게 되고, w, x, y, z 변수에는 리스트의 각 요소가 순서대로 할당됩니다. 따라서 a를 출력하면 [1, 2, 3, 4]가 출력되고, z를 출력하면 4가 출력되는 것을 확인할 수 있습니다.

소스 코드
```
def test():
    return [1,2,3,4]
a=test()
w,x,y,z=test()
print(a)
print(z)
```

실행 결과
```
[1, 2, 3, 4]
4
```

파이썬에서는 자동으로 데이터 유형이 정해집니다. 각 변수 x, y, z에 대한 데이터 유형을 확인할 수 있습니다. 변수를 위와 같이 선언하면 자연적으로 데이터 유형을 알아서 파이썬이 확정합니다.

- x = 1은 정수 데이터를 나타내며, int 데이터 유형입니다.
- y = 2.8은 부동 소수점 숫자를 나타내며, float 데이터 유형입니다.
- z = 1j는 복소수를 나타내며, complex 데이터 유형입니다.

print(type(x)), print(type(y)), print(type(z))를 사용하여 각 변수의 데이터 유형값을 확인할 수 있습니다. 다양한 방식으로 입력된 값을 어떠한 데이터 유형으로 받아들이는지를 확인할 수 있습니다.

소스 코드
```
x = 1     # int
y = 2.8   # float
z = 1j    # complex
print(type(x))
print(type(y))
print(type(z))
```

> 📺 **실행 결과**
>
> ⟨class 'int'⟩
> ⟨class 'float'⟩
> ⟨class 'complex'⟩

다음에서 x = 1은 정수 데이터를 나타내며, int 데이터 유형입니다. y = 35656222554887711은 매우 큰 정수 데이터를 나타내며, int 데이터 유형입니다. z = -3255522는 정수 데이터를 나타내며, int 데이터 유형으로 자동 변수 형이 설정되는 것을 확인할 수 있습니다.

> 📝 **소스 코드**
>
> x = 1
> y = 35656222554887711
> z = -3255522
> print(type(x))
> print(type(y))
> print(type(z))

> 📺 **실행 결과**
>
> ⟨class 'int'⟩
> ⟨class 'int'⟩
> ⟨class 'int'⟩

다음에서 x = 1.10은 부동 소수점 숫자를 나타내며, float 데이터 유형입니다. y = 1.0은 부동 소수점 숫자를 나타내며, float 데이터 유형입니다. z = -35.59는 부동 소수점 숫자를 나타내며, float 데이터 유형입니다.

> 📝 **소스 코드**
>
> x = 1.10
> y = 1.0
> z = -35.59
> print(type(x))
> print(type(y))
> print(type(z))

> 📋 **실행 결과**
>
> ⟨class 'float'⟩
> ⟨class 'float'⟩
> ⟨class 'float'⟩

다음에서 x = 35e3은 지수 표기법을 사용하여 큰 부동 소수점 숫자를 나타내며, float 데이터 유형입니다. y = 12E4도 지수 표기법을 사용하여 큰 부동 소수점 숫자를 나타내며, float 데이터 유형입니다. z = -87.7e100은 지수 표기법을 사용하여 아주 큰 부동 소수점 숫자를 나타내며, float 데이터 유형입니다.

> 📝 **소스 코드**
>
> ```
> x = 35e3
> y = 12E4
> z = -87.7e100
> print(type(x))
> print(type(y))
> print(type(z))
> ```

> 📋 **실행 결과**
>
> ⟨class 'float'⟩
> ⟨class 'float'⟩
> ⟨class 'float'⟩

다음에서 x = 3+5j는 복소수를 나타내며, complex 데이터 유형입니다. 복소수는 실수와 허수로 구성됩니다. y = 5j도 복소수를 나타내며, complex 데이터 유형입니다. z = -5j는 허수 부분이 음수인 복소수를 나타내며, complex 데이터 유형입니다.

> 📝 **소스 코드**
>
> ```
> x = 3+5j
> y = 5j
> z = -5j
> print(type(x))
> print(type(y))
> print(type(z))
> ```

> 🖥 **실행 결과**

〈class 'complex'〉
〈class 'complex'〉
〈class 'complex'〉

1.3.6 파이썬에서 파일 다루기

파일이나 디렉터리 관련 명령어를 사용하여 현재 작업 디렉터리에서 파일 및 디렉터리를 관리하고 이동하는 방법을 보여줍니다. 코드를 단계별로 설명하겠습니다. 주석의 내용을 참고하기를 바랍니다.

!ls 명령어는 Unix 및 Linux 시스템에서 사용되는 명령어로, 현재 디렉터리의 내용을 나열합니다. "!pwd"는 현재 작업 디렉터리의 경로를 표시합니다. pwd 명령어는 "Present Working Directory"의 약어로, 합니다. "!mkdir wonho"는 합니다. mkdir 명령어는 "Make Directory"의 약어로, 새로운 디렉터리를 만듭니다.

!ls는 새로운 디렉터리를 생성한 후에 다시 현재의 디렉터리 내용을 나열합니다. 이제 "wonho" 디렉터리도 목록에 포함되어 있어야 합니다.

%cd 명령어는 주피터 노트북 환경에서 사용되는 명령어로, 디렉터리를 변경하는 데 사용됩니다.

!pwd는 "wonho" 디렉터리로 변경된 현재 작업 디렉터리의 경로를 표시합니다.

코드를 실행하면 현재 디렉터리의 파일 목록을 확인한 후 "wonho"라는 이름의 새로운 디렉터리를 생성하고 해당 디렉터리로 이동한 후 해당 디렉터리의 경로를 표시합니다.

> 📝 **소스 코드**

```
# File에 대해서 알아보자
!ls              # 현재 작업 디렉터리의 파일과 디렉터리 목록을 표시
!pwd             # 현재 작업 중인 디렉터리의 경로를 출력
!mkdir wonho    # "wonho"라는 이름의 새로운 디렉터리를 현재 디렉터리에 생성
!ls              # 현재 디렉터리의 파일과 디렉터리 목록을 표시
%cd wonho        # "wonho" 디렉터리로 현재 작업 디렉터리를 변경
!pwd
```

> 📺 **실행 결과**

PythonSimply01.ipynb pyExample.py
PythonSimply02.ipynb wonho
/Users/ijiwon/SystemModelling
mkdir: wonho: File exists
PythonSimply01.ipynb pyExample.py
PythonSimply02.ipynb wonho
/Users/ijiwon/SystemModelling/wonho
/Users/ijiwon/SystemModelling/wonho

다음 코드는 파일을 생성하고 쓰기 및 읽기 작업을 수행하는 파일 입출력 기능을 보여줍니다. f1 = open("mytext.txt", "w")는 "mytext.txt"라는 파일을 쓰기 모드("w")로 엽니다. 파일이 존재하지 않으면 새로운 파일을 생성합니다. f1은 파일 객체를 나타내며, 이 객체를 사용하여 파일에 쓰기 작업을 수행할 수 있습니다. f1.write("This is my first created 파일")는 파일 객체 f1을 사용하여 지정된 문자열을 파일에 씁니다. 이 경우, "This is my first created 파일"이라는 문자열을 파일에 작성합니다. f1.close()로 파일을 닫습니다. 파일을 한번 열었으면 작업이 완료된 후에는 항상 파일을 닫아야 하고, 파일을 닫으면 파일의 내용이 안전하게 저장됩니다. f2 = open("mytext.txt", "rt")는 "mytext.txt" 파일을 텍스트 읽기 모드("rt")로 다시 엽니다. 이제 파일을 읽을 준비가 되었으며, f2는 새로 열린 파일 객체를 나타냅니다. print(f2.read())는 파일 객체 f2를 사용하여 파일의 내용을 읽고 출력합니다. read() 함수는 파일 내용을 읽어와 문자열로 반환합니다. f2.close()로 파일을 닫습니다. 열린 파일은 읽기 작업이 완료된 후에 닫아야 합니다.

이 코드를 실행하면 "mytext.txt" 파일을 생성하고 그 파일에 문자열을 쓴 다음, 다시 열어서 파일의 내용을 읽고 출력합니다.

> 📝 **소스 코드**

```
f1 = open("mytext.txt","w")
f1.write("This is my first created 파일")
f1.close()
f2 = open("mytext.txt","rt")
print(f2.read())
f2.close()
```

> 📺 **실행 결과**
> This is my first created 파일

다음 코드는 "sample.txt"라는 이름의 파일을 생성합니다. f = open("sample.txt", "x")는 "sample.txt"라는 파일을 생성하기 위해 "x" 모드로 파일을 열려고 시도합니다. "x" 모드는 쓰기 전용 모드로, 파일이 이미 존재하면 오류가 발생합니다. 따라서 "sample.txt" 파일이 이미 존재하면 오류가 발생하므로 같은 이름의 파일이 없어야 합니다. f.close()로 파일을 닫습니다. 파일을 열었다면 작업이 완료된 후 항상 파일을 닫아야 합니다. !ls는 현재 작업 디렉터리에서 파일 목록을 표시합니다. 이 명령을 통해 "sample.txt" 파일이 생성되었는지 확인할 수 있습니다. 만약 "sample.txt" 파일이 현재 디렉터리에 이미 존재한다면 "x" 모드로 파일을 열려고 시도했으므로 파일 생성이 실패할 것입니다. 파일을 쓰기 모드("w")로 열어 새로운 내용을 작성하려는 경우에는 파일이 이미 존재하더라도 내용을 덮어씁니다. 파일이 없으면 새로 생성됩니다.

> 📝 **소스 코드**
> ```
> f = open("sample.txt", "x")
> f.close()
> !ls
> ```

> 📺 **실행 결과**
> mytext.txt sample.txt

다음의 코드는 파일을 여러 모드로 열어서 파일에 쓰고 읽는 일련의 작업들을 연속적으로 보여줍니다. "sample.txt" 파일을 여러 가지 모드로 열고 파일에 내용을 쓰거나 읽는 작업을 수행합니다. f3 = open("sample.txt","w")는 "sample.txt" 파일을 "w" (쓰기 모드)로 엽니다. 파일이 이미 존재하면 작업한 내용이 덮어씌워 지며, 파일이 없으면 새로 생성됩니다. f3.write("I love it")는 파일에 "I love it"이라는 문자열을 씁니다. f3.close()는 파일을 닫습니다. f3 = open("sample.txt","r")는 "sample.txt" 파일을 "r" (읽기 모드)로 엽니다. print(f3.read())는 파일의 내용을 읽어서 출력합니다. f3.close()는 파일을 닫습니다.

"----------"의 모양으로 구분 선을 출력한 후, f3 = open("sample.txt","a")는

"sample.txt" 파일을 "a" (추가 모드)로 엽니다. 파일 끝에 내용을 추가할 수 있습니다. f3.write("I hate it!")는 파일에 "I hate it!"이라는 문자열을 추가합니다. f3.close()는 파일을 닫습니다. f3 = open("sample.txt","r")는 "sample.txt" 파일을 다시 "r" (읽기 모드)로 엽니다.

print(f3.read())는 파일의 내용을 읽어서 출력합니다. 이번에는 추가한 내용이 표현됩니다. 여기에서 "---": 구분 선을 출력합니다.

f3 = open("sample.txt","w")는 "sample.txt" 파일을 다시 "w" (쓰기 모드)로 엽니다. f3.write("New!")는 파일에 "New!"이라는 문자열을 씁니다. 이전 내용은 덮어씌워집니다. f3.close()는 파일을 닫습니다. f3 = open("sample.txt","r")는 "sample.txt" 파일을 다시 "r" (읽기 모드)로 엽니다.

print(f3.read())는 파일의 내용을 읽어서 출력합니다. 이번에는 "New!"로 덮어 씌워진 내용이 표시됩니다.

📝 소스 코드

```
f3 = open("sample.txt","w")
f3.write("I love it")
f3.close()
f3 = open("sample.txt","r")
print(f3.read())
f3.close()
print("-----------")
f3 = open("sample.txt","a")
f3.write("I hate it!")
f3.close()
f3 = open("sample.txt","r")
print(f3.read())
f3.close()
print("-----------")
f3 = open("sample.txt","w")
f3.write("New!")
f3.close()
```

```
f3 = open("sample.txt","r")
print(f3.read())
f3.close()
```

🖥 실행 결과

I love it

I love itI hate it!

New!

다음은 파일 및 디렉터리 조작과 관련된 작업을 수행하는 코드입니다. !cat mytext.txt는 "mytext.txt" 파일의 내용을 출력합니다. 파일이 없으면 없다는 메시지가 나옵니다. import os는 파이썬의 내장 모듈인 os를 임포트 합니다. 이 모듈을 사용하여 파일 및 디렉터리 조작을 수행할 수 있습니다. os.mkdir("new")는 "new"라는 이름의 디렉터리를 생성합니다. print(os.path.exists("sample.txt"))는 "sample.txt" 파일의 존재 여부를 확인하고 그 결과를 출력합니다. 파일이 존재하면 True를 출력하고, 그렇지 않으면 False를 출력합니다.

os.remove("sample.txt")는 "sample.txt" 파일을 삭제합니다. print(os.path.exists("sample.txt"))는 파일이 삭제되었으므로 다시 "sample.txt" 파일의 존재 여부를 확인하고 그 결과를 출력합니다. 파일이 존재하지 않으므로 False를 출력합니다. os.rmdir("new")는 "new" 디렉터리를 삭제합니다. !ls는 현재 디렉터리의 파일 및 디렉터리 목록을 출력합니다.

📝 소스 코드

```
!cat mytext.txt
import os
os.mkdir("new")
print(os.path.exists("sample.txt"))
os.remove("sample.txt")
print(os.path.exists("sample.txt"))
```

```
os.rmdir("new")
!ls
```

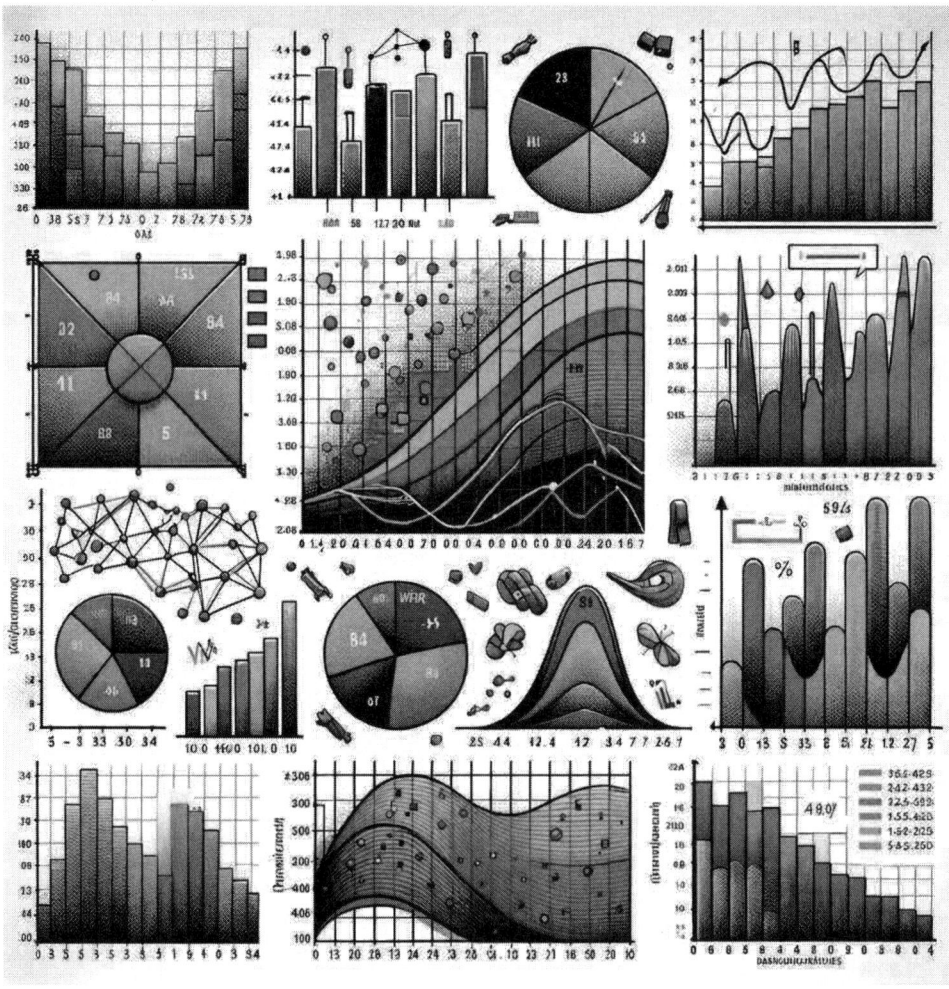

1.3.7 파이썬에서 수식/그래프

NumPy는 데이터 과학자와 수학자, 엔지니어들을 위한 마법 같은 라이브러리입니다. 이 라이브러리 안에는 데이터를 놀라운 속도로 처리하고, 복잡한 계산을 간단하게 수행하는 도구들이 가득합니다. 첫 번째 도구는 'ndarray'입니다. 이것은 마치 슈퍼 데이터 저장 공간 같은 것인데, 벡터, 행렬, 다차원 데이터를 효율적으로 보관합니다. 데이터를 배열로 정리하면 마치 마법처럼 연산을 빠르게 처리할 수 있습니다. 예를 들어, 여러 학생의 시험 점수를 배열로 정리하면, 평균 계산이나 특정 학생의 성적 확인이 순식간에 가능합니다.

또한 NumPy는 고속으로 계산되는 수학 함수, 선형 대수 연산, 푸리에 변환, 난수 생성 등 다양한 수학 도구가 준비돼 있습니다. 데이터 과학의 마술은 바로 이런 수학적 연산을 통해 이뤄집니다. 이는 데이터 분석, 시뮬레이션, 기계 학습, 신경망 구축, 그래프 그리기 등 다양한 분야에서 사용됩니다. 예를 들어, 데이터 분석을 할 때 pandas와 함께 사용되면 데이터를 쉽게 다룰 수 있고, Matplotlib과 연동하면 멋진 그래프를 그릴 수 있습니다.

다음 코드는 Numpy를 활용한 예제입니다. import numpy as np는 NumPy 라이브러리를 가져와서 "np" 별칭으로 사용합니다. 이렇게 하면 NumPy 함수와 클래스에 "np"를 접두사로 사용할 수 있습니다. print(np.__version__)는 NumPy 라이브러리의 버전을 확인합니다.

소스 코드

```python
import numpy as np
print(np.__version__)
a = np.array(42)   # 스칼라 값을 가지는 NumPy 배열을 생성
b = np.array([1, 2, 3, 4, 5]) # 1차원 배열을 생성
c = np.array([[1, 2, 3], [4, 5, 6]]) # 2차원 배열을 생성
# 3차원 배열을 생성
d = np.array([[[1, 2, 3], [4, 5, 6]], [[1, 2, 3], [4, 5, 6]]])
print(a.ndim) # 각 배열의 차원 수를 출력
print(b.ndim)
print(c.ndim)
print(d.ndim)
arr = np.array([1, 2, 3, 4], ndmin=5)
print(arr)
arr = np.array([[1,2,3,4,5], [6,7,8,9,10]])
print('Last element from 2nd dim: ', arr[1, -1])
```

실행 결과

```
1.20.3
0
1
```

```
2
3
[[[[[1 2 3 4]]]]]
Last element from 2nd dim:  10
```

다음의 코드는 Numpy에서의 연산 방식을 보여주는 내용입니다. arr = np.array([1, 2, 3, 4], ndmin=5)는 1차원 배열을 생성하되 최소 5차원 배열로 만듭니다. arr = np.array([[1,2,3,4,5], [6,7,8,9,10]])는 2차원 배열을 생성합니다. print('Last element from 2nd dim: ', arr[1, -1])는 배열의 원하는 위치에 접근하여 값을 출력합니다. print(arr[0:3, 1:4])는 2차원 배열을 슬라이스하여 부분 배열을 출력합니다. arr = np.array([1, 2, 3, 4], dtype='i4')는 배열의 데이터 타입을 정수로 명시적으로 지정합니다. print(arr.dtype)는 배열의 데이터 타입을 출력합니다. arr = np.array([1.1, 2.1, 3.1])는 부동 소수점으로 이루어진 배열을 생성합니다. newarr = arr.astype(int)는 배열의 데이터 타입을 정수로 변경합니다. print(newarr.dtype)는 변경된 배열의 데이터 타입을 출력합니다.

📝 소스 코드

```python
# 슬라이싱
arr = np.array([[1, 2, 3, 4, 5], [6, 7, 8, 9, 10],[11,12,13,14,15]])
print(arr)
print("--Slicing---")
print(arr[0:3, 1:4])


arr = np.array([1, 2, 3, 4], dtype='i4')     # 타입 정의
print("--Type---")
print(arr)
print(arr.dtype)


arr = np.array([1.1, 2.1, 3.1])       # 타입 변경
newarr = arr.astype(int)
print("--Type change---")
print(newarr)
print(newarr.dtype)
```

> **실행 결과**
>
> ```
> [[ 1  2  3  4  5]
>  [ 6  7  8  9 10]
>  [11 12 13 14 15]]
> --Slicing---
> [[ 2  3  4]
>  [ 7  8  9]
>  [12 13 14]]
> --Type---
> [1 2 3 4]
> int32
> --Type change---
> [1 2 3]
> int64
> ```

그래프를 그리는 데 사용되는 파이썬의 주요 라이브러리와 그래프 유형, 간단한 설명을 테이블로 정리했습니다. 다음은 파이썬으로 그래프를 그리는 주요 방법과 관련된 정보입니다:

라이브러리	설명	예시
Matplotlib	가장 널리 사용되는 그래픽 라이브러리로 다양한 그래프 지원	import matplotlib.pyplot as plt
Seaborn	Matplotlib 기반의 통계용 시각화 라이브러리	import seaborn as sns
Pandas	데이터프레임을 사용한 데이터 시각화	import pandas as pd
Plotly	대화형 그래프 및 대시보드 생성	import plotly.express as px
Bokeh	대화형 웹 그래프 생성	from bokeh.plotting import figure, show
Altair	선언적 문법을 사용한 간단한 그래프 생성	import altair as alt

그래프 유형	설명	예시
선 그래프	데이터 포인트를 선으로 연결하여 추세를 시각화	plt.plot(x, y)
산점도	데이터 포인트를 분산하여 관계를 확인하는 데 사용	plt.scatter(x, y)

그래프 유형	설명	예시
막대 그래프	카테고리 데이터의 비교를 위해 막대로 시각화	plt.bar(x, y)
히스토그램	데이터 분포를 확인하기 위해 데이터를 구간으로 나누어 표시	plt.hist(data, bins)
원 그래프	전체와 각 부분의 비율을 시각화	plt.pie(sizes, labels)
상자 그림	데이터 분포의 중앙값, 사분위수, 이상치 등을 시각화	sns.boxplot(x, y, data)
히트맵	데이터 값에 따라 색상을 사용하여 행렬을 시각화	sns.heatmap(data)
선형 차트	데이터 포인트를 선으로 연결하여 추세 및 패턴을 시각화	sns.lineplot(x, y, data)
밀도 그림	데이터 분포를 부드러운 곡선으로 시각화	sns.kdeplot(data)
산점도 행렬	여러 변수 간의 상관 관계를 보여주기 위해 여러 산점도를 배열	sns.pairplot(data)
3D 그래프	3차원 데이터를 시각화	ax = plt.axes(projection='3d')

파이썬에서 그래프를 그릴 때는 Matplotlib와 Seaborn이 매우 일반적으로 사용되며, 데이터 유형과 목적에 따라 다른 라이브러리 및 그래프 유형을 선택할 수 있습니다. 그래프 그리기에서도 마찬가지로 chatGPT의 도움을 받을 수 있습니다. 다음과 같이 이차 방정식을 그래프로 그리기 위한 코드를 파이썬에 요청할 수 있습니다.

> **chatGPT 프롬프트**
> 파이썬으로 2차 방정식의 그래프를 그리는 프로그램을 작성해줘. 입력은 a, b, c의 값을 받도록 해줘.

> **chatGPT 응답**
> 아래는 파이썬을 사용하여 2차 방정식의 그래프를 그리는 간단한 프로그램입니다. 사용자로부터 a, b, c의 값을 입력받고, 그에 따른 2차 방정식의 그래프를 그립니다. 이를 위해 matplotlib 라이브러리를 사용합니다.
>
> 먼저, a, b, c 값을 입력받습니다. 그런 다음 matplotlib을 사용하여 그래프를 그리는 코드를 작성합니다.
>
> **소스 코드**
> ```python
> import matplotlib.pyplot as plt
> ```

```python
import numpy as np

# 사용자로부터 a, b, c 값을 입력받음
a = float(input("a 값을 입력하세요: "))
b = float(input("b 값을 입력하세요: "))
c = float(input("c 값을 입력하세요: "))

# x 범위 설정
x = np.linspace(-10, 10, 400)   # 원하는 x 범위로 조절 가능

# 2차 방정식 함수 정의
y = a * x**2 + b * x + c

# 그래프 그리기
plt.plot(x, y)
plt.xlabel("x")
plt.ylabel("y")
plt.title(f"{a}x^2 + {b}x + {c}")
plt.grid(True)
plt.show()
```

위 코드를 실행하면 사용자로부터 a, b, c 값을 입력받아 해당 2차 방정식의 그래프가 표시됩니다. x 범위를 조절하여 그래프의 표시 범위를 변경할 수 있습니다.

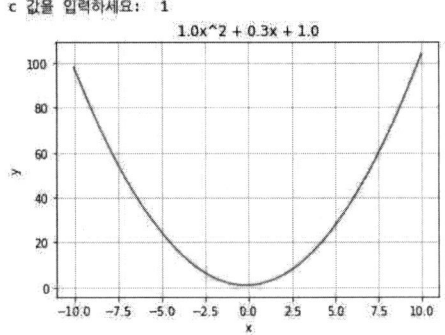

그림 1.3.4 이차 방정식 그래프

주피터랩에서 실행하여 그림 1.3.4의 결과를 얻을 수 있습니다.

Matplotlib은 파이썬의 데이터 시각화 라이브러리로, 데이터를 그래프, 플롯, 차트 등 다양한 시각적 형태로 표현하는 데 사용됩니다. 이 라이브러리를 활용하면 데이터 분석 결과를 직관적으로 이해하고 다른 사람들과 공유할 수 있습니다. Matplotlib은 선 그래프, 산점도, 막대 그래프, 히스토그램, 원 그래프 등 다양한 그래프 유형을 생성하고 사용자 정의할 수 있는 기능을 제공합니다. 또한, 그래프에 제목, 레이블, 범례 등을 추가하여 그래프를 더욱 명확하게 표현할 수 있습니다. 데이터 시각화의 필수 도구로 Matplotlib은 데이터 과학, 엔지니어링, 비즈니스 분야에서 널리 사용되며, 파이썬을 기반으로 한 데이터 분석 생태계의 핵심 구성 요소 중 하나입니다.

다음 코드는 데이터를 그래프로 표시하는 한 방법으로 import matplotlib.pyplot as plt 및 import numpy as np 코드를 통해 Matplotlib와 NumPy 라이브러리를 가져온 후, xpoints와 ypoints는 NumPy 배열로, 각각 x 축과 y 축의 데이터를 나타냅니다. 이 예제에서는 x 값은 [0, 1, 2, 3]으로 설정하고, y 값은 [3, 8, 1, 10]으로 설정합니다. plt.plot(xpoints, ypoints, marker='*', linestyle='dotted')를 사용하여 선 그래프를 생성하고, xpoints를 x 축 데이터로, ypoints를 y 축 데이터로 사용하며, 선 스타일은 별표(*)로 지정하고 선 스타일은 점선(dotted)으로 지정합니다.

plt.title("Sports Watch Data")를 사용하여 그래프의 제목을 설정합니다. plt.xlabel("Average Pulse")와 plt.ylabel("#Calorie Burnage")를 사용하여 x 축과 y 축의 레이블을 설정합니다. plt.grid(axis='y')를 사용하여 y 축에 대한 그리드 라인을 표시합니다. plt.show()를 호출하여 그래프를 화면에 표시합니다. 이 코드는 "Sports Watch Data"라는 제목을 가진 선 그래프를 생성하고, x 축에 "Average Pulse"라는 레이블을, y 축에 "#Calorie Burnage"라는 레이블을 추가하여 데이터를 시각화합니다.

> 📝 **소스 코드**
>
> ```python
> import matplotlib.pyplot as plt
> import numpy as np
>
>
> xpoints = np.array(range(4))
> ypoints = np.array([3, 8, 1, 10])
>
>
> plt.plot(xpoints, ypoints, marker = '*', linestyle = 'dotted')
>
> plt.title("Sports Watch Data")
> ```

```
plt.xlabel("Average Pulse")
plt.ylabel("#Calorie Burnage")
plt.grid(axis = 'y')
plt.show()
```

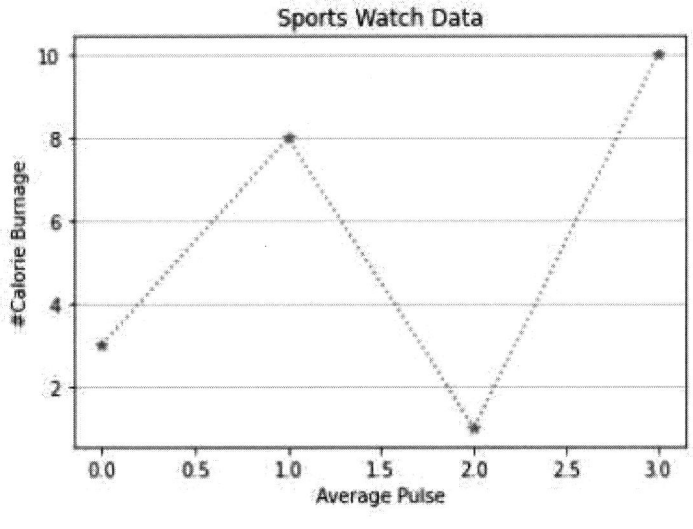

그림 1.3.5 데이터의 그래프 표현

다음 코드는 Matplotlib를 사용하여 하나의 화면에 두 개의 그래프를 나란히 그리는 예제입니다. x와 y 배열을 생성하여 각각 첫 번째 그래프와 두 번째 그래프의 데이터로 사용하며, plt.subplot(1, 2, 1)을 사용하여 화면을 1행2열의 그리드로 분할하고, 첫 번째 그래프를 그리는 영역(1행, 2열 중 1열)을 선택합니다. plt.plot(x, y)를 사용하여 첫 번째 그래프를 그립니다. plt.subplot(1, 2, 2)을 사용하여 두 번째 그래프를 그리는 영역(1행, 2열 중 2열)을 선택합니다. 다시 plt.plot(x, y)를 사용하여 두 번째 그래프를 그립니다. plt.show()를 호출하여 두 개의 그래프가 나란히 표시됩니다.

이 코드는 두 개의 그래프를 하나의 화면에 나란히 그려서 비교할 수 있게 합니다. 첫 번째 그래프는 [0, 1, 2, 3]의 x값과 [3, 8, 1, 10]의 y 값으로, 두 번째 그래프는 [0, 1, 2, 3]의 x값과 [10, 20, 30, 40]의 y 값으로 구성됩니다.

📝 소스 코드

```
#plot 1:
x = np.array([0, 1, 2, 3])
```

```
y = np.array([3, 8, 1, 10])
plt.subplot(1, 2, 1)
plt.plot(x,y)

#plot 2:
x = np.array([0, 1, 2, 3])
y = np.array([10, 20, 30, 40])
plt.subplot(1, 2, 2)
plt.plot(x,y)
plt.show()
```

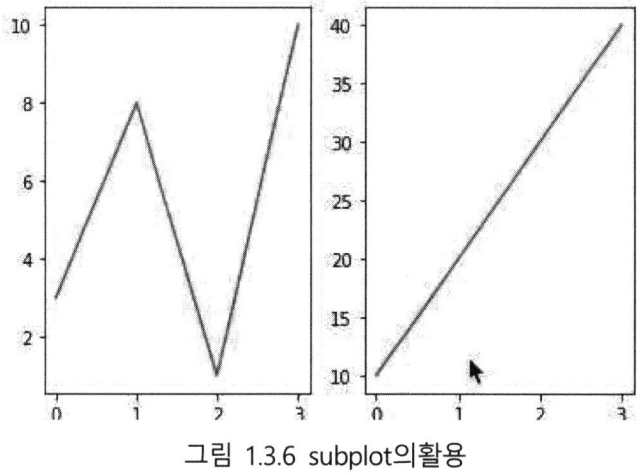

그림 1.3.6 subplot의 활용

사인 함수를 그래프로 출력하는 코드를 작성해 보겠습니다. 코드의 내용은 다음과 같습니다.

먼저 사용자로부터 시작 값 (a)와 끝 값 (b)를 입력받습니다. 입력된 a와 b를 정수로 변환하여 범위를 생성합니다. 범위는 a부터 b까지이며, 값 사이를 30등분하여 배열 x에 저장됩니다. 초기화된 결과를 저장할 배열 y를 생성하고, 모든 요소를 0.0으로 초기화합니다. 반복문을 사용하여 x 배열의 각 요소에 대해 사인값을 계산하고 y 배열에 저장합니다. plt.plot(x, y)를 사용하여 x와 y 값을 가지고 그래프를 그립니다. 결과적으로, 이 코드는 시작부터 끝값까지의 범위에서 사인 함숫값을 계산하고 그래프로 시각화합니다. 그래프는 x값에 따른 사인 함수의 그래프를 나타냅니다.

📝 소스 코드

```
import math
print("input start and end value")
a = input()
b= input()
x = np.array(np.arange(int(a), int(b), (int(b)-int(a))/30.0 ))
y=np.tile(0.0,len(x))
for i, k in enumerate(x):
    y[i]=math.sin(k)
 # print(y[i])
plt.plot(x,y)
```

🖥 실행 결과

input start and end value

0

10

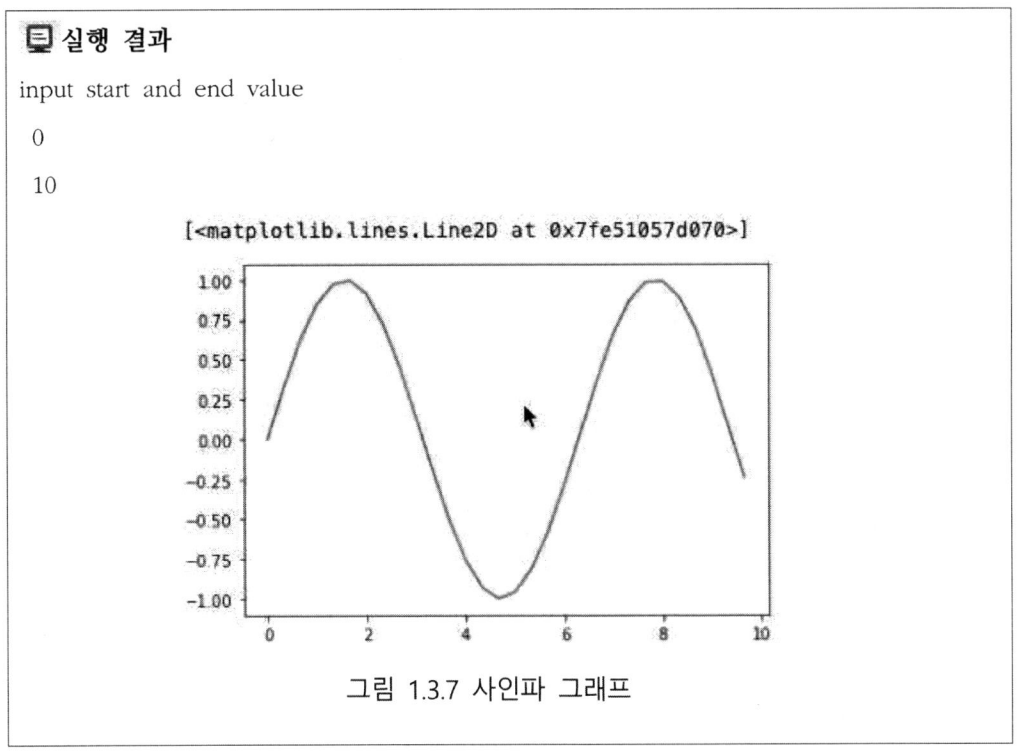

그림 1.3.7 사인파 그래프

다음의 코드는 sin(x)cos(x)을 그리는 작업을 수행합니다. linspace 함수를 사용하여 0부터 8까지의 범위를 60개의 등분된 점으로 만듭니다. 이것은 x값의 범위를 생성합니다. y1, y2, y3, y4라는 네 개의 배열을 생성합니다. 이 배열은 각각 sin(2x), sin(x), cos(x), sin(x)cos(x)값을 저장하기 위한 것입니다. 반복문을 사용하여 x값의 범위에 대해 각 함수의 값을 계산하고 각 배열에 저장합니다. 예를 들어, y1[i]는 math.sin(2*k)의 계산 결과를 저장합니다. plt.subplot(1,2,1)을 사용하여 두 개의 그래프를 나란히 표시하기 위한 하위 그래프를 생성합니다. plt.plot(x,y1,x,y2,x,y3,x,y4)를 사용하여 네 개의 그래프를 하위 그래프에 그립니다. 이렇게 하면 네 개의 그래프가 하나의 그래프 영역에 나란히 표시됩니다. 결과적으로, 이 코드는 sin(2x), sin(x), cos(x), sin(x)cos(x) 함수들의 그래프를 나란히 표시합니다.

소스 코드

```python
# 2배각 공식 sin(2x) = 2 sin*(x)cos(x)
from numpy.core.function_base import linspace
import matplotlib.pyplot as plt
import cmath
import numpy as np
import math
x = np.linspace(0, 8, 60 )
y1= np.zeros(len(x))
y2=np.zeros(len(x))
y3=np.zeros(len(x))
y4=np.zeros(len(x))
for i,k in enumerate(x):
    y1[i]=math.sin(2*k)
    y2[i]=math.sin(k)
    y3[i]=math.cos(k)
    y4[i]=y2[i]*y3[i]

plt.subplot(1,2,1)
plt.plot(x,y1,x,y2,x,y3,x,y4)
```

실행 결과

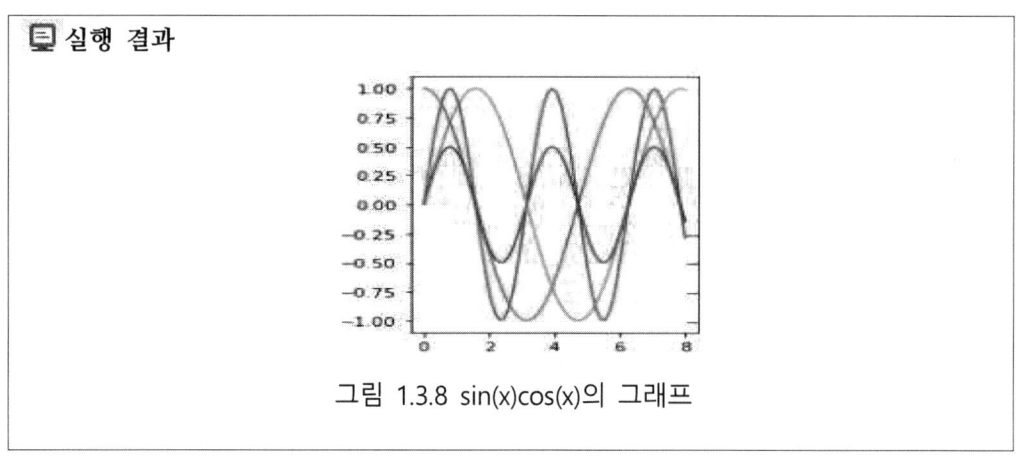

그림 1.3.8 sin(x)cos(x)의 그래프

다음의 코드는 오일러의 공식을 사용하여 복소 지수 함수를 계산하고 그래프로 나타내는 작업을 수행합니다.

plt.subplot(1,2,2)을 사용하여 두 개의 그래프 중 두 번째 그래프를 생성합니다. x 배열은 0부터 2π까지의 범위를 60개의 등분된 점으로 생성합니다. 이 배열은 각 점에서 복소 지수 함수를 계산하는 데 사용됩니다. 반복문을 사용하여 x 배열의 각 값을 가져와서 복소 지수 함수 cmath.exp(complex(0,k))를 계산합니다. 여기서 complex(0, k)는 복소평면에서 각도 k에 해당하는 복소수를 생성합니다. 이 함수를 계산하면 실수부와 허수부가 나뉘어 있으므로 y1[i]에는 실수부를, y2[i]에는 허수부를 저장합니다. plt.plot(y1,y2)를 사용하여 실수부와 허수부를 가지고 있는 y1과 y2를 x, y 좌표로 하는 그래프를 그립니다. 결과적으로, 이 코드는 복소 지수 함수를 사용하여 오일러 표기법에 따라 복소수를 계산하고 이를 실수부와 허수부로 분리하여 그래프로 표시합니다.

소스 코드

```
# 오일러 표시
plt.subplot(1,2,2)
x=np.linspace(0,2*math.pi,60)
for i,k in enumerate(x):
    y1[i]= cmath.exp(complex(0,k)).real
    y2[i]= cmath.exp(complex(0,k)).imag
plt.plot(y1,y2)
```

실행 결과

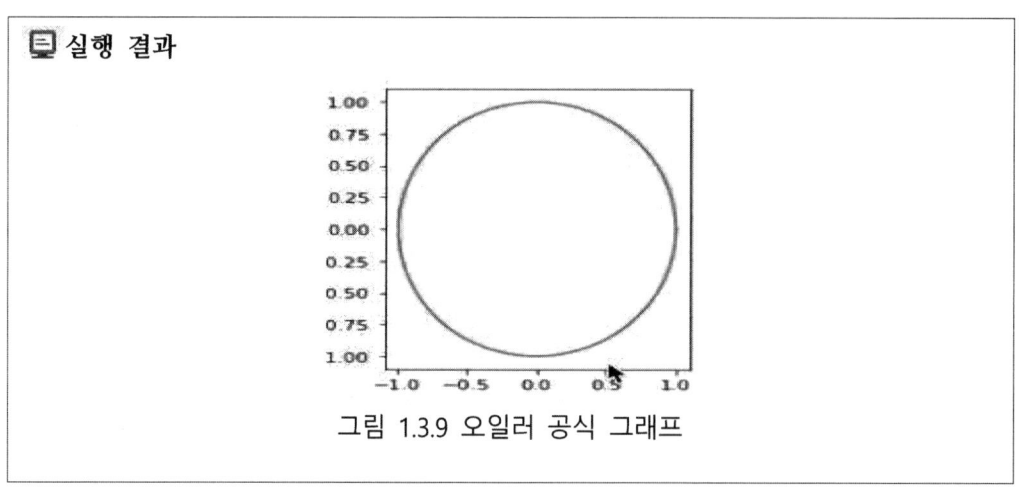

그림 1.3.9 오일러 공식 그래프

삼각 함수 식 sin^2(x) + cos^2(x) = 1을 확인하고 해당 결과를 그래프로 나타내는 작업을 수행해 봅니다. 이 두 개의 식은 삼각함수를 배울 때 많이 보았던 공식이죠?

plt.subplot(2,1,1)을 사용하여 두 개의 그래프 중 첫 번째 그래프를 생성합니다. x 배열은 0부터 8까지의 범위를 60개의 등분된 점으로 생성합니다. 이 배열은 각 점에서 삼각 함수를 계산하는 데 사용됩니다. 반복문을 사용하여 x 배열의 각 값을 가져와서 y1 배열에는 math.sin(k)을 제곱한 값, y2 배열에는 math.cos(k)를 제곱한 값을 저장합니다. 그런 다음 y3 배열에는 y1과 y2를 더한 값을 저장합니다. plt.plot(x, y1, x, y2, x, y3)를 사용하여 첫 번째 그래프에 y1, y2, y3를 x, y 좌표로 하는 그래프를 그립니다. 이 그래프는 sin^2(x), cos^2(x), 1의 관계를 보여줍니다. plt.subplot(2,1,2)을 사용하여 두 개의 그래프 중 두 번째 하위 그래프를 생성합니다. 반복문을 사용하여 x 배열의 각 값을 가져와서 y4 배열에는 math.sin(k), y5 배열에는 math.cos(k)를 저장합니다. 그런 다음 y6 배열에는 y4와 y5를 더한 값을 저장합니다. plt.plot(x, y4, x, y5, x, y6)을 사용하여 두 번째 그래프에 y4, y5, y6을 x, y 좌표로 하는 그래프를 그립니다. 이 그래프는 sin(x), cos(x), sin(x) + cos(x)의 관계를 보여줍니다. 결과적으로, 이 코드는 삼각 함수를 사용하여 sin^2(x) + cos^2(x) = 1의 관계를 확인하고 그 결과를 그래프로 시각화합니다. 더불어 sin(x), cos(x), sin(x) + cos(x)의 그래프를 두 번째 그래프에 표시하여 비교하도록 하였습니다.

소스 코드

```python
# sin^2(x)+cos^2(x) =1
from numpy.core.function_base import linspace
import matplotlib.pyplot as plt
```

```
import cmath
import numpy as np
import math
x = np.linspace(0, 8, 60 )
y1= np.zeros(len(x))
y2=np.zeros(len(x))
y3=np.zeros(len(x))
y4=np.zeros(len(x))
y5=np.zeros(len(x))
y6=np.zeros(len(x))
for i,k in enumerate(x):
    y1[i]=math.pow(math.sin(k),2)
    y2[i]=math.pow(math.cos(k),2)
    y3[i]=y1[i]+y2[i]
    y4[i]=math.sin(k)
    y5[i]=math.cos(k)
    y6[i]=y4[i]+y5[i]
plt.subplot(2,1,1)
plt.plot(x,y1,x,y2,x,y3)
plt.subplot(2,1,2)
plt.plot(x,y4,x,y5,x,y6)
```

실행 결과

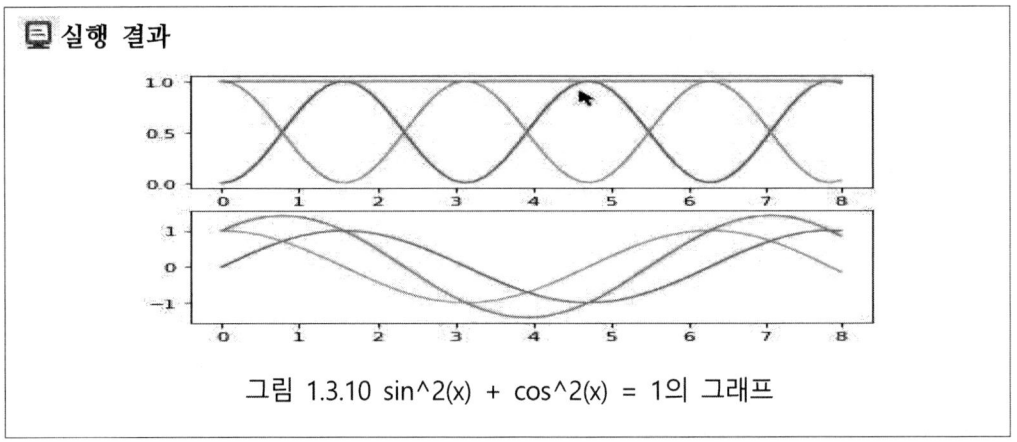

그림 1.3.10 sin^2(x) + cos^2(x) = 1의 그래프

다음의 코드는 로그함수(logarithmic function)를 사용하여 그래프를 그리고 로그 스케일(log scale)을 적용하여 그래프를 표시합니다. 이는 일반 스케일로 표현하기 힘

든 넓은 범위에서의 변화를 파악하는 데 유익하며 2장이나 3장에서의 주파수 분석 등에 많이 활용되는 그래프입니다.

x 배열은 1부터 100까지 1,000개의 등분된 점으로 생성됩니다. 이 배열은 로그함수의 입력값으로 사용됩니다. 반복문을 사용하여 x 배열의 각 값을 가져와서 y1 배열에는 math.exp(k) * math.pow(k, 2)를 계산한 결과를 저장합니다. 이것은 로그함수의 형태로 계산된 값입니다. plt.plot(y1)을 사용하여 기본 그래프를 그립니다. 이 그래프는 일반적인 스케일을 사용하고 있으며, 로그함수의 형태를 보여줍니다. a, ax = plt.subplots()를 사용하여 두 개의 서브플롯(subplot)을 생성합니다. 첫 번째 서브플롯에서는 ax.set_yscale('log')를 사용하여 y 축을 로그 스케일로 설정하고, ax.plot(y1)을 사용하여 로그 스케일을 적용한 그래프를 그립니다. 두 번째 서브플롯에서는 ax.set_xscale('log')와 ax.set_yscale('log')를 사용하여 x 축과 y 축을 모두 로그 스케일로 설정하고, ax.plot(y1)을 사용하여 둘 다 로그 스케일을 적용한 그래프를 그립니다.

결과적으로, 이 코드는 로그함수를 사용하여 그래프를 그리고, 로그 스케일을 적용하여 일반 스케일과 로그 스케일로 표시된 두 개의 그래프를 생성합니다. 앞서 설명한 바와 같이 로그 스케일을 사용하면 주파수 응답과 같이 일반 스케일로는 감지하기 힘든 데이터의 x, y 데이터의 독립적 변화나 두 데이터의 상관관계를 파악할 때 유용하게 사용됩니다.

📝 소스 코드

```python
#로그 함수
from numpy.core.function_base import linspace
import matplotlib.pyplot as plt
import cmath
import numpy as np
import math
x = np.linspace(1,100,1000)
y1= np.zeros(len(x))
y2=np.zeros(len(x))
for i,k in enumerate(x):
    y1[i]=math.exp(k)*math.pow(k,2)
plt.plot(y1)
a,ax =plt.subplots()
```

```
ax.set_yscale('log')
ax.plot(y1)
a,ax =plt.subplots()
ax.set_xscale('log')
ax.set_yscale('log')
ax.plot(y1)
```

실행 결과

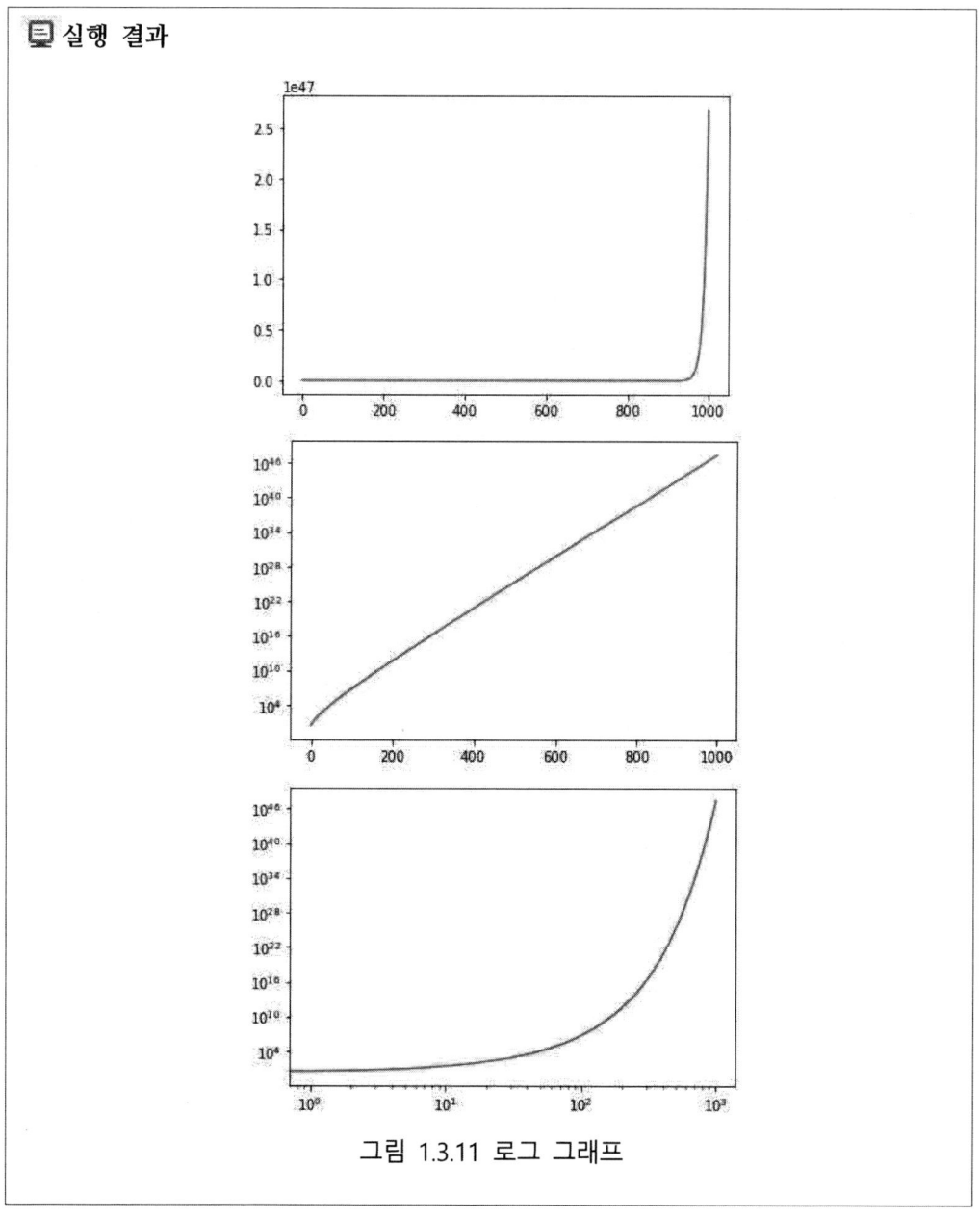

그림 1.3.11 로그 그래프

다음의 코드는 복소수(complex number)를 생성하고 그것들을 그래프로 나타내는 작업을 수행합니다. 복소수의 값들은 복소 평면에 표현되며 복소 평면은 실수축과 허수축으로 구성된 그래프입니다. 전기공학에서 복소수는 페이서로 전압이나 전류를 표현할 때 벡터도 등으로 유용하게 사용됩니다.

import 문을 사용하여 필요한 라이브러리와 모듈을 가져옵니다. numpy, math, matplotlib.pyplot, random, cmath 라이브러리와 모듈이 사용됩니다. Asize 변수를 선언하고 100으로 초기화합니다. 이 변수는 생성할 복소수의 개수를 나타냅니다. Z 배열을 생성하고, np.random.random(Asize)를 사용하여 0에서 1 사이의 난수를 생성하고, 이를 np.random.random(Asize) * 1j와 더하여 복소수를 생성합니다. 이로써 Z 배열에는 복소수가 무작위로 생성됩니다. C 배열을 생성하고, 초기값으로 0으로 채웁니다. 이 배열은 복소수의 크기와 위상을 나타내는 복소수 배열입니다.

for 루프를 사용하여 np.linspace(0,2*math.pi,Asize)를 통해 0부터 2π까지의 각도를 생성하고, 이를 이용하여 C 배열에 복소수 값을 계산합니다. cmath.exp 함수를 사용하여 복소 지수 함수를 계산하고, 결과를 C 배열에 저장합니다. plt.scatter(C.real+Z.real, C.imag+Z.imag)를 사용하여 실수 부분(C.real)과 허수 부분(C.imag)을 더하고, 이를 산점도 그래프로 표현합니다. 이로써 복소수 값이 그래프상에 표시됩니다. 결과적으로, 이 코드는 복소수를 생성하고 그것을 그래프로 시각화하여 나타냅니다. 이를 통해 복소수의 크기와 위상이 그래프상에 표현됩니다.

📝 소스 코드

```python
# 복소수 그리기
import numpy as np
import math
import matplotlib.pyplot as plt
import random
Asize = 100
Z = np.random.random(Asize) + np.random.random(Asize) * 1j
C = np.zeros((Asize),dtype=np.complex)
for a,i in enumerate(np.linspace(0,2*math.pi,Asize)):
    C[a]=10*cmath.exp(np.complex(0,i))
plt.scatter(C.real+Z.real,C.imag+Z.imag)
```

실행 결과

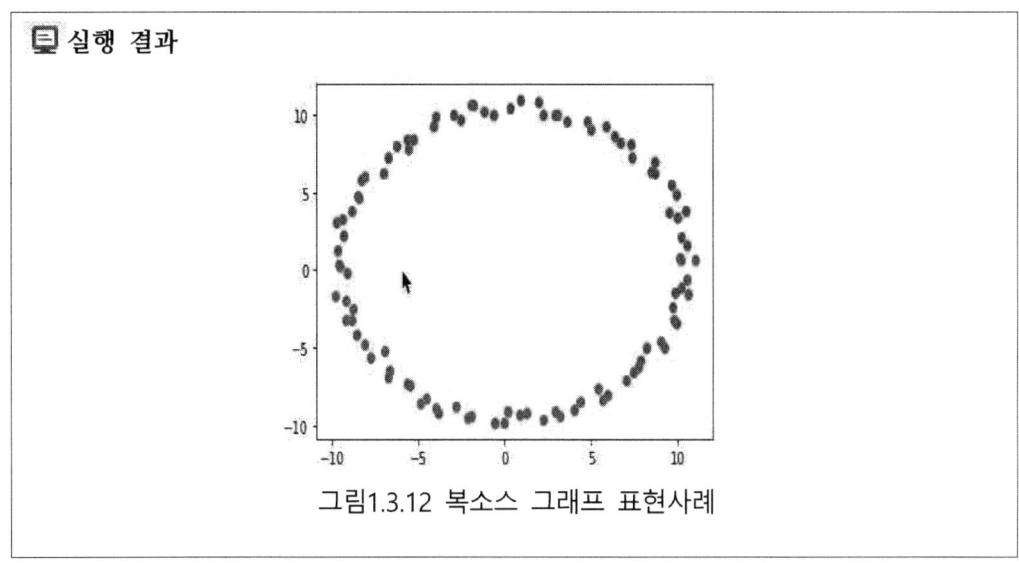

그림1.3.12 복소스 그래프 표현사례

다음은 3D 그래프를 생성하는 예제로 코드에 대한 간략한 설명은 다음과 같습니다.

import numpy as np를 통해 NumPy 라이브러리를 가져옵니다. ax = plt.axes(projection='3d')를 사용하여 3D 그래프를 그릴 수 있는 Axes 객체(ax)를 생성합니다. zline, xline, yline은 3D 선 그래프를 위한 데이터입니다. zline은 0에서 15까지 1,000개의 점을 생성하고, xline은 zline 값에 대한 사인 함숫값을, yline은 코사인 함숫값을 가지도록 설정합니다. ax.plot3D(xline, yline, zline, 'gray')를 사용하여 3D 선 그래프를 그립니다. xline, yline, zline은 각각 x, y, z 축을 나타내며, 'gray'는 선의 색상을 지정합니다. zdata, xdata, ydata는 3D 산점도 그래프를 위한 데이터입니다. zdata는 0에서 15까지 무작위한 100개의 값으로 채워지고, xdata와 ydata는 zdata에 사인과 코사인 함숫값을 더한 후 약간의 잡음을 임의의 크기로 추가하여 생성합니다. ax.scatter3D(xdata, ydata, zdata, c=zdata, cmap='Greens')를 사용하여 3D 산점도 그래프를 그립니다. xdata, ydata, zdata는 각각 x, y, z 축에 대한 데이터이며, c=zdata는 각 점의 색상을 zdata 값에 따라 지정하고, cmap='Greens'는 색상 맵을 'Greens'로 설정합니다. 이로써 3D 선 그래프와 3D 산점도 그래프가 같은 3D 공간에 그려집니다.

소스 코드

```
import numpy as np
```

```
ax = plt.axes(projection='3d')
# 3차원 선의 데이터를 그림
zline = np.linspace(0, 15, 1000)
xline = np.sin(zline)
yline = np.cos(zline)
ax.plot3D(xline, yline, zline, 'gray')
# 3차원 산점도 데이터를 그림
zdata = 15 * np.random.random(100)
xdata = np.sin(zdata) + 0.1 * np.random.randn(100)
ydata = np.cos(zdata) + 0.1 * np.random.randn(100)
ax.scatter3D(xdata, ydata, zdata, c=zdata, cmap='Greens');
```

실행 결과

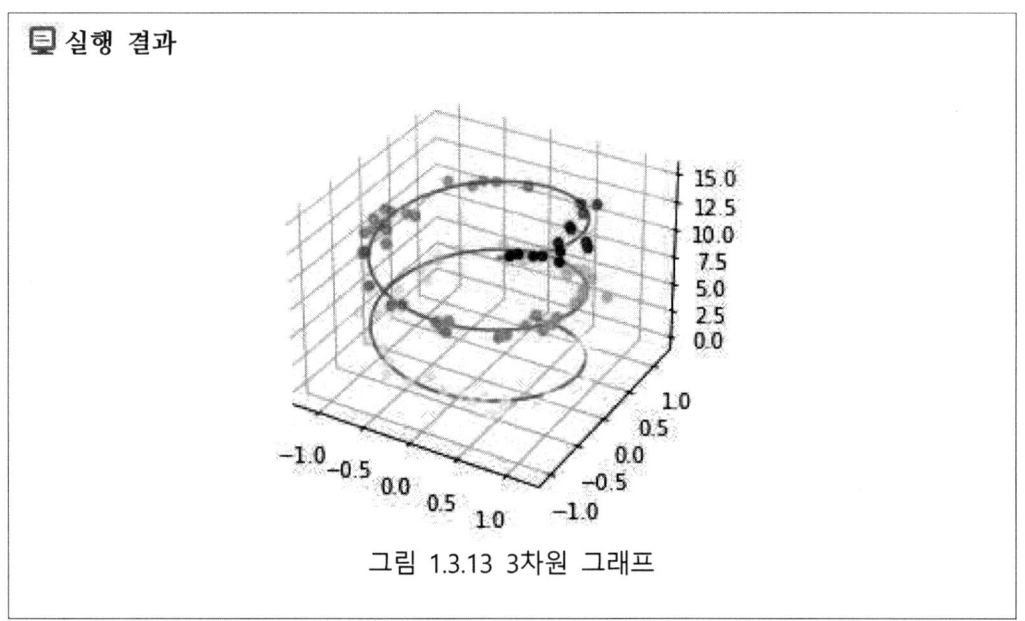

그림 1.3.13 3차원 그래프

다음은 3D 표면을 그리는 예제입니다. 먼저 필요한 라이브러리를 가져옵니다.

numpy (as np): 수학적 연산을 위한 라이브러리 matplotlib.pyplot (as plt): 그래프 그리기를 위한 라이브러리 f(x, y) 함수를 정의합니다. 이 함수는 (x, y) 좌표에서의 값을 계산하는 함수로, 여기서는 x와 y의 거리에 따라 사인 함수의 값인 np.sin(np.sqrt(abs(x ** 2 + y ** 2)))을 반환합니다. 다음에는 x와 y 값을 생성합니다. np.linspace(-6, 6, 30)을 사용하여 -6에서 6까지 범위에서 30개의 값을 생성합니다. 이것이 표면을 그릴 좌표값입니다. np.meshgrid(x, y)를 사용하여 2차원 그리드를 생성합니다. X와 Y는 각각 x와 y 값을 가지게 됩니다. f(X, Y)를 호출하여 각 (x, y) 좌표에서 Z값을 계산합니다. fig = plt.figure()를 사용하여 새로운 그래프를 생성합니다. ax = plt.axes(projection='3d')를 사용하여 3D 축을 가지는 Axes 객체를 생성합니다. ax.contour3D(X, Y, Z, 50, cmap='plasma')를 사용하여 3D 표면을 등고선으로 그립니다. X, Y, Z는 각각 x, y, z 좌푯값을 나타내며, 50은 등고선의 개수를 나타냅니다. cmap='plasma'은 등고선 색상을 지정합니다. ax.set_xlabel('x'), ax.set_ylabel('y'), ax.set_zlabel('z')를 사용하여 x, y, z 축의 레이블을 설정합니다. ax.view_init(60, 35)는 그래프의 시각화 관점을 조절하는 데 사용됩니다. 여기서는 60도 각도로 위를 바라보며, 35도 각도로 좌우를 바라보게 설정했습니다. 이 부분은 시각화의 관점을 조절할 때 활용됩니다.

코드 실행 후 plt.show()를 호출하여 그래프를 화면에 표시하면 3D 표면을 등고선으로 그린 그래프를 생성할 수 있습니다.

📝 소스 코드

```python
import numpy as np
import math
import matplotlib.pyplot as plt

def f(x, y):
    return np.sin(np.sqrt(abs(x ** 2 + y ** 2)))

x = np.linspace(-6, 6, 30)
y = np.linspace(-6, 6, 30)
X, Y = np.meshgrid(x, y)
Z = f(X, Y)
ax.view_init(60, 35)
fig = plt.figure()
ax = plt.axes(projection='3d')
ax.contour3D(X, Y, Z, 50, cmap='plasma')
ax.set_xlabel('x')
ax.set_ylabel('y')
ax.set_zlabel('z');
```

📟 실행 결과

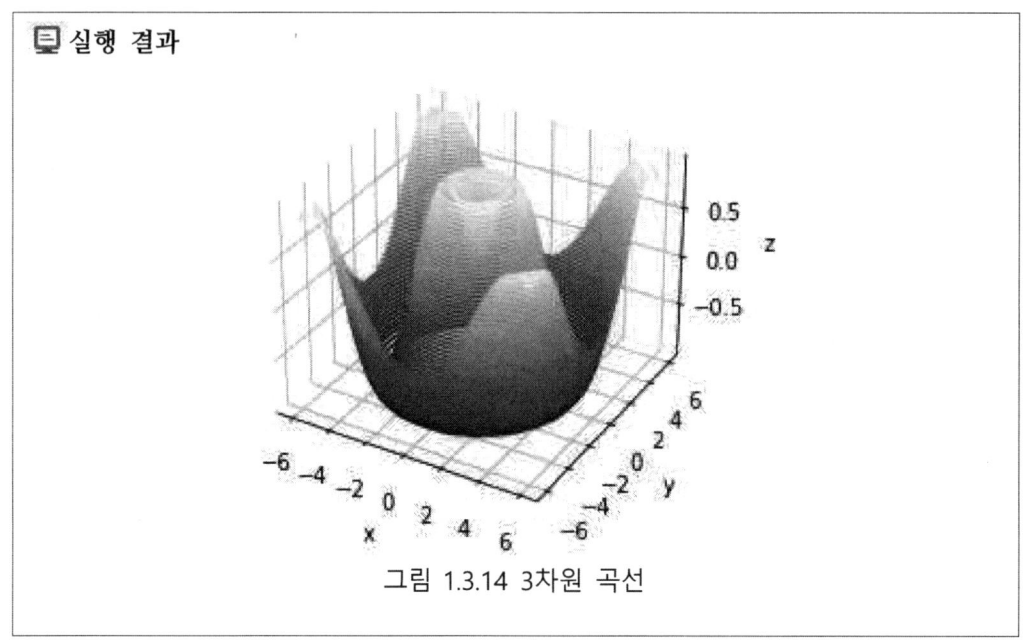

그림 1.3.14 3차원 곡선

다음은 matplotlib을 사용하여 산점도(Scatter Plot)를 그리는 예제입니다.

먼저 두 개의 데이터 세트를 시각화합니다. x와 y 배열에 각각 첫 번째 데이터 세트의 x와 y 좌표를 저장합니다. plt.scatter(x, y, color='hotpink')을 사용하여 첫 번째 데이터 세트를 산점도로 그립니다. color='hotpink'는 점들의 색상을 강한 핑크로 지정합니다.

다음에는 데이터 세트에 대해 x와 y 배열을 업데이트합니다. plt.scatter(x, y, color='#88c999')를 사용하여 두 번째 데이터 세트를 산점도로 그립니다. color='#88c999'는 점들의 색상을 사용자 지정 색상으로 지정합니다. plt.show()를 호출하여 그래프를 화면에 표시합니다. 이렇게 하면 두 개의 데이터 세트를 다른 색상으로 표시한 산점도 그래프가 생성됩니다. 첫 번째 데이터 세트는 강한 분홍빛으로, 두 번째 데이터 세트는 사용자 지정 색상인 '#88c999'로 표시됩니다.

📝 소스 코드

```
import matplotlib.pyplot as plt
import numpy as np

# 첫번째 데이터 그래프
x = np.array([5,7,8,7,2,17,2,9,4,11,12,9,6])
```

```
y = np.array([99,86,87,88,111,86,103,87,94,78,77,85,86])
plt.scatter(x, y,color = 'hotpink')

# 두 번째 데이터 그래프
x = np.array([2,2,8,1,15,8,12,9,7,3,11,4,7,14,12])
y = np.array([100,105,84,105,90,99,90,95,94,100,79,112,91,80,85])
plt.scatter(x, y,color = '#88c999')
plt.show()
```

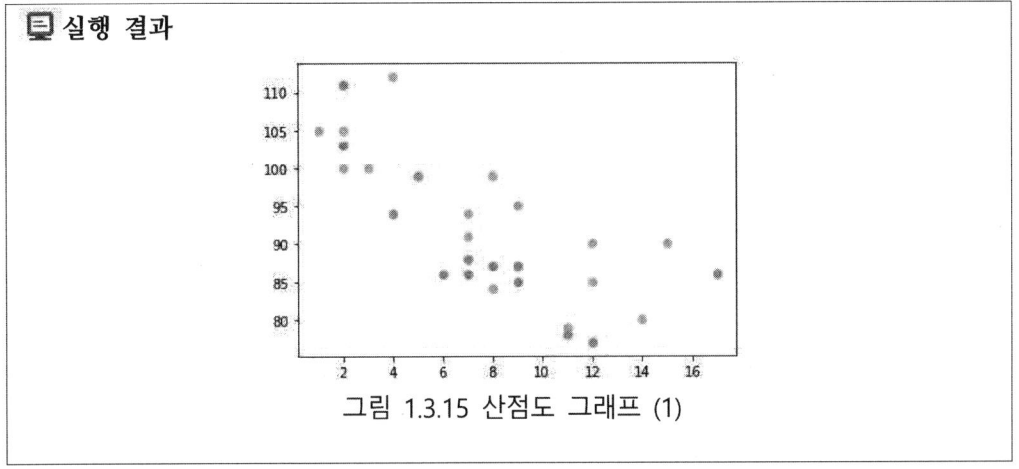

그림 1.3.15 산점도 그래프 (1)

다음은 산점도(Scatter Plot)를 그리고 각 점에 대한 색상을 사용자가 정의한 배열 colors에 따라 지정하는 예제입니다.

x와 y 배열에 데이터 포인트의 x와 y 좌표를 저장합니다. colors 배열에 각 데이터 포인트에 대한 색상을 저장합니다. plt.scatter(x, y, c=colors, cmap='viridis')를 사용하여 산점도를 그립니다. c=colors는 각 점에 대한 색상을 colors 배열에 지정된 값으로 설정하고, cmap='viridis'는 색상 맵을 설정합니다. plt.colorbar()를 호출하여 색상 바(colorbar)를 플롯에 추가합니다. 이 바는 데이터 포인트의 값에 따라 색상을 표시합니다.

다음으로는 plt.show()를 호출하여 그래프를 화면에 표시합니다. 이렇게 하면 데이터 포인트의 위치에 따라 지정된 색상으로 표시된 산점도가 생성되며, 색상 바는 사용된 색상에 대한 범위를 보여줍니다.

> 📝 **소스 코드**

```
x = np.array([5,7,8,7,2,17,2,9,4,11,12,9,6])
y = np.array([99,86,87,88,111,86,103,87,94,78,77,85,86])
colors = np.array(["red","green","blue","yellow","pink","black","orange","purple","beige",
"brown","gray","cyan","magenta"])

plt.scatter(x, y, c=colors, cmap='viridis')
plt.colorbar()
plt.show()
```

> 🖥 **실행 결과**

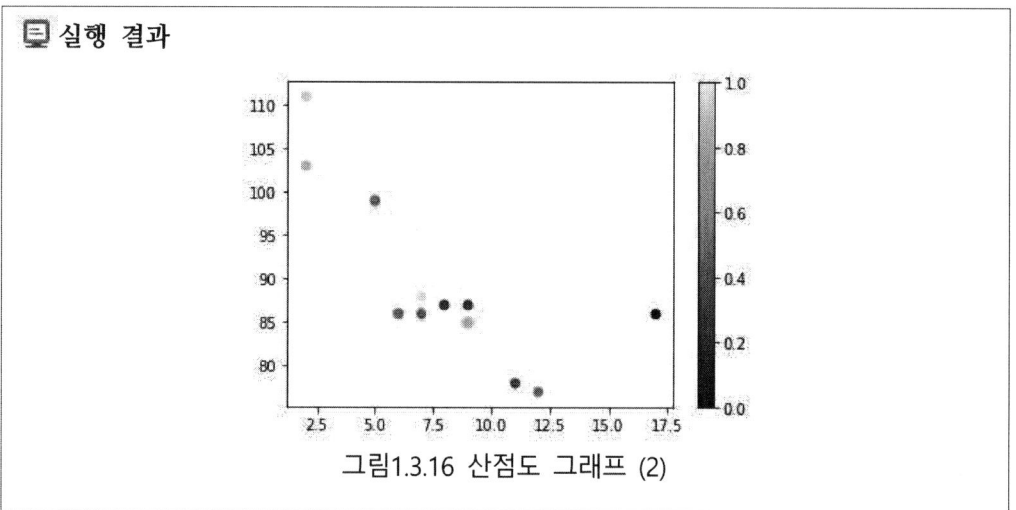

그림1.3.16 산점도 그래프 (2)

다음은 산점도(Scatter Plot)를 그리고 데이터 포인트의 위치, 색상, 크기를 무작위로 생성하여 표시하는 예제입니다. x와 y 배열에 데이터 포인트의 x와 y 좌표를 무작위로 생성하여 저장합니다. colors 배열에 데이터 포인트의 색상을 무작위로 생성하여 저장합니다. sizes 배열에 데이터 포인트의 크기를 무작위로 생성하여 저장하고, plt.scatter(x, y, c=colors, s=sizes, alpha=0.5, cmap='nipy_spectral')를 사용하여 산점도를 그립니다. 여기서 c=colors는 각 점에 대한 색상을 colors 배열에 지정된 값으로 설정하고, s=sizes는 각 점의 크기를 sizes 배열에 지정된 값으로 설정합니다. alpha=0.5는 점의 투명도를 조절하며, cmap='nipy_spectral'은 색상 맵을 설정합니다. plt.colorbar()를 호출하여 색상 바(colorbar)를 플롯에 추가합니다. 이 바는 데이터 포인트의 값에 따라 색상을 표시합니다. plt.show()를 호출하여 그래프를 화면에 표시합니다.

이렇게 하면 데이터 포인트의 위치, 색상, 크기가 무작위로 생성되어 표시된 산점도가 생성되며, 색상 바는 사용된 색상에 대한 범위를 보여줍니다.

소스 코드

```python
import matplotlib.pyplot as plt
import numpy as np

x = np.random.randint(100, size=(100))
y = np.random.randint(100, size=(100))
colors = np.random.randint(100, size=(100))
sizes = 10 * np.random.randint(100, size=(100))
plt.scatter(x, y, c=colors, s=sizes, alpha=0.5, cmap='nipy_spectral')
plt.colorbar()
plt.show()
```

실행 결과

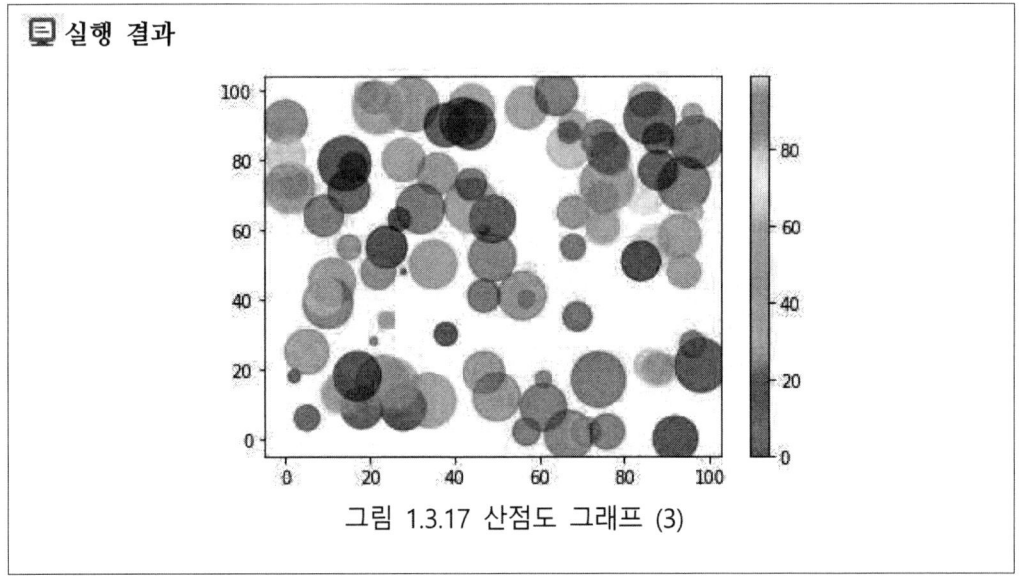

그림 1.3.17 산점도 그래프 (3)

다음은 막대그래프를 그리는 예제입니다.

x 배열에는 막대그래프의 각 막대에 대한 레이블("A", "B", "C", "D")을 포함합니다. y 배열에는 각 막대의 높이(데이터값)를 지정합니다. plt.bar(x, y)를 호출하여 수직 방향(기본값)의 막대그래프를 그립니다. x와 y 배열을 전달하여 각 막대의 레이블과 높이를 설정합니다. plt.show()를 호출하여 그래프를 화면에 표시합니다.

다음으로 plt.barh(x, y, color='red', height=0.2)를 호출하여 수평 방향의 막대그래프를 그립니다. x와 y 배열을 전달하고, color='red'는 막대의 색상을 빨간색으로 설정하며, height=0.2는 막대의 높이(너비)를 조절합니다. 마찬가지로 plt.show()를 호출하여 수평 막대그래프를 화면에 표시합니다. 이렇게 하면 레이블과 데이터값에 따라 수직 및 수평 방향의 막대그래프가 그려집니다.

소스 코드

```python
import matplotlib.pyplot as plt
import numpy as np

x = np.array(["A", "B", "C", "D"])
y = np.array([3, 8, 1, 10])
plt.bar(x,y)
plt.show()
plt.barh(x, y,color='red', height=0.2)
plt.show()
```

실행 결과

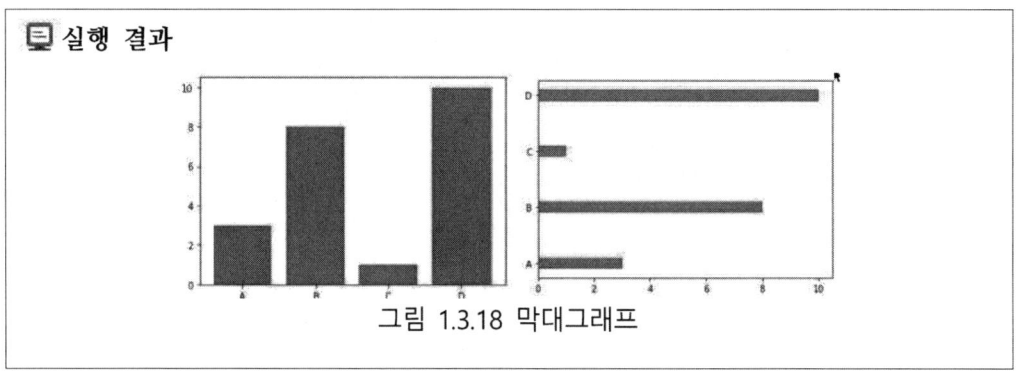

그림 1.3.18 막대그래프

다음은 주어진 평균과 표준 편차를 가지고 25,000개의 난수를 생성하고, 이 데이터에 대한 히스토그램을 그리는 예제입니다.

numpy 라이브러리를 사용하여 np.random.normal(170, 10, 25000)를 호출합니다. 이 함수는 평균이 170, 표준 편차가 10인 정규 분포에서 25,000개의 난수를 생성합니다. 생성된 난수 데이터를 x 변수에 저장합니다. plt.hist(x)를 호출하여 히스토그램을 그립니다. x를 전달하여 x에 저장된 데이터에 대한 히스토그램을 생성하고, plt.show()를 호출하여 그래프를 화면에 표시합니다. 이렇게 하면 주어진 평균과 표준 편차를 가지고 생성된 데이터에 대한 히스토그램이 그려집니다. 히스토그램은 데이터의 분포를 시각화하는 데 사용되며, 주어진 데이터 값들이 어떻게 분포하는지를 나타냅니다.

소스 코드

```
import numpy as np

x = np.random.normal(170,10, 25000)
#print(x)
plt.hist(x)
plt.show()
```

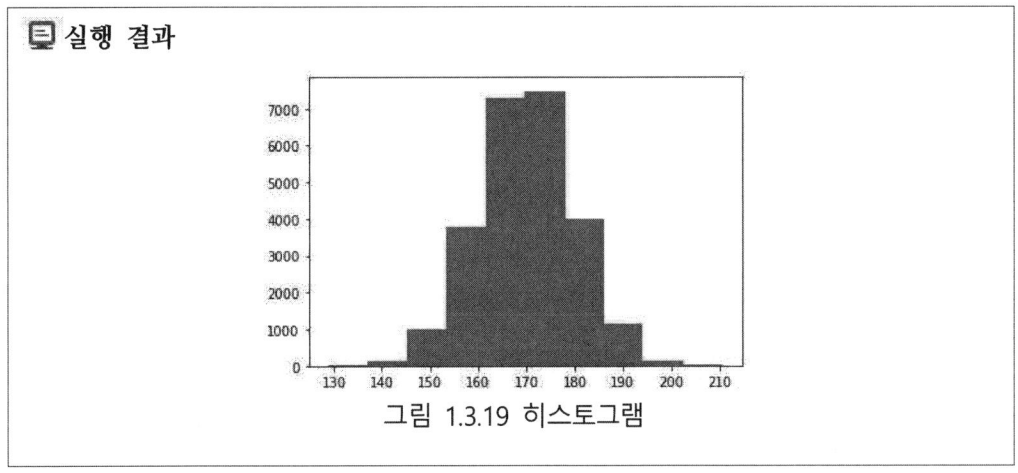

실행 결과

그림 1.3.19 히스토그램

다음의 코드는 주어진 정규 분포로부터 생성된 데이터의 빈도수를 히스토그램 형태로 시각화합니다.

그래프에서는 각 값의 빈도수가 x축에 대한 값으로 표시되어 있습니다. numpy 라이브러리를 사용하여 np.random.normal(170, 20, 250000)를 호출합니다. 이 함수는 평균이 170, 표준 편차가 20인 정규 분포에서 250,000개의 난수를 생성합니다. 이 데이터는 x 변수에 저장됩니다. xValue라는 빈(0으로 초기화된) 1차원 배열을 생성합니다. 이 배열은 길이가 300이며, 모든 요소가 0으로 초기화됩니다. 이 배열은 이후 각 값의 빈도수를 저장할 용도로 사용됩니다. for 루프를 사용하여 x 배열의 각 값을 반복합니다. 루프 내에서 int(i)를 사용하여 각 i 값을 정수로 변환하고, 이를 인덱스로 사용하여 xValue 배열의 해당 인덱스 위치의 값을 1 증가시킵니다. 이렇게 하면 각 값의 빈도수가 계산됩니다. plt.plot(xpoints, xValue)를 호출하여 데이터를 시각화합니다. xpoints는 x축에 해당하며 0부터 299까지의 값을 가지고 있습니다. xValue는 각 값의 빈도수를 저장한 배열로, 이를 이용하여 그래프를 그립니다.

소스 코드

```
x = np.random.normal(170,20, 250000)

xValue = np.tile(0,300)

for i in x:
    xValue[int(i)]=xValue[int(i)] +1
xpoints = np.array(range(300))
plt.plot(xpoints,xValue)
```

실행 결과

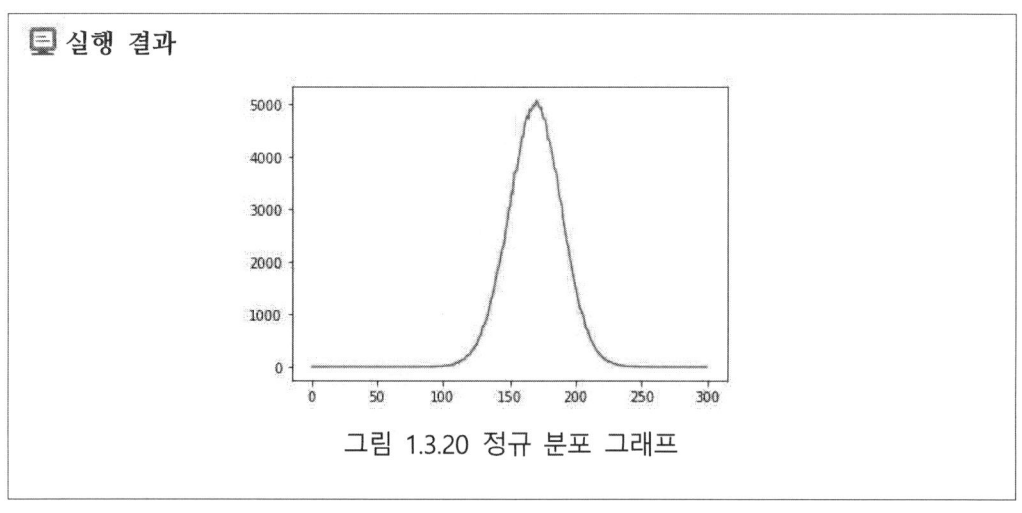

그림 1.3.20 정규 분포 그래프

제2장 파이썬 엔지니어링 솔루션

 이 장에서는 파이썬을 활용하여 엔지니어링 분야의 다양한 문제와 과제를 해결하는 방법을 다루고자 합니다. 파이썬은 강력한 프로그래밍 언어로, 그 유연성과 다양한 라이브러리를 통해 엔지니어링 분야에서의 다양한 도전에 대응할 수 있는 이상적인 도구입니다.
 이 장에서는 연립 방정식의 해석부터 시작하여 미분방정식, 라플라스 변환, 벡터

미적분 등 다양한 공학/수학적 주제를 다룰 것입니다. 이러한 주제는 전기 엔지니어링, 전자 공학, 기계 공학, 물리학, 화학 등 여러 공학 분야의 핵심적 개념이며, 파이썬을 사용하여 이 개념들을 확인하고 문제점 들을 해결하는 방법을 상세하게 설명할 것입니다. 또한, 이 책은 파이썬을 처음 접하는 독자와 경험이 풍부한 개발자 모두를 위한 자료로 구성되어 있습니다. 각 주제는 기본 개념부터 고급 기술까지 체계적으로 다루며, 실전 예제를 통한 문제 해결 방식을 통해 실용적인 활용 기술을 키우는 데 도움이 되어, 결과적으로 파이썬을 활용하여 엔지니어링적인 문제를 해결하고, 데이터 분석 및 시뮬레이션에 활용하는 방법을 배우며, 이를 통해 현실 세계의 복잡한 문제에 대한 효과적인 솔루션을 개발하는 능력을 향상할 것입니다.

2.1 연립 방정식 풀기

파이썬을 사용하여 연립 방정식을 푸는 기술은 다양한 엔지니어링에서 널리 활용됩니다. 연립 방정식은 여러 분야에서 문제를 해결하는 과정에서 자주 발생하며, 파이썬을 통해 이를 효과적으로 다룰 수 있습니다. 예를 들어, 기계 공학 분야에서는 다양한 기계 시스템의 동작을 모델링하고 해석하기 위해 연립 방정식을 사용합니다. 기계 시스템은 각 요소의 동작과 관련된 수식을 연립하여 표현되며, 이를 풀어서 시스템의 동작을 예측하거나 최적화하는 데 활용됩니다. 또한, 화학공학 분야에서는 반응 열역학을 연립 방정식으로 모델링하고 반응 속도, 온도, 압력 등의 변수에 관한 연립 방정식을 푸는 것이 중요합니다. 파이썬은 이러한 다양한 분야에서 연립 방정식을 해석하는 데 유용한 도구로 사용됩니다. 또한, 경제학, 물리학, 환경 과학, 자연과학, 컴퓨터 과학 등 다른 전공 분야에서도 연립 방정식 풀이가 널리 사용됩니다. 따라서 파이썬을 통해 연립 방정식을 풀고 해석하는 능력은 다양한 학문 분야에서의 문제 해결에 유용하며, 파이썬을 배우고 연립 방정식 풀이 기술을 습득하는 것은 여러 분야에서의 적용 역량을 향상하는 데 도움이 됩니다.

전기 공학 분야에서는 회로 해석을 예로 들 수 있습니다. 전기회로를 해석할 때, 전류와 전압의 관계를 수식으로 나타내고 이를 연립 방정식으로 해석하여 특정 부분의 전류와 전압값을 구하는 과정을 회로를 해석한다고 합니다. 연립 방정식을 구성하기 위해 회로를 해석하는데, 이때 키르히호프의 법칙이 활용됩니다. 키르히호프의 법칙은 회로 해석에 필수적인 두 가지 법칙으로, 하나는 키르히호프의 전류의 법칙(Kirchhoff's current law, KCL)이고, 다른 하나는 키르히호프의 전압의 법칙

(Kirchhoff's voltage law, KVL)입니다. 여기에서는 연립 방정식의 기본 원리를 설명하고, 파이썬을 사용하여 이를 해석하는 과정을 다루겠습니다. 전기공학자가 아닌 경우에는 결과로 도출된 연립방정 수식을 파이썬을 이용하여 풀이하는 방식을 주목하기 바랍니다.

2.1.1 마디 해석법

마디 해석법은 회로에서 서로 다른 소자로 분기되는 지점을 마디로 선언하고 이 마디의 전압을 미지수로 선언하여 전압을 구하는 방법입니다. 기본적으로 키르히호프의 마디 방정식을 사용하여 마디 전압을 포함한 수식을 구할 수 있습니다. 일반적인 키르히호프의 해석 방법 및 절차는 생략하고 결과적으로 얻어진 간단한 해석 방법으로 설명을 시작하고자 합니다. 즉, 키르히호프의 법칙을 적용하였더니 결과적으로 이렇게 해석하는 것과 동일한 결과를 얻을 수 있었다는 내용입니다.

그림 2.1.1은 마디 해석법으로 해석할 회로의 예제입니다. 원래의 방식으로는 각각의 마디 간의 전압을 구하고 이것을 저항값으로 나누어 전류를 계산한 뒤 해당 마디 전류의 총합이 0이 된다는 수식을 만들어야 하지만 간단 해석법으로 해석하면 다음과 같은 방식으로 해석하는 것과 같이 회로방정식의 결과를 얻을 수 있더라는 것입니다. 간단 해석법의 내용을 알아볼까요?

- 먼저, 각각의 마디의 변수의 이름을 부여합니다. 그림 2.1.1의 회로에서는 총 4개의 마디가 존재하며 각각 0, 1, 2, 3의 숫자를 붙였습니다. 이것을 V_0, V_1, V_2, V_3와 같은 미지수로 정의합니다.
- 다음의 행렬에서 a의 값과 b의 값들을 정의합니다. a_{11}, a_{22}, a_{33} (대각 요소들)의 값들은 해당 번호의 마디에 붙어 있는 모든 컨덕턴스(저항의 역수) 값이 됩니다.

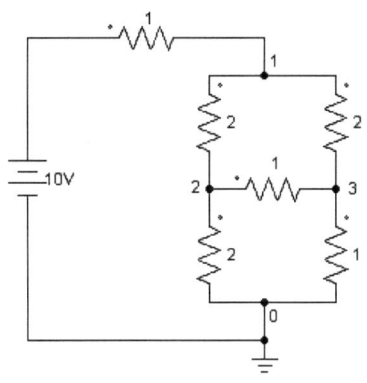

그림 2.1.1 마디 해석 예제

$$\begin{bmatrix} a_{11} & a_{12} & a_{13} \\ a_{21} & a_{22} & a_{23} \\ a_{31} & a_{32} & a_{33} \end{bmatrix} \begin{bmatrix} V_1 \\ V_2 \\ V_3 \end{bmatrix} = \begin{bmatrix} b_1 \\ b_2 \\ b_3 \end{bmatrix}$$

- aij 값은 i 마디와 j 마디 사이에 연결된 컨덕턴스의 음수를 취한 값이 됩니다.

- b의 값은 해당 마디에 흘러 들어오는 전류원의 값을 의미합니다.

즉, a_{11}의 값은 붙어 있는 저항의 값이 1[Ω], 2[Ω], 2[Ω]이므로 1/1+1/2+1/2로 2가 되며, a_{22}의 값은 붙어 있는 저항값이 2[Ω], 1[Ω], 2[Ω]이므로 1/2+1/1+1/2로 2가 되고, a_{33}의 값은 붙어 있는 저항값이 2[Ω], 1[Ω], 1[Ω]이므로 1/2+1/1+1/1로 2가 됩니다.

a12의 값은 마디 1과 2 사이에 있는 저항이 2[Ω]이므로 -1/2이되고 a_{13}의 값은 마디 1과 3 사이에 있는 저항이 2[Ω]이므로 -1/2이 됩니다. a_{23}은 마디 2와 3 사이에 있는 저항이 1[Ω]이므로 -1이 됩니다. 각각의 값은 전치 행렬에 대해서도 마찬가지가 되므로 a_{21} = a_{12} = -0.5, a_{31} = a_{13} = -0.5, a_{23} = a_{32} = -1이 됩니다.

들어오는 전류원은 마디 1로 10[V]/1[Ω]으로 10[A] 이므로 b_1 은 10이 됩니다. 이상의 내용을 행렬에 적용하면 다음과 같은 식을 얻을 수 있습니다.

$$\begin{bmatrix} 2 & -0.5 & -0.5 \\ -0.5 & 2 & -1 \\ -0.5 & -1 & 2.5 \end{bmatrix} \begin{bmatrix} V_1 \\ V_2 \\ V_3 \end{bmatrix} = \begin{bmatrix} 10 \\ 0 \\ 0 \end{bmatrix}$$

이 내용을 파이썬의 연립 방정식의 해를 구하는 방식으로 구했습니다.

소스 코드

```python
import numpy as np
# 연립 방정식의 계수 행렬 A와 상수 벡터 b 정의
A = np.array([[2, -0.5, -0.5], [-0.5, 2, -1],[-0.5, -0.5, 2.5]])
b = np.array([10,0,0])
# 행렬 A의 역행렬을 계산하여 x를 구함
x = np.linalg.solve(A, b)
print("해 x:", x)
```

실행 결과

```
x: [6.         2.33333333 1.66666667]
```

계산 결과가 맞는지는 키르히호프의 법칙을 활용하여 검산할 수 있습니다.

소스 코드

```python
import numpy as np
```

```
# 연립 방정식의 계수 행렬 A와 상수 벡터 b 정의
A = np.array([[2, -0.5, -0.5], [-0.5, 2, -1], [-0.5, -0.5, 2.5]])
b = np.array([10, 0, 0])

# 행렬 A의 역행렬을 계산하여 x를 구함
x = np.linalg.solve(A, b)

# A * x 계산
Ax = np.dot(A, x)

print("A * x:", Ax)
print("상수 벡터 b:", b)
```

실행 결과

```
A * x: [ 1.00000000e+01  -8.88178420e-16   2.22044605e-16]
상수 벡터 b: [10  0  0]
```

2.1.2 망로 해석법

키르히호프의 전압의 법칙을 적용하여 망로 해석을 할 수 있습니다. 이 방법은 먼저 고유한 폐 경로를 그림 2.1.2에서와 같이 변수로 정의한 후에 각각의 경로를 따라서 발생하는 전압의 상승과 강하를 더한 값이 0이 된다는 성질을 이용하여 연립 방정식을 구축하는 것입니다. 이번에도 마찬가지로 자세한 망로 해석법을 적용하는 것보다는 결과 식을 간편하게 얻어내는 방법을 활용하여 연립 방정식을 유도하고 해를 구하도록 하겠습니다.

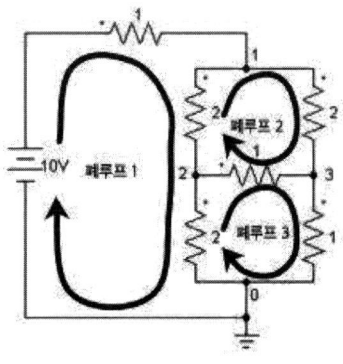

그림 2.1.2 망로 해석 예제

- 먼저, 각각의 망로의 변수의 이름을 부여합니다. 그림 2.1.2의 회로에서는 총 3개의 망로가 존재하며 이를 따라 흐르는 망로

전류에 각각 1, 2, 3의 숫자를 붙였습니다. 이것을 I_1, I_2, I_3와 같은 미지수로 정의합니다.
- 다음의 행렬에서 a의 값과 b의 값들을 정의합니다. a_{11}, a_{22}, a_{33} (대각 요소들)의 값들은 해당 번호의 망로에 붙어 있는 모든 저항의 합이 됩니다.

$$\begin{bmatrix} a_{11} & a_{12} & a_{13} \\ a_{21} & a_{22} & a_{23} \\ a_{31} & a_{32} & a_{33} \end{bmatrix} \begin{bmatrix} I_1 \\ I_2 \\ I_3 \end{bmatrix} = \begin{bmatrix} b_1 \\ b_2 \\ b_3 \end{bmatrix}$$

- a_{ij} 값은 i 망로와 j 망로 사이에 연결된 저항의 값으로 방향이 같으면 양수 반대이면 음수를 취한 값이 됩니다.
- b의 값은 해당 마디에 흘러 들어오는 전압원의 상승 값을 의미합니다.

즉, a_{11}의 값은 제 1 망로의 모든 저항의 값이 1[Ω], 2[Ω], 2[Ω]이므로 1+2+2로 5가 되며, a_{22}의 값은 붙어 있는 저항값이 2[Ω], 2[Ω], 1[Ω]이므로 2+2+1로 5가 되고, a_{33}의 값은 붙어 있는 저항값이 1[Ω], 1[Ω], 2[Ω]이므로 1+1+2로 4가 됩니다.

a_{12}의 값은 망로 1과 2 사이에 있는 저항이 2[Ω]이고 반대 방향이므로 -2가 되고 a_{13}의 값은 마디 1과 3 사이에 있는 저항이 2[Ω]이고 반대 방향이므로 -2가 됩니다. a_{23}은 마디 2와 3 사이에 있는 저항이 1[Ω]이고 반대 방향이므로 -1이 됩니다. 각각의 값은 전치 행렬에 대해서도 마찬가지가 되므로 a_{21} = a_{12} = -2, a_{31} = a_{13} = -2, a_{23} = a_{32} = -1이 됩니다.

전압원은 망로 1에만 존재하고 10[V]를 상승시키므로 10이 됩니다. 이상의 내용을 행렬에 적용하면 다음과 같습니다.

$$\begin{bmatrix} 5 & -2 & -2 \\ -2 & 5 & -1 \\ -2 & -1 & 4 \end{bmatrix} \begin{bmatrix} I_1 \\ I_2 \\ I_3 \end{bmatrix} = \begin{bmatrix} 10 \\ 0 \\ 0 \end{bmatrix}$$

위의 식을 파이썬을 이용하여 연립 방정식의 해를 구하도록 하겠습니다. 먼저 inv() 함수를 이용하여 마디의 전압값을 구할 수 있습니다. 다음과 같이 수식을 정리합니다.

$$\begin{bmatrix} I_1 \\ I_2 \\ I_3 \end{bmatrix} = \begin{bmatrix} 5 & -2 & -2 \\ -2 & 5 & -1 \\ -2 & -1 & 4 \end{bmatrix}^{-1} \begin{bmatrix} 10 \\ 0 \\ 0 \end{bmatrix}$$

📝 소스 코드

```
import numpy as np

# 연립 방정식의 계수 행렬 A와 상수 벡터 b 정의
A = np.array([[5, -2, -2], [-2, 5, -1], [-2, -1, 4]])
b = np.array([10, 0, 0])

# 행렬 A의 역행렬을 계산하여 x를 구함
x = np.linalg.solve(A, b)
print("I=",x)

# A * x 계산
Ax = np.dot(A, x)

print("A * x:", Ax)
print("상수 벡터 b:", b)
```

🖥 실행 결과

I= [3.7254902 1.96078431 2.35294118]
A * x: [1.0000000e+01 0.0000000e+00 -4.4408921e-16]
상수 벡터 b: [10 0 0]

확인 계산에서 수 벡터 b: [10 0 0]의 값이 대입한 결과로 제대로 나오는 것을 확인할 수 있습니다.

💡 보충 설명

전기 공학에서는 단순하게 저항만의 소자로 다루는 것이 아니라 콘덴서 또는 인덕턴스와 같은 요소들도 전기 요소로 다루게 됩니다. 여기서는 저항 회로를 다루었지만, 더 확장하면 모든 전기 요소들을 포함하는 임피던스로 확장해서 다룰 수 있습니다. 임피던스의 역수의 해당하는 것은 어드미턴스로 마치 저항의 역수가 컨덕턴스인 것처럼, 지금까지의 해석에서 다루었던 저항 부분은 임피던스로 컨덕턴스 부분은 어드미턴스로 확대하여 해석하면 됩니다. 이 경우 각각의 요소들은 복소수로 표현됩니다. 그림 2.1.3과 같은 임피던스

회로에 대해서도 연립 방정식을 세우고 해를 구할 수 있습니다. 그림의 회로는 다음과 같이 망로 방정식을 세울 수 있습니다.

$$\begin{bmatrix} (10+j2.5) & -10 & 0 \\ 0 & -20 & (20+j5) \\ -10 & (33+j4) & -20 \end{bmatrix} \begin{bmatrix} I_1 \\ I_2 \\ I_3 \end{bmatrix} = \begin{bmatrix} -10\angle 0° \\ 10\angle 0° \\ 0 \end{bmatrix}$$

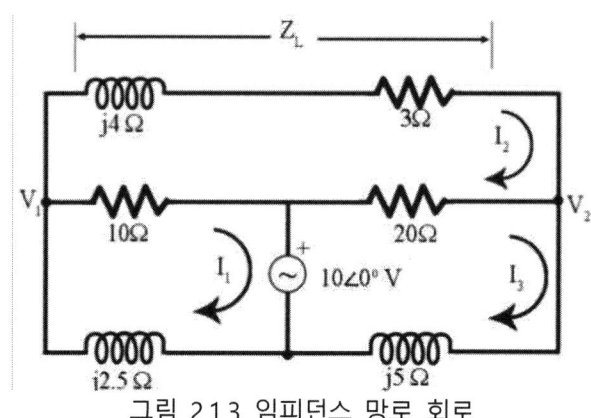

그림 2.1.3 임피던스 망로 회로

이 내용을 파이썬으로 해를 구하면 다음과 같습니다.

📝 소스 코드

```
import numpy as np

# 연립 방정식의 계수 행렬 A와 상수 벡터 b 정의
A = np.array([[10+2.5j, -10, 0], [0, -20, 20+5j], [-10, 33+4j,-20]])
b = np.array([[-10], [10], [0]])

# 행렬 A의 역행렬을 계산하여 x를 구함
x = np.linalg.solve(A, b)
print("I",x)

# A * x 계산
Ax = np.dot(A, x)
```

```
print("A * x:", Ax)
print("상수 벡터 b:", b)
```

> **실행 결과**
> I [[-9.41176471e-01+2.35294118e-01j]
> [4.72761308e-18+1.75534523e-17j]
> [4.70588235e-01-1.17647059e-01j]]
> A * x: [[-10.-6.45122201e-17j]
> [10.-1.80021378e-17j]
> [0.+0.00000000e+00j]]
> 상수 벡터 b: [[-10]
> [10]
> [0]]

I2의 값이 거의 0이 되는 것을 확인할 수 있습니다.

> **과제하기**
> 임의의 전기회로망을 구해서 지금까지 배운 회로 방법을 적용하여 회로를 해석해 보십시오. 회로를 해석한다는 말은 회로에서의 임의의 위치에 흐르는 전압과 전류값을 구한다는 것입니다.

2.2 정현파의 해석

정현파는 엔지니어링 분야에서 가장 널리 사용되는 함수 중의 하나입니다. 정현파는 특별히 전기 공학에서는 전압과 전류의 파형을 나타내는 도구로써 사용됩니다. 파이썬에서는 정현파를 해석할 수 있는 여러 가지 도구들을 제공합니다. 그중에서도 그래프를 적분하거나 평균값과 실효값을 구하는 방법 등이 가능하며, 이러한 도구들은 엔지니어링을 이해하는 데 매우 유익합니다. 그래프를 이용한 여러 분야에서의 파이썬 활용에 대해서 살펴보도록 하겠습니다.

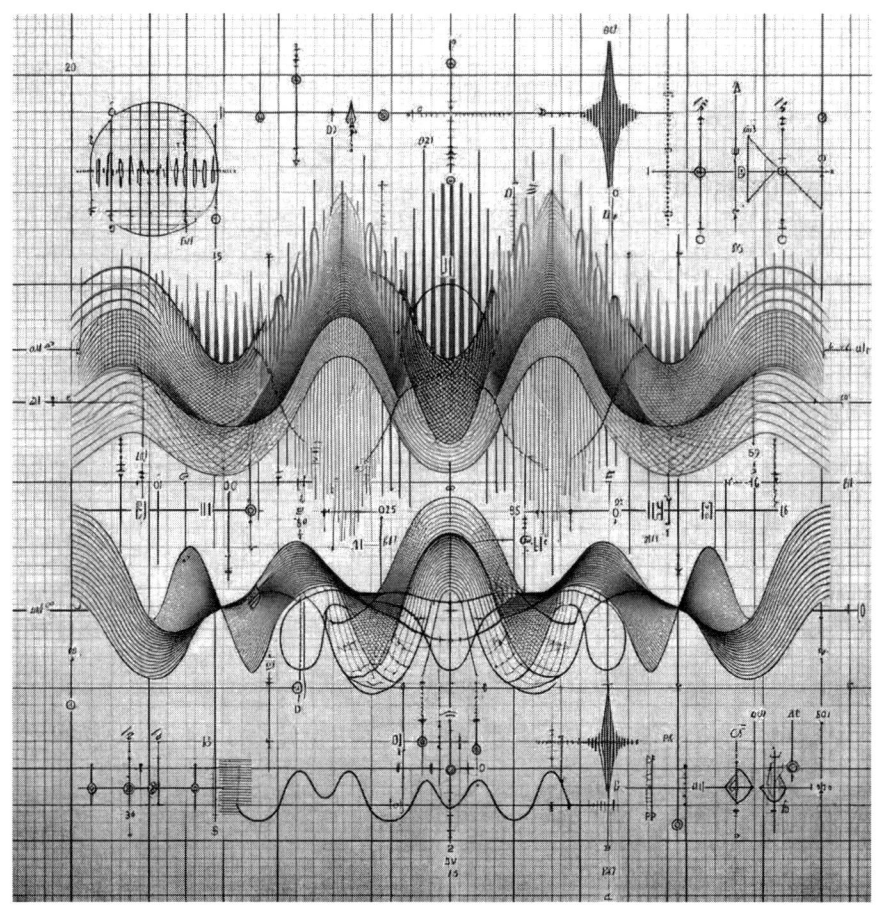

2.2.1 적분하기

적분의 기본적인 의미는 해당 구간에서의 함수로 둘러싸인 면적을 의미합니다. 적분하는 방법은 수식적으로 하는 방법과 수치로 하는 방법이 있습니다. 함수를 해석적으로 적분하여 적분한 함수를 구한 뒤 결과를 구하는 방법은 수식적인 방법이고 함수의 구간을 설정하여 각각의 구간에서의 실면적을 측정하여 이것을 합한 결과를 얻는 방법은 수치적인 방법이라고 하겠습니다. 파이썬을 활용하여 적분을 수행할 때는 물론 이러한 수치적인 해석 방법이 큰 장점이 있습니다.

먼저 수치적인 방법을 이용해서 적분을 구하는 방법을 소개하고자 합니다. 적분의 개념이 원하는 구간에서의 함수가 x축에 대해서 이루는 면적을 구하는 것이므로 해당 구간을 미세하게 자른 막대 모양의 면적을 모두 모아서 적분 값을 구할 수 있습니다. 이 방식은 Trapzoidal 방식이라고 불리며 아래와 같은 그림으로 설명할 수 있습니다.

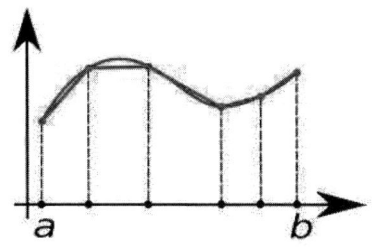

그림 2.2.1 Trapzoidal 방식

이를 파이썬 프로그램으로 구현하면 다음과 같습니다

소스 코드

```
import numpy as np
import matplotlib.pyplot as plt

# 정현파 파라미터 정의
A = 2.0  # 진폭
f = 1  # 주파수 (Hz)
t_start = 0.0  # 시작 시간 (s)
t_end = 1.0  # 종료 시간 (s)
num_samples = 10000  # 샘플 수

# 시간 배열 생성
t = np.linspace(t_start, t_end, num_samples)

# 정현파 생성
x = A * np.sin(2 * np.pi * f * t)

# NumPy 함수를 사용하여 정현파 적분 구하기
integral_numpy = np.trapz(x, t)

print("NumPy 함수를 사용한 정현파 적분 결과:", integral_numpy)
plt.plot(x,t)
```

실행 결과

NumPy 함수를 사용한 정현파 적분 결과: -1.1102230246251565e-16

[<matplotlib.lines.Line2D at 0x7f7db16967f0>]

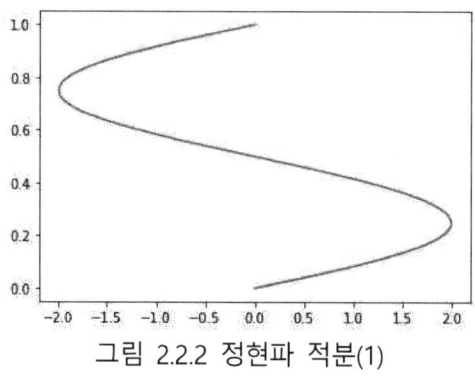

그림 2.2.2 정현파 적분(1)

Trapzoidal 방식은 면적이 근사치를 구하게 됩니다. 따라서 적용되는 구간을 넓게 잡으면 오차가 생기게 됩니다. linspace에서 생성하는 구간을 넓게 잡으면 (적은 데이터를 취하면) 근삿값은 더욱 오차가 늘어나게 됩니다. 예를 들어 num_sample을 10000 대신에 5를 사용하면 결과값은 원하는 값과는 차이가 있습니다. 이러한 오차는 그림의 Trapzoial 방식의 계산 원리를 보면 발생 원인을 이해할 수 있습니다. 이 방식은 나누어지는 점에서의 연결을 직선화하여 계산하므로 원래 함수의 면적을 구하는 것과는 다소 차이가 존재하는 것을 피할 수 없습니다.

다른 적분 방법으로는 sympy의 수식적 (심볼릭) 연산을 수행할 수 있습니다. 다음의 코드는 sympy 라이브러리를 이용하여 적분을 구하는 방법을 보여줍니다.

소스 코드

```
import sympy as sp
import numpy as np
import matplotlib.pyplot as plt

# 변수 및 매개 변수 정의
t = sp.symbols('t')
A = 1
omega = 2 * sp.pi
```

```
phi = 0

# 정현파 함수 정의
f = A * sp.sin(omega * t + phi)
# 적분 수행
I = sp.integrate(f, (t, 0, 2))
# 적분 결과 출력
print("적분 결과:", I)

# SymPy 함수를 NumPy 함수로 변환
f_np = sp.lambdify(t, f, 'numpy')
# 시간 범위 정의
t_values = np.linspace(0, 1, 1000)

# 정현파 함수를 그래프로 그리기
plt.plot(t_values, f_np(t_values))
plt.xlabel('Time')
plt.ylabel('f(t)')
plt.title('Sinusoidal Graph')
plt.grid(True)
plt.show()
```

실행 결과

적분 결과: 0

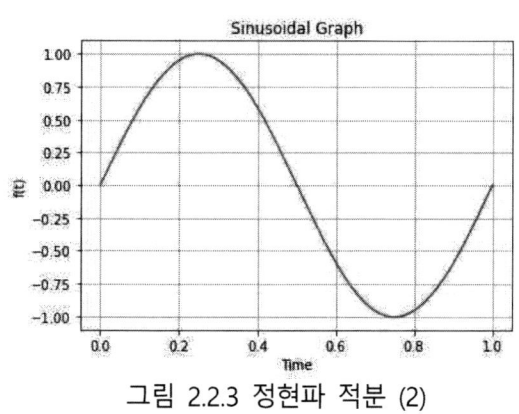

그림 2.2.3 정현파 적분 (2)

위의 코드는 SymPy, NumPy 라이브러리로 가져온 후, 정현파의 진폭(A), 각 주파수(omega), 위상 변이(phi)를 정의한 후, 정현파의 함수 f(t)를 SymPy를 사용하여 정의합니다. 이때 SymPy의 sp.sin 함수를 사용하여 주기적인 정현파 함수를 정의하고 sp.integrate 함수를 사용하여 함수 f(t)를 구간 [0, 2]에서 적분합니다. 이 결과는 SymPy의 심볼릭 표현으로 저장됩니다.

나머지 부분은 NumPy를 사용하여 그래프를 그리기 위한 부분으로 SymPy는 심볼릭 연산으로 이를 NumPy로 수치를 생성하여 그래프 데이터를 갖추어야 그림을 그릴 수 있으므로 이 부분을 코드로 구현하였습니다.

2.2.2 정현파의 평균값, 실효값

퓨리에 급수나 전반적인 전기 공학에서는 주기함수의 평균값과 실효값이 많이 언급됩니다. 주기함수에서 평균값은 단위 주기의 적분 값을 구하여 단위 주기의 길이로 나눈 것입니다. 평균값의 의미는 주기함수의 값이 평균적으로 얼마의 값을 갖게 되는가를 나타냅니다. 정현파를 가지고 평균값을 구하면 양의 부분과 음의 부분에 값이 갖게 되기 때문에 결과적으로 그 값이 0이 됩니다. 따라서 정현파의 평균값을 구하는 것은 의미가 없게 됩니다. 일반적으로 반파 정류나 전파 정류가 된 파형 값을 가지고 평균값을 구하는 것은 의미가 있습니다. 다음의 식은 일반적인 정현파의 평균값을 구한 내용으로 결과값이 0이 되는 것을 확인할 수 있습니다.

$$I_{av} = \frac{1}{T}\int_0^t i\,dt \qquad V_{av} = \frac{1}{T}\int_0^t v\,dt$$

결과값은 전파 정류의 경우는 원래 정현파의 최대값이 1인 경우 0.318283, 반파 정류의 경우는 0.636566입니다. NumPy 라이브러리에는 mean() 메소드를 사용하여 직접 평균값을 계산할 수도 있음을 다음의 코드에서 확인할 수 있습니다.

📝 소스 코드

```
import numpy as np
import matplotlib.pyplot as plt
import sympy as sp

# 시간 변수 t를 정의
t = sp.symbols('t')
```

```python
# 정현파 파형을 정의
A = 1   # 진폭
omega = 2 * np.pi * 3   # 각주파수 (10Hz)
phi = 0   # 위상 변이

sin_wave = A * sp.sin(omega * t + phi)

# 반파 정류 파형을 정의
half_rect_wave = A * sp.Piecewise((sin_wave, sin_wave >= 0), (0, True))

# 전파 정류 파형을 정의
full_rect_wave = A * sp.Abs(sin_wave)

# 파형을 NumPy 함수로 변환
sin_wave_fn = sp.lambdify(t, sin_wave, "numpy")
half_rect_wave_fn = sp.lambdify(t, half_rect_wave, "numpy")
full_rect_wave_fn = sp.lambdify(t, full_rect_wave, "numpy")

# 시간 범위를 정의
t_values = np.linspace(0, 1, 1000)

# 파형을 계산
sin_wave_values = sin_wave_fn(t_values)
half_rect_wave_values = half_rect_wave_fn(t_values)
full_rect_wave_values = full_rect_wave_fn(t_values)

""" 평균값을 trapz() 함수를 이용하여 수치적으로 계산함. 해석적으로 적분하면 연속이
안되는 점 때문에 적분이 불가능함. 주기는 1로 보아 1/T = 1이 됨"""
sin_wave_mean = np.trapz(sin_wave_values, t_values)
half_rect_wave_mean = np.trapz(half_rect_wave_values, t_values)
full_rect_wave_mean = np.trapz(full_rect_wave_values, t_values)
```

```
print("정현파 평균값",sin_wave_mean)
print("반파정류 평균값", half_rect_wave_mean)
print("전파정류 평균값", full_rect_wave_mean)

# 평균값을 np의 함수인 mean()을 이용하여 직접 계산도 가능
sin_wave_mean = np.mean(sin_wave_values)
half_rect_wave_mean = np.mean(half_rect_wave_values)
full_rect_wave_mean = np.mean(full_rect_wave_values)

print("정현파 평균값",sin_wave_mean)
print("반파정류 평균값", half_rect_wave_mean)
print("전파정류 평균값", full_rect_wave_mean)

# 파형을 그림
plt.figure(figsize=(12, 8))

plt.subplot(311)
plt.plot(t_values, sin_wave_values)
plt.title(f"Sin Wave (Average Value: {sin_wave_mean:.2f})")

plt.subplot(312)
plt.plot(t_values, half_rect_wave_values)
plt.title(f"Half-wave Rectified Wave (Average Value: {half_rect_wave_mean:.2f})")

plt.subplot(313)
plt.plot(t_values, full_rect_wave_values)
plt.title(f"Full-wave Rectified Wave (Average Value: {full_rect_wave_mean:.2f})")

plt.tight_layout()
plt.show()
```

실행 결과

정현파 평균값 -4.163336342344337e-17
반파정류 평균값 0.3183075252663306
전파정류 평균값 0.6366150505326612
정현파 평균값 1.4210854715202004e-17
반파정류 평균값 0.3179892177410643
전파정류 평균값 0.6359784354821286

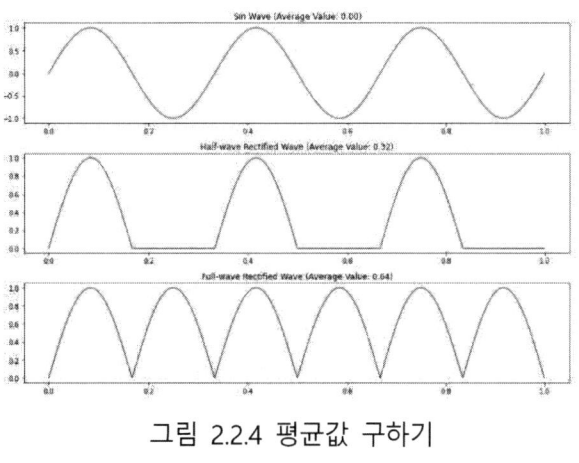

그림 2.2.4 평균값 구하기

실효값은 영어로는 RMS(Root Mean Square) 값이라고 하며, 대상 함수의 값을 제곱하고 평균값을 구한 후에 제곱근을 취한 값을 말합니다. 정현파 값의 실효값을 취하면 음수의 값이 올라가기 때문에 평균값을 구하더라도 영이 되지 않고 제곱근을 취한 후에도 특정 값을 지니게 됩니다. 이 실효값은 전기 공학 해석에서 전력 계산 때 편리한 점이 있어서 전류나 전압의 실효값을 많이 사용합니다.

$$I_{rms} = \sqrt{\frac{1}{T}\int_0^T i^2 dt} \qquad I_{rms} = \sqrt{\frac{1}{T}\int_0^T i^2 dt}$$

결과값은 0.707로 이 값은 $\frac{1}{\sqrt{2}}$ 이며, 정현파의 실효값은 최대값을 $\sqrt{2}$ 로 나눈 값이 되는 것입니다. 전파 정류와 반파 정류에 대해서도 실효값을 구할 수 있으며 방법은 다음과 같습니다. 전파 정류는 제곱하면 원래의 정현파와 모양이 같게 되므로 같은 결과값이 나오고 반파 정류의 실효값은 0.5가 됩니다. 전파 정류와 반파 정류에 대해서도 실효값을 구할 수 있으며 방법은 다음과 같습니다.

📝 소스 코드

```python
import numpy as np
import matplotlib.pyplot as plt
import sympy as sp

# 시간 변수 t를 정의
t = sp.symbols('t')
# 정현파 파형을 정의
A = 1  # 진폭
omega = 2 * np.pi * 1  # 각주파수 (10Hz)
phi = 0  # 위상 변이
sin_wave = A * sp.sin(omega * t + phi)

# 반파 정류 파형을 정의
half_rect_wave = A * sp.Piecewise((sin_wave, sin_wave >= 0), (0, True))

# 전파 정류 파형을 정의
full_rect_wave = A * sp.Abs(sin_wave)

# 파형을 NumPy 함수로 변환
sin_wave_fn = sp.lambdify(t, sin_wave, "numpy")
half_rect_wave_fn = sp.lambdify(t, half_rect_wave, "numpy")
full_rect_wave_fn = sp.lambdify(t, full_rect_wave, "numpy")

# 시간 범위를 정의
t_values = np.linspace(0, 1, 1000)

# 파형을 계산
sin_wave_values = sin_wave_fn(t_values)
half_rect_wave_values = half_rect_wave_fn(t_values)
full_rect_wave_values = full_rect_wave_fn(t_values)
```

```python
# 실효값을 trapz() 함수를 이용하여 수치적으로 계산함. 해석적으로 적분하면 연속이
# 안되는 점 때문에 # 적분이 불가능. 주기는 1로 보아 1/T = 1이 됨
sin_wave_rms = np.sqrt(np.trapz(np.power(sin_wave_values,2),t_values))
half_rect_wave_rms = np.sqrt(np.trapz(np.power(half_rect_wave_values,2),t_values))
full_rect_wave_rms = np.sqrt(np.trapz(np.power(full_rect_wave_values,2), t_values))

print("정현파 실효값",sin_wave_rms)
print("반파정류 실효값", half_rect_wave_rms)
print("전파정류 실효값", full_rect_wave_rms)

# 실효값을 np의 함수인 mean()을 이용하여 직접 계산도 가능
sin_wave_rms = np.sqrt(np.mean(np.power(sin_wave_values,2)))
half_rect_wave_rms = np.sqrt(np.mean(np.power(half_rect_wave_values,2)))
full_rect_wave_rms = np.sqrt(np.mean(np.power(full_rect_wave_values,2)))

print("정현파 실효값",sin_wave_rms)
print("반파정류 실효값", half_rect_wave_rms)
print("전파정류 실효값", full_rect_wave_rms)

# 파형을 그림
plt.figure(figsize=(12, 8))
plt.subplot(311)
plt.plot(t_values, sin_wave_values)
plt.title(f"Sin Wave (Average Value: {sin_wave_mean:.2f})")
plt.subplot(312)
plt.plot(t_values, half_rect_wave_values)
plt.title(f"Half-wave Rectified Wave (Average Value: {half_rect_wave_mean:.2f})")
plt.subplot(313)
plt.plot(t_values, full_rect_wave_values)
plt.title(f"Full-wave Rectified Wave (Average Value: {full_rect_wave_mean:.2f})")
plt.tight_layout()
plt.show()
```

📃 **실행 결과**

정현파 실효값 0.7071067811865474
반파정류 실효값 0.49999999999999983
전파정류 실효값 0.7071067811865474
정현파 실효값 0.7067531393633846
반파정류 실효값 0.4997499374687303
전파정류 실효값 0.7067531393633846

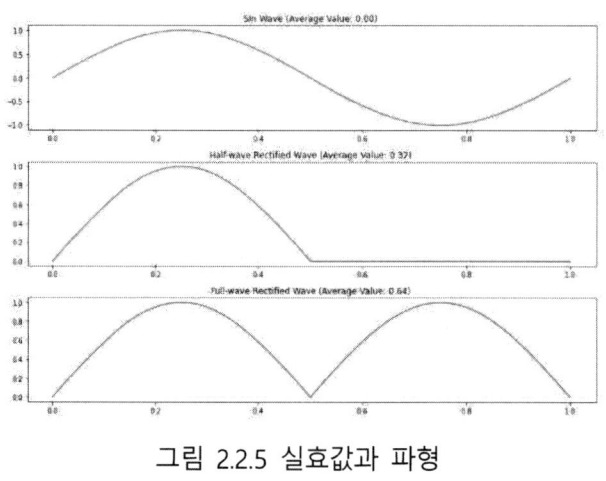

그림 2.2.5 실효값과 파형

2.2.3 전력 구하기

전력의 값을 구하기 위하여 직류의 경우에는 전류와 전압을 곱하여 주었습니다. 교류의 경우는 전력을 구하기 위해서 순시전력과 평균 전력의 의미를 이해하는 것이 중요합니다. 순시전력은 시간상으로 변하는 전압의 값에 역시 순간적으로 변하는 전류의 값을 시간마다 곱하여 준 것을 의미합니다. 수식으로 표현하면 p(t)=v(t)*i(t) 라고 할 수 있겠습니다. 이렇게 구한 순시전력 값의 평균값을 구한 것이 평균 전력입니다. 우리가 일반적으로 언급하는 전력은 평균 전력을 의미합니다. 교류에서의 평균 전력 값은 P=Irms*Vrms*cos(θ)로 구합니다. 전류와 전압의 위상차가 없는 경우의 순시전력을 구하는 과정을 파이썬으로 구현해 봅시다. chatGPT에 다음과 같은 프롬프트를 제시하여 얻는 결과값을 수정 보완하였습니다.

chatGPT 프롬프트

정현파 전압과 전류가 크기가 다르지만, 동상인 경우 순시전력을 구하고 이의 평균값을 trapz를 이용하여 구하는 결과를 파이썬으로 작성하시오. 전압, 전류, 전력의 값을 그래프로도 그리시오.

실행 결과

```python
import numpy as np
import matplotlib.pyplot as plt

# 주어진 파라미터 설정
frequency = 60   # 주파수 (Hz)
amplitude_voltage = 220   # 전압 진폭 (V)
amplitude_current = 15    # 전류 진폭 (A)
phase_angle = 0  # 위상 차이 (라디안)

# 시간 범위 설정 (예: 0부터 1초까지)
t = np.linspace(0, 1, num=10000, endpoint=False)
# 정현파 전압 및 전류 계산
voltage = amplitude_voltage * np.sin(2 * np.pi * frequency * t)
current = amplitude_current * np.sin(2 * np.pi * frequency * t - phase_angle)
# 순시전력 계산 (P = V * I)
power = voltage * current

# 순시전력 그래프 표시
plt.figure(figsize=(10, 6))
plt.plot(t[:200], power[:200], label='P(t)')
plt.xlabel('Time (sec)')
plt.ylabel('Power (W)')
plt.title('P(t) vs. Time')
plt.grid(True)
plt.legend()
```

```
# Trapz를 사용하여 순시전력의 평균값 계산
average_power = np.trapz(power, t) / (t[-1] - t[0])

print("순시전력의 평균값:", average_power, "W")

# 전압 및 전류 그래프 표시
plt.figure(figsize=(10, 6))
plt.plot(t[:200], voltage[:200], label='Voltage (V)')#앞의 200개 데이터만 보임
plt.plot(t[:200], current[:200], label='Current (A)')#앞의 200개 데이터만 보임
plt.xlabel('Time (sec)')
plt.ylabel('Voltage (V) / Current (A)')
plt.title('Voltage and Current vs. Time')
plt.grid(True)
plt.legend()
plt.show()
```

실행 결과

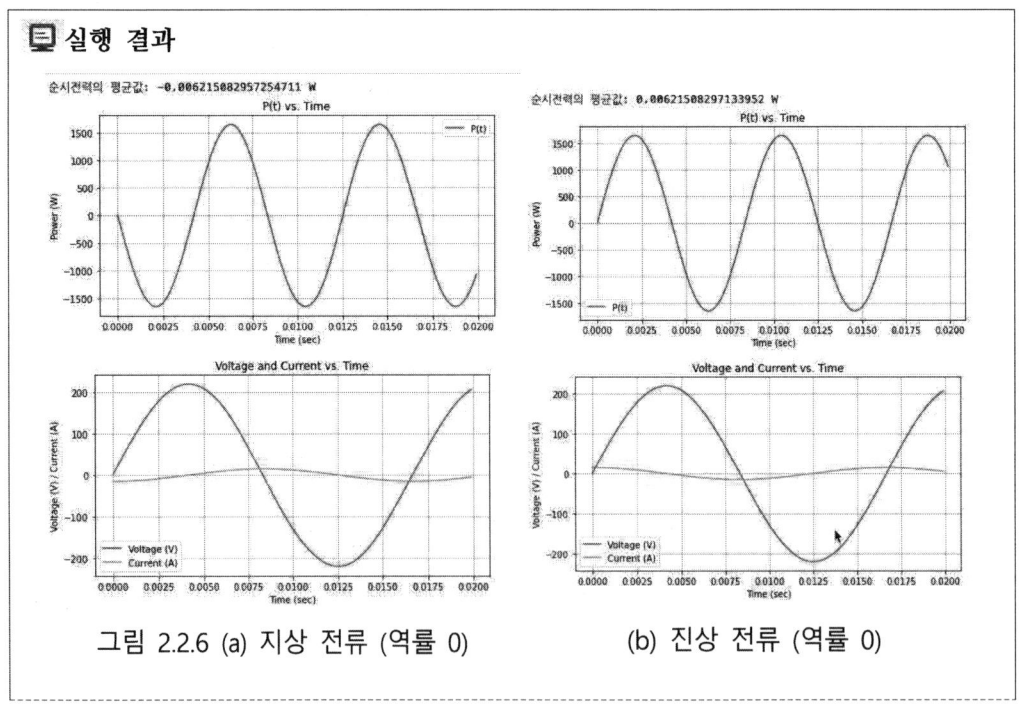

그림 2.2.6 (a) 지상 전류 (역률 0)   (b) 진상 전류 (역률 0)

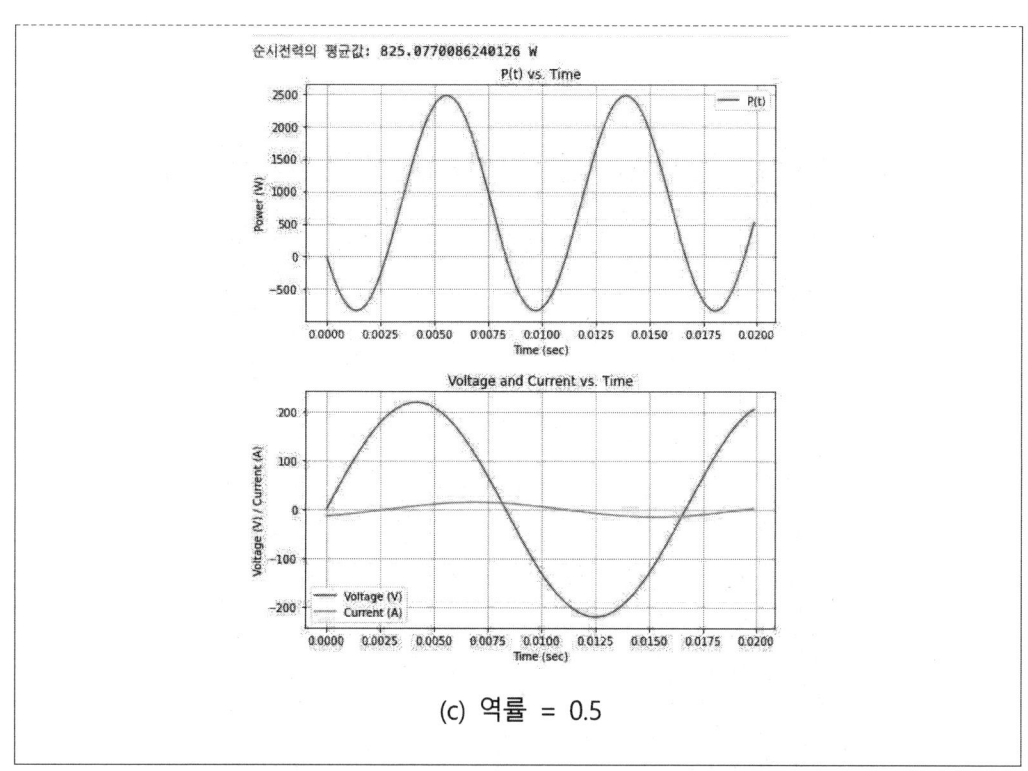

(c) 역률 = 0.5

이 경우에 전류와 전압의 위상차가 없으므로 cos(θ)는 1이 되고 전압의 최대값은 220, 전류의 최대값은 15가 되므로 위의 수식은 다음과 같이 표현됩니다.

$$P = \frac{220}{\sqrt{2}} \times \frac{15}{\sqrt{2}} \times \cos(\theta) = 1650$$

평균 전력은 1650이되고 파이썬의 trapz() 함수를 이용하여 구한 평균값도 1650이 됨을 확인할 수 있습니다.

코드에서 phase_angle은 전류와 전압의 위상차로 cos(pahse_angel)은 역률이 됩니다. 위상차가 90도인 경우 전류가 앞서는 진상의 경우 90도 뒤지는 지상 전류의 경우 모두 cos 값은 0이 되고 순시전력의 평균값도 0이 되는 것을 확인할 수 있습니다.

60도 지상 전류의 경우에는 cos 값이 $\frac{1}{2}$이 되므로 전체 평균 전력의 값도 반값인 825가 되는 것을 확인할 수 있습니다.

2.3 페이저의 해석

페이저는 전기 공학에서 정현파를 다룰 때 매우 중요한 역할을 합니다. 페이저는 기본적으로 대상의 정현파가 동일한 주파수를 가지고 있어야 합니다. 동일한 주파수를 가진 정현파들은 정현파의 크기와 상대적 위상을 나타내는 두 가지 정보만 가지고 정확하게 표시할 수 있습니다. 크기와 위상으로 표시되는 이 정보는 정확하게 복소수가 가지고 있는 정보와 일치합니다. 따라서 동일한 주파수의 정현파의 모든 연산은 복소수 연산으로 대체할 수 있으며 이러한 사실은 전류 전압 관계 계산에 매우 유용하게 활용됩니다.

2.3.1 오일러 공식과 페이저

우리가 알고 있는 오일러 공식은 페이저의 성격을 이해하는 데 많은 도움이 됩니다. $Ae^{j(wt+\phi)} = A\cos(wt+\phi) + jA\sin(wt+\phi)$의 오일러 표현에서 $Ae^{jwt}e^{\phi}$의 표현은 주어진 주파수 (각속도 w)로 회전하는 e^{jwt}의 정보가 모두 유사하다고 한다면 $Ae^{\phi} = A\angle\phi$의 정보로 해당 정현파의 정보를 표현할 수 있습니다.

chatGPT에게 다음과 같은 프롬프트로 생성한 코드를 분석해 보겠습니다.

> **chatGPT 프롬프트**
> 오일러 공식을 이용한 복소수의 표현을 이용하여 정현파를 표현하는 데 적용할 수 있음을 보이는 파이썬 코드를 작성해 줘. 이때 각속도는 임의의 값을 설정해서 사용하면 됨.

소스 코드

```python
import numpy as np
import matplotlib.pyplot as plt

# 파라미터 설정
amplitude = 5.0  # 진폭
frequency = 2.0  # 주파수 (임의의 값)
phase_angle = np.pi / 4  # 위상 각도 (임의의 값)

# 시간 범위 설정
t = np.linspace(0, 1, num=1000, endpoint=False)

# 각속도 설정 (임의의 값)
angular_frequency = 2 * np.pi * frequency

# 오일러 공식을 이용하여 정현파 생성
complex_signal = amplitude * np.exp(1j * (angular_frequency * t + phase_angle))

# 정현파의 실수 및 허수 부분 추출
real_part = np.real(complex_signal)
imaginary_part = np.imag(complex_signal)

# 정현파 그래프 표시
plt.figure(figsize=(10, 6))
plt.plot(t, real_part, label='Real')
plt.plot(t, imaginary_part, label='Imaginary')
plt.xlabel('Time (sec)')
```

```
plt.ylabel('Amplitude')
plt.title('Sinusoidal Expression (Euler equation)')
plt.grid(True)
plt.legend()
plt.show()
```

실행 결과

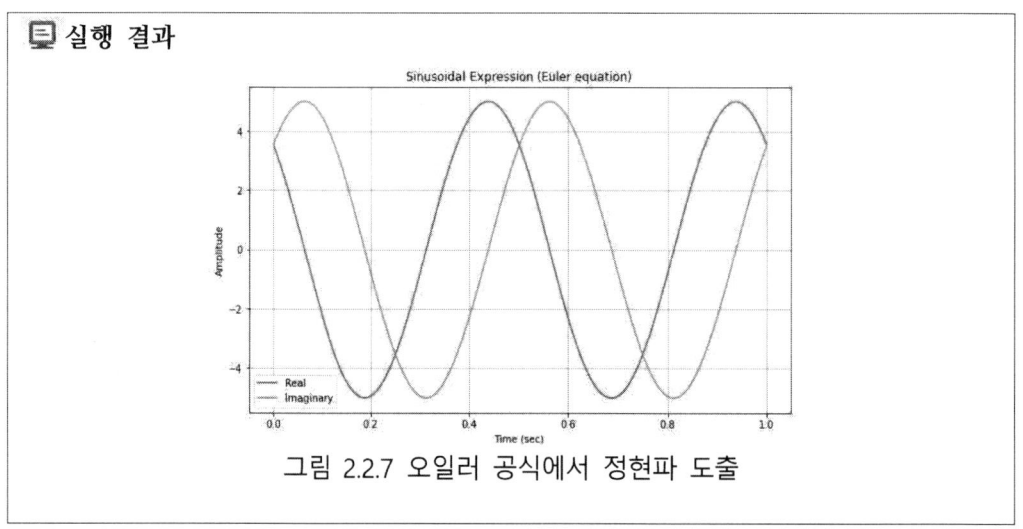

그림 2.2.7 오일러 공식에서 정현파 도출

이 코드는 오일러 공식을 사용하여 복소수의 표현을 활용하여 정현파를 생성합니다. 주어진 파라미터로 진폭, 각속도, 위상을 설정하고, 오일러 공식에 따라 정현파를 생성합니다. 그 후, 정현파의 실수 부분과 허수 부분을 추출하여 그래프로 표시합니다.

페이서를 적용할 때 정현파는 실수의 시간함수인 cosine을 사용하던지 허수의 시간함수인 sin을 사용할 수 있습니다. 시간함수는 상대적이므로 페이저를 시간함수로 생성할 때 실수 부분을 사용할 것인지 허수 부분을 사용할지를 정하고 일관성 있게 정한 부분의 정현파를 사용하여 복원하면 됩니다.

다음의 코드는 복소평면 상에서 오일러의 궤적을 허수부의 움직임의 궤적과 실수부의 움직임의 궤적으로 분리하여 그래프로 그린 것입니다. 실수부와 허수부의 특정 시간상의 점으로 복소평면 상에 그리는 점은 단위 원운동을 하는 것을 확인할 수 있습니다.

소스 코드

```
import numpy as np
```

```python
import matplotlib.pyplot as plt

# 파라미터 설정
amplitude = 5.0   # 진폭
frequency = 2.0   # 주파수 (임의의 값)
phase_angle = np.pi / 4   # 위상 각도 (임의의 값)
t = np.linspace(0, 1, num=1000, endpoint=False) # 시간 범위 설정

# 각속도 설정 (임의의 값)
angular_frequency = 2 * np.pi * frequency

# 오일러 공식을 이용하여 정현파 생성
complex_signal = amplitude * np.exp(1j * (angular_frequency * t + phase_angle))

# 정현파의 실수 부분과 허수 부분 추출
real_part = np.real(complex_signal)
imaginary_part = np.imag(complex_signal)

plt.figure(figsize=(10, 6))

# 복소 평면 그래프
plt.subplot(221)
plt.axis([-9, 9, -5.5, 5.5]) #원의 모양이 이쁘게 나오게 스케일 조정
plt.plot(np.real(complex_signal), np.imag(complex_signal))
plt.xlabel('Real')
plt.ylabel('Imaginary')
plt.title('Complex plane')

# 시간 영역 그래프
plt.subplot(222)
#plt.plot(t, real_part, label='Real')
plt.plot(t, imaginary_part, label='Imaginary')
plt.xlabel('Time (sec)')
```

```
plt.ylabel('Amplitude')
plt.grid(True)
plt.legend()

# 시간 영역 그래프
plt.subplot(223)
plt.axis([-9, 9, 1, 0]) #원과 좌표가 일치하게 스케일 조정
plt.plot(real_part, t, 'r',label='Real')
#plt.plot(imaginary_part, t, 'r',label='Imaginary')
plt.xlabel('Amplitude')
plt.ylabel('Time (sec)')
plt.grid(True)
plt.legend()
plt.tight_layout()
plt.show()
```

실행 결과

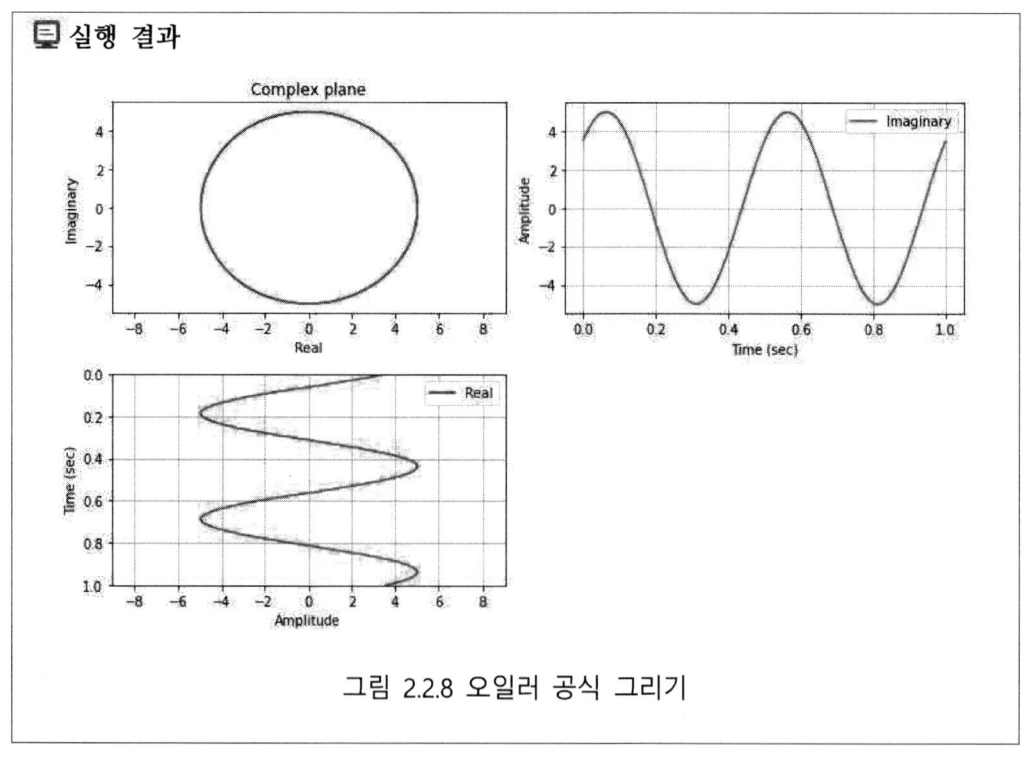

그림 2.2.8 오일러 공식 그리기

2.3.2 임피던스와 RLC 회로

전기회로의 소자에 전압이 가해지면 전류가 흐르게 됩니다. 교류의 경우에는 인가되는 전압과 전류의 관계가 임피던스에 의해서 결정됩니다. 전류는 전압을 임피던스로 나누어서 얻을 수 있습니다. 전류의 위상이 전압 보다 뒤졌으면 지상 전류라고 하고 앞서는 경우는 진상전류라고 합니다. 파이썬 프로그램을 통하여 이러한 내용을 확인해 보도록 하겠습니다.

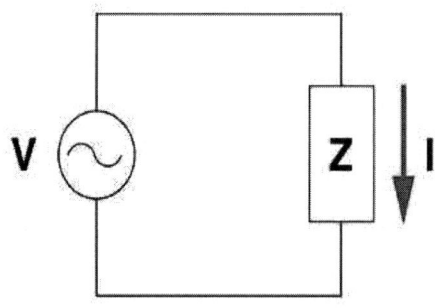

그림 2.3.1 임피던스 회로

그림2.3.1과 같이 구성된 회로에서 전압, 전류, 임피던스의 관계는 $I = \dfrac{V}{Z}$로 표현됩니다. Z의 값은 다음과 같이 커패시턴스와 인덕턴스의 성분으로 결정됩니다.

$Z = R + j(wL - \dfrac{1}{wC}) = R + jX$

다음과 같이 chatGPT 프롬프트를 주어 코드를 작성하도록 합니다.

> **chatGPT 프롬프트**
> 전압 V의 교류가 저항 R과 리액턴스 X를 가진 임피던스에 인가된다. 이때 전압과 전류의 관계를 나타내는 벡터도와 정현파 값을 나타내는 시간 축에 대한 전류, 전압의 관계를 보여주는 그래프를 작성하는 프로그램을 작성하시오.

결과로 얻어진 프로그램을 약간의 수정작업을 거친 후 다음과 같은 파이썬 코드를 완성하였습니다.

> **소스 코드**
> ```
> import numpy as np
> import matplotlib.pyplot as plt
> ```

```python
# 주어진 값
V = 2    # 전압 (V)
R = 0    # 저항 (Ω)
X = -1j  # 리액턴스 (1j 혹은 -jwL)

# 주파수 범위 설정
t = np.linspace(0, 1, num=1000)  # 시간 범위 (임의의 값)

# 벡터 다이어그램 그리기
# Z = R + jX
# V = I * Z => I = V / Z
currents = V / (R + X)

# 벡터 다이어그램
plt.figure(figsize=(12, 5))
plt.subplot(121)
plt.plot([0, np.real(V), np.real(V)], [0, 0, np.imag(V)], label='V', marker='o')
plt.plot([0, np.real(currents), np.real(currents)], [0, 0, np.imag(currents)], label='I', marker='o')
plt.xlabel('Real')
plt.ylabel('Imaginary')
plt.title('Vector Diagram')
plt.legend()

# 정현파 그래프 그리기
voltage_waveform_V = np.real(V * np.exp(1j * 2 * np.pi * t))  # V의 정현파
voltage_waveform_currents = np.real(currents * np.exp(1j * 2 * np.pi * t))  # I의 정현파

# 정현파 그래프
plt.subplot(122)
plt.plot(t, voltage_waveform_V, label='V')
plt.plot(t, voltage_waveform_currents, label='I')
plt.xlabel('Time (s)')
```

```
plt.ylabel('Amplitude')
plt.title('Sinusoidal Waveforms')
plt.legend()
plt.tight_layout()
plt.show()
```

위의 코드를 이용하여 순 저항의 임피던스는 V = 2 (V), R = 2, X= 0의 값을 입력하여 다음의 결과를 얻을 수 있습니다.

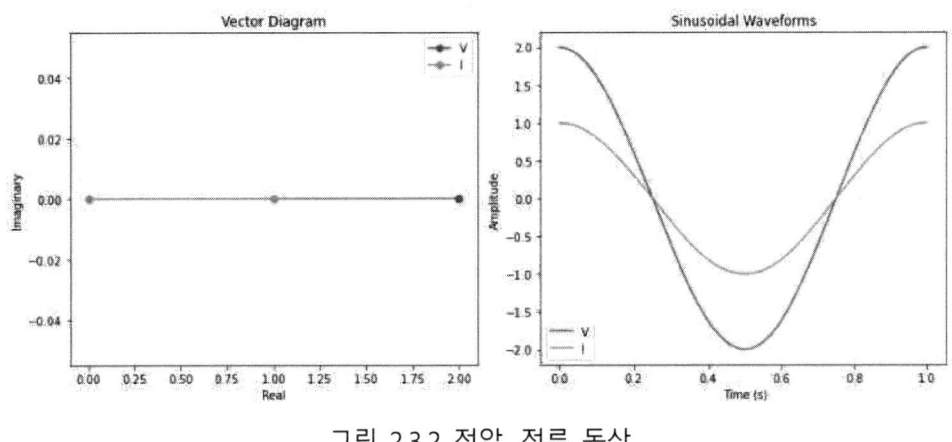

그림 2.3.2 전압, 전류 동상

진상전류를 흐르게 하는 임피던스는 V = 2, R = 0, X=-1j의 값을 입력하여 다음의 결과를 얻을 수 있습니다.

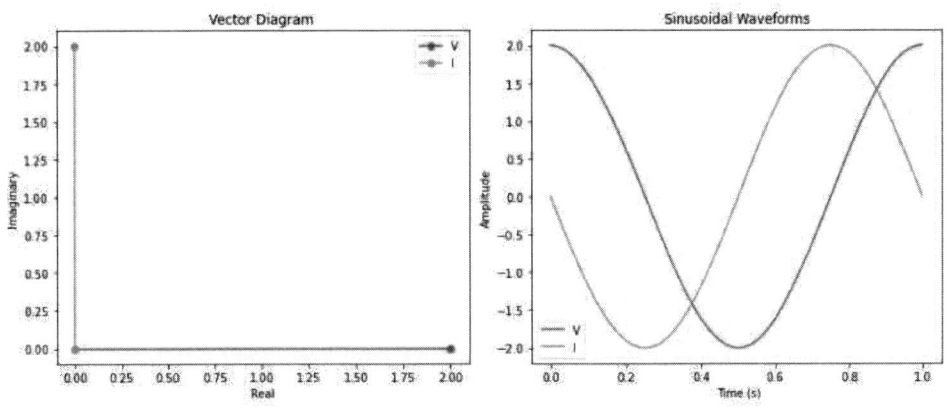

그림 2.3.2 순수한 커패시터 회로 (진상)

지상 전류를 흐르게 하는 임피던스는 V = 2, R = 0, X=1j의 값을 입력하여 다음의 결과를 얻을 수 있습니다. 벡터도에서 전류는 전압보다 90° 지상이고 시간 영역에서도 파형이 90° 뒤처져 있음을 확인할 수 있습니다.

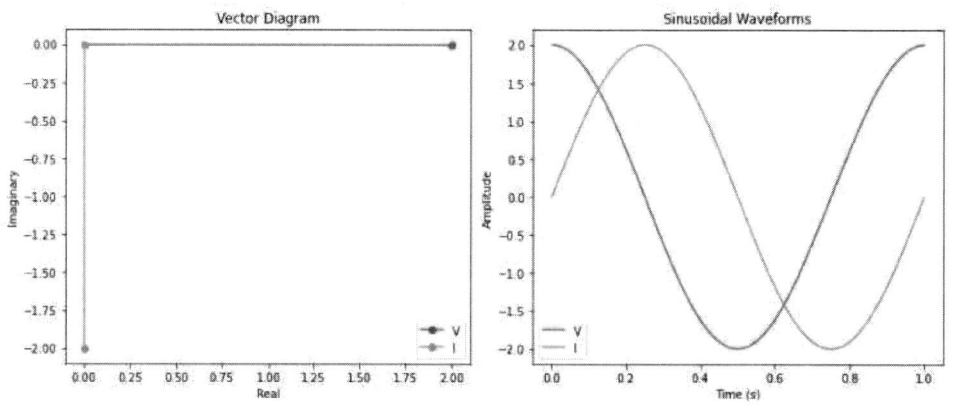

그림 2.3.3 순수한 인덕턴스 회로 (지상)

단순 임피던스 회로를 RLC 직렬 회로로 대체하여 용량성 리액턴스와 유도성 리액턴스를 분리하여 확인해 보도록 하겠습니다. 다음과 같은 chatGPT 프롬프트를 입력해 봅니다.

> **chatGPT 프롬프트**
>
> 직렬 RLC 회로에 연결되어 있다. 저항 R옴, 인덕턴스는 wL, 커패시턴스는 wC일 때, 저항에 걸리는 전압, 인덕턴스에 걸리는 전압, 커패시턴스에 걸리는 전압, 그리고 전류의 값들을 나타내는 벡터도와 정현파의 두 개의 그래프를 그리시오. 벡터도는 페이서를 이용하여 그리고, 정현파는 오일러 공식에 의한 임의의 주파수로 파형의 상관관계가 잘 표현될 수 있도록 실수부 값을 도출하여 그리시오.

결과로 얻을 코드를 일부 수정하고 벡터 모양을 그리기 위해 quiver 함수를 사용하여 일부 수정하여 최종 코드는 다음과 같이 얻었습니다.

> **소스 코드**
> ```
> import numpy as np
> import matplotlib.pyplot as plt
>
> # 주어진 값
> V = 5+0j # 전압 (V)
> ```

```python
R = 0   # 저항 (Ω)
wL = 0   # 인덕턴스 (1j 혹은 -jwL)
wC = 0.5   # 캐패시터 (-j/wC)
t = np.linspace(0, 1, num=1000)   # 시간 범위 (임의의 값)
VR=currents*R
VL=currents*1j*wL
VC=currents*-1j/wC

# 벡터 다이어그램
plt.figure(figsize=(12, 5))
plt.subplot(121)
plt.axis([-8,8,-8,8])

# 벡터의 시작점과 끝점 좌표 설정
start_point = (0, 0)

# 전압 벡터 V
V_end_point = (np.real(V), np.imag(V))
plt.quiver(*start_point, *V_end_point, angles='xy', scale_units='xy', scale=1, color='r', label='V', linewidth=2)

# 저항 벡터 R
R_end_point = (np.real(VR), np.imag(VR))
plt.quiver(*start_point, *R_end_point, angles='xy', scale_units='xy', scale=1, color='g', label='V_R', linewidth=2)

# 리액턴스 벡터 L
L_end_point = (np.real(VL), np.imag(VL))
plt.quiver(*start_point, *L_end_point, angles='xy', scale_units='xy', scale=1, color='b', label='V_L', linewidth=2)

# 리액턴스 벡터 C
C_end_point = (np.real(VC), np.imag(VC))
plt.quiver(*start_point, *C_end_point, angles='xy', scale_units='xy', scale=1, color='y', label='V_C', linewidth=2)
```

```
# 전류 벡터 currents
I_end_point = (np.real(currents), np.imag(currents))
plt.quiver(*start_point, *I_end_point, angles='xy', scale_units='xy', scale=1, color='m',
label='currents', linewidth=2)

plt.xlabel('Real')
plt.ylabel('Imaginary')
plt.title('Vector Diagram')
plt.legend()

# 정현파 그래프 그리기

voltage_waveform_V = np.real(V * np.exp(1j * 2 * np.pi * t))
voltage_waveform_R = np.real(VR * np.exp(1j * 2 * np.pi * t))
voltage_waveform_L = np.real(VL * np.exp(1j * 2 * np.pi * t))
voltage_waveform_C = np.real(VC * np.exp(1j * 2 * np.pi * t))
voltage_waveform_currents = np.real(currents * np.exp(1j * 2 * np.pi * t))

# 정현파 그래프
plt.subplot(122)
plt.grid(True)
plt.plot(t, voltage_waveform_V,'r', label='V')
plt.plot(t, voltage_waveform_R,'g' ,label='V_R')
plt.plot(t, voltage_waveform_L,'b', label='V_L')
plt.plot(t, voltage_waveform_C, 'y',label='V_C')
plt.plot(t, voltage_waveform_currents,'m', label='currents')
plt.xlabel('Time (s)')
plt.ylabel('Amplitude')
plt.title('Sinusoidal Waveforms')
plt.legend()
plt.tight_layout()
plt.show()
```

그래프에서 결과는 순 용량성 경우로 전류가 전압에 90도 앞서는 것을 확인할 수 있습니다. 전압 V는 V_C와 겹쳐서 그래프에서 보이지 않습니다.

V = 5+0j, R = 0, wL = 2, wC = 10000000000을 입력하여 순 유도성의 회로로 구성하면 다음의 그림과 같이 전류가 전압에 90도 앞서는 것을 확인할 수 있습니다. V_L에 겹쳐서 V는 그래프에서 보이지 않습니다.

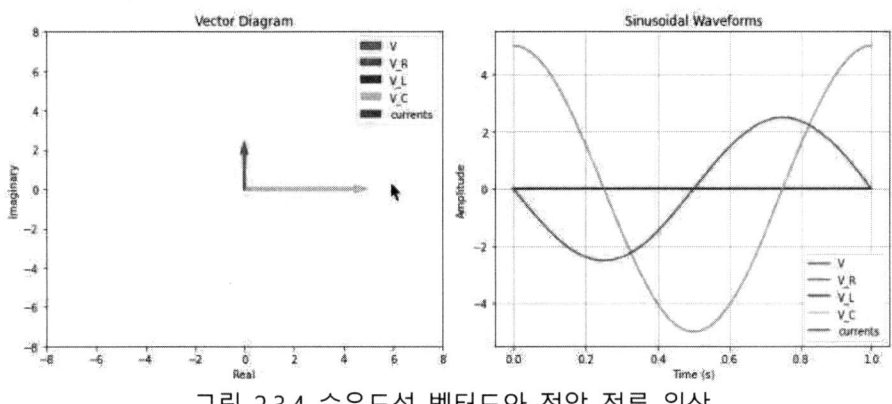

그림 2.3.4 순유도성 벡터도와 전압 전류 위상

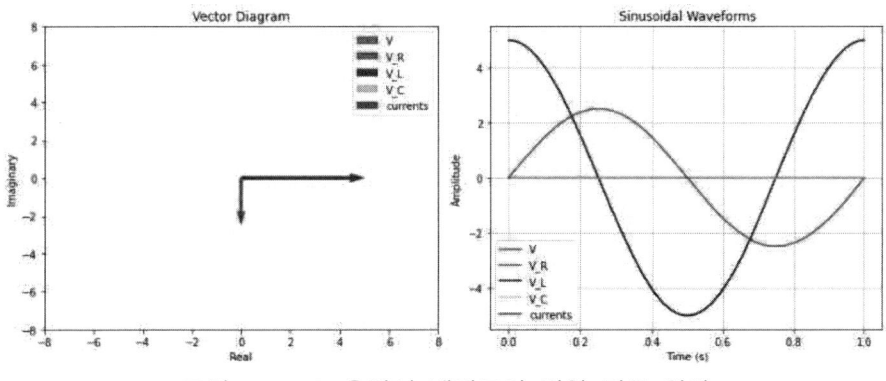

그림 2.3.5 순 용량성 벡터도와 전압 전류 위상

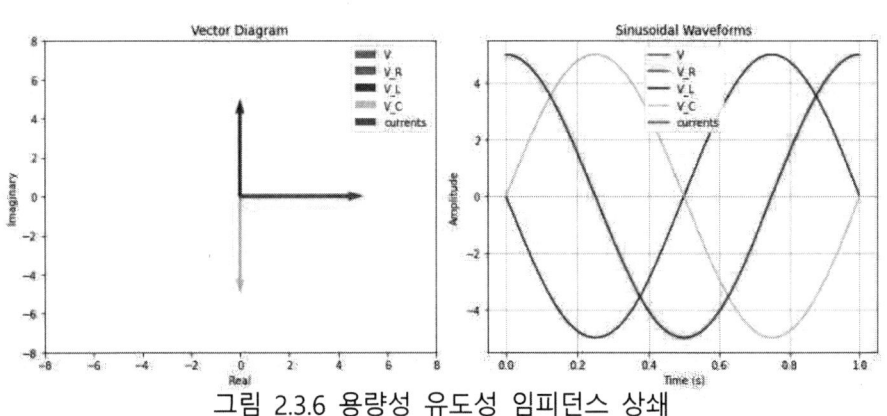

그림 2.3.6 용량성 유도성 임피던스 상쇄

V = 5+0j, R = 1, wL = 1, wC = 1의 값을 주면 다음의 그래프와 같이 용량성과 유도성의 리액턴스 부분이 상쇄되어 전압과 전류의 위상은 일치하게 됩니다. 즉, 인덕터와 커패시터의 전압은 상쇄가 되고 저항 성분에 모든 전압이 인가됩니다. 이 두 개의 값이 겹치므로 V의 모양은 V_R에 겹쳐서 그래프에서는 보이지 않습니다.

2.3.3 지오지브라(GeoGebra)를 이용하기

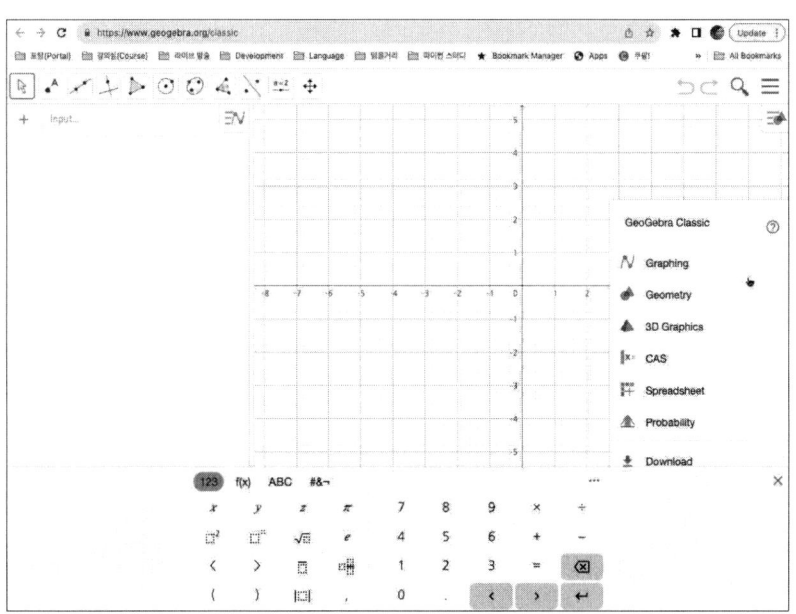

그림 2.3.7 지오지브라 실행 화면

앞 절에서 다룬 내용은 지오지브라를 이용하여 더 직관적으로 다룰 수 있습니다. 지오지브라는 일반적인 프로그램 언어와 같이 작도하기도 하지만, 코드 부분보다는 수식을 잘 입력하여 원하는 그래프를 좀 더 쉽고 편리하게 확인할 수 있는 장점이 있습니다. 특히 오일러 공식을 이용하여 정현파를 얻어내거나 벡터도를 그리는 부분에서는 매우 직관적인 수식 표현으로 원하는 결과를 얻을 수 있습니다. 동일한 내용을 지오지브라를 이용하여 구해 보겠습니다.

> 보충 설명
>
> http://GeoGebra.org 에서 접속하여 클래식 계산기를 선택하면 브라우저에서 지오지브라를 무료로 활용할 수 있습니다. 회원 가입을 하면 작업 내용을 클라우드에 저장할 수 있으며 저장된 내용을 역시 웹 브라우저에서 열람할 수 있습니다. 지오지브라는 프로그램 언어처럼 사용하는 것도 가능합니다.

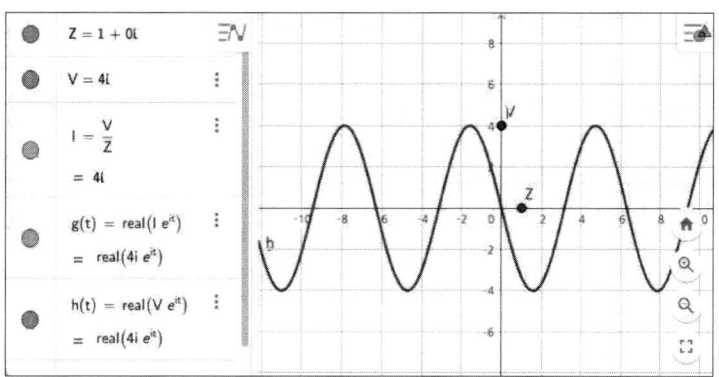

그림 2.3.8 순저항성의 지오지브라 화면

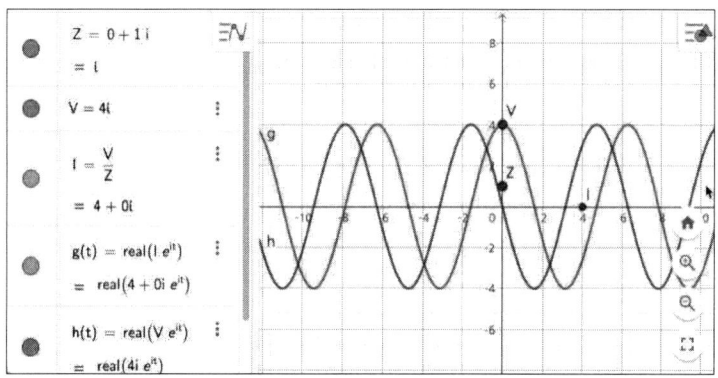

그림 2.3.9 순유도성 임피던스의 지오지브라 화면

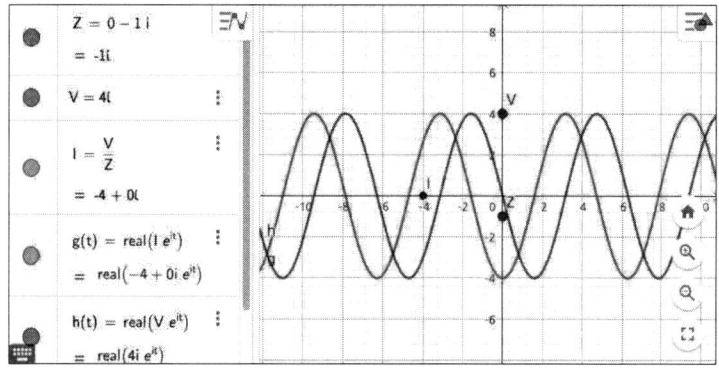

그림 2.3.10 순용량성 임피던스의 지오지브라 화면

그림 2.3.10의 각각의 왼쪽의 입력창에 다음과 같이 5개의 수식을 입력하여 간단하게 오일러 공식과 정현파의 관계를 확인할 수 있습니다.

Z=i이라고 입력하면 복소수 변수 Z를 생성합니다. 이렇게 생성된 복소수 Z는 그래프 화면에 나타나는 데 이를 마우스로 드래그하면 위치를 바꿀 수 있습니다. 바뀌는 위치는 왼쪽의 대수창에 동기화되어 나타납니다.

전압의 페이저를 입력하기 위해 V = 4i를 입력합니다. 이 값은 전압의 페이저의 기준으로 사용할 것이므로 드래그하지 않도록 합니다.

I=V/Z의 수식을 입력합니다. 이 수식은 바뀌는 임피던스 Z의 값에 대하여 전류 I의 값을 수시로 계산합니다.

오일러 공식으로 정현파를 유도하기 위해 전압의 정현파는 real(V*exp(i*t))의 값을 입력하면 곧바로 정현파를 얻을 수 있습니다. 동일한 방법으로 real(I*exp(i*t))의 값을 입력하여 전류의 정현파 값을 얻을 수 있습니다.

Z 복소수의 위치를 각각 순 저항성일 경우 (1,0), 순 용량성일 경우 (0,1), 순 유도성일 경우 (0,-1)에 놓아서 전압 전류의 위상을 확인할 수 있습니다.

2.4 퓨리에 급수

퓨리에 급수는 퓨리에 변환과 더불어 신호의 주파수적인 성격을 다루는 엔지니어링 분야에서 많이 활용되는 개념입니다. 퓨리에 급수는 모든 주기함수는 다양한 주파수를 가진 정현파의 조합으로 표현할 수 있다는 것이고, 퓨리에 변환은 주기 파형이 아닌 임의의 함수에 대한 주파수 분석의 기본 개념을 제공해 줍니다.

파이썬 프로그램을 사용하여 다양한 주기함수를 퓨리에 급수를 사용하여 표현하도록 해 보겠습니다. 급수를 계산하기 위해서는 반복 기능을 활용하기 위해 파이썬의 반복문과 조건문을 사용하는 것이 필수적입니다.

2.4.1 퓨리에 급수 그래프 그리기

퓨리에 급수는 다양한 주파수를 갖는 정현파로 주기함수를 표현하는 방식입니다. 퓨리에 급수의 수식 표현은 아래와 같습니다. 퓨리에 급수의 수식적 유도과정은 생략하도록 하겠습니다.

$$x(t) = \sum_{k=-\infty}^{\infty} a_k e^{jkw_0 t}$$

여기서 k의 값은 정수이며 a k의 값은 주기파형을 나타내기 위하여 구해진 상수로 k의 따라 변하는 값이 됩니다. 단진동으로 표현된 $e^{jkw_0 t}$의 값은 오일러의 표현 방식인 것을 알 수 있고, 실수값을 취하면 $\cos(kw_0t)$로 표현될 수 있습니다.

2.4.2 퓨리에 급수로 구형파 만들기

구형파의 퓨리에 급수 변환은 다음과 같이 얻어집니다.
$A\frac{\sin(n\pi/2)}{n\pi/2}\ n=1,3,5,7...$ 즉, 홀수 일 때만 계수 값이 존재합니다. 이 식은 다음과 같은 파이썬 프로그램으로 구현할 수 있습니다. sum 변수에 계속해서 홀수 번째에 해당하는 계수를 곱하여 더한 값을 축적해 나갑니다. 퓨리에 급수를 이용한 파이썬 프로그램을 작성하기 위해서 다음과 같은 chatGPT 프롬프트를 사용하여 코드를 생성할 수 있습니다.

> **chatGPT 프롬프트**
> 구형파를 퓨리에 급수를 이용하여 그래프로 그려주는 프로그램을 작성하시오. 실행 때마다 몇 차 고조파까지 더할 것인가를 묻고 이 고조파의 차수까지 급수를 사용하여 구형파를 근사화하도록 합니다. 구형파의 퓨리에 급수는 (1/(2*n+1))*sin((2*n+1)*t)의 식을 참고하여 구현할 수 있다.

> **소스 코드**
> ```
> import numpy as np
> import matplotlib.pyplot as plt
> import warnings
>
> # Suppress RuntimeWarning about missing glyphs
> warnings.filterwarnings("ignore", category=RuntimeWarning, module="matplotlib")
>
> def square_wave_approximation(n, t):
>     square_wave = np.zeros_like(t)
>
>     for i in range(n + 1):
>         term = (1 / (2 * i + 1)) * np.sin((2 * i + 1) * t)
>         square_wave += term
> ```

```
        return square_wave

# 주파수 및 시간 범위 설정
t = np.linspace(0, 4 * np.pi, 1000)   # 시간 범위 (0에서 4파이까지)
while True:
    n = int(input("How many harmonics? (Enter greater than 0, Enter negative value to quit): "))
    if n < 0:
        break
    square_wave = square_wave_approximation(n, t)

    # 그래프 그리기
    plt.figure(figsize=(10, 6))
    plt.plot(t, square_wave, label=f'Approximated Square Wave (Harmonics {n})', linewidth=2)
    plt.title(f"Square wave(Harmoics {n})")
    plt.xlabel('Time')
    plt.ylabel('Amplitude')
    plt.grid(True)
    plt.legend()
    plt.show()
```

실행 결과

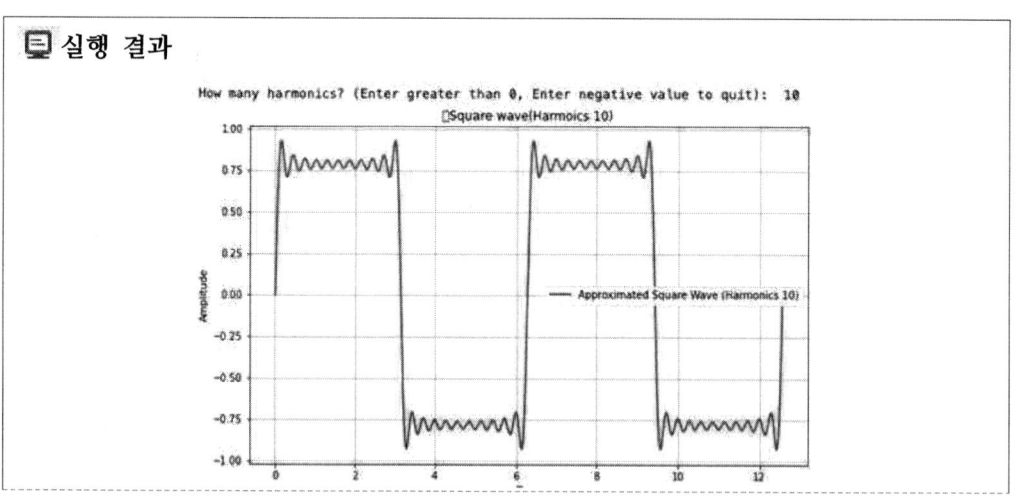

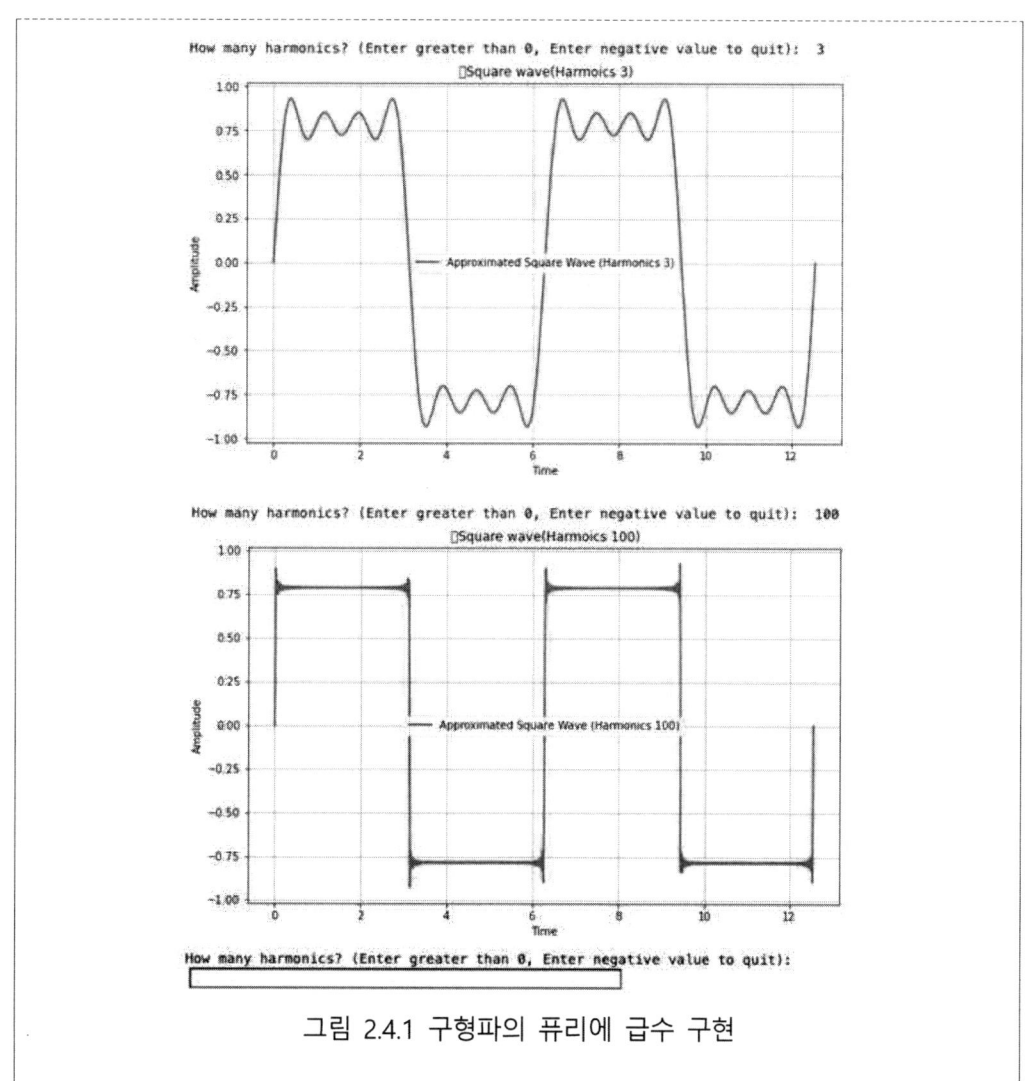

그림 2.4.1 구형파의 퓨리에 급수 구현

각 고조파의 합으로 퓨리에 급수를 구성하는 것으로 보이기 위해서 다음과 같은 코드를 작성해 보았습니다. 단위 고조파의 값들은 점선으로 표현하고 이것을 모두 더한 퓨리에 급수 파형을 실선으로 보이게 하면 퓨리에 급수의 개념을 더 잘 이해할 수 있습니다.

소스 코드

```
import numpy as np
import matplotlib.pyplot as plt
```

```python
approximated_waves = []
def square_wave_approximation(n, t):
    square_wave = np.zeros_like(t)

    for i in range(n + 1):
        term = (1 / (2 * i + 1)) * np.sin((2 * i + 1) * t)
        approximated_waves.append(term)
        square_wave += term

    return square_wave

# 주파수 및 시간 범위 설정
t = np.linspace(0, 2 * np.pi, 1000)  # 시간 범위 (0에서 4파이까지)

n = 10  # 10차 까지 고조파 합성
square_wave = square_wave_approximation(n, t)

# 그래프 그리기
plt.figure(figsize=(10, 6))
plt.plot(t,square_wave,label= 'Square wave output')
for i, wave in enumerate(approximated_waves):
    plt.plot(t, wave, linestyle='dotted',label=f'Harmonics {i}')

plt.title(f"Approximation (Harmonics to 5)")
plt.xlabel('Time')
plt.ylabel('Amplitude')
plt.grid(True)
plt.legend()
plt.show()
```

　n을 3으로 구한 그래프 결과는 다음과 같습니다. 프로그램은 제 1, 3, 5, 7 고조파의 네 개의 그래프를 합하여 퓨리에 급수의 결과로 구형파를 근사화하여 나타냅니다.

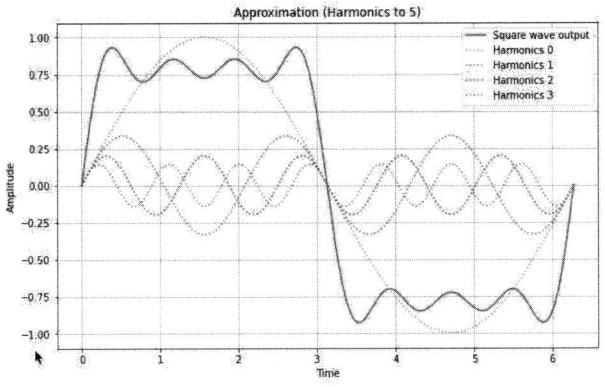

그림 2.4.2 구형파의 푸리에 급수 구현 (n=7까지)

n을 10으로 하면 더 정교한 모양으로 구형파를 근사화합니다. 이때는 1, 3, 5⋯. 21 고조파 성분을 더한 값으로 푸리에 급수 값을 구성합니다.

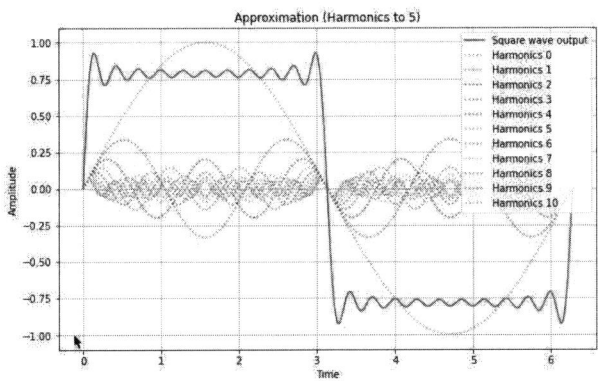

그림 2.4.3 구형파의 푸리에 급수 구현 (n=21까지)

2.4.3 푸리에 급수로 삼각파 만들기

삼각파를 파이썬 코드로 이용하여 푸리에 급수로 그리는 코드를 작성하면 다음과 같습니다. Cos 항목의 계수를 다음과 같이 구현하면 된다는 정보를 갖고 코드를 작성하면 다음과 같습니다.

$$a_n = \begin{cases} 4A \dfrac{1-(-1)^n}{\pi^2 n^2} A & , n\text{이 홀수} \\ 0 & , n\text{이 짝수} \end{cases}$$

📝 소스 코드

```python
import numpy as np
import matplotlib.pyplot as plt
import warnings

# RuntimeWarning을 무시하기 위한 설정
warnings.filterwarnings("ignore", category=RuntimeWarning, module="matplotlib")

def triangular_wave_approximation(n, t):
    triangular_wave = np.zeros_like(t)

    for i in range(1, n + 1):
        if i % 2 == 1:
            term = (8*(1-(-1)**i) / ((np.pi * i) ** 2)) * np.cos(2 * np.pi * i * t)
            triangular_wave += term

    return triangular_wave

# 주파수 및 시간 범위 설정
t = np.linspace(0, 2, 1000)   # 시간 범위 (0에서 4까지)

while True:
    n = int(input("How many harmonics? (Enter greater than 0, Enter negative value to quit): "))
    if n < 0:
        break
    triangular_wave = triangular_wave_approximation(n, t)

    # 그래프 그리기
    plt.figure(figsize=(10, 6))
    plt.plot(t, triangular_wave, label=f'Triangular wave (Harmonic {n})', linewidth=2)
    plt.title(f"Triangular (Harmonic {n})")
    plt.xlabel('Time')
```

```
plt.ylabel('Amplitude')
plt.grid(True)
plt.legend()
plt.show()
```

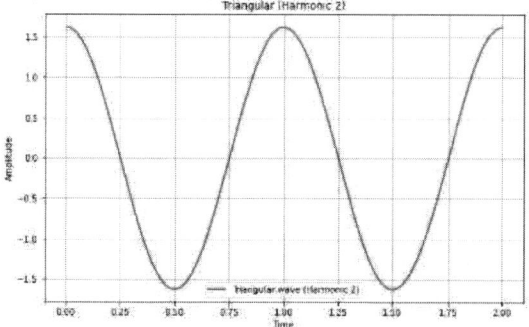

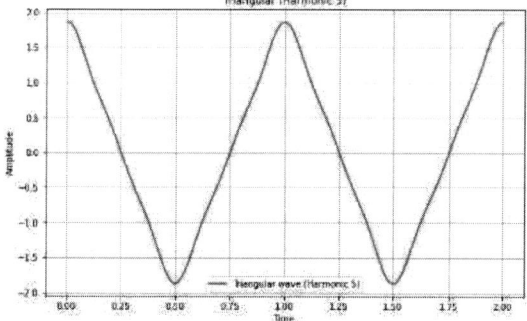

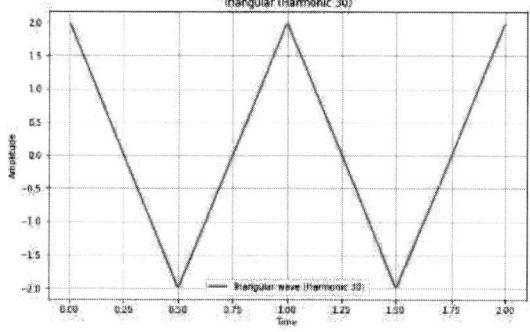

그림2.4.4 삼각파의 퓨리에 급수 구현

고조파 차수를 변경하여 삼각파에 근사하는 모양을 얻을 수 있습니다.

📋 과제하기

구형파 삼각파 이외에도 톱니파, 반파 정류파, 전파 정류파 등의 다양한 주기 파형에 대한 퓨리에 급수의 적용이 가능합니다. 퓨리에 급수로 전개된 결과를 인터넷에서 참고하여 파형의 모양을 구해 보기 바랍니다.

💡 보충 설명

예제에서는 구형파와 삼각파와 같은 예제를 다루었습니다. 이는 모두 시간의 함수로 x축이 시간이며 y축의 값은 크기를 나타냅니다. 퓨리에 급수의 오일러 표현 방식은 단진동하는 기본파와 고조파들이 다양한 계수값을 가짐으로서 특정 물체의 모양을 복소 평면상에 그릴 수 있습니다. https://tinyurl.com/ykm7kq2w의 링크에 보면 공룡의 모양을 퓨리에 급수를 이용하여 이러한 방식으로 그림을 그리는 사례를 보여줍니다. 또한 퓨리에 디스크립터라는 퓨리에 급수의 성질을 이용하여 이미지로부터 특정 모양을 인식해 내는 기능을 제공합니다. https://tinyurl.com/yluv7xx8의 링크에서 구체적으로 어떠한 방식으로 가능한지를 확인할 수 있습니다.

2.5 퓨리에 변환

퓨리에 변환은 시간 영역과 주파수 영역을 연결하는 마법사 같은 기능을 보여줍니다. 마치 악기에서 나는 시간영역에서의 소리를 주파수의 세계에서 다양한 주파수로 분해하여 보는 것과 같은 기능을 제공합니다. 이 변환은 주파수의 세계를 이해하고 다룰 수 있는 탁월한 기능을 제공하는 귀중한 도구입니다. 퓨리에 변환은 시간 영역의 함수 또는 데이터를 주파수 영역의 함수 또는 데이터로 변환해 줍니다. 우리가 시간 영역에서 듣는 음악은 다양한 주파수가 조화롭게 결합된 것인데, 퓨리에 변환을 사용하면 소리를 간단한 주파수 구성 요소로 분해할 수 있습니다.

퓨리에 변환의 수식 유도는 수학적으로 간단하지는 않지만 퓨리에 변환의 수식을 수치적으로 빠르게 계산해 내는 FFT(Fast Fourier Transform)해법도 존재합니다. 시간 영역의 함수를 주파수 영역으로 변환하는 수식은 $F(\omega) = \int_{-\infty}^{\infty} f(t)e^{-i\omega t}dt$으로 이것은 일종의 "주파수 렌즈"로 생각할 수 있습니다. 퓨리에 변환은 시간 영역의 함수를 주파수 영역으로 투사하는 것으로 볼 수 있으며, 이것을 통해 다양한 주파수 구성 요소를 확인할 수 있습니다.

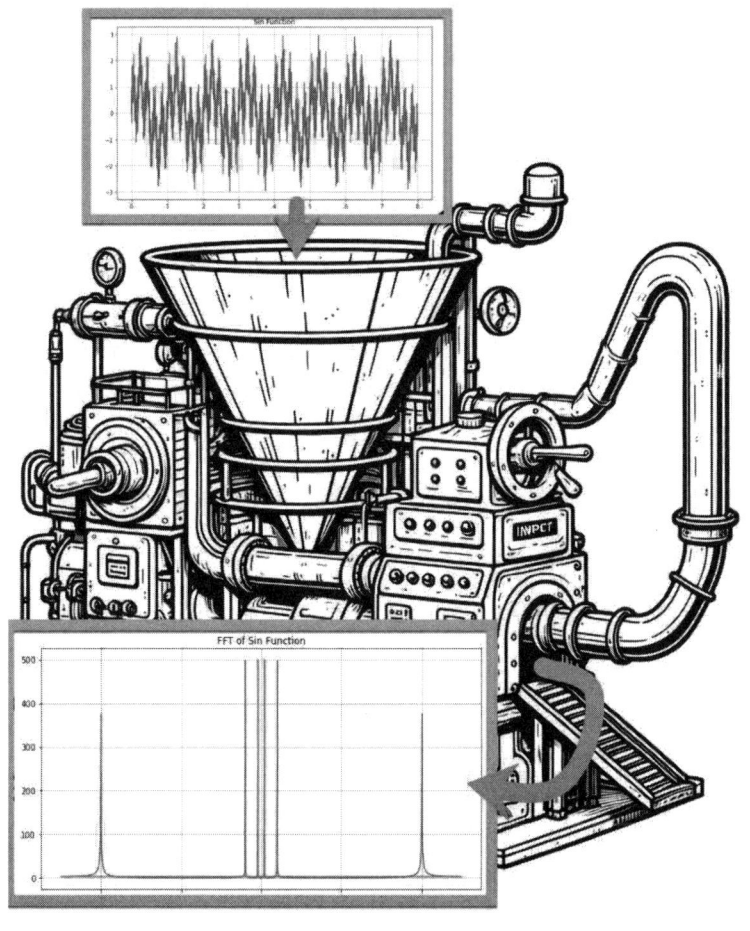

그림 2.5.1 퓨리에 변환의 개념도

퓨리에 변환과 퓨리에 급수는 밀접하게 관련되어 있습니다. 퓨리에 급수는 시간영역에서 주기적인 파동을 분해하는 반면, 퓨리에 변환은 비 주기적 파동을 분해할 수 있습니다. 즉, 퓨리에 급수는 주기적인 파형, 예를 들어 구형파, 정현파, 삼각파, 톱니파 등과 같이 주기적으로 변하는 모든 파형은 상수와 고조파들의 결합으로 표현할 수 있다는 것이고, 퓨리에 변환은 주기 파형이 아닌 임의의 파형에 대해서 이에 대한 주파수 성분 분석이 가능하다는 것입니다. 또 수식적으로도 퓨리에 급수에서의 주기 T를 무한대로 늘림으로써 퓨리에 변환식을 유도할 수 있습니다.

$$f(t) = \sum_{n=-\infty}^{\infty} c_n e^{i 2\pi n f_0 t}$$

위의 급수에서 f(t)는 주기함수, c_n은 f(t)의 퓨리에 계수(복소수), f_0은 기본 주파수, n은 정수입니다. c_n은 각각의 고조파 성분 값들의 기여도 크기를 나타내는 성분 값이 됩니다. 주기 T가 무한대로 커질 때 이 c_n이 연속 값이 되면서 연속적인 주파수 함수 F(w)의 특정 값에서의 주파수 성분으로 볼 수 있다는 것입니다.

푸리에 변환은 음성 처리, 이미지 처리, 통신, 제어 시스템, 진동 분석 등 다양한 분야에서 사용됩니다. 예를 들어, 음성 처리에서는 푸리에 변환을 사용하여 음성 스펙트럼을 분석하고 압축하는 데 활용됩니다. 이미지 처리에서는 푸리에 변환을 사용하여 이미지를 주파수 도메인으로 변환하고 필터링하는 데 사용됩니다. 푸리에 변환의 진정한 매력은 이 변환을 통해 시간과 주파수의 미묘한 관계를 이해하고 자연과학과 엔지니어링 분야에서 혁신적인 문제를 해결하는 데에 사용되는 놀라운 도구라는 사실입니다. 이 절의 내용에서 이러한 푸리에 변환을 통한 데이터 처리가 얼마나 유용한지를 확인하겠습니다.

2.5.1 데이터값의 푸리에 변환

푸리에 변환은 다양한 신호 및 데이터를 주파수 도메인으로 변환하는 강력한 도구로, 다양한 형태의 입력 데이터에 대한 주파수 성분을 분석하고 시각화하는 데 사용됩니다. 이제 푸리에 변환의 기본 개념을 이해했으니 다양한 신호와 데이터의 푸리에 변환 결과를 살펴보겠습니다. 펄스파, 임펄스파, 정현파, Sync함수에 대해서 푸리에 변환 값을 구해 보도록 하겠습니다.

(1) 펄스파의 푸리에 변환

다음의 코드에서는 먼저 pulse_function 함수를 정의하여 주어진 시간 범위 t에 대해 펄스 함수를 생성하고 주어진 시간 영역에서의 펄스 함수와 해당 함수의 푸리에 변환을 계산하여 그래프로 시각화합니다. 푸리에 변환은 SciPy의 FFT 함수를 사용하여 수행되며, 결과는 주파수 영역에서의 복소수 값으로 얻어집니다. 결과 그래프는 푸리에 변환된 주파수 성분의 크기를 보여줍니다.

소스 코드

```
import numpy as np
import matplotlib.pyplot as plt
from scipy.fft import fft

# 펄스 함수 정의
```

```
def pulse_function(t):
    return (abs(t) < 0.1).astype(float)
# 시간 범위 설정
t = np.linspace(-2, 2, num=1000)
# 펄스 함수 그래프
plt.figure(figsize=(15, 6))
plt.subplot(2, 1, 1)
plt.plot(t, pulse_function(t))
plt.title('Pulse Function')
plt.grid(True)

# 퓨리에 변환(FFT) 수행
pulse_fft = fft(pulse_function(t))
freq = np.fft.fftfreq(len(t))
plt.subplot(2, 1, 2)
plt.plot(freq, np.abs(pulse_fft))
plt.title('FFT of Pulse Function')
plt.grid(True)
plt.show()
```

실행 결과

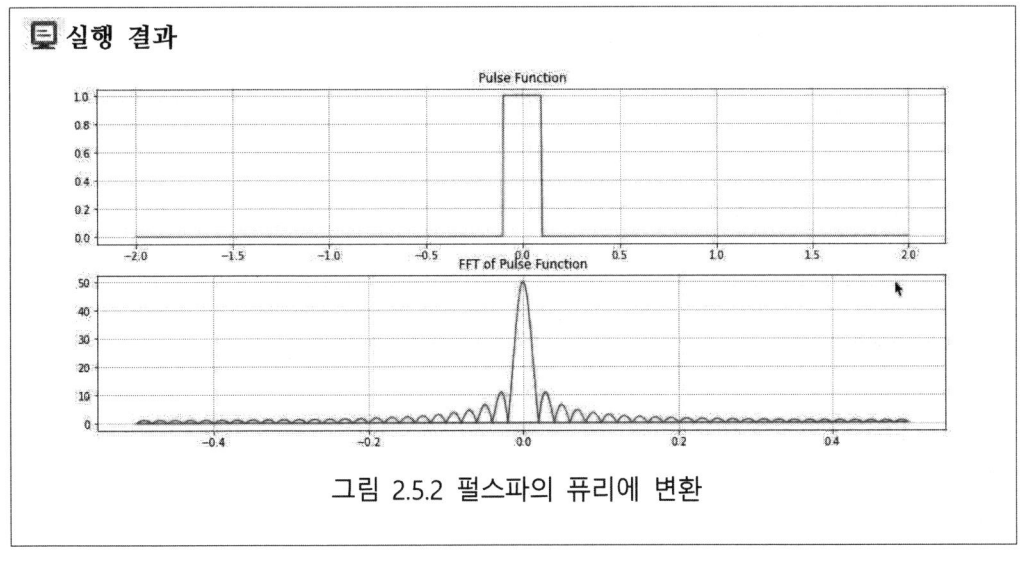

그림 2.5.2 펄스파의 퓨리에 변환

(2) 임펄스 함수의 푸리에 변환

다음의 코드는 시간 영역에서의 임펄스 파는 모든 주파수 성분 대를 골고루 포함한 것임을 보여줍니다.

📝 소스 코드

```python
from scipy.fft import fft
import numpy as np
import matplotlib.pyplot as plt

# 시간 범위 설정
t = np.linspace(-0.5, 0.5, num=1000)

# 임펄스 함수 정의 (시간 t가 0일 때 1, 그 외에는 0)
def impulse_function(t):
    impulse = np.zeros(len(t))
    impulse[len(t) // 2] = 1   # 시간 중심에서 1을 설정
    return impulse

# 임펄스 함수 그래프
plt.figure(figsize=(10, 12))
plt.subplot(2, 1, 1)
plt.plot(t, impulse_function(t))
plt.title('Impulse Function (Unit Impulse)')
plt.grid(True)

# FFT 수행
impulse_fft = fft(impulse_function(t))
freq = np.fft.fftfreq(len(t))
print(len(freq))
plt.subplot(2, 1, 2)
plt.plot(freq[300:-300], np.abs(impulse_fft)[300:-300])
plt.title('FFT of Impulse Function (Unit Impulse)')
plt.grid(True)
plt.xlim(-0.6, 0.6)   # 주파수 영역의 x 축 범위를 조절하여 확대
plt.show()
```

실행 결과

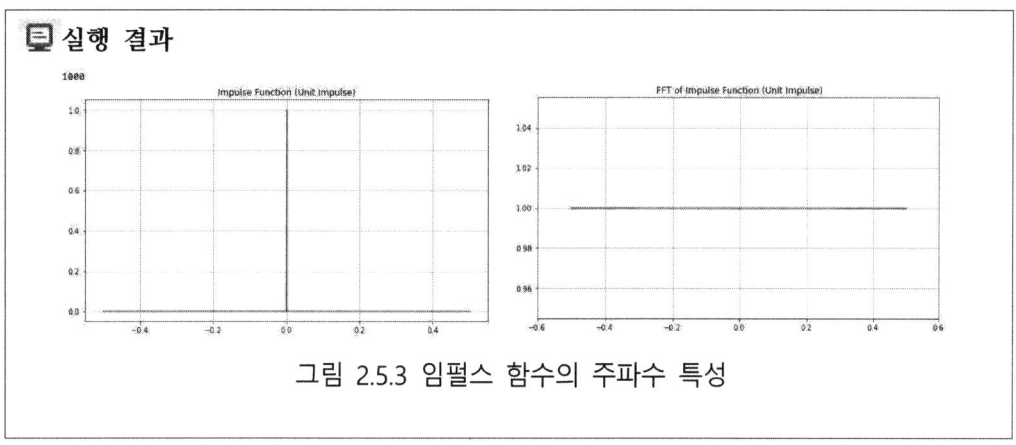

그림 2.5.3 임펄스 함수의 주파수 특성

(3) 정현파의 퓨리에 변환

정현파는 주파수 영역에서 하나의 주파수만 가지게 됩니다. 다음의 코드를 통하여 이러한 사실을 확인할 수 있습니다.

소스 코드

```python
import numpy as np
import matplotlib.pyplot as plt
from scipy.fft import fft

# 사인 함수 및 코사인 함수 정의
def sin_function(t):
    return np.sin(2 * np.pi * t)
def cos_function(t):
    return np.cos(2 * np.pi * t)

# 시간 범위 설정
t = np.linspace(0, 8, num=1000)
# 사인 함수 그래프
plt.figure(figsize=(10, 12))
plt.subplot(4, 1, 1)
plt.plot(t, sin_function(t))
plt.title('Sin Function')
plt.grid(True)
```

```python
# FFT 수행 (사인 함수)
sin_fft = fft(sin_function(t))
freq = np.fft.fftfreq(len(t))
plt.subplot(4, 1, 2)
plt.plot(freq, np.abs(sin_fft))
plt.title('FFT of Sin Function')
plt.grid(True)

# 코사인 함수 그래프
plt.subplot(4, 1, 3)
plt.plot(t, cos_function(t))
plt.title('Cos Function')
plt.grid(True)
# FFT 수행 (코사인 함수)
cos_fft = fft(cos_function(t))
freq = np.fft.fftfreq(len(t))
plt.subplot(4, 1, 4)
plt.plot(freq, np.abs(cos_fft))
plt.title('FFT of Cos Function')
plt.grid(True)
plt.show()
```

실행 결과

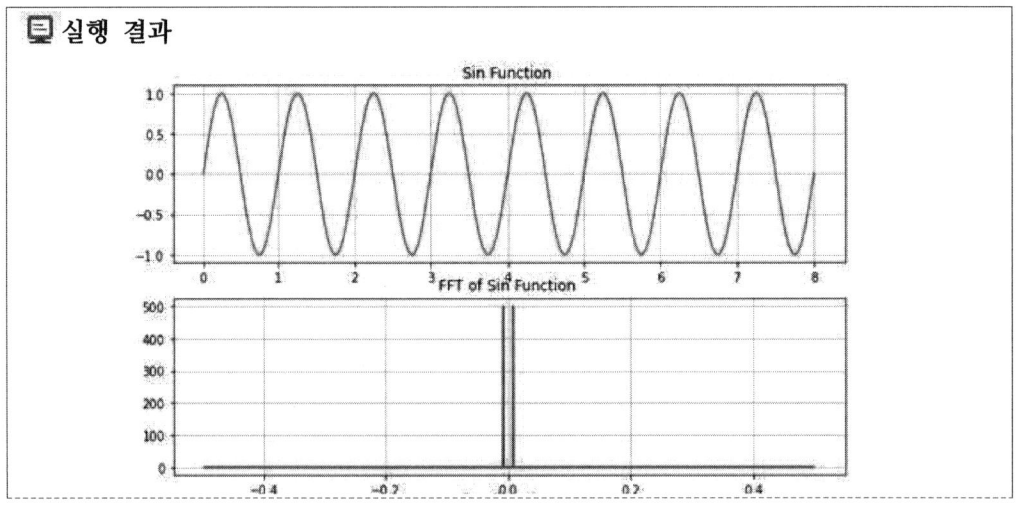

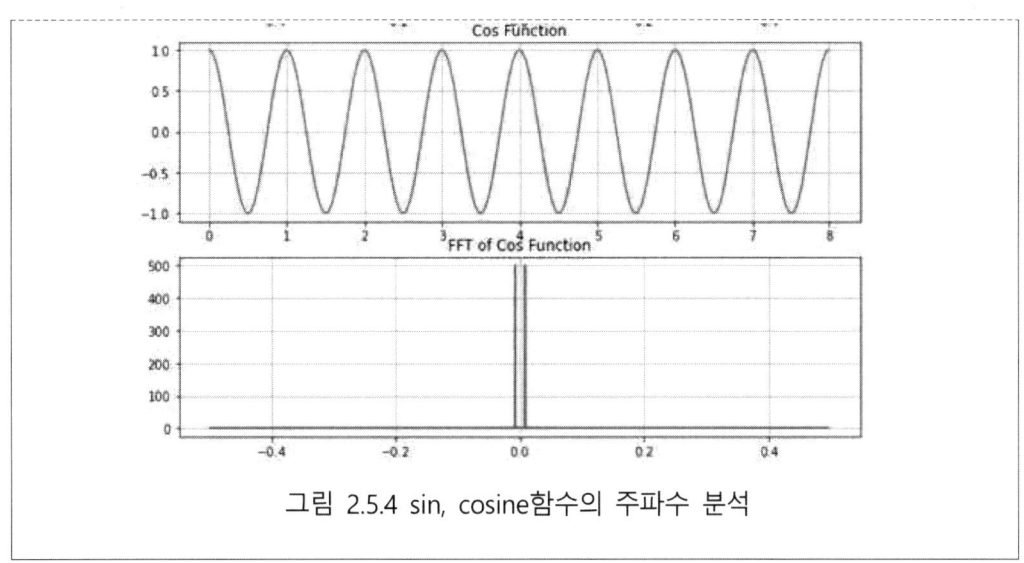

그림 2.5.4 sin, cosine함수의 주파수 분석

세 개의 다른 주파수 값을 가지 파형을 생성하여 이를 퓨리에 변환하면 정확하게 세 개의 주파수 값은 보여주는 것을 확인할 수 있습니다. 다음과 같이 세 개의 주파수가 다른 사인파로 구성된 파형을 생성하도록 코드 부분을 수정합니다.

def sin_function(t):
    return (np.sin(2 * np.pi * t)+np.sin(10 * np.pi * t)+np.sin(100 * np.pi * t))

퓨리에 변환 결과는 다음과 같이 얻을 수 있습니다. 우측 반면 쪽에 세 개의 주파수가 검출되는 것을 확인할 수 있습니다. 퓨리에 변환의 결과는 좌우 대칭으로 한쪽 반면만을 참고하면 됩니다.

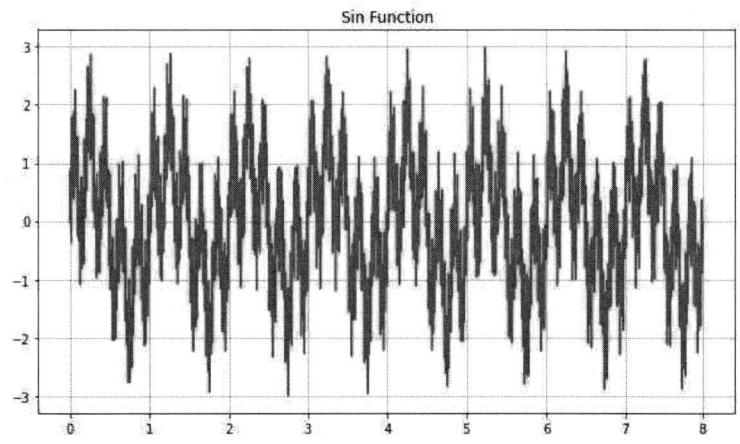

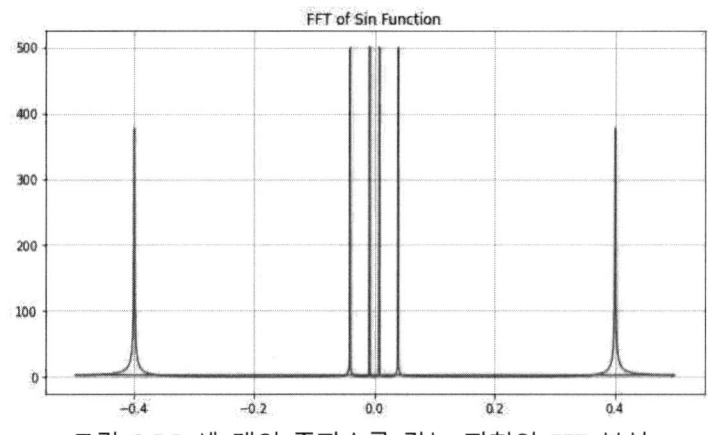

그림 2.5.5 세 개의 주파수를 갖는 파형의 FFT 분석

(4) Sync 함수의 퓨리에 변환

다음은 신호 처리에서 많이 사용되는 Sync 함수의 퓨리에 변환을 시도해 보겠습니다. 결과에서 알 수 있듯이 주파수 변환 값은 특정 영역 대에만 존재하여 윈도윙의 역할을 할 수 있는 것을 확인할 수 있습니다.

📝 **소스 코드**

```python
import numpy as np
import matplotlib.pyplot as plt
from scipy.fft import fft

# sinc 함수 정의
def sinc_function(t):
    return np.sinc(t)

# 시간 범위 설정
t = np.linspace(-10, 10, num=100)

# sinc 함수 그래프
plt.figure(figsize=(10, 12))
plt.subplot(2, 1, 1)
plt.plot(t, sinc_function(t))
plt.title('Sinc Function')
plt.grid(True)
```

```
# FFT 수행
sinc_fft = fft(sinc_function(t))
freq = np.fft.fftfreq(len(t))
plt.subplot(2, 1, 2)
plt.plot(freq, np.abs(sinc_fft))
plt.title('FFT of Sinc Function')
plt.grid(True)
plt.show()
```

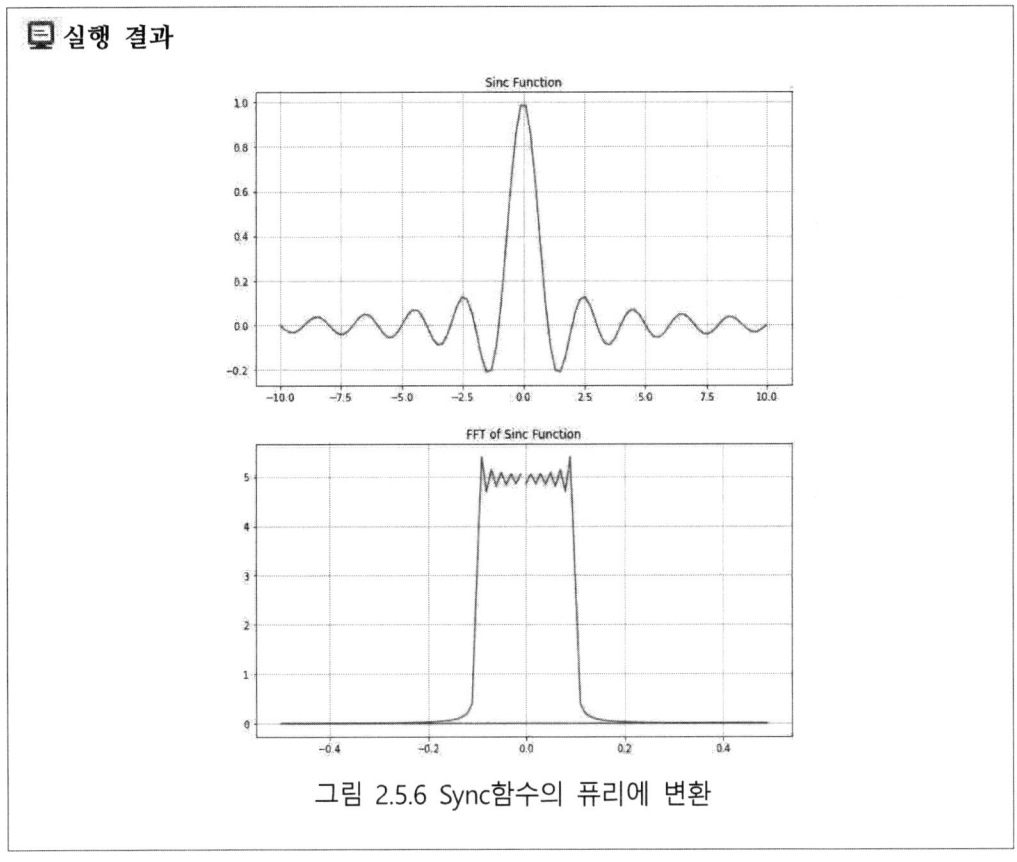

그림 2.5.6 Sync함수의 퓨리에 변환

2.5.2 퓨리에 변환의 쌍대성

퓨리에 변환의 쌍대성은 퓨리에 변환과 역 퓨리에 변환이 서로 쌍대 관계에 있다는 성질입니다. 즉, 퓨리에 변환을 통해 시간 영역 함수 x(t)를 주파수 영역 함수 X(w)로 변환된다면, X(t)의 값은 x(w)의 값으로 얻어진다는 것입니다.

쌍대성은 다음과 같이 표현할 수 있습니다.

$$x(t) \leftrightarrow X(f)$$

여기서 x(t)는 시간 영역 함수, X(f)는 주파수 영역 함수입니다. 쌍대성은 다음과 같은 예를 통해 이해할 수 있습니다. 사각 펄스의 푸리에 변환은 sinc 함수입니다. sinc 함수의 푸리에 변환은 사각 펄스입니다. 이 두 가지 예는 쌍대성을 잘 보여줍니다. 사각 펄스의 푸리에 변환은 sinc 함수이고, sinc 함수의 푸리에 변환은 사각 펄스입니다. 즉, 푸리에 변환을 통해 시간 영역 함수와 주파수 영역 함수를 서로 변환할 수 있고, 역 푸리에 변환을 통해 다시 원래의 함수로 되돌릴 수 있습니다.

쌍대성은 푸리에 변환을 사용하는 많은 분야에서 유용하게 사용됩니다. 예를 들어, 통신, 신호 처리, 이미지 처리, 음향 처리 등에서 쌍대성을 이용하여 다양한 문제를 해결할 수 있습니다. 쌍대성을 이용한 몇 가지 응용 예를 살펴보겠습니다. 통신에서 쌍대성을 이용하여 잡음을 제거할 수 있습니다. 신호 처리에서 쌍대성을 이용하여 신호를 분석하고 처리할 수 있습니다. 이미지 처리에서 쌍대성을 이용하여 이미지를 복원하고 개선할 수 있습니다. 음향 처리에서 쌍대성을 이용하여 음향을 분석하고 처리할 수 있습니다. 쌍대성은 푸리에 변환을 보다 효율적이고 효과적으로 사용할 수 있는 중요한 성질입니다.

다음의 코드는 시간 영역에서의 펄스 함수를 푸리에 변환하면 Sync 함수가 된다는 것과 쌍대성을 이용하면 시간 영역에서의 Sync 함수를 푸리에 변환하면 펄스 함수와 유사한 함수가 얻어진다는 것을 보여줍니다.

소스 코드

```python
import numpy as np
import matplotlib.pyplot as plt
from scipy.fft import fft, ifft

# Sync 함수 정의하기
t = np.linspace(-8, 8, num=1000)
sync_function = np.sinc(t)   # Sync function
# 시간 영역에서의 Sync 함수 플롯
plt.figure(figsize=(12, 10))
```

```python
plt.subplot(4, 1, 1)
plt.plot(t, sync_function)
plt.title('Time Domain - Sync Function')
plt.xlabel('Time')
plt.ylabel('Amplitude')

# 퓨리에 변환을 통한 주파수 영역에서의 함수 계산
frequency_signal = fft(sync_function)
frequencies = np.fft.fftfreq(len(t), t[1] - t[0])

# Sync 함수의 주파수 영역 플롯 그리기
plt.subplot(4, 1, 2)
plt.plot(frequencies, np.abs(frequency_signal))
plt.title('Frequency Domain - Sync Function')
plt.xlabel('Frequency (Hz)')
plt.ylabel('Amplitude')

# 주파수 영역에서의 함수를 시간 영역으로 간주하여 퓨리에 변환
reconstructed_signal = ifft(frequency_signal).real

# 주파수 영역의 함수 플롯
plt.subplot(4, 1, 3)
plt.plot(t, np.abs(frequency_signal))
plt.title('Reconstructed Time Domain - Sync Function')
plt.xlabel('Time')
plt.ylabel('Amplitude')

# 시간 영역함수로 간주하여 퓨리에 변환후 함수 그리기
plt.subplot(4, 1, 4)
plt.plot(t, reconstructed_signal)
plt.title('Reconstructed Frequency Domain - Sync Function')
plt.xlabel('Frequency (Hz)')
plt.ylabel('Amplitude')
plt.tight_layout()
plt.show()
```

📋 **실행 결과**

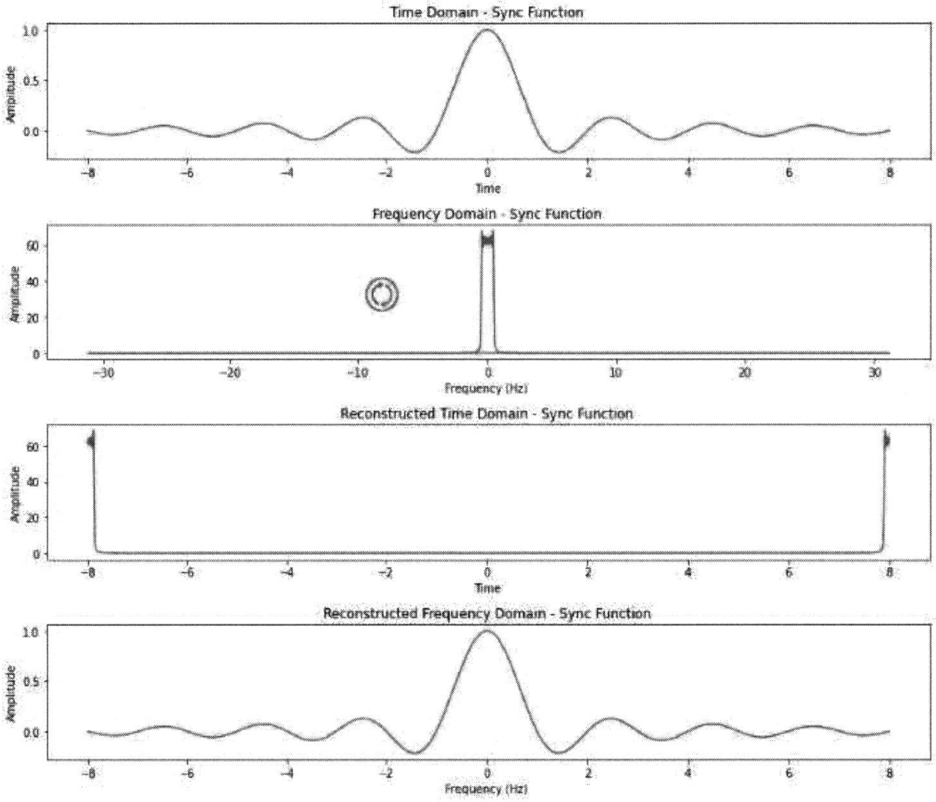

그림 2.5.7 Sync함수의 쌍대성

2.5.3 퓨리에 변환을 이용한 소리 분석

이 부분에서는 음성 파일의 녹음 및 분석을 위해 퓨리에 변환을 사용하는 방법을 다룹니다. 퓨리에 변환을 통해 음성 데이터를 주파수 도메인으로 변환하고 FFT(고속 퓨리에 변환)를 사용하여 주파수 영역에서의 데이터를 분석합니다. 또한 스펙트로그램을 생성하여 음성 파일의 주파수 및 시간 특성을 시각화합니다.

> **chatGPT 프롬프트**
>
> 파이썬을 이용하여 음성을 녹음하고 FFT, spectrogram을 그래프 화하는 코드를 작성해줘.

보정 작업을 거쳐 다음과 같은 코드를 완성할 수 있습니다.

> **소스 코드**

```python
import pyaudio
import numpy as np
import matplotlib.pyplot as plt
from scipy.fft import fft
from scipy.signal import spectrogram

# 음성 녹음 설정
FORMAT = pyaudio.paInt16
CHANNELS = 1
RATE = 44100
CHUNK = 1024
RECORD_SECONDS = 5

# PyAudio 초기화
audio = pyaudio.PyAudio()

# 키보드 입력 대기
input("엔터 키를 누르고 녹음을 시작하세요...")

# 오디오 스트림 열기
stream = audio.open(format=FORMAT, channels=CHANNELS,
                    rate=RATE, input=True,
                    frames_per_buffer=CHUNK)

print("녹음 시작...")
frames = []

# 음성 데이터 녹음
```

```python
for i in range(0, int(RATE / CHUNK * RECORD_SECONDS)):
    data = stream.read(CHUNK)
    frames.append(data)

print("녹음 완료.")

# 오디오 스트림 닫기
stream.stop_stream()
stream.close()
audio.terminate()

# 음성 데이터를 NumPy 배열로 변환
audio_data = np.frombuffer(b''.join(frames), dtype=np.int16)

# 시간 영역에서의 음성 파형 그래프 그리기
plt.figure(figsize=(12, 9))
plt.subplot(3, 1, 1)
plt.plot(np.linspace(0, RECORD_SECONDS, len(audio_data)), audio_data)
plt.title('Time Domain - Audio Waveform')
plt.xlabel('Time (s)')
plt.ylabel('Amplitude')

# FFT 분석
frequency_signal = fft(audio_data)
frequencies = np.fft.fftfreq(len(audio_data), 1 / RATE)

# FFT 그래프 그리기
plt.subplot(3, 1, 2)
plt.plot(frequencies, np.abs(frequency_signal))
plt.title('FFT Analysis of Audio')
plt.xlabel('Frequency (Hz)')
plt.ylabel('Amplitude')
# 스펙트로그램 생성 및 그래프 그리기
plt.subplot(3, 1, 3)
```

```python
# 스펙트로그램 데이터 계산
f, t, Sxx = spectrogram(audio_data, RATE)

# 0이 아닌 작은 값을 더해 분모 또는 분자에 0이 포함되지 않도록 조정
Sxx = np.where(Sxx == 0, 1e-10, Sxx)

# 스펙트로그램 플롯
plt.pcolormesh(t, f, 10 * np.log10(Sxx))
plt.title('Spectrogram of Audio')
plt.xlabel('Time (s)')
plt.ylabel('Frequency (Hz)')
plt.tight_layout()
plt.show()
```

실행 결과

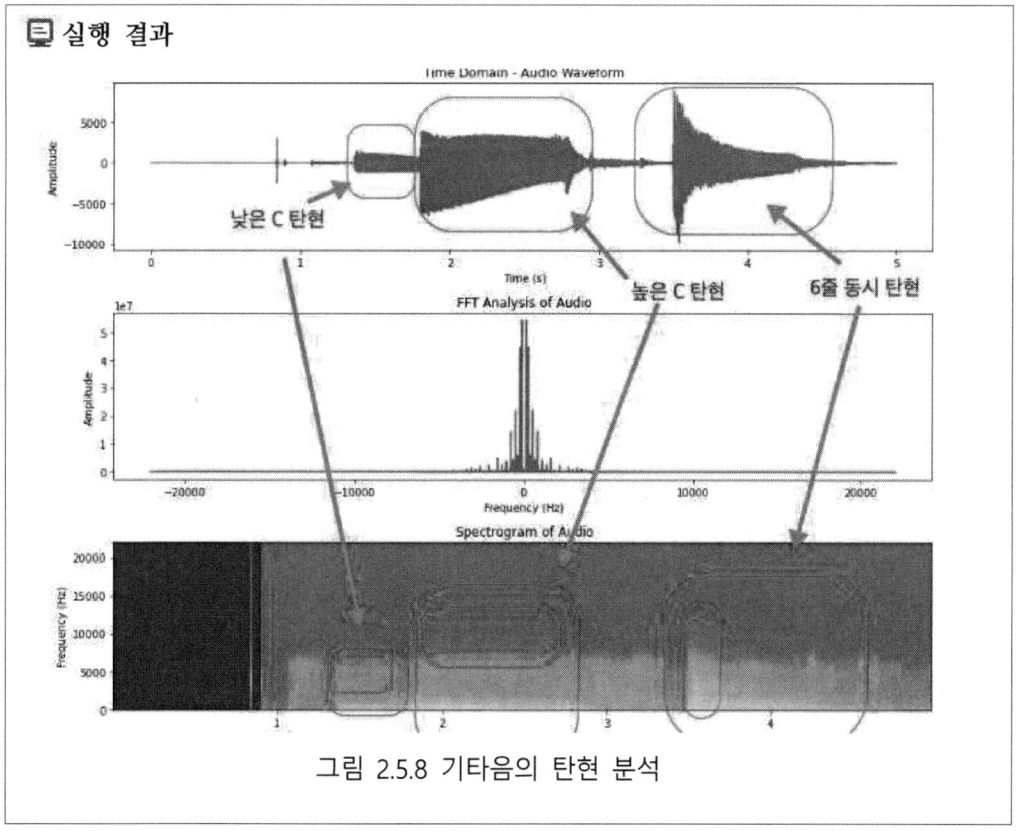

그림 2.5.8 기타음의 탄현 분석

코드를 실행하면 소리를 입력받아 녹음된 파형, 퓨리에 변환, Spectrogram의 그래프를 순서대로 출력합니다. 그림 2.5.8에서 소리 파형은 순서에 따라 기타의 낮은 도(C),

높은 도 (C), 그리고 6개 현을 동시에 탄현한 것입니다. 세 개의 파형이 잡히고 Spectrogram에서 첫 번째 영역에서는 낮은 주파수대에서 고조파 들이 두 번째 영역에서는 높은 주파수대의 고조파들이, 세번째 영역에서는 비교적 고른 주파수대 분포들이 확인됩니다. 전체 파형의 퓨리에 변환은 이 세개의 파형이 포함된 분석이므로 Spectrogram의 실시간적 주파수 분석이 파형을 분석하는데 직관적인 이해를 도와줍니다. 전체 파형에 대한 퓨리에 변환에서는 그래도 기타가 발생하는 음들로 고조파 성분들이 음역대에 따라서 비교적 일정한 간격으로 분포된 것을 확인할 수 있습니다.

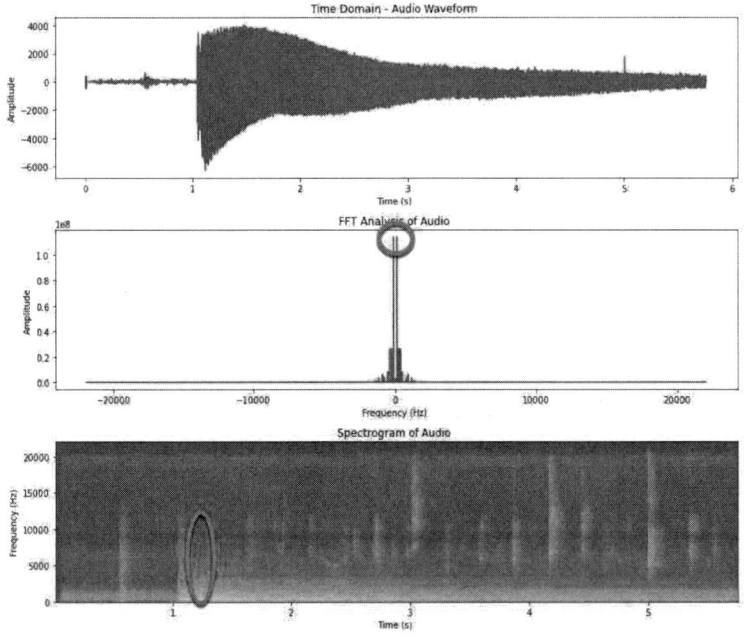

그림 2.5.9 낮은 도(C)음의 주파수 분석

세 음계의 도(C)음을 생성하여 주파수 관계를 분석해 보도록 하겠습니다. 기본 옥타브의 도(C)음 과 높은 (C) 그리고 한 단계 높은 도(C)음의 세 개의 도(C)음을 기타로 연주하고 퓨리에 변환 값을 살펴보았습니다. 높은 음으로 갈수록 퓨리에 변환의 높은 주파수 부분의 값이 증가하는 것을 볼 수 있습니다. 기타가 내는 소리가 정확하게 한 음계의 (C)만을 내는 것이 아니고 고조파들이 결합한 소리를 같이 냅니다. 그림 2.5.10, 그림 2.5.11과 같이 높은 음계로 갈수록 높은 음계에 해당하는 주파수 성분이 증가하게 됩니다.

각각의 퓨리에 분석으로부터 높은음으로 갈수록 퓨리에 변환의 높은 주파수 부분의 값이 증가하는 것을 볼 수 있습니다. 높은 음계로 갈수록 높은 음계에 해당하는 주파수 성분이 증가하게 됩니다.

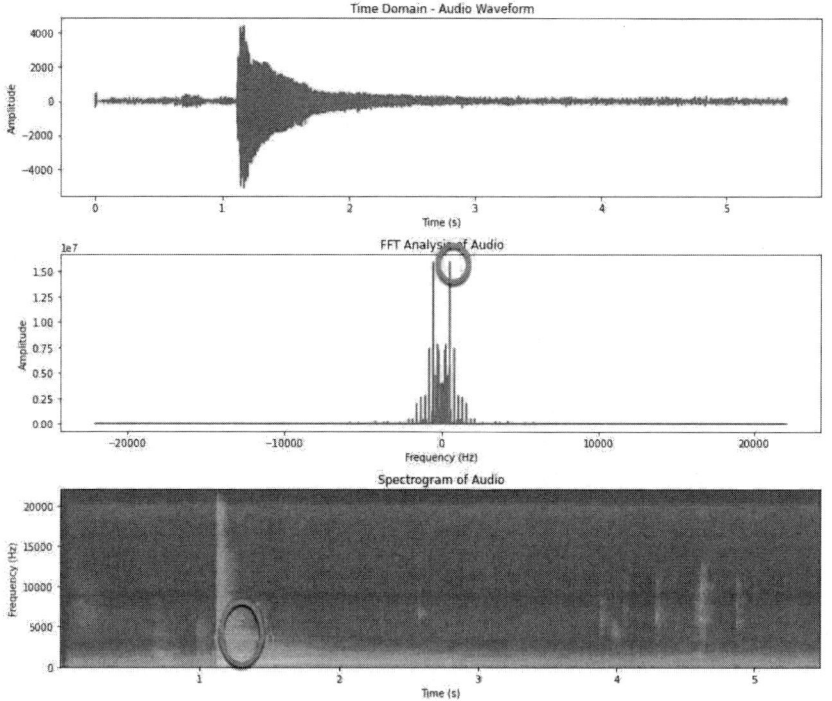

그림 2.5.10 중간 도(C)음의 주파수 분석

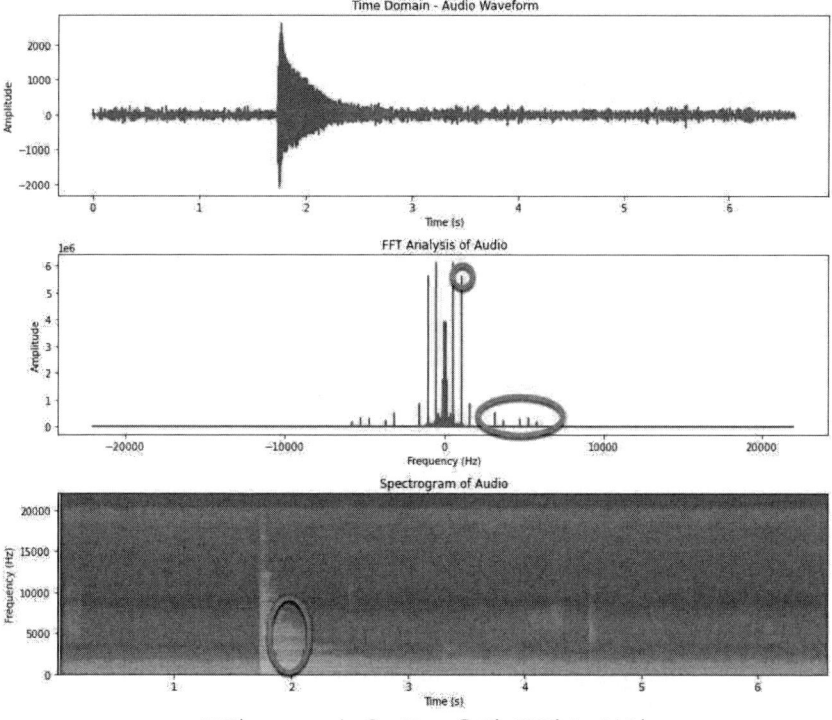

그림 2.5.11 높은 도(C)음의 주파수 분석

2.6 주파수 필터

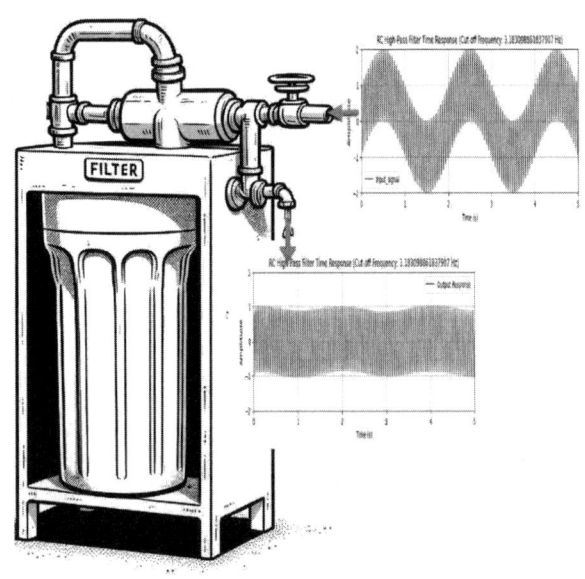

그림 2.6.1 필터의 원리

필터는 그림 2.6.1와 같이 신호를 거를 때 사용하는 장치입니다. 자연계 현상에서 모든 신호는 다양한 파형으로 구성됩니다. 파형을 구성하는 요소는 앞서 퓨리에 급수에서 설명한 것처럼 모든 주기 파형은 정현파 요소로 구성되어 표현할 수 있습니다.

이렇게 다양한 요소의 정현파적 특성 현상에서 특정 주파수 성분을 전기적, 기계적으로 거르는 장치를 필터라고 합니다. 고주파, 대역폭, 저주파 필터라는 말은 특정한 주파수 영역의 신호를 거르는 기능을 하고 있습니다. 전기회로에서 필터는 저항, 인덕터, 콘덴서를 이용한 수동소자 회로로 구성하거나, OP 앰프 등을 사용하여 구현하기도 합니다. 컴퓨터의 연산기능으로 필터 기능을 구현하기도 합니다.

본 절에서는 다양한 주파수 필터의 내용을 소개하고 이를 이용하여 어떻게 필터가 작동하는지를 살펴보겠습니다. 필터의 종류는 저역 통과 필터, 고역 통과 필터, 대역 통과 필터를 차례로 다루겠습니다.

2.6.1 저역 통과 필터

저역 통과 필터는 말 그대로 저주파를 통과시키는 필터입니다. 다양한 주파수의 신호를 포함하는 경우 이 중에서 저주파만을 통과시키는 필터입니다.

그림 2.6.2의 저역통과 필터를 보면 인가된 신호는 키르히호프의 법칙에 따라 저항과 커패시터에 분포하게 되는데 커패시터는 변화에 민감하지 않으므로 변화에 민감한 부분은 저항 소자의 양단 전압으로 걸리고 민감하지 않은 부분의 신호는 커패시터의 양단에 걸리게 됩니다. 그래서 커패시터 양단에 걸리는 전압을 측정하면 입력 신호의 저주파 성분의 내용을 확인할 수 있다고 설명할 수 있습니다.

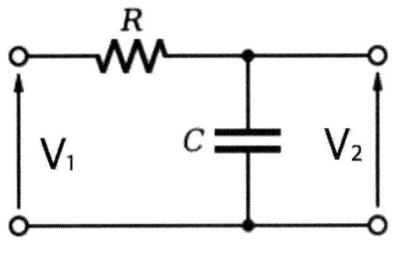

그림 2.6.2 저역통과 필터

$$V_2 = \frac{\frac{1}{jwC}}{R + \frac{1}{jwC}} V_1 = \frac{1}{1+jwCR} V_1$$

입출력 전압의 관계를 유도하면 위와 같은 관계식을 얻을 수 있습니다. 이 식은 각각의 정현파 성분이 V_1에 인가될 때 출력에 전달되는 전달 함수의 내용을 포함하고 있습니다. 따라서 다양한 V_1 입력이 존재할 때 이 값이 출력에 앞의 계수 값을 곱해서 전달되는 것입니다. 개념적인 이해를 돕기 위해서 입력은 저주파, 중간 주파, 고주파의 세 개의 정현파로 구성된 신호라고 가정하고 각각의 정현파에 해당 주파수가 정의된 전달함수 값을 곱하여 모두 합한 값을 출력값으로 볼 수 있습니다. 저역통과 필터의 개념이 맞는다면 저주파 성분이 주로 통과하고 고주파 성분은 걸러지게 될 것입니다. 그에 앞서 위의 수식을 가지고 주파수 특성을 그릴 수 있습니다. w에 따른 전달함수의 절대값 (크기)와 위상 (각도)를 계산하여 주파수 응답 특성을 구하는 프로그램입니다.

주파수 특성 곡선을 계산하고 설계된 필터에 두 개의 주파수를 포함한 입력을 줄 때 저주파 부분만 통과하여 나타나는지를 확인하려고 합니다. chatGPT에게 다음과 같이 질문해 봅니다.

> **chatGPT 프롬프트**
> RC 저역 통과 필터의 주파수 응답특성과 위상 특성을 그리는 두 개의 파이썬 프로그램을 작성하시오. 먼저 RC 값을 입력받아서 주파수 응답 그래프를 작성하도록 하며, 두 번째 프로그램에서는 두 개의 주파수를 포함한 입력이 이 저역통과필터를 통과하여 저주파 성분이 많이 통과됨을 확인할 수 있는 프로그램을 작성하시오. 두 번째 프로그램에서는 라플라스 변환의 전달함수를 이용하여 시간 응답 특성을 계산하도록 함.

몇 단계 수정 과정을 거친 결과 완성된 프로그램은 다음과 같습니다.

소스 코드

```python
import numpy as np
import matplotlib.pyplot as plt

# RC 저역 통과 필터의 전달 함수 (전달 함수의 표현은 임의로 선택)
def low_pass_filter(f, fc):
    gain = np.abs(1/(1+1j*(f/fc)))       #1 / np.sqrt(1 + (f / fc)**2)
    phase = np.angle(1/(1+1j*(f/fc)))    #-np.arctan(f / fc)  # 위상 특성
    return gain, phase

# 주파수 범위 설정
frequencies = np.logspace(0, 4, num=1000)  # 로그 스케일로 주파수 생성 (1 Hz에서 1000 Hz까지)

# 사용자로부터 컷오프 주파수 입력 받기
fc = float(input("컷오프 주파수 (Hz)를 입력하세요: "))

# 주파수 응답 특성 및 위상 특성 그래프 그리기
plt.figure(figsize=(10, 6))
gain, phase = low_pass_filter(frequencies, fc)

# 주파수 응답 특성 그래프
plt.subplot(2, 1, 1)
plt.semilogx(frequencies, 20 * np.log10(gain))
plt.title(f'RC Low-Pass Filter Frequency Response (Cut-off Frequency: {fc} Hz)')
plt.ylabel('Gain (dB)')
plt.grid(True)

# 위상 특성 그래프
plt.subplot(2, 1, 2)
```

```
plt.semilogx(frequencies, phase)
plt.xlabel('Frequency (Hz)')
plt.ylabel('Phase (radians)')
plt.grid(True)
plt.tight_layout()
plt.show()
```

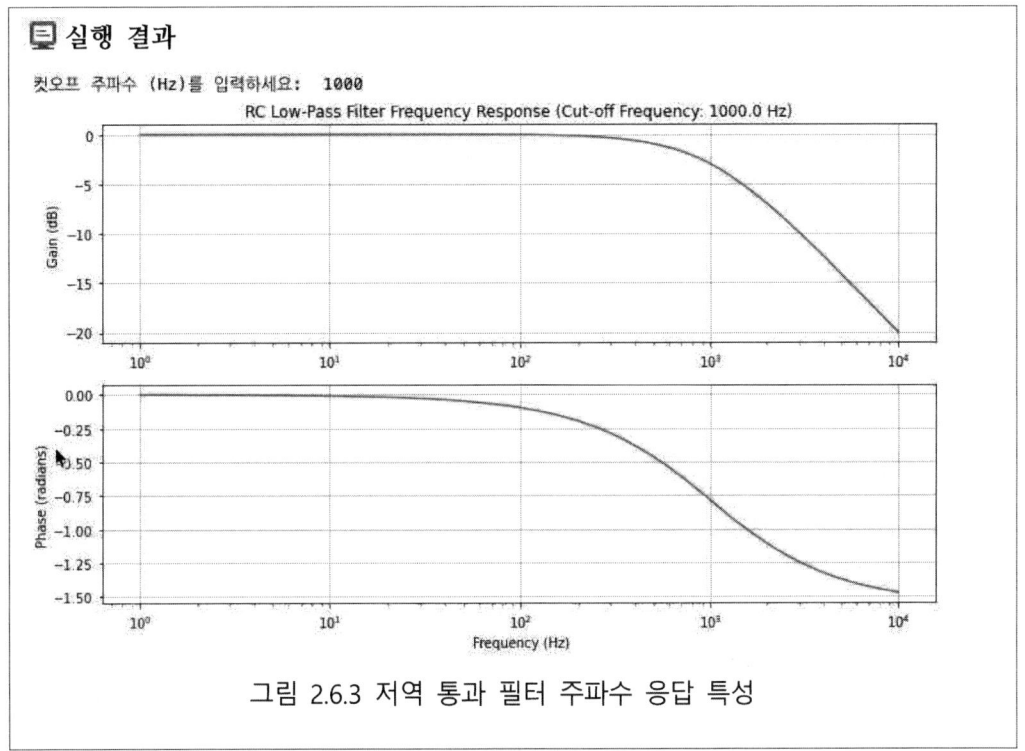

그림 2.6.3 저역 통과 필터 주파수 응답 특성

그래프에서 RC 회로의 컷오프 주파수가 주어진 1000[Hz]을 기점으로 주파수 통과가 떨어짐을 확인할 수 있습니다.

두 번째 프로그램에서는 저역통과 필터에 두 개의 주파수 값으로 구성된 입력을 인가하고 필터의 출력을 확인하여 저주파가 통과하는 것을 확인합니다. 코드는 다음과 같이 보정 과정을 통해 얻을 수 있습니다. 라플라스 변환에 대한 내용은 다음 장에 있는 내용을 참고하기 바랍니다.

여기서는 Scipy의 패키지를 이용하여 time, response, _ = signal.lsim(system, input_signal, t)으로 시스템의 출력을 계산할 수 있다는 사실만 인식하면 됩니다.

📝 소스 코드

```python
import numpy as np
import matplotlib.pyplot as plt
from scipy import signal

# RC 저역 통과 필터 파라미터 설정
R = 0.1   # 저항 (옴)
C = 1.0   # 캐패시터 (패럿)
fc = 1 / (2 * np.pi * R * C)   # 컷오프 주파수 (Hz)
print(fc)

# 라플라스 도메인에서 전달 함수 생성
numerator = [1]
denominator = [R * C, 1]
system = signal.lti(numerator, denominator)

# 시간 범위 설정
t = np.linspace(0, 5, num=1000)   # 시간 범위 (0에서 5까지 초)
# 입력 신호 생성 (두 주파수 합성)
f1 = 1.0    # 첫 번째 주파수 (Hz)
f2 = 10.0   # 두 번째 주파수 (Hz)
input_signal = np.sin(2 * np.pi * f1 * t) + np.sin(2 * np.pi * f2 * t)
# 시스템에 입력 신호 적용하여 시간 응답 계산
time, response, _ = signal.lsim(system, input_signal, t)

# 시간 응답 그래프 그리기
plt.figure(figsize=(10, 6))
plt.plot(t, input_signal, label='Input_signal')
plt.plot(time, response, label='Output Response')
plt.title(f'RC Low-Pass Filter Time Response (Cut-off Frequency: {fc} Hz)')
plt.xlabel('Time (s)')
```

```
plt.ylabel('Amplitude')
plt.grid(True)
plt.legend()
plt.show()
```

실행 결과

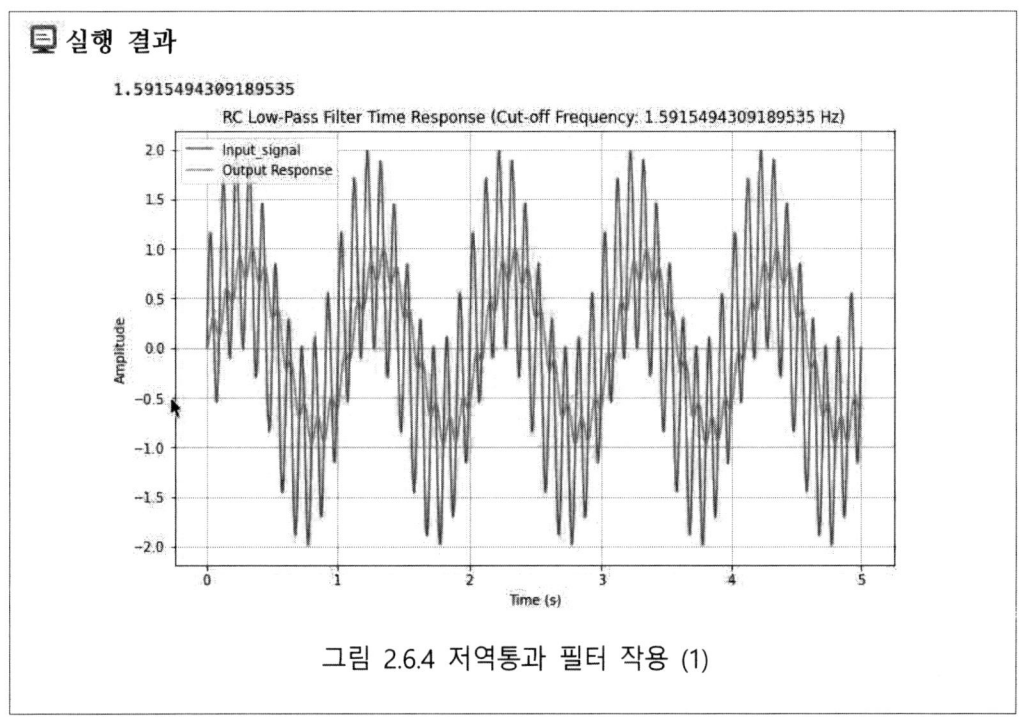

그림 2.6.4 저역통과 필터 작용 (1)

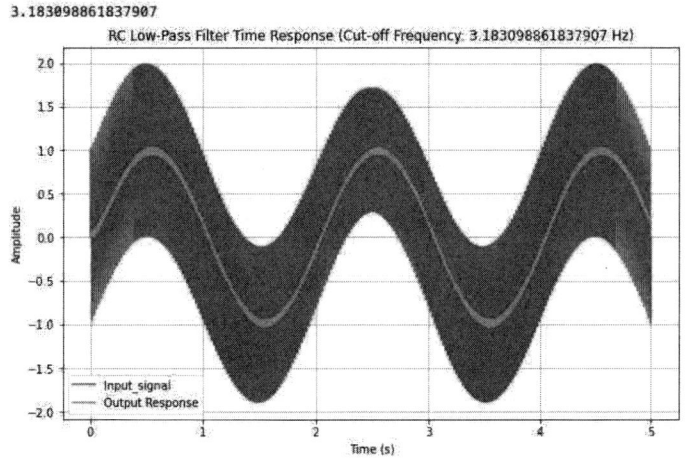

그림 2.6.5 저역 통과 필터 작용 (2)

컷오프 주파수는 1.5[Hz]이고 입력 주파수는 1[Hz], 10[Hz]가 포함된 합성 파형이며 출력 부분에서는 고주파 성분이 많이 제거된 것을 확인할 수 있습니다. 좀 더 명확한 저역 통과 기능을 확인하기 위해서 R 값을 0.05Ω으로 하여 컷오프 주파수를 3.18[Hz]로 하고, 입력 주파수는 0.5[Hz], 50[Hz]도 하면 더 확실한 저역 통과 특성을 확인할 수 있습니다.

2.6.2 고역통과필터

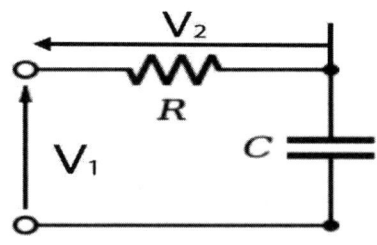

그림 2.6.6 고역통과 필터

RC 저역통과 필터에서 그림 2.6.6과 같이 커패시터의 전압을 출력으로 하는 대신 저항 성분의 전압을 출력으로 받으면 고역 통과 필터가 됩니다. 이때의 수식은 그림 2.6.6으로부터 입력 전압에 대한 출력의 전달함수 식을 다음과 같이

$H(s) = \dfrac{R}{1/sC + R} = \dfrac{s}{s + 1/RC}$ 주파수에 대한 식으로는 s에 jw를 대입하여

$H(j\omega) = \dfrac{j\omega}{j\omega + 1/RC}$ 와 같이 얻을 수 있습니다. 주파수 응답 특성은 절대값으로 위상은 각 주파수에 대한 위상의 변위 값을 다음과 같은 식으로 얻을 수 있습니다.

$$|H(j\omega)| \& = \dfrac{\omega}{\sqrt{\omega^2 + (1/RC)^2}}$$
$$\theta(j\omega) \& = 90° - \tan^{-1}(\omega RC)$$

프로그램에서는 H(jw)의 값에 np.abs(), np.angle() 함수를 사용하여 코드를 구현하였습니다.

> 📝 **소스 코드**
>
> ```
> import numpy as np
> ```

```python
import matplotlib.pyplot as plt

# RC 고역 통과 필터의 전달 함수
def high_pass_filter(f, fc):
    gain = np.abs(1j*f/(1j*f+fc))      # 전달 함수의 크기 (전압 감쇠 비율)
    phase = np.angle(1j*f/(1j*f+fc))   # 전달 함수의 위상 (라디안)
    return gain, phase

# 주파수 범위 설정, 로그 스케일로 주파수 생성 (1 Hz에서 1000 Hz까지)
frequencies = np.logspace(0, 4, num=1000)
fc = float(input("컷오프 주파수 (Hz)를 입력하세요: "))  # 컷오프 주파수 입력

# 주파수 응답 특성 및 위상 특성 그래프 그리기
plt.figure(figsize=(10, 6))
gain, phase = high_pass_filter(frequencies, fc)

# 주파수 응답 특성 그래프
plt.subplot(2, 1, 1)
plt.semilogx(frequencies, 20 * np.log10(gain))
plt.title(f'RC High-Pass Filter Frequency Response (Cut-off Frequency: {fc} Hz)')
plt.ylabel('Gain (dB)')
plt.grid(True)

# 위상 특성 그래프
plt.subplot(2, 1, 2)
plt.semilogx(frequencies, phase)
plt.xlabel('Frequency (Hz)')
plt.ylabel('Phase (radians)')
plt.grid(True)
plt.tight_layout()
plt.show()
```

🖥 실행 결과

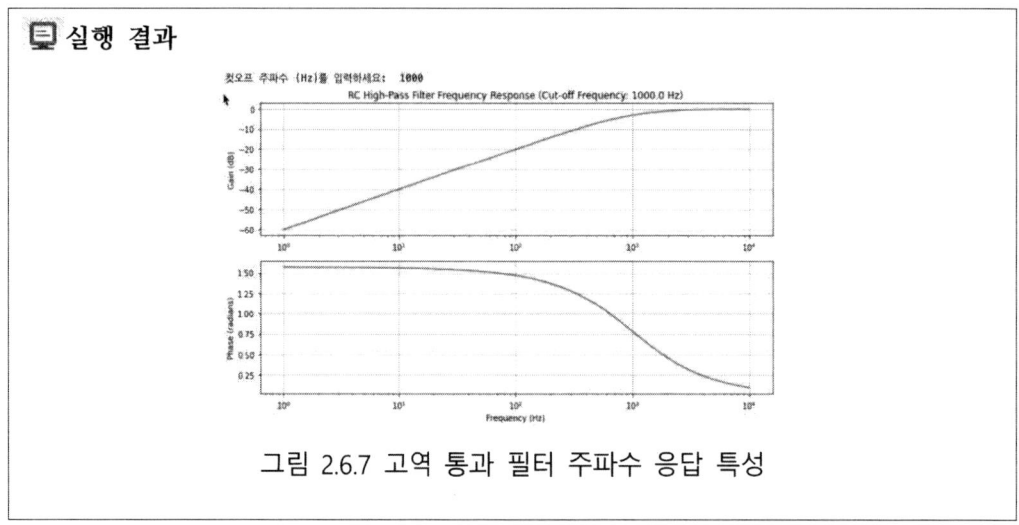

그림 2.6.7 고역 통과 필터 주파수 응답 특성

그림 2.6.7에서 컷오프 주파수인 1000[Hz]에서 변화가 일어나며 주파수의 통과가 발생하기 시작합니다. 고역통과 필터도 저역의 경우와 마찬가지로 두 개의 주파수를 입력으로 주어 고주파 성분이 통과함을 확인해 보겠습니다.

📝 소스 코드

```python
import numpy as np
import matplotlib.pyplot as plt
from scipy import signal

# RC 고역 통과 필터 파라미터 설정
R = 0.05  # 저항 (옴)
C = 1.0   # 캐패시터 (패럿)
fc = 1 / (2 * np.pi * R * C)  # 컷오프 주파수 (Hz)

# 라플라스 도메인에서 전달 함수 생성
numerator = [1,0]
denominator = [1, 2/(R * C)]
system = signal.lti(numerator, denominator)

# 시간 범위 설정
t = np.linspace(0, 5, num=1000)  # 시간 범위 (0에서 5까지 초)
```

```
# 입력 신호 생성 (두 주파수 합성)
f1 = 0.5  # 첫 번째 주파수 (Hz)
f2 = 20.0  # 두 번째 주파수 (Hz)
input_signal = np.sin(2 * np.pi * f1 * t) + np.sin(2 * np.pi * f2 * t)

# 시스템에 입력 신호 적용하여 시간 응답 계산
time, response, _ = signal.lsim(system, input_signal, t)

# 시간 응답 그래프 그리기
plt.figure(figsize=(10, 6))
plt.plot(t, input_signal, label='Input_signal')
plt.plot(time, response, label='Output Response')
plt.title(f'RC High-Pass Filter Time Response (Cut-off Frequency: {fc} Hz)')
plt.xlabel('Time (s)')
plt.ylabel('Amplitude')
plt.grid(True)
plt.legend()
plt.show()
```

실행 결과

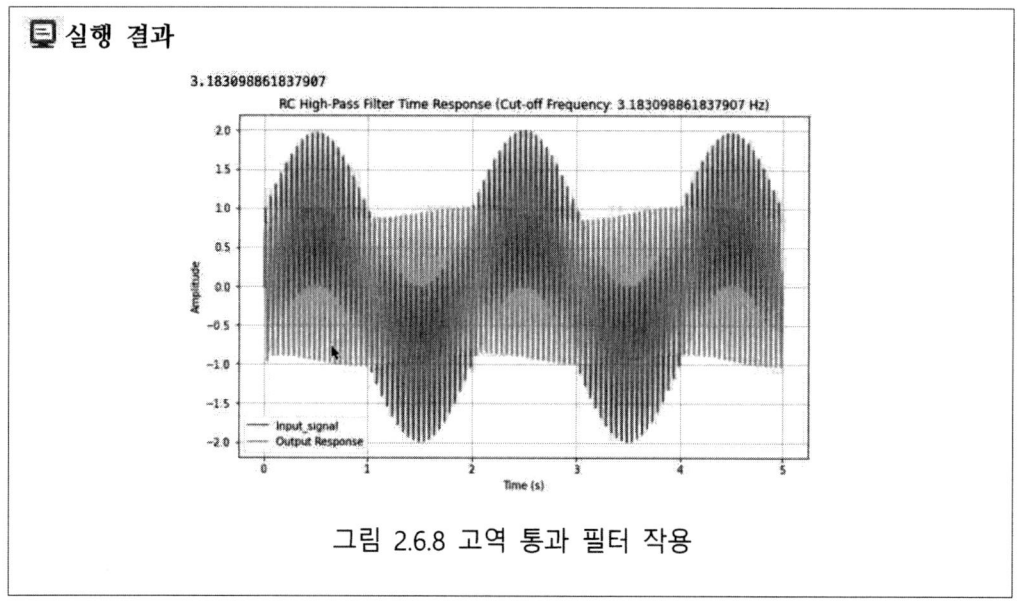

그림 2.6.8 고역 통과 필터 작용

입력과 출력값을 화면에 동시에 그렸습니다. 이번에는 고주파 성분이 통과하고 저주파 성분이 감소한 것을 확인할 수 있습니다.

2.6.3 대역통과(RLC 밴드패스)

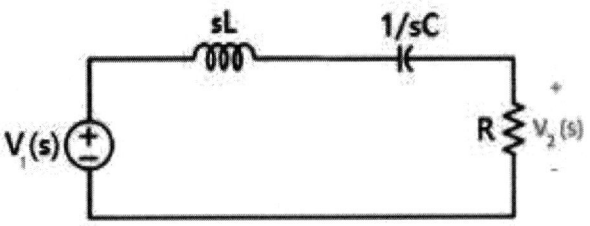

그림 2.6.9 직렬 RLC 대역 필터 회로도

RLC 직렬회로를 구성하고 입력 V_1에 대한 출력 V_2를 시스템으로 볼 때 다음과 같은 전달함수와 주파수 특성을 얻을 수 있습니다.

$$H(s) = \frac{(R/L)s}{s^2 + (R/L)s + (1/LC)}$$

여기에서 주파수 응답특성과 위상 응답 특성을 알아낼 수 있습니다.

$$|H(j\omega)| = \frac{\omega(R/L)}{\sqrt{[(1/LC) - \omega^2]^2 + [\omega(R/L)]^2}}$$

$$\theta(j\omega) = 90° - \tan^{-1}\left[\frac{\omega(R/L)}{(1/LC) - \omega^2}\right]$$

마찬가지로 프로그램에서는 H(jw)의 값에 np.abs(), np.angle() 함수를 사용하여 코드를 구현하였습니다. 공진이 일어나는 조건, 즉 임피던스가 최소로 되는 조건으로 L과 C에 의한 리액턴스 부분이 상쇄되는 값이 최대값이 되는 각속도(주파수)가 됩니다.

$$j\omega_o L + \frac{1}{j\omega_o C} = 0, \ \omega_o = \sqrt{\frac{1}{LC}}$$

📝 소스 코드

```
import numpy as np
import matplotlib.pyplot as plt

# RLC 밴드 통과 필터의 전달 함수
def band_pass_filter(f, R, L, C):
    numerator = 1j * f * (R / L)
```

```python
        denominator = (1j * f) ** 2 + (R / L) * 1j * f + 1 / (L * C)
        gain = np.abs(numerator / denominator)
        phase = np.angle(numerator / denominator)
    return gain, phase
# 주파수 범위 설정
frequencies = np.logspace(0, 4, num=1000)  # 로그 스케일 주파수 생성
#1 Hz에서 1000 Hz까지

# 사용자로부터 컷오프 주파수 입력 받기
R = float(input("R 입력하세요: "))
L = float(input("L 입력하세요: "))
C = float(input("C 입력하세요: "))

# 주파수 응답 특성 및 위상 특성 그래프 그리기
plt.figure(figsize=(10, 6))
gain, phase = band_pass_filter(frequencies, R,L,C)

# 주파수 응답 특성 그래프
plt.subplot(2, 1, 1)
plt.semilogx(frequencies, 20 * np.log10(gain))
plt.title(f'RLC Band-Pass Filter Frequency Response (Cut-off Frequency: {fc} Hz)')
plt.ylabel('Gain (dB)')
plt.grid(True)

# 위상 특성 그래프
plt.subplot(2, 1, 2)
plt.semilogx(frequencies, phase)
plt.xlabel('Frequency (Hz)')
plt.ylabel('Phase (radians)')
plt.grid(True)

plt.tight_layout()
plt.show()
```

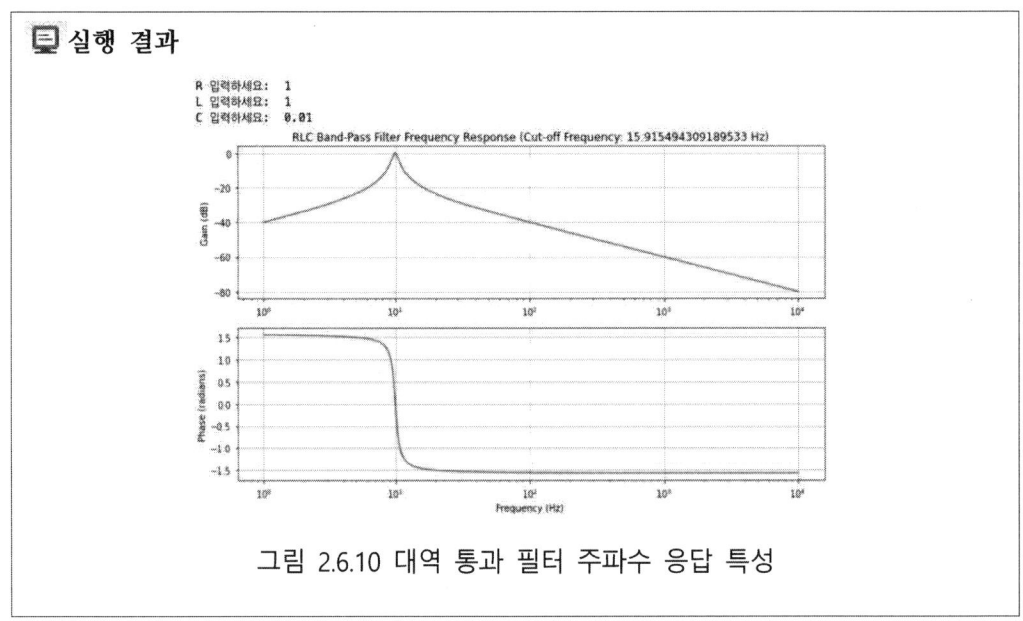

그림 2.6.10 대역 통과 필터 주파수 응답 특성

주파수 특성 곡선에서 특정 주파수 영역에서 입력 주파수를 통과시키는 특성을 확인할 수 있습니다. (그림에서는 10[Hz]) 특정 영역의 주파수가 통과되는 것을 보기 위해 세개의 파형으로 구성하여 입력해 봅니다.

소스 코드

```python
import numpy as np
import matplotlib.pyplot as plt
from scipy import signal

# RLC 고역 통과 필터 파라미터 설정
R = 1.0   # 저항 (옴)
L = 1.0
C = 0.01  # 캐패시터 (패럿)
fc=np.sqrt(1/(L*C))/(2*np.pi)
print(fc)

# 라플라스 도메인에서 전달 함수 생성
numerator = [(R/L),0]
denominator = [1, R/L, 1/(L*C)]
system = signal.lti(numerator, denominator)
```

```python
# 시간 범위 설정
t = np.linspace(0, 5, num=10000)  # 시간 범위 (0에서 5까지)

# 입력 신호 생성 (두 주파수 합성)
f1 = 0.1    # 첫 번째 주파수 (Hz)
f2 = 1.59   # 두 번째 주파수 (Hz)
f3 = 100.0
input_signal = np.sin(2 * np.pi * f1 * t) + np.sin(2 * np.pi * f2 * t)+ np.sin(2 * np.pi * f3 * t)
# 시스템에 입력 신호 적용하여 시간 응답 계산
time, response, _ = signal.lsim(system, input_signal, t)

# 시간 응답 그래프 그리기
plt.figure(figsize=(10, 6))
plt.plot(t, input_signal, label='Input_signal')
plt.plot(time, response, label='Output Response')
plt.title(f'RLC Band-Pass Filter Time Response (Cut-off Frequency: {fc} Hz)')
plt.xlabel('Time (s)')
plt.ylabel('Amplitude')
plt.grid(True)
plt.legend()
plt.show()
```

실행 결과

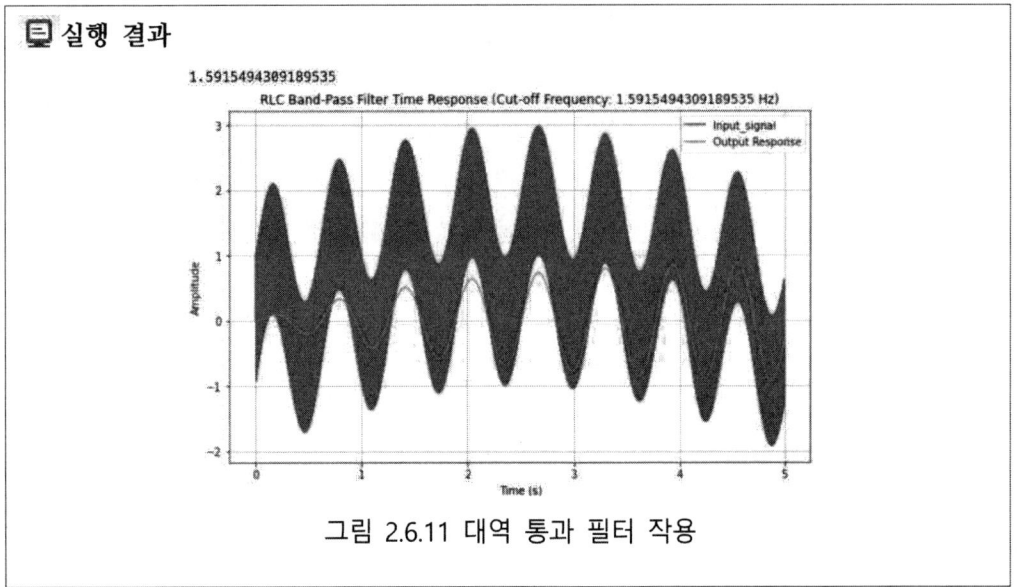

그림 2.6.11 대역 통과 필터 작용

정확하게 1.59에 해당하는 주파수를 주로 통과하고 저주파 고주파는 많이 감쇄된 것을 확인할 수 있습니다.

2.7 컨볼루션과 라플라스

2.7.1 컨볼루션

컨볼루션은 두 함수 또는 신호를 결합하는 연산으로, 엔지니어링 분야에서 필터링이나 다양한 음성에 대한 신호 처리, 잡음 제거, 경계 검출, 선명도 향상을 위한 이미지 처리, 전달함수와 시스템의 응답특성 확인을 위한 제어 시스템 분야에서 핵심적인 역할을 합니다. 이 장에서는 컨볼루션의 개념과 중요성을 소개하고, 파이썬을 사용하여 컨볼루션을 어떻게 엔지니어링 문제 해결에 활용하는지 살펴봅니다. 컨볼루션은 두 함수의 합성으로, 입력과 시스템 응답의 결합을 통해 출력을 예측하는 데 사용됩니다. 이를 통해 다양한 엔지니어링 응용 분야에서 시스템 동작 및 신호 처리를 분석할 수 있습니다.

컨볼루션은 두 함수 사이의 수학적인 연산으로, 두 함수를 합성하여 새로운 함수를 생성합니다. 수식적으로는 다음과 같이 정의됩니다.

$$(f*g)(t) = \int [f(\tau)*g(t-\tau)]d\tau$$

여기서 * 기호는 컨볼루션 연산을 나타냅니다. 이 연산은 t에 대한 적분을 통해 두 함수의 곱을 시간상으로 이동한 후 적분한 값을 나타냅니다. 결과적으로 새로운 함수 (f * g)(t)는 두 함수 f(t)와 g(t)의 결합 효과를 나타냅니다. 파이썬의 numpy.convolve() 함수와 같은 도구를 사용하여 컨볼루션을 수행할 수 있습니다

컨볼루션은 하나의 파형을 y 축에 대해 대칭 변환한 후에 시간 축 상에서 이를 이동 시키면서 각각의 시간에서 다른 함수와 곱한 후 그 면적을 구하여 결과를 얻게 됩니다.

(1) 컨볼루션의 활용

다음의 코드는 컨볼루션의 진행 방법과 결과를 보여주는 파이썬 프로그램입니다.

📝 **소스 코드**

```python
import numpy as np
import matplotlib.pyplot as plt

# 입력 함수 정의 (사각형 펄스 함수)
def rect_pulse(t, width):
    return (abs(t) < width/2).astype(float)

# 시간 범위 설정
t = np.linspace(-5, 5, num=1000)

# 입력 함수 1과 2 정의
input_1 = rect_pulse(t, 2.0)   # 폭이 2.0인 사각형 펄스
input_2 = rect_pulse(t - 1.0, 2.0) # 폭 2.0인 사각형 펄스를 t = 1.0 이동
```

```python
# 컨볼루션 계산
output = np.convolve(input_1, input_2, 'same')

# 결과 그래프 그리기
plt.figure(figsize=(10, 6))
plt.subplot(3, 1, 1)
plt.plot(t, input_1, label='Input 1')
plt.title('Input 1: Rectangular Pulse')
plt.xlabel('Time')
plt.ylabel('Amplitude')
plt.subplot(3, 1, 2)
plt.plot(t, input_2, label='Input 2')
plt.title('Input 2: Rectangular Pulse (Shifted)')
plt.xlabel('Time')
plt.ylabel('Amplitude')
plt.subplot(3, 1, 3)
plt.plot(t, output, label='Convolution (Output)', color='orange')
plt.title('Convolution of Input 1 and Input 2')
plt.xlabel('Time')
plt.ylabel('Amplitude')
plt.tight_layout()
plt.show()
```

실행 결과

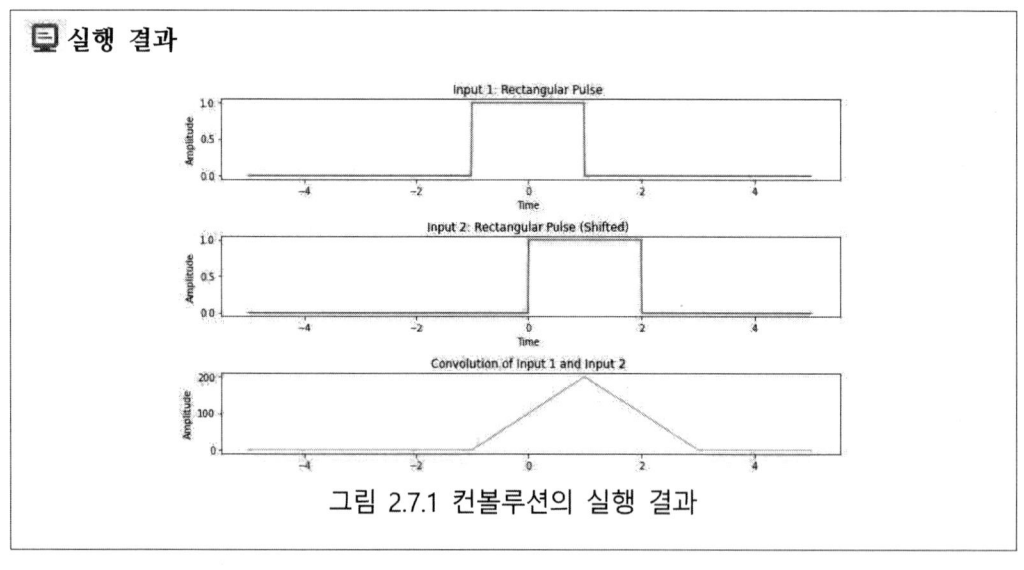

그림 2.7.1 컨볼루션의 실행 결과

그림 2.7.1에서와 같이 구형파를 y축에 대해서 대칭 변환한 후에 시간 축 상에서 이동하면서 순간마다 두 함수를 곱한 값을 적분하면 삼각 파형의 컨볼루션 결과를 얻을 수 있습니다.

$f(t)$	$L[f(t)] = F(s)$
1	$\dfrac{1}{s}$
t^n	positive integer
$\sin(kt)$	$\dfrac{k}{s^2 + k^2}$
$\cos(kt)$	$\dfrac{s}{s^2 + k^2}$
e^{at}	$\dfrac{1}{s - a}$
$\sinh(kt)$	$\dfrac{k}{s^2 - k^2}$
$\cosh(kt)$	$\dfrac{s}{s^2 - k^2}$
$\delta(t)$	1
$\delta(t - a)$	e^{-as}
$U(t - a)$	$\dfrac{e^{-as}}{s}$
$e^{at} f(t)$	$F(s - a)$

제어공학에서는 입력이 시스템에 가해질 때 입력의 라플라스 변환과 시스템의 전달함수를 곱한 결과가 출력의 라플라스 변환이 됩니다. 반면에 시간의 입력값과 시스템의 임펄스 시간 응답 특성의 컨볼루션은 곧바로 출력의 시간 응답 특성이 됩니다. 이러한 내용을 확인하기 위하여 다음과 같은 프롬프트를 chatGPT에 입력하여 파이썬 프로그램을 작성해 보도록 합니다.

> **chatGPT 프롬프트**
>
> 시간 영역에서 두 개의 펄스 함수를 컨볼루션한 결과가 각각의 펄스를 라플라스 변환하여 서로 곱한 후 이것을 라플라스 역변환을 하면 앞의 컨볼루션 결과와 같아짐을 보이는 파이썬 프로그램을 작성해줘. 개의 펄스 함수, 컨볼루션 결과, 라플라스 역변환으로 얻은 결과를 네 개의 그래프로 그려줘.

몇 번의 보정작업을 거친 이후에 다음과 같은 프로그램을 완성하였습니다.

소스 코드

```python
import numpy as np
import matplotlib.pyplot as plt
from scipy.signal import convolve
from sympy import symbols, inverse_laplace_transform, simplify, exp, Heaviside
from sympy.abc import s, t

# 입력 펄스 함수 1
t1 = np.linspace(0, 5, num=1000)
u1 = np.heaviside(t1 - 1, 1) - np.heaviside(t1 - 3, 1)  # 단위 계단 함수

# 입력 펄스 함수 2
t2 = np.linspace(0, 5, num=1000)
u2 = np.heaviside(t2 - 2, 1) - np.heaviside(t2 - 4, 1)  # 단위 계단 함수

# 컨볼루션 계산
convolution_result = convolve(u1, u2, mode='full') / 1000  """ 적분 계수를 위해 나눔"""

# 라플라스 변환 및 역 라플라스 변환을 위한 심볼 정의
U1 = 1/s * exp(-1*s)-1/s * exp(-3*s)  """ 단위 계단 함수의 라플라스 변환 1/s, 시간 지연된 단위 계단 함수의 라플라스 변환 1/s * exp(-a*s) """
U2 = 1/s * exp(-2*s)-1/s * exp(-4*s)   # 참고하여 작성

# 라플라스 역변환
result_inv = inverse_laplace_transform(U1 * U2, s, t).simplify()

# NumPy 함수로 변환
from sympy.utilities import lambdify
result_inv_func = lambdify(t, result_inv, 'numpy')

# 시간 배열 생성
time_array = np.linspace(0, 10, num=len(convolution_result))
```

```
# 결과 계산
result_values = result_inv_func(time_array)

# 결과 그래프 그리기
plt.figure(figsize=(12, 6))
plt.subplot(4, 1, 1)
plt.plot(t1, u1, label='Input Pulse 1')
plt.xlabel('Time')
plt.ylabel('Amplitude')
plt.title('Input Pulse 1')

plt.subplot(4, 1, 2)
plt.plot(t2, u2, label='Input Pulse 2')
plt.xlabel('Time')
plt.ylabel('Amplitude')
plt.title('Input Pulse 2')

plt.subplot(4, 1, 3)
plt.plot(time_array, convolution_result, label='Direct Convolution')
plt.xlabel('Time')
plt.ylabel('Amplitude')
plt.title('Convolution Result')

plt.subplot(4, 1, 4)
time_array = np.linspace(0, 10, num=len(result_values))
plt.plot(time_array, result_values, label='Laplace Inversion Result')
#plt.plot(np.linspace(0, 10, num=len(result_values)), result_values, label='Convolution')
#plt.plot(time_array, result_values, label='Convolution')
plt.xlabel('Time')
plt.ylabel('Amplitude')
plt.title('Convolution Result')
plt.tight_layout()
plt.show()
```

프로그램에서는 두 개의 시간상 펄스 함수를 각각 u1, u2로 정의하고 이들의 라플라스 변환을 U1, U2로 정의하였습니다. 편의상 u1을 입력 신호로 u2를 시스템의 임펄스 시간 응답 특성으로 간주하면 되겠습니다. u1과 u2를 직접 z-컨볼루션하여 구한 결과와 U1을 U2를 곱하여 라플라스 역변환 값을 비교하면 정확하게 같은 모양의 그래프를 구할 수 있습니다.

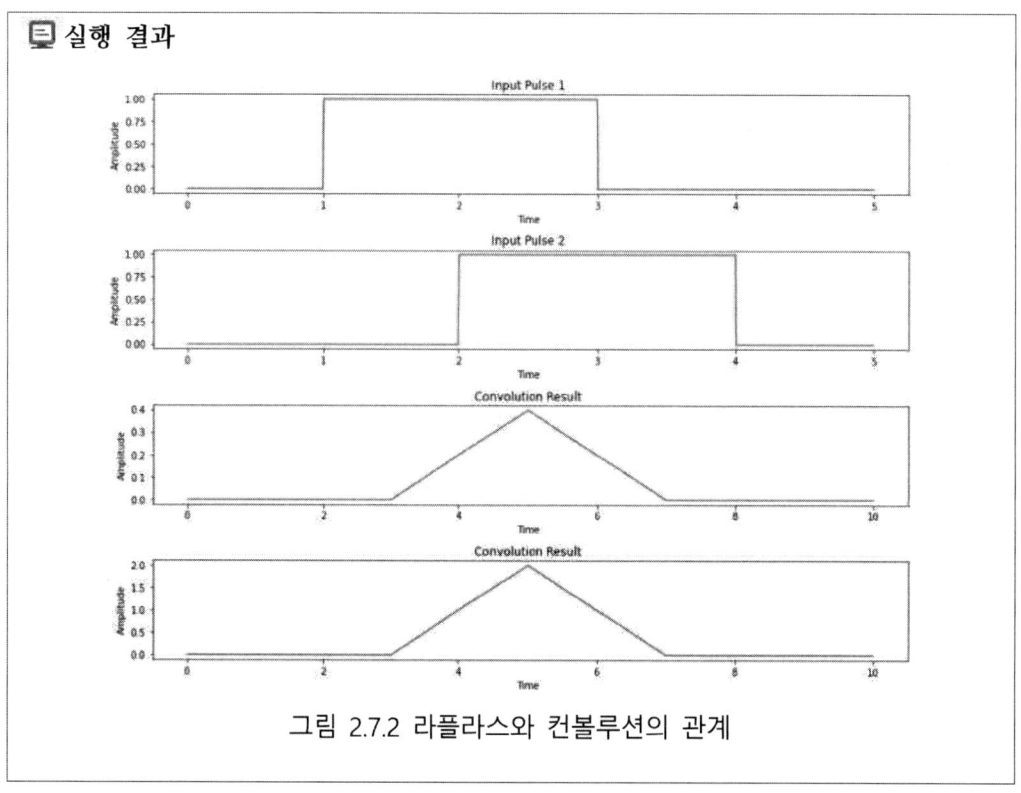

그림 2.7.2 라플라스와 컨볼루션의 관계

전기회로 시스템에서 RLC 회로의 출력값이 비제동이 될 때 입력값이 펄스로 주어지는 경우 컨볼루션을 이용하여 출력값을 구할 수 있습니다. RLC 회로의 전달함수 값을 구한 후에 임펄스 응답 값을 구하고 이를 입력과 컨볼루션을 취하여 출력값을 얻을 수 있습니다. 다음과 같이 chatGPT 프롬프트를 작성해 보도록 합니다.

> **chatGPT 프롬프트**
> 전기회로의 RLC 회로의 비제동의 경우로 되는 전달함수와 입력함수는 펄스 함수로 할 때 대해서 코드를 작성해줘. 이때 전달함수는 임펄스 시간 응답 특성을 사용하여 시간 응답 출력값을 구할 수 있도록 해줘.

📝 소스 코드

```python
import numpy as np
import matplotlib.pyplot as plt
from scipy.signal import lti, convolve

R = 1.0  # 저항 값 (예시 값)
L = 1.0  # 인덕턴스 값 (예시 값)
C = 1.0  # 캐패시턴스 값 (예시 값)

t = np.linspace(0, 10, num=1000)  # 시간 범위
input_pulse = np.zeros_like(t)
input_pulse[(t >= 1) & (t <= 2)] = 1.0  # 펄스의 시작 및 끝 지점 설정

numerator = [1.0]  # 전달 함수의 분자 계수
denominator = [L, R, 1 / C]  # 전달 함수의 분모 계수
system = lti(numerator, denominator)

# 응답 계산
t_impulse, impulse_response = system.impulse(T=t)
output = convolve(input_pulse, impulse_response, mode='full') / 1000

plt.figure(figsize=(10, 6))
plt.subplot(3, 1, 1)
plt.plot(t, input_pulse, label='Input Pulse')
plt.xlabel('Time')
plt.ylabel('Amplitude')
plt.title('Input Pulse')

plt.subplot(3, 1, 2)
plt.plot(t_impulse, impulse_response, label='Impulse Response')
plt.xlabel('Time')
```

```
plt.ylabel('Amplitude')
plt.title('Impulse Response')

plt.subplot(3, 1, 3)
plt.plot(np.linspace(0, 10, num=len(output)), output, label='Output Response')
plt.xlabel('Time')
plt.ylabel('Amplitude')
plt.title('Impulse Response')

plt.tight_layout()
plt.show()
```

실행 결과

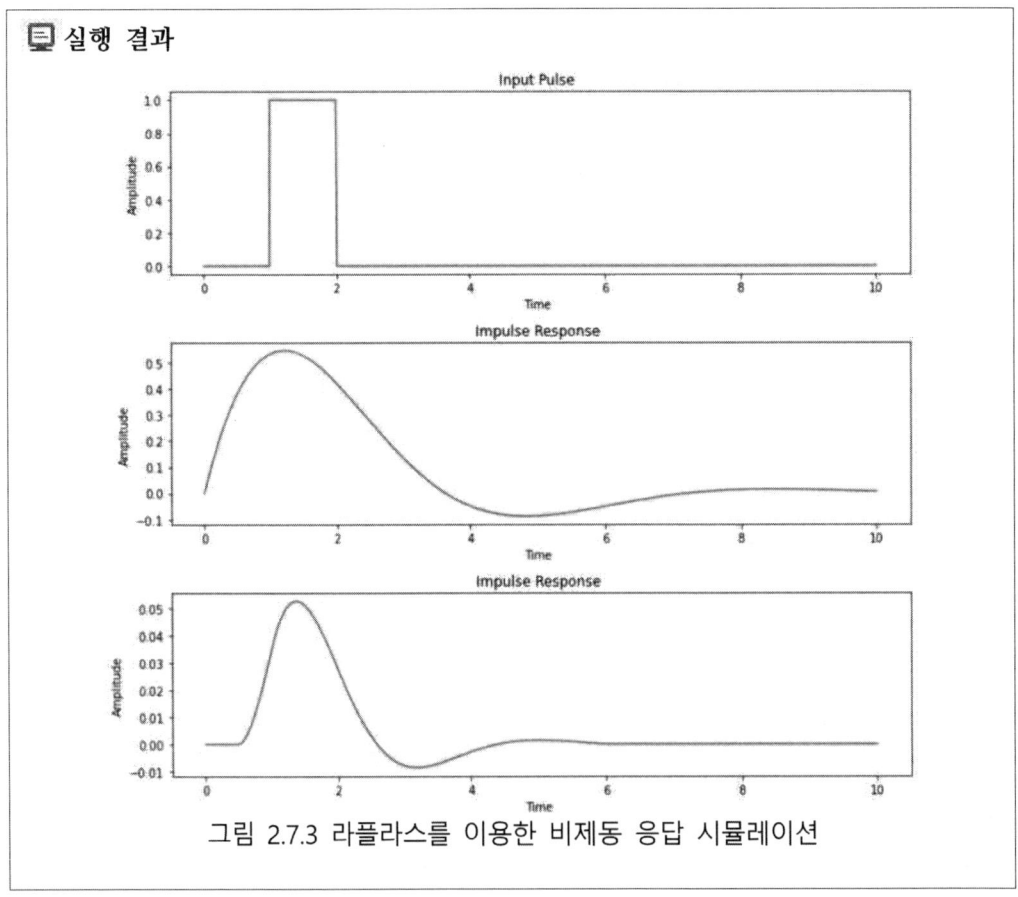

그림 2.7.3 라플라스를 이용한 비제동 응답 시뮬레이션

(2) 이미지 영역의 컨볼루션 활용

이미지를 다루는데 컨볼루션이 등장하는데 이것은 앞의 컨볼루션과 다른 개념입니다. 이미지를 흐리게 하거나 경계를 검출하기 위한 파이썬 코드로, 다음과 같은 프롬프트를 입력하고 결과를 수정 보완하여 완성하였습니다.

> **chatGPT 프롬프트**
> 컨볼루션을 이용한 이미지에서 잡음 제거, 경계 검출, 선명도 향상 등에 사용되는 파이썬 코드 예제를 작성해줘. 이미지를 읽어서 적용한 결과를 볼 수가 있도록 작성해 줘.

> **소스 코드**
> ```
> import cv2
> import numpy as np
> from matplotlib import pyplot as plt
> 
> # 이미지 읽기
> image = cv2.imread('WonHo.jpg', cv2.IMREAD_COLOR)
> image1 = cv2.imread('WonHo1.jpg', cv2.IMREAD_COLOR)
> image2 = cv2.imread('WonHo2.jpg', cv2.IMREAD_COLOR)
> 
> # 가우시안 흐리기를 적용하여 노이즈 추가
> blurred_image = cv2.GaussianBlur(image, (113, 113), 0)
> 
> # 결과 이미지 출력
> plt.figure(figsize=(10, 10))
> plt.subplot(221), plt.imshow(cv2.cvtColor(image, cv2.COLOR_BGR2RGB))
> plt.title('Original Image'), plt.xticks([]), plt.yticks([])
> 
> plt.subplot(222), plt.imshow(cv2.cvtColor(blurred_image, cv2.COLOR_BGR2RGB))
> plt.title('Blurred Image (Noise Added)'), plt.xticks([]), plt.yticks([])
> 
> # Canny 엣지 검출 수행
> edges = cv2.Canny(imageSave, 100, 200)
> ```

```
# 결과 이미지 출력
plt.subplot(223), plt.imshow(cv2.cvtColor(image1, cv2.COLOR_BGR2RGB))    #
(imageSave)#, cmap='gray')
plt.title('Original Image'), plt.xticks([]), plt.yticks([])

plt.subplot(224), plt.imshow(edges, cmap='gray')
plt.title('Edge Detection'), plt.xticks([]), plt.yticks([])

plt.show()
```

그림 2.7.4 흐리기와 경계 검출 결과

　　cv 패키지의 GaussianBlur 메소드와 Canny 메소드를 호출하여 흐리게 하기와 경계 검출을 하였습니다. 내부적으로 어떻게 컨볼루션이 진행되는지는 잘 보이지 않아서 좀 더 낮은 수준에서 컨볼루션이 진행되는 것을 확인하기 위한 코드를 작성하였습니다. 다음과 같은 프롬프트를 입력하여 코드를 얻고 수정작업을 거쳐 프로그램을 완성하였습니다.

> 🟢 **chatGPT 프롬프트**
>
> 이미지 흐림의 과정이 컨볼루션으로 수행되는 것을 직접적으로 보이기 위한 샘플 코드를 작성해 줄 수 있나? 라이브러리로 하니까 그게 잘 안 보이네.

> 📝 **소스 코드**
>
> ```python
> import numpy as np
> import matplotlib.pyplot as plt
> import cv2   # OpenCV 라이브러리
>
> # 이미지 불러오기
> image = cv2.imread('WonHo.jpg', cv2.IMREAD_GRAYSCALE)
>
> # 흐리기 커널 정의 (3x3 크기의 가우시안 흐리기 커널)
> kernel = np.array([[1, 2, 1],
>                    [2, 4, 2],
>                    [1, 2, 1]]) / 16.0  # 커널 값의 합이 16이 되도록 정규화
>
> # 이미지와 커널의 컨볼루션 수행
> blurred_image1 = cv2.filter2D(image, -1, kernel)
> kernel = np.array([[1, 1, 2, 2, 2, 1, 1],
>                    [1, 2, 2, 4, 2, 2, 1],
>                    [2, 2, 4, 8, 4, 2, 2],
>                    [2, 4, 8, 16, 8, 4, 2],
>                    [2, 2, 4, 8, 4, 2, 2],
>                    [1, 2, 2, 4, 2, 2, 1],
>                    [1, 1, 2, 2, 2, 1, 1]], dtype=np.float32) / 140
>
> # 이미지와 커널의 컨볼루션 수행
> blurred_image2 = cv2.filter2D(blurred_image1, -1, kernel)
> # 결과 이미지 출력
> plt.figure(figsize=(10, 6))
> plt.subplot(1, 3, 1)
> plt.imshow(image, cmap='gray')
> plt.title('Original Image')
> ```

```
plt.subplot(1, 3, 2)
plt.imshow(blurred_image1, cmap='gray')
plt.title('Blurred Image')

plt.subplot(1, 3, 3)
plt.imshow(blurred_image2, cmap='gray')
plt.title('Blurred Image')

plt.tight_layout()
lt.show()
```

그림 2.7.5 흐리게 하기 알고리즘의 확인

cv2.filter2D() 함수는 이미지와 커널 간의 2D 컨볼루션을 수행하는 함수입니다. 이 함수는 OpenCV 라이브러리에서 제공되며, 이미지 처리와 컨볼루션 필터링에 널리 사용됩니다.

컨볼루션은 이미지와 필터(커널) 사이의 픽셀 단위의 곱셈과 합산으로 이루어지는 연산입니다. 필터를 이미지에 슬라이딩하면서 픽셀 간의 곱셈 및 합산을 수행하며, 결과적으로 이미지의 특정 부분에 필터의 특성이 반영됩니다. 프로그램을 살펴보면 x와 y 방향으로 다음과 같은 하중 함수의 값이 이동하면서 곱해지고 더한 값으로 공간상에서의 이미지 픽셀의 값이 정해지게 됩니다. 이 부분이 컨볼루션에 대한 직관적인 이해에 도움이 됩니다.

[[1, 2, 1],
 [2, 4, 2],

[1, 2, 1]]

> **보충 설명**
>
> 라플라스 변환에서의 곱셈과 시간 영역에서의 컨볼루션 간의 관계는 신호 처리 분야에서 중요한 개념입니다. 이러한 관계는 라플라스 변환을 사용하여 시간 영역의 신호를 주파수 영역으로 변환할 때 나타나는데, 이는 두 신호의 컨볼루션이 주파수 영역에서는 해당 신호들의 라플라스 변환의 곱으로 표현될 수 있다는 것을 의미합니다. 반면에, 딥러닝에서의 CNN(컨볼루션 신경망)에서 사용되는 컨볼루션은 다소 다른 의미를 가집니다. CNN에서의 컨볼루션은 필터(또는 커널)를 사용하여 이미지와 같은 입력 데이터를 순회하면서, 필터와 해당 부분의 원소별 곱셈을 통해 새로운 특성 맵을 생성하는 과정을 의미합니다. 이 과정은 입력 데이터의 공간적 특성을 포착하는 데 사용됩니다.
>
> 즉, 라플라스 변환의 컨볼루션은 신호 처리, 시스템 분석 등에서 사용되며, 주로 시간 영역과 주파수 영역 간의 관계를 다룹니다. 반면, CNN의 컨볼루션은 이미지나 오디오 데이터와 같은 고차원 데이터의 특성을 추출하는 데 주로 사용됩니다. 수학적으로 라플라스 변환에서의 컨볼루션은 두 함수의 컨볼루션 적분으로 정의되며, 시간 영역에서의 복잡한 연산을 주파수 영역에서 단순한 곱셈으로 변환합니다. CNN에서의 컨볼루션은 입력 데이터에 대해 필터를 적용하고, 이를 순회하며 원소별 곱셈과 합을 계산합니다. 두 컨볼루션 개념은 기본적인 수학적 정의(신호의 겹침과 통합)는 유사하지만, 적용되는 맥락과 구체적인 수행 과정은 상당히 다릅니다.

2.7.2 라플라스 변환의 의미

라플라스 변환은 주로 미분방정식을 풀거나 시간 영역에서 복잡한 계산을 단순화하는 데 사용됩니다. 시스템의 응답을 분석하고 설계하는 데 필수적이며, 특히 엔지니어링, 물리학, 제어 이론 등 다양한 과학 및 엔지니어링 분야에서 적용됩니다. 라플라스 변환은 다음식과 같이 표현됩니다.

$$X(s) = \int_0^\infty x(t)e^{-st}dt$$

이 식은 앞에서 배운 퓨리에 변환과 유사한 형태를 취합니다. s의 위치에 j2πf 값을 입력하면 퓨리에 변환과 같아지는 것을 확인할 수 있습니다.

$$X(f) = \int_{-\infty}^\infty x(t)e^{-j2\pi ft}dt$$

또한 컨볼루션 값도 라플라스 변환과 밀접한 관계가 있는데 입력을 x(t) 임펄스 응답 값을 h(t), 출력을 y(t)라고 하면 다음과 같이 표현할 수 있습니다.

$$y(t) = (x*h)(t) = \int_{-\infty}^{\infty} x(\tau)h(t-\tau)d\tau$$

$$X(s) = L\{x(t)\}$$
$$H(s) = L\{h(t)\}$$
$$Y(s) = X(s) \cdot H(s)$$

이는 s 영역에서의 입력의 라플라스 변환과 전달함수를 곱하면 출력의 라플라스 변환 값이 나온다는 것을 의미합니다. 즉, 시간 영역에서의 컨볼루션 관계가 s영역에서는 곱셈으로 귀결이 되는 것을 확인할 수 있으며 이러한 성질을 엔지니어링에서의 시스템의 해석에 매우 유용한 방법들을 제공합니다.

2.7.3 라플라스 변환의 활용

(1) 심볼릭 라플라스 변환/역변환

다음의 코드는 시간의 입력신호의 라플라스 변환과 시스템의 전달함수를 곱한 결과를 라플라스 역변환하여 시간 응답 특성을 얻는 코드를 보여줍니다. s와 t가 특정 심볼을 나타내는 변수임을 선언하고 sp.inverse_laplace_transform 메소드를 호출하여 라플라스 심볼릭 연산을 수행합니다.

📝 **소스 코드**
```
import sympy as sp

# 라플라스 도메인 변수 정의
s, t = sp.symbols('s t')

# 전달 함수 정의 (예: 1 / (s**2 + 2*s + 1))
transfer_function = 1 / (s**2 + 2*s + 1)

# 입력 신호 정의 (예: 1/s)
input_signal = 1 / s

# 라플라스 변환
```

```
output_in_laplace_domain = transfer_function * input_signal

# 역 라플라스 변환
output_in_time_domain = sp.inverse_laplace_transform(output_in_laplace_domain, s, t)

# 결과 출력
print("라플라스 도메인 출력:")
print(output_in_laplace_domain)

print("₩n시간 도메인 출력:")
print(output_in_time_domain)
```

실행 결과

라플라스 도메인 출력:
1/(s*(s**2 + 2*s + 1))

시간 도메인 출력:
(-t + exp(t) - 1)*exp(-t)*Heaviside(t)

다음의 표와 같은 라플라스 변환과 역변환 관계를 동일한 방법으로 확인할 수 있습니다. sp.laplace_transform 메소드를 사용하면 심볼릭 라플라스 변환을 할 수 있습니다.

$f(t)$	$L[f(t)] = F(s)$
1	$\dfrac{1}{s}$
t^n	positive integer
$\sin(kt)$	$\dfrac{k}{s^2 + k^2}$
$\cos(kt)$	$\dfrac{s}{s^2 + k^2}$
$e^{\alpha t}$	$\dfrac{1}{s - a}$
$\sinh(kt)$	$\dfrac{k}{s^2 - k^2}$

$\cosh(kt)$	$\dfrac{s}{s^2 - k^2}$
$\delta(t)$	1
$\delta(t-a)$	e^{-as}
$U(t-a)$	$\dfrac{e^{-as}}{s}$
$e^{at}f(t)$	$F(s-a)$

chatGPT 프롬프트

파이썬에서 다양한 시간함수에 대한 라플라스 변환과 각각의 라플라스 역변환을 심볼릭 연산으로 수행하는 프로그램을 작성해줘. 라플라스로 표현된 다음의 각각의 항목들에 대해서 작성해 줘. 1/s, 24/(s**5), 1/(s**2+1), s/(s**2+1), 1/(s-3), 1/(s**2-1), s/(s**2-1), 1, sp.exp(-3*s), sp.exp(-3*s)/s

소스 코드

```
import sympy as sp

# 라플라스 도메인 변수 정의
s, t = sp.symbols('s t')

# 라플라스 영역 신호 정의 (예: 1 / (s**2 + 2*s + 1))
Laplace_function = [1/s, 24/(s**5), 1/(s**2+1), s/(s**2+1), 1/(s-3), 1/(s**2-1), s/(s**2-1), 1,
                    sp.exp(-3*s), sp.exp(-3*s)/s]

# 시간 영역 신호 정의 (예: 1/s)
time_signal = [1, t**4, sp.sin(t), sp.cos(t), sp.exp(3*t), sp.sinh(t), sp.cosh(t),
               sp.DiracDelta(t), sp.DiracDelta(t-3), sp.Heaviside(t - 3)]

for time_expr, Laplace_expr in zip(time_signal, Laplace_function):
    # 라플라스 변환 수행
    Laplace_transform = sp.laplace_transform(time_expr, t, s)
```

```
# 역 라플라스 변환 수행
inverse_transform = sp.inverse_laplace_transform(Laplace_expr, s, t)

print(f"입력 신호: {time_expr}")
print(f"라플라스 변환: {Laplace_transform}")
print(f"역 라플라스 변환: {inverse_transform}\n")
```

실행 결과

입력 신호: 1
라플라스 변환: (1/s, 0, True)
역 라플라스 변환: Heaviside(t)

입력 신호: t**4
라플라스 변환: (24/s**5, 0, True)
역 라플라스 변환: t**4*Heaviside(t)

입력 신호: sin(t)
라플라스 변환: (1/(s**2 + 1), 0, True)
역 라플라스 변환: sin(t)*Heaviside(t)

입력 신호: cos(t)
라플라스 변환: (s/(s**2 + 1), 0, True)
역 라플라스 변환: cos(t)*Heaviside(t)

입력 신호: exp(3*t)
라플라스 변환: (1/(s - 3), 3, s > 3)
역 라플라스 변환: exp(3*t)*Heaviside(t)

입력 신호: sinh(t)
라플라스 변환: (1/(s**2 - 1), 1, s > 1)
역 라플라스 변환: sinh(t)*Heaviside(t)

입력 신호: cosh(t)
라플라스 변환: (s/(s**2 - 1), 1, s > 1)
역 라플라스 변환: cosh(t)*Heaviside(t)

> 입력 신호: DiracDelta(t)
> 라플라스 변환: (1, -oo, True)
> 역 라플라스 변환: DiracDelta(t)
>
> 입력 신호: DiracDelta(t - 3)
> 라플라스 변환: (exp(-3*s), -oo, True)
> 역 라플라스 변환: DiracDelta(t - 3)
>
> 입력 신호: Heaviside(t - 3)
> 라플라스 변환: (exp(-3*s)/s, 0, True)
> 역 라플라스 변환: Heaviside(t - 3)

💡 보충 설명

(exp(-3*s), -oo, True)는 exp(-3*s)의 결과는 함수의 라플라스 변환을 계산하되, 하한이 없고(모든 시간에 대해), 위상 정보도 고려하여 계산하라는 의미를 가집니다.

(2) 전달함수의 주파수 응답 특성 분석

s의 함수로 표현된 전달함수에서 직접 주파수 응답 특성을 분석할 수 있습니다. 예를 들어 밴드 패스 필터의 역할을 하는 RLC 직렬 회로의 입출력 전달함수를 구한 후에 보드 선도를 그려서 주파수 특성을 확인할 수 있습니다.

🟢 chatGPT 프롬프트

직렬 RLC 회로를 대상으로 대역통과 필터로 작동하도록 값을 설정한후 s에 관한 전달함수를 얻어낸 후 Bode 선도를 그려서 밴드패스 필터의 성질을 가짐을 보이는 파이썬 코드를 작성해줘.

몇 번의 보정작업 끝에 다음과 같이 코드를 얻을 수 있습니다.

📝 소스 코드

```
import numpy as np
import matplotlib.pyplot as plt
from scipy.signal import TransferFunction, bode

# 회로 파라미터 정의
R = 1.0
```

```
L = 1.0
C = 1.0

# 전달함수 정의
numerator = [L, 0]
denominator = [R * L * C, L, 1]
system = TransferFunction(numerator, denominator)

# Bode 선도 계산
frequency_range, magnitude, phase = bode(system)

# Bode 선도 그래프 그리기
plt.figure(figsize=(10, 6))
plt.subplot(2, 1, 1)
plt.semilogx(frequency_range, magnitude)
plt.xlabel('Frequency (rad/s)')
plt.ylabel('Magnitude (dB)')
plt.title('Bode Magnitude Plot (Bandpass Filter)')
plt.subplot(2, 1, 2)
plt.semilogx(frequency_range, phase)
plt.xlabel('Frequency (rad/s)')
plt.ylabel('Phase (degrees)')
plt.title('Bode Phase Plot (Bandpass Filter)')
plt.tight_layout()
plt.show()
```

실행 결과

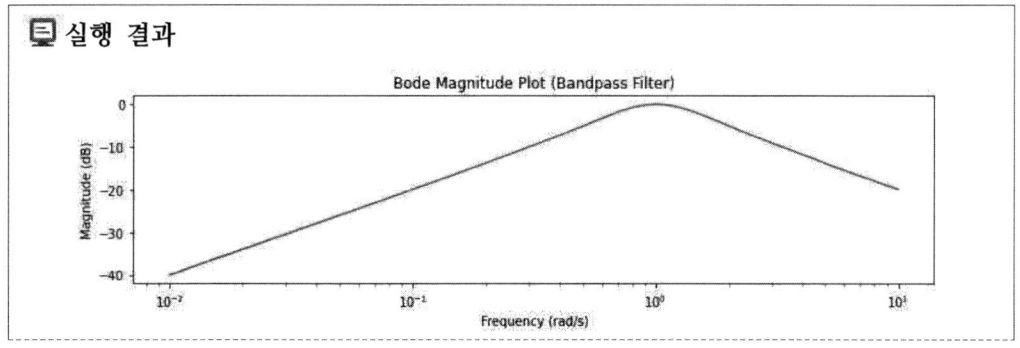

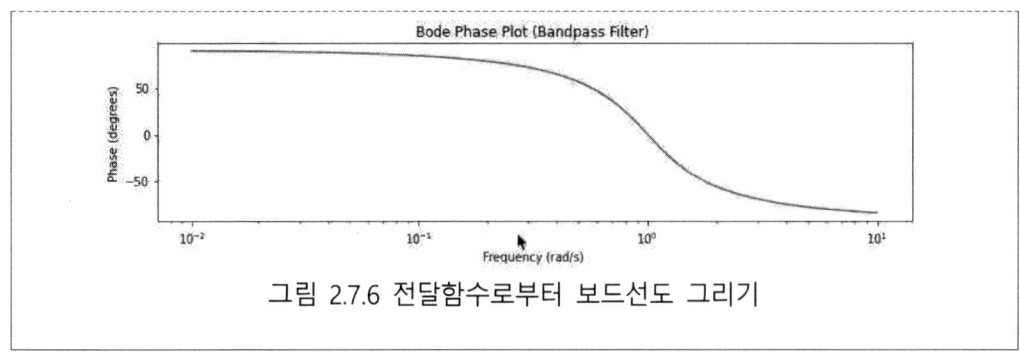

그림 2.7.6 전달함수로부터 보드선도 그리기

과제하기

다음과 같은 전달함수에 대해서 보드 선도를 그립니다.

$$H(s) = \frac{0.5s+1}{s^2+0.5s+1}$$

위의 함수에 대해서는 앞의 코드에서 전달함수 부분을 다음과 같이 대체한 후에 그림 2.7.7의 보드 선도를 얻을 수 있습니다.

numerator = [0.5, 1]

denominator = [1, 0.5, 1]

system = TransferFunction(numerator, denominator)

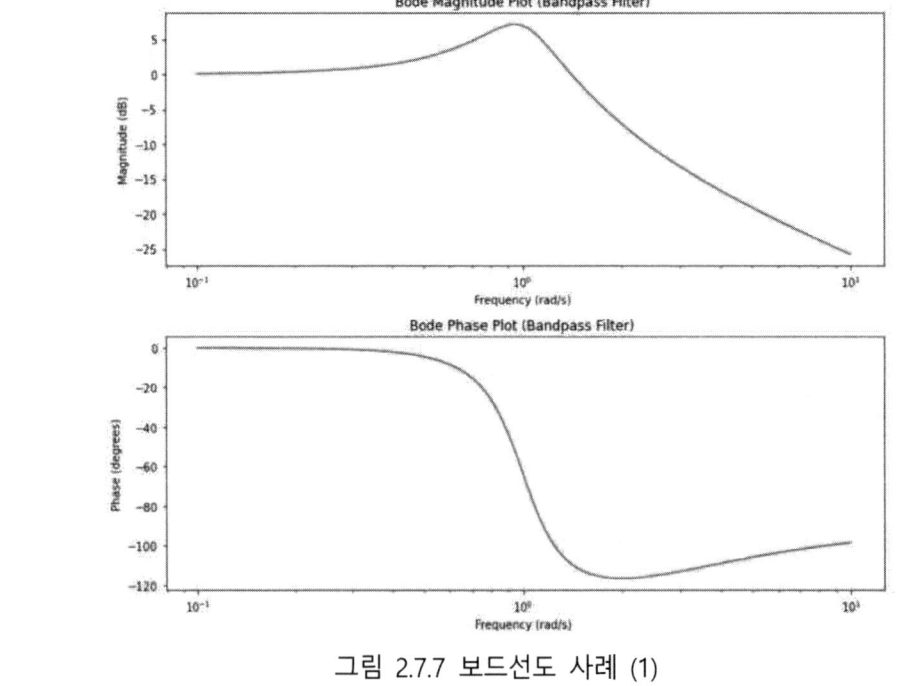

그림 2.7.7 보드선도 사례 (1)

과제하기

다음과 같은 전달함수에 대해서 보드선도를 구합니다.

$$H(s) = \frac{s+1}{s(s+10)}$$

numerator = [1, 1]

denominator = [1, 10, 0]

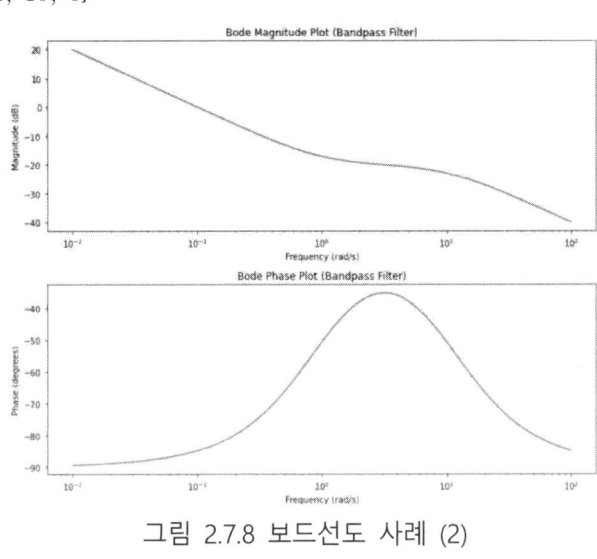

그림 2.7.8 보드선도 사례 (2)

(3) 라플라스를 이용한 회로 해석

그림 2.7.9와 같은 회로를 s에 관하여 구성하고 앞에서 배운 방식으로 망로 방정식을 구성할 수 있습니다.

- Q: $i_1(t)$, $i_2(t) = ?$

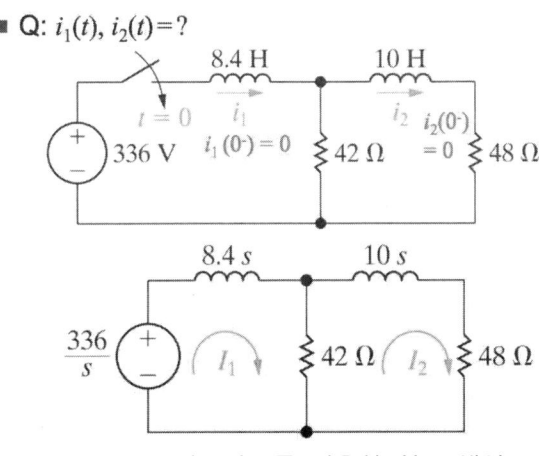

그림 2.7.9 라플라스를 이용한 회로 해석

$$8.4sI_1 + 42(I_1 - I_2) = \frac{336}{s} \cdots (1)$$

$$42(I_2 - I_1) + (10s + 48)I_2 = 0 \cdots (2)$$

$$\Rightarrow \begin{bmatrix} 42 + 8.4s & -42 \\ -42 & 90 + 10s \end{bmatrix} \times \begin{bmatrix} I_1 \\ I_2 \end{bmatrix} = \begin{bmatrix} 336/s \\ 0 \end{bmatrix}$$

구해진 망로 방정식을 풀이하고 라플라스 역변환을 하게 되면 시간 응답 특성을 얻을 수 있습니다.

📝 소스 코드

```python
import sympy as sp
import matplotlib.pyplot as plt
import numpy as np

# 라플라스 도메인 변수 정의
s, t = sp.symbols('s t')

# 미지수 정의
I1, I2 = sp.symbols('I1 I2', real=True)

# 미분 방정식 정의
eq1 = 8.4 * s * I1 + 42 * (I1 - I2) - 336 / s
eq2 = 42 * (I2 - I1) + (10 * s + 48) * I2

# 연립 라플라스 방정식 해결
solutions = sp.solve((eq1, eq2), (I1, I2))

# 라플라스 역변환 수행
I1_inverse = sp.inverse_laplace_transform(solutions[I1], s, t)
I2_inverse = sp.inverse_laplace_transform(solutions[I2], s, t)

sp.pprint(solutions)
sp.pprint(sp.expand(I1_inverse))
sp.pprint(sp.expand(I2_inverse))

# 시간 범위 정의
time_range = np.linspace(0, 2, 100)
```

```
# I1(t) 및 I2(t) 계산
I1_values = [I1_inverse.subs(t, time_val) for time_val in time_range]
I2_values = [I2_inverse.subs(t, time_val) for time_val in time_range]

# 결과 그래프 그리기
plt.figure(figsize=(10, 6))
plt.plot(time_range, I1_values, label='I1(t)', color='blue')
plt.plot(time_range, I2_values, label='I2(t)', color='red')
plt.xlabel('Time')
plt.ylabel('Amplitude')
plt.title('I1(t) and I2(t)')
plt.legend()
plt.tight_layout()
plt.show()
```

실행 결과

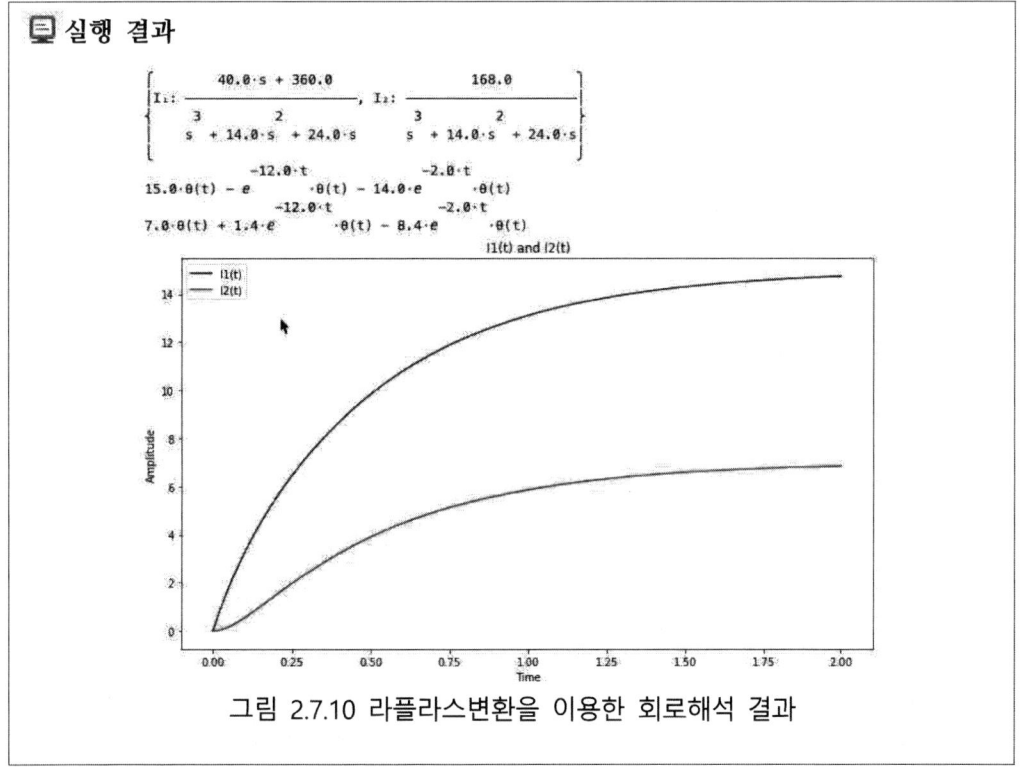

그림 2.7.10 라플라스변환을 이용한 회로해석 결과

2.8 미분방정식과 벡터 미적분

이 장에서는 엔지니어링 분야에서 미분방정식과 벡터 미적분의 중요성과 활용을 다루겠습니다. 미분방정식은 자연 및 엔지니어링 현상을 모델링하고 예측하는 데 필수적인 도구입니다. 이 장에서는 미분방정식의 기초 개념부터 시작하여, 엔지니어링 예제와 함께 다양한 종류의 미분방정식을 해결하는 방법을 배우게 됩니다. 또한 벡터 미적분은 다차원 문제를 다루는 데 필수적이며, 이 장에서는 벡터와 벡터 미분의 기초를 학습하고, 다양한 엔지니어링 예제를 통해 벡터 미적분을 적용하는 방법을 살펴보겠습니다. 이를 통해 엔지니어링 분야에서 실제로 발생하는 다양한 문제를 해결하는 데 필요한 수학적 도구와 기술을 습득할 수 있습니다.

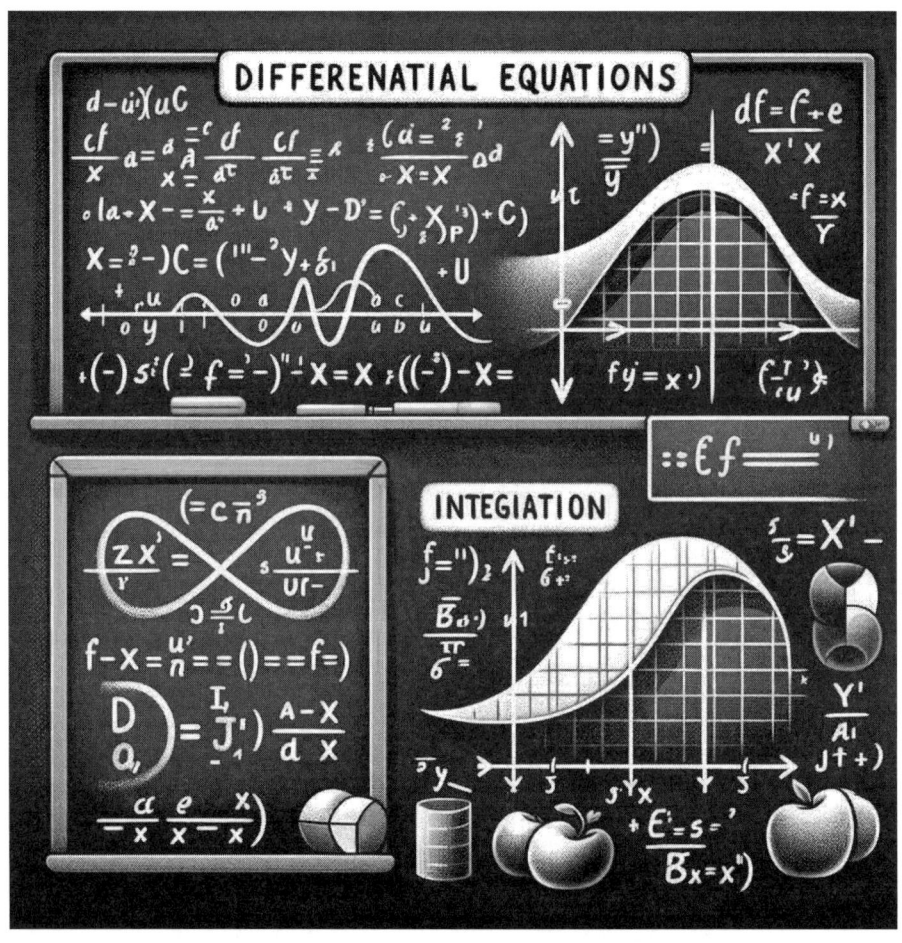

2.8.1 미분방정식과 풀이

미분방정식은 자연 및 엔지니어링 현상을 모델링하고 예측하는 데 사용되는 수학 도구입니다. 미분방정식은 어떤 변수에 대한 변화율을 설명하는 방정식으로, 자연 및 엔지니어링 과학 분야에서 실질적 문제를 해결하는 데 필수적입니다. 미분방정식의 기본 아이디어는 시간이나 공간에 따른 어떤 변수의 변화를 표현하는 것으로, 이를 통해 다양한 과학 및 엔지니어링 분야에서 현상을 모델링하고 예측할 수 있습니다.

미분방정식의 분류는 상미분, 편미분, 선형, 비선형, 제차 비제차등으로 분류됩니다. 본 저서에서는 선형 상미분의 미분방정식을 다루도록 합니다. 먼저 상미분과 편미분은 구하려는 수식이 하나의 독립변수만을 가지고 있는 경우에는 상미분 여러 개가 있는 경우는 편미분이라고 합니다. $\frac{\partial u}{\partial t} = 6u\frac{\partial u}{\partial x} - \frac{\partial^3 u}{\partial x^3}$는 x와 t의 두 개의 변수에 대한 식이므로 편미분이고, $\frac{du}{dx} = cu + x^2$는 x에 대한 한 개의 변수만 있으므로 상미분입니다.

선형 미분 방정식은 도함수의 각계수가 독립변수만의 함수인 경우입니다.

$$a_n(x)\frac{d^n y}{dx^n} + a_{n-1}(x)\frac{d^{n-1} y}{dx^{n-1}} + \cdots + a_1(x)\frac{dy}{dx} + a_o(x)y = f(x)$$

$$5x^3\frac{d^2 y}{dx^2} + x^2\frac{dy}{dx} + \cos(x)y = e^x$$

$$b_2(x)\frac{d^2 y}{dx^2} + b_1(x)\frac{dy}{dx} + b_0(x)y = g(x)$$

비선형 미분 방정식은 계수가 종속 변수를 포함하거나, 비선형 함수를 포함하는 경우입니다. $\cos(x)$, e^x등은 x에 대한 선형 결합이므로 문제가 없지만 xy항목이 비선형 결합으로 비선형 미분 방정식이 됩니다.

$$4x^3\frac{d^2 y}{dx^2} + xy\frac{dy}{dx} + (\cos x)y = e^x$$

$$xy\frac{dy}{dx} + 2y = \sin x$$

제차 비제차의 구분은 독립변수로 구성된 항목이나 상수의 존재 여부입니다. 이 부분이 0이 되면 제차 방정식 존재하면 비제차 방정식이 됩니다. 다음은 비제차 방정식들의 사례입니다.

$$a_n(x)\frac{d^n y}{dx^n}+a_{n-1}(x)\frac{d^{n-1}y}{dx^{n-1}}+\cdots+a_1(x)\frac{dy}{dx}+a_o(x)y=0$$

$$4x^3\frac{d^2y}{dx^2}+xy\frac{dy}{dx}+(\cos x)y=0$$

본 저서에서는 선형 미분 방정식의 해법에 대해서 살펴볼 것입니다. 선형 미분 방정식의 풀이는 1차 선형 미분 방정식의 풀이 방법을 설명하고 이를 파이썬에서 심볼릭 한 방법이나 수치적인 방법으로 풀이하는 방법을 설명하겠습니다. 이후에는 2차의 미분방정식 풀이 방법과 고차의 선형 미분방정식을 일차의 연립 미분 방정식으로 풀이하는 방법을 소개하겠습니다.

(1) 1차 선형 미분 방정식의 풀이(심볼릭 방법)

1차 선형 방정식은 다음과 같이 표현할 수 있습니다.

$$\frac{dy}{dx}+a(x)y=f(x)$$

방정식의 일반해 y는 고유해 y_h과 특수해 y_p의 합으로 구해집니다. 고유해는 주어진 방정식을 제차 (f(x)= 0)로 가정하고 구하며, 특수해는 미정계수법에 따라서 추측한 해를 방정식에 대입하여 구한 후 일반해는 이 두 해의 합으로 초기값을 이용한 계수를 확정하여 풀이를 완료합니다.

$$y=y_h+y_p$$

먼저 고유해를 구합니다.

$$\frac{dy_h}{dx}+a(x)y_h=0$$

변수 분리를 합니다.

$$\frac{dy_h}{y_h}=-a(x)dx$$

양변을 적분합니다.

$$\ln|y_h|=-\int a(x)dx+c^*$$

로그는 다음과 같이 표현할 수 있습니다.

$$y_h(x) = ce^{-\int a(x)dx}, (y \neq 0 \text{ 이면, } c = \pm e^{c^*})$$

이제는 특별해를 구합니다. 특별해는 f(x)의 형태에 따라 다음의 표를 참고하여 가정합니다.

$f(x)$	예상 형태
Ae^{kx}	Ae^{kx}
$kx^n (n=0,1,\cdots)$	$K_n x^n + K_{n-1} x^{n-1} + \cdots + K_1 x + K_0$
$k\cos(\omega x)$ $k\sin(\omega x)$	$K\cos(\omega x) + M\sin(\omega x)$
$ke^{ax}\cos(\omega x)$ $ke^{ax}\sin(\omega x)$	$e^{ax}(K\cos(\omega x) + M\sin(\omega x))$

$\frac{dy}{dx} + 2y = 3x$과 같은 일차 미분방정식을 풀어 보겠습니다. 앞의 과정에서 구한 결과에 대입하여 $y_h(x) = ce^{-2x}$와 같이 고유해를 구할 수 있습니다.

이제 특별해를 구합니다. 특별해의 추천해는 Ax+B 로 가정하고 이 값을 원래의 미분방정식에 대입합니다.

$$y_p'(x) + 2y_p(x) = 3x$$
$$A + 2(Ax + B) = 3x$$

계수 비교를 하여 $y_p(x) = \frac{3}{2}x - \frac{3}{4}$이 됩니다.

이제 초기값을 y(0)=1이라면 $y(x) = ce^{-2x} + \frac{3}{2}x - \frac{3}{2}$으로부터 c=-7/4이 되어 $y(x) = \frac{7}{4}e^{-2x} + \frac{3}{2}x - \frac{3}{4}$임을 알 수 있습니다.

파이썬에 미분방정식의 해를 심볼릭 연산으로 구할 수 있습니다. 심볼릭 연산은 수학기호로 표시된 수식에 직접 연산을 수행합니다. 이를 이용하여 직접적으로 수식을 미분, 적분, 인수분해, 덧셈, 뺄셈 등의 다양한 연산을 수행할 수 있습니다. 예를 들어 y(t)=y'(t)-ay(t)의 미분방정식은 dsolve 함수를 사용하여 풀이하여 미분방정식의 해인 $y(t) = C_1 e^{at}$을 수식으로 구할 수 있습니다. 다음의 코드는 다양한 수식 심볼릭 연산의 방법을 보여줍니다.

📝 소스 코드

```
from sympy import symbols, Eq, Function, dsolve,Derivative, sin, cos, symbols, pprint
from sympy.solvers.ode.systems import dsolve_system
from IPython.display import display

y = symbols("y", cls=Function)
t, a = symbols("t a")
eqn = y(t).diff(t) - a * y(t)
solution = dsolve(eqn)              #1차 미분방정식 y'=ay의 해를 구함
display(solution)
```

📝 소스 코드

```
y = symbols("y", cls=Function)
t,a = symbols("t a")
eqn = y(t).diff(t,2)-a*y(t)
display(dsolve(eqn))                #2차 미분방정식 y''=ay의 해를 구함
```

🖥 실행 결과

$y(t) = C_1 e^{-\sqrt{a}t} + C_2 e^{\sqrt{a}t}$

🖥 실행 결과

$y(t) = C_1 e^{at}$

📝 소스 코드

```
y = symbols("y",cls=Function)
t,a = symbols("t a")
eqn = y(t).diff(t,2)-a*y(t)            #eqn =a*y(t)-y(t).diff(t,2)
display(dsolve(eqn,ics={y(0):5}))  #2차 미분방정식 y''=ay, y(0)=5 의 #해를 구함
```

📺 실행 결과

$y(t) = C_2 e^{\sqrt{a}\,t} + (5 - C_2) e^{-\sqrt{a}\,t}$

📝 소스 코드

```
y = symbols("y",cls=Function)
t,a,b = symbols("t a b")
eqn =a*a*y(t)-y(t).diff(t,2)
display(eqn)          #2차 미분방정식 y''=a^2y, y(0)=b, y'(0)=1 의 해를 구함
display(dsolve(eqn,ics={y(0):b,y(t).diff(t,1).subs(t,0):1}))
```

📺 실행 결과

$a^2 y(t) - \dfrac{d^2}{dt^2} y(t)$

$y(t) = \dfrac{(ab-1)e^{-at}}{2a} + \dfrac{(ab+1)e^{at}}{2a}$

📝 소스 코드

```
x=symbols("x")
f = Function("f")(x)     # f는 x의 함수
f_ = Derivative(f, x)    # f_ 는 x에 대한 f의 미분
display(f_)
```

📺 실행 결과

$\dfrac{d}{dx} f(x)$

📝 소스 코드

```
f = Function('f')
display(Derivative(f(x), x, x))
display(dsolve(Derivative(f(x), x, x) + 9*f(x), f(x)))# y''+9y+y 미방 풀이
```

실행 결과

$$\frac{d^2}{dx^2}f(x)$$

$f(x) = C_1 \sin(3x) + C_2 \cos(3x)$

소스 코드

```
f, g = symbols("f g", cls=Function)
x = symbols("x")
eqs = [Eq(f(x).diff(x), g(x)), Eq(g(x).diff(x), f(x))]   #df/dx=g, dg/dx=f
display(dsolve_system(eqs)[0][1])
display(dsolve_system(eqs, ics={f(0): 1, g(0): 0})[0][1])   # f(0)=1, g(0)=0 #초기값을 가진 경우
```

실행 결과

$g(x) = C_1 e^{-x} + C_2 e^x$

$g(x) = \dfrac{e^x}{2} - \dfrac{e^{-x}}{2}$

각 코드에 해당 부분에 대해서 다음과 같이 원하는 심볼릭 연산 결과를 얻을 수 있습니다. 심볼릭 연산으로 구한 내용을 직접 그래프로 그리는 것은 때때로 오류가 날 수 있습니다. plot_implicit(equation)의 메소드를 호출하여 사용하는 것이 가능하지만 안전하게 데이터들을 확보하고 그래프를 그리기 위해서는 다음과 같이 필요한 데이터를 심볼릭 수식으로부터 얻어내어 그립니다. 선형 1차 미분방정식을 심볼릭으로 풀이한 후 그림을 그리는 코드는 다음과 같습니다.

소스 코드

```
import sympy as sp
import numpy as np
import matplotlib.pyplot as plt

# 변수를 정의
x = sp.symbols('x')
```

```python
# y'+2y=3x의 미분 방정식을 정의
y = sp.Function('y')
equation = sp.Eq(y(x).diff(x) + 2 * y(x), 3 * x)

# 해를 구함
general_solution = sp.dsolve(equation)

# Define the initial conditions
initial_conditions = [{y(0): 1}, {y(0): 0}]

# 특수해를 구함
particular_solutions = []

# 초기값을 대입하여 상수 값을 설정
for ic in initial_conditions:
    C1_value = sp.solve(general_solution.subs(x, 0).rhs - list(ic.values())[0], 'C1')[0]
    particular_solution = general_solution.subs('C1', C1_value)
    particular_solutions.append(particular_solution)

# 심볼릭 수식으로 부터 수치 값들을 확보
f1 = sp.lambdify(x, particular_solutions[0].rhs, 'numpy')
f2 = sp.lambdify(x, particular_solutions[1].rhs, 'numpy')

# x축 데이터 생성
x_vals = np.linspace(-10, 10, 400)

# x값에 대한 출력값들 생성
y_vals1 = f1(x_vals)
y_vals2 = f2(x_vals)
```

```
# 그림을 그리기
plt.plot(x_vals, y_vals1, label='Initial Condition: y(0) = 1')
plt.plot(x_vals, y_vals2, label='Initial Condition: y(0) = 0')
plt.xlabel('x')
plt.ylabel('y')
plt.title('Comparison of Differential Equation Solutions')
plt.legend()
plt.grid(True)
plt.show()
```

결과적으로 구한 식은 앞에서 수기로 푼 수식 결과와 일치하는 것을 확인할 수 있습니다. 곡선 초기값이 1인 경우와 0인 경우에 대해서 각각 수행한 결과입니다. 그래프를 확인하면 y(0)에서 각각 1의 값과 0의 값임이 확인됩니다.

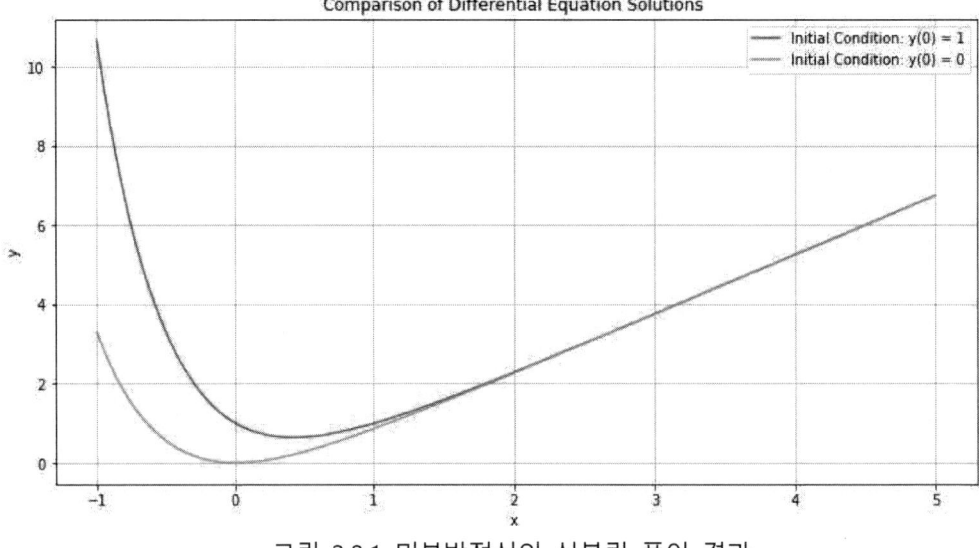

그림 2.8.1 미분방정식의 심볼릭 풀이 결과

(2) 2차 미분방정식의 풀이

이차 미분 방정식 예제를 풀어 보도록 하겠습니다. $\frac{d^2y}{dx^2} + 2\frac{dy}{dx} + y(x) = 3x$의 식을 풀어 보겠습니다. 초기조건은 y(0)=1, y'(0)=0으로 합니다. 앞의 과정에서 구한 결과에 대입하여 다음과 같이 고유해를 구할 수 있습니다.

$$\frac{d^2y}{dx^2} + 2\frac{dy}{dx} + y(x) = 0$$

특성방정식의 값을 를 대입하면 $\lambda^2 + 2\lambda + 1 = 0$으로부터 $\lambda = -1$, 중근을 가지며 $y_h = C_1 e^{-x} + C_2 x e^{-x}$의 형태로 고유해를 가질 수 있습니다.

이제 특별해를 구합니다. 특별해의 추천하는 3x이므로 $y_p(x) = Ax + B$로 가정하고 $\frac{d^2y}{dx^2} + 2\frac{dy}{dx} + y(x) = 3x$에 y_p를 대입하여 A와 B를 찾을 수 있습니다. 값을 원래의 미분방정식에 대입하면 다음과 같은 식을 얻을 수 있습니다.

$$2A + Ax + B = 3x$$

계수 비교를 하여 $y_p(x) = 3x - 6$이 됩니다.

이제 초기값을 y(0)=1, y'(0)=0이므로 $y(x) = C_1 e^{-x} + C_2 x e^{-x} + 3x - 6$으로부터 연립방정식을 풀어 $y(x) = 7e^{-x} + 4xe^{-x} + 3x - 6$이 됩니다.

이상의 결과를 다음의 파이썬 코드에서 동일하게 확인할 수 있습니다.

📝 소스 코드

```python
import sympy as sp
import numpy as np
import matplotlib.pyplot as plt

# 변수와 함수 정의
x, C1, C2, A, B = sp.symbols('x C1 C2 A B')
y = sp.Function('y')(x)

# 동차 미분 방정식 정의
homogeneous_eq = sp.Eq(y.diff(x, x) + 2*y.diff(x) + y, 0)

# 동차 해 풀이
homogenous_solution = sp.dsolve(homogeneous_eq)
print("homogenous_solution.rhs=",homogenous_solution.rhs)
```

```python
# 특별해 형태 가정 (Ax + B)
particular_solution_form = A*x + B

# 특별해의 미분 방정식에 대입
particular_eq = sp.Eq(particular_solution_form.diff(x, x) + 2*particular_solution_form.diff(x) + particular_solution_form, 3*x)

# A와 B 값 구하기
solutions = sp.solve(particular_eq, (A, B))
print("solutions=",solutions)

# 특별해
particular_solution = particular_solution_form.subs(solutions)
print("particular_solution=",particular_solution)

final_general_soulution = particular_solution+homogenous_solution.rhs
print("final_general_soulution=",final_general_soulution)

# 초기 조건 적용
initial_conditions = {y.subs(x, 0): 1, y.diff(x).subs(x, 0): 0}
constants = sp.solve([final_general_soulution.subs(x, 0) - 1,
                      final_general_soulution.diff(x).subs(x, 0)], (C1, C2))
print(constants)

# 최종 해
final_homogenous_solution = homogenous_solution.rhs.subs(constants)
total_solution = final_homogenous_solution + particular_solution
#print("final_solution=",final_solution)
print("total_solution=",total_solution)

# 수치적으로 평가하기 위한 함수 생성
f = sp.lambdify(x, total_solution, 'numpy')

# x 값 범위 생성
```

```
x_vals = np.linspace(-1, 5, 400)

# 함수 평가
y_vals = f(x_vals)

# 함수 그래프 그리기
plt.figure(figsize=[12, 6])
plt.plot(x_vals, y_vals, label='Solution with Initial Conditions')
plt.xlabel('x')
plt.ylabel('y')
plt.title('Solution of Differential Equation')
plt.legend()
plt.grid(True)
plt.show()
```

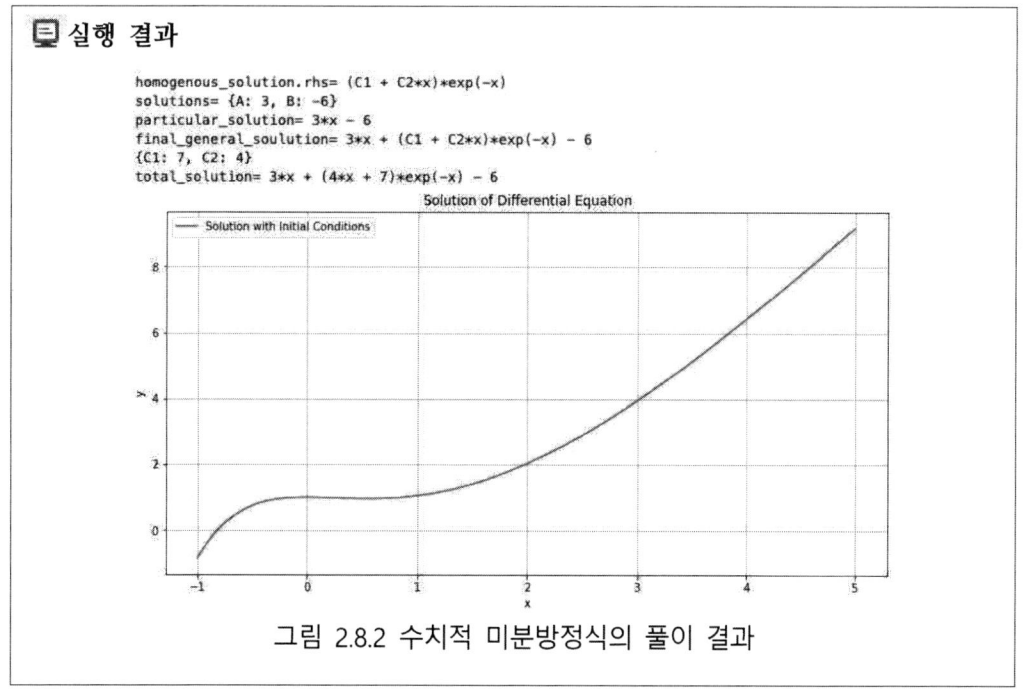

그림 2.8.2 수치적 미분방정식의 풀이 결과

파이썬의 결과는 수기로 푼 방법과 동일한 결과를 보여줍니다. 그래프의 값도 x가 0인 위치에서의 초기값인 1이 되는 것을 확인할 수 있습니다.

(3) 선형 연립 미분방정식의 풀이

선형 연립 미분 방정식은 여러 함수의 도함수가 일차 결합된 방정식입니다. 이러한 방정식은 물리학, 엔지니어링, 경제학과 같은 분야에서 시스템의 동적 특성을 설명하는 데 주로 사용됩니다. 각 수식은 시스템의 한 측면을 나타내며, 연립방정식은 시스템 전체의 변화를 보여줍니다. 선형성은 중첩 원리를 적용할 수 있으므로 해를 구하는 과정이 비교적 간단해집니다. 전기회로에서의 전압과 전류 관계, 기계 시스템에서의 위치와 속도 변화, 인구 모델에서의 성장률 등 다양한 현상을 선형 연립 미분방정식으로 모델링할 수 있습니다. 이러한 방정식을 해결함으로써 초기조건에서 시스템의 동적 변화를 예측할 수 있으며, 이는 다양한 실용적인 응용에 활용됩니다.

일차 선형 연립 미분 방정식은 여러 미분방정식이 모여 있는 시스템입니다. 각 방정식은 일차 미분함으로 이루어져 있으며, 함수뿐만 아니라 상수항도 포함될 수 있습니다. 이러한 함수들은 상호 연결되어 있어 한 함수의 변화가 다른 함수에 영향을 미칩니다. 일차 선형 연립 미분 방정식은 다양한 엔지니어링 및 과학적 문제를 모델링하는 데 사용됩니다. 동역학 시스템, 전기회로, 화학 반응 네트워크 등 다양한 분야에서 이러한 방정식이 적용됩니다.

일차 선형 연립 미분 방정식으로 변환하는 핵심 아이디어는 높은 차수의 미분항을 새로운 변수로 대체하여 각 미분항의 차수를 낮추는 것입니다. 이렇게 하면 원래의 고차 미분 방정식이 여러 개의 일차 미분방정식으로 이루어진 시스템으로 분해됩니다.

일반 3차 미분방정식 $y''' + a_2 y'' + a_1 y' + a_0 y = f(x)$를 생각해봅시다. 이 방정식을 일차 연립 미분방정식으로 전환하기 위해, 새로운 변수들을 다음과 같이 도입합니다.

$$x_1 = y$$
$$x_2 = y'$$
$$x_3 = y''$$

이 식을 대입하여 다음과 같이 3차 미분방정식을 정리할 수 있습니다.

$$x_1' = y' = x_2$$
$$x_2' = y'' = x_3$$
$$x_3' = y''' = -a_2 y'' - a_1 y' - a_0 y + f(x) = -a_2 x_3 - a_1 x_2 - a_0 x_1 + f(x)$$

이를 행렬식 형태로 표현하면 다음과 같습니다.

$$\begin{bmatrix} x_1' \\ x_2' \\ x_3' \end{bmatrix} = \begin{bmatrix} 0 & 1 & 0 \\ 0 & 0 & 1 \\ -a_0 & -a_1 & -a_2 \end{bmatrix} \begin{bmatrix} x_1 \\ x_2 \\ x_3 \end{bmatrix} + \begin{bmatrix} 0 \\ 0 \\ f(x) \end{bmatrix}$$

다음의 3차 도함수를 설명한 바와 같이 연립 1차 선형 미분 방정식의 형태로 표현해 봅시다.

$$y''' + y'' + y' + y = 4$$

$$x_1' = y' = x_2$$
$$x_2' = y'' = x_3$$

$$x_3' = y''' = -y'' - y' - y + 4 = -x_3 - x_2 - x_1 + 4$$

$$\begin{bmatrix} x_1' \\ x_2' \\ x_3' \end{bmatrix} = \begin{bmatrix} 0 & 1 & 0 \\ 0 & 0 & 1 \\ -1 & -1 & -1 \end{bmatrix} \begin{bmatrix} x_1 \\ x_2 \\ x_3 \end{bmatrix} + \begin{bmatrix} 0 \\ 0 \\ 4 \end{bmatrix}$$

이 미분 연립 방정식을 파이썬을 이용하여 수식적으로 풀어 봅니다.

📝 소스 코드

```python
# 사용할 심볼을 정의
x = sp.symbols('x')

# 함수들을 정의
x1 = sp.Function('x1')(x)
x2 = sp.Function('x2')(x)
x3 = sp.Function('x3')(x)

# y, y', y'' 에 해당하는 방정식들을 정의
eq1 = sp.Eq(x1.diff(x), x2)
eq2 = sp.Eq(x2.diff(x), x3)
eq3 = sp.Eq(x3.diff(x), 4 - x1 - x2 - x3)

# 초기 조건을 가진 방정식 시스템을 풀이함
```

```python
ics = {x1.subs(x, 0): 6, x2.subs(x, 0): 0, x3.subs(x, 0): 1}
solutions_with_ics = sp.dsolve([eq1, eq2, eq3], ics=ics)
print(solutions_with_ics)
display(sp.simplify(solutions_with_ics[0]))
# 플로팅을 위한 함수로 해들을 변환
x1_f = sp.lambdify(x, solutions_with_ics[0].rhs, modules=['numpy'])
x2_f = sp.lambdify(x, solutions_with_ics[1].rhs, modules=['numpy'])
x3_f = sp.lambdify(x, solutions_with_ics[2].rhs, modules=['numpy'])

# x, y, y', y'' 값들을 생성
x_vals = np.linspace(0, 20, 500)
y_vals = x1_f(x_vals)
y_prime_vals = x2_f(x_vals)
y_double_prime_vals = x3_f(x_vals)

# 해들을 그림
plt.figure(figsize=(12, 6))
plt.plot(x_vals, y_vals, label='y(x)')
plt.plot(x_vals, y_prime_vals, label="y'(x)")
plt.plot(x_vals, y_double_prime_vals, label="y''(x)")
plt.title('Graphs of y, y\', and y\'\' with Initial Conditions')
plt.xlabel('x')
plt.ylabel('y, y\', y\'\'')
plt.legend()
plt.grid(True)
plt.show()
```

실행 결과

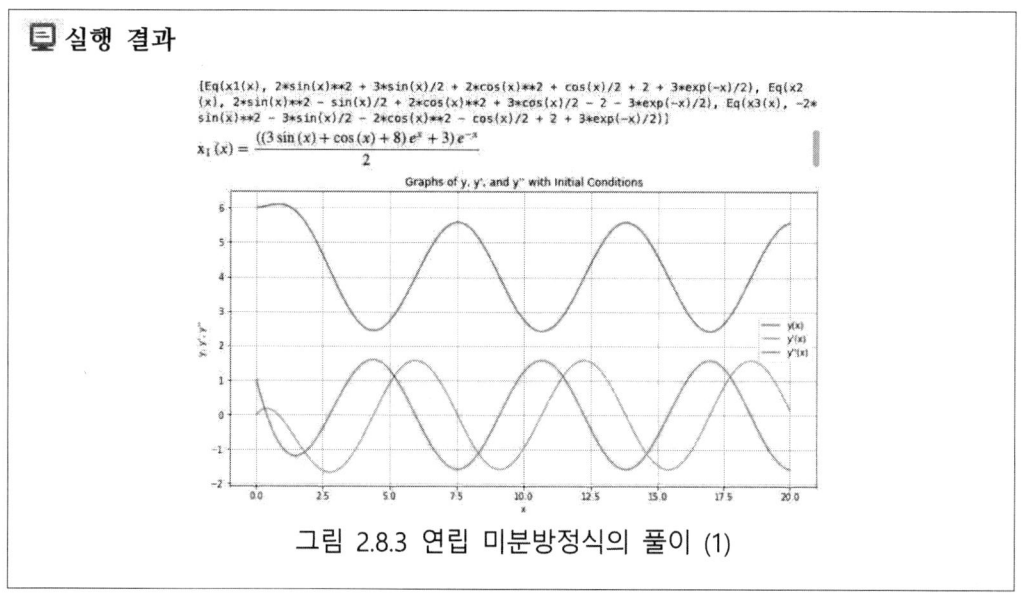

그림 2.8.3 연립 미분방정식의 풀이 (1)

이상의 결과는 초기조건이 y(0)=6, y'(0)=0, y''(0)=1인 경우에 대한 결과로 다음의 코드에 기술된 내용입니다.

ics = {x1.subs(x, 0): 6, x2.subs(x, 0): 0, x3.subs(x, 0): 1}

그림 2.8.4의 결과는 초기조건이 y(0)=6, y'(0)=6, y''(0)=6인 대한 결과입니다.

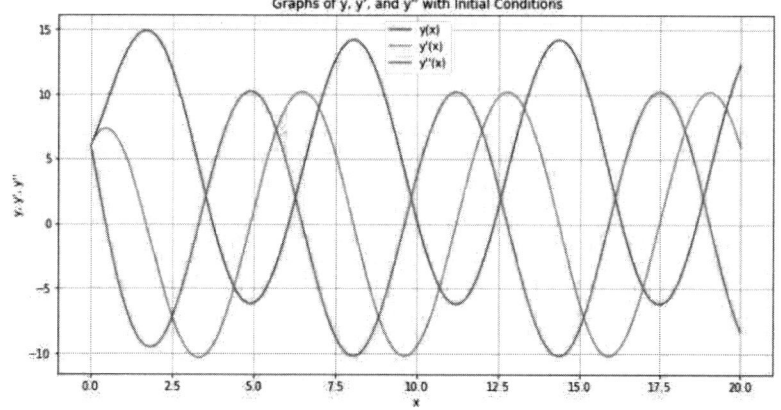

그림 2.8.4 연립 미분방정식 풀이(2)

(4) 미분방정식의 수치적 해법

지금까지 수식적 방법으로 풀었다고 한다면, 수치 해석적인 방법으로도 미분방정식은 결과를 구할 수 있습니다. 다음의 파이썬 코드는 수치 해석적인 방법으로 미분방정식을 푸는 방법입니다. 다음 두 개의 코드는 두 개의 미분방정식의 해를 파이썬에서 수치적으로 구하는 방법을 보여줍니다. 먼저 다음 미분방정식을 수치적으로 풀어봅니다.

$$\theta''(t) + b\theta'(t) + c*\sin(t) = 0$$

이 식은 두 개의 연립 미분 방정식으로 아래와 같이 표현할 수 있습니다.

$$\theta' = \omega(t),\ \omega'(t) = -b*\omega(t) - c*\sin(t)$$

코드에서 pend(y, t, b, c) 함수는 진자의 운동 방정식을 정의합니다. y는 두 요소를 가진 리스트로, theta (진자의 각도)와 omega (각속도)를 나타냅니다. t는 시간 변수이며, b와 c는 물리적 매개변수로, 각각 진자의 감쇠 계수와 중력에 영향을 받는 부분을 나타냅니다. dydt는 진자의 운동 방정식의 시간에 따른 변화율을 나타내며, 이는 시스템의 상태를 나타내는 미분방정식으로. dydt = [omega, -b*omega - c*np.sin(theta)]로 표현합니다. 여기서 첫 번째 요소는 $\theta' = \omega(t)$이고, 두 번째 요소는 $\omega'(t) = -b*\omega(t) - c*\sin(t)$입니다.

다음으로는 매개변수를 초기화하는데 b와 c는 진자의 물리적 특성을 설정하고 y0는 초기조건 (theta, omega)을 정의하며, t는 시간 구간을 0부터 10까지 101개의 구간으로 나누어져 있습니다. scipy.integrate.odeint 함수는 미분방정식을 풀기 위해 사용됩니다. pend, y0, t, args (함수 pend의 추가 매개변수 b, c)를 인자로 사용하여 진자의 운동을 시간에 따라 계산한 후, matplotlib.pyplot를 사용하여 결과를 그래프로 표시합니다. t에 따른 theta(t) (진자의 각도)와 omega(t) (각속도)를 각각 파란색과 녹색 선으로 표시합니다. 범례, 레이블, 격자를 추가하여 그래프를 보기 좋게 만듭니다.

결과적으로, 이 코드는 단순 진자의 운동을 시뮬레이션하고, 시간에 따른 진자의 각도와 각속도의 변화를 그래프로 나타내어 시각적으로 분석할 수 있게 해줍니다.

> 📝 **소스 코드**
> ```
> def pend(y, t, b, c):
> ```

```
        theta, omega = y
        dydt = [omega, -b*omega - c*np.sin(theta)]
        return dydt

b = 0.25
c = 5.0
import numpy as np
y0 = [np.pi - 0.1, 0.0]
t = np.linspace(0, 10, 101)

from scipy.integrate import odeint
sol = odeint(pend, y0, t, args=(b, c))

import matplotlib.pyplot as plt
plt.plot(t, sol[:, 0], 'b', label='theta(t)')
plt.plot(t, sol[:, 1], 'g', label='omega(t)')
plt.legend(loc='best')
plt.xlabel('t')
plt.grid()
plt.show()
```

실행 결과

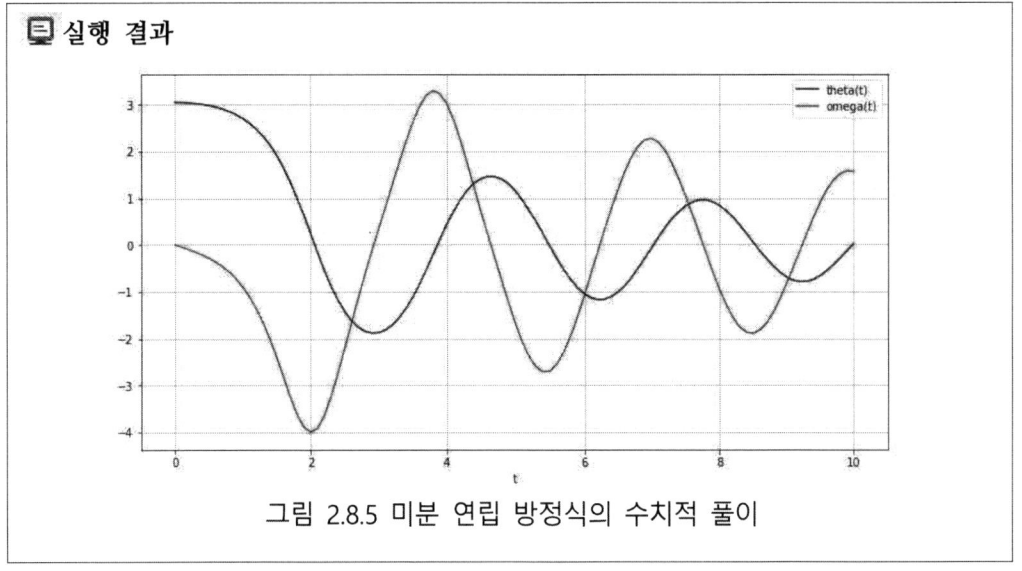

그림 2.8.5 미분 연립 방정식의 수치적 풀이

$$y_1' = 2y_1 + 6y_2, y_2' = -2y_1 - 5y_2$$

위의 연립 미분 방정식을 풀어 보겠습니다. 미분방정식 정의 (pend 함수)를 위하여 pend 함수는 두 연결된 미분방정식 $y_1' = 2y_1 + 6y_2, y_2' = -2y_1 - 5y_2$를 정의합니다. y는 두 변수 v1 (해석에서 y1)와 v2 (해석에서 y2)를 나타냅니다. dydt는 시스템의 상태 변화율을 나타내는 두 미분방정식의 해입니다. y0 = [1, 1]는 두 변수 v1과 v2의 초기조건을 설정합니다. t는 시간 구간을 나타내며, 0부터 10까지 101개의 구간으로 나누어져 있습니다.

odeint 함수를 사용하여 pend 함수로 정의된 미분방정식을 초기조건 y0와 시간 구간 t에 대해 풉니다.

for 루프를 사용하여 주어진 심볼릭으로 구한 해를 계산합니다. 여기서 y1은 앞의 절에서 수행한 심볼릭 연산에 의한 해입니다. 수치해석의 결과와 겹치지 않게 0.1을 더하여 수식을 그립니다.

matplotlib.pyplot을 사용하여 수치적 해 (sol[:, 0]과 sol[:, 1]로 표현된 v1과 v2)와 해석적 해 (y1)를 시간에 따라 그래프로 표시합니다. 각 해는 서로 다른 색으로 표시되어 비교하기 쉽습니다. 수치적으로 구한 해와 수식적으로 구한 해가 미세하게 차이가 나도록 (0.1만큼) 되어 있으므로 두 개의 그래프를 모두 볼 수 있습니다. 그래프에는 범례, 레이블, 그리드가 포함되어 있으며, x축은 0에서 10까지의 범위로 설정됩니다. 결과적으로, 이 코드는 두 연결된 미분방정식의 수치적 해와 주어진 해석적 해를 비교하고, 이를 시각화하여 두 해 사이의 관계를 이해할 수 있게 합니다.

📝 소스 코드

```
#   수치적 해석 마인드맵 연습문제 (y1'=2y1+6y2, y2'=-2y1-5y2)
#   A= -9, B= 10, v1= -9*exp*(-2t)+10*exp(-t)
#   A= -9, B= 10, v2=  6 *exp(-2t)-5*exp(-t)

def pend(y, t,):
    v1, v2 = y
    dydt = [2*v1+6*v2,-2*v1-5*v2]
    return dydt
```

```python
import math
import numpy as np
y0 = [1,1]
t = np.linspace(0, 10, 101)
t0= np.linspace(0, 10, 101)
y1=t
#y2=t
#print(y1)

from scipy.integrate import odeint
sol = odeint(pend, y0, t)

for kk,tt in enumerate(t0):
    y1[kk] = -9*math.exp(-2*tt)+10*math.exp(-tt)+0.1
#   y2[kk] = -2*math.exp(-tt)-2*math.exp(-4*tt)+9
import matplotlib.pyplot as plt
plt.figure(figsize=(12, 6))
plt.plot(t0, sol[:, 0], 'b', label='v1')
plt.plot(t0, sol[:, 1], 'g', label='v2')
plt.plot(t0,y1,'r',label='org' )
plt.legend(loc='best')
plt.xlabel('t')
plt.grid()
plt.xlim(0,10)
plt.show()
```

실행 결과

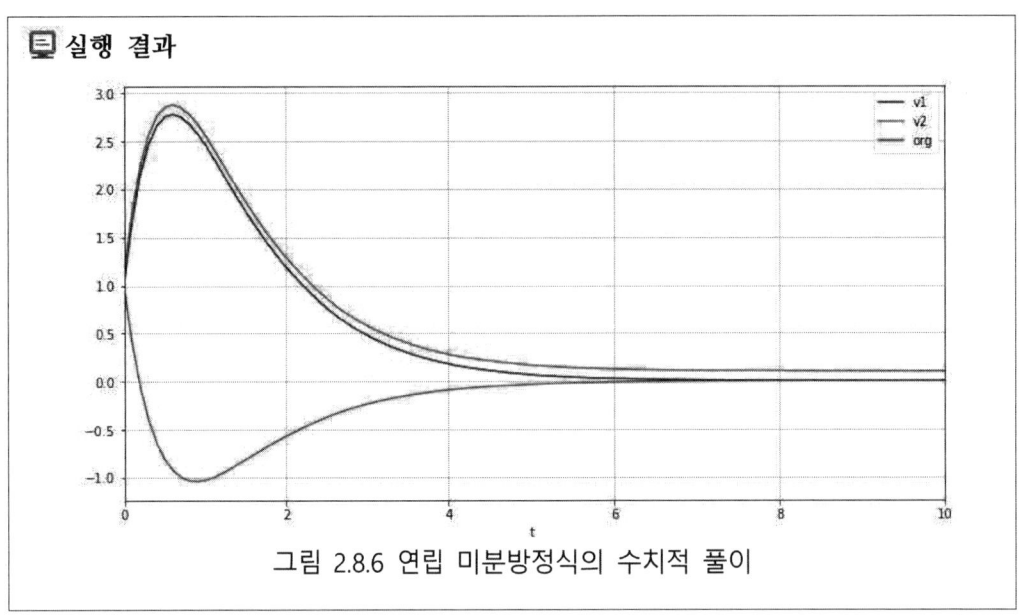

그림 2.8.6 연립 미분방정식의 수치적 풀이

2.8.2 벡터 미적분과 풀이

벡터 미적분학은 벡터장과 스칼라장에 대한 미분과 적분을 다룹니다. 이는 고급 물리학과 엔지니어링 분야에서 필수적인 도구로, 다양한 물리적 현상을 모델링하고 이해하는 데 사용됩니다. 벡터장은 공간의 각 점에 벡터를 할당하는 함수이며, 예를 들어 유체의 속도장이나 전자기장과 같은 물리적 현상을 표현할 때 사용됩니다. 스칼라장은 공간의 각 점에 스칼라 값을 할당하는 함수로, 온도나 압력과 같은 물리적 성질을 나타낼 때 사용됩니다.

벡터 미적분의 기본 연산자로는 그래디언트(gradient), 발산(divergence), 회전(curl) 및 라플라시안(Laplacian)이 있습니다.

- 그래디언트(∇f): 스칼라장의 최대 증가율의 방향과 크기를 나타내는 벡터장을 제공합니다. 이는 함수의 편미분을 벡터로 표현한 것으로, 기울기를 나타냅니다.

- 발산($\nabla \cdot F$): 벡터장의 특정 지점에서의 확산 또는 수렴 정도를 나타냅니다. 이는 벡터장의 각 성분의 편미분을 합한 것으로, 유체의 소스 또는 싱크를 나타낼 때 사용됩니다.

- 회전($\nabla \times F$): 벡터장이 특정 지점 주변에서 회전하는 정도를 나타냅니다. 이는 벡터장의 성분들을 교차 편미분하여 계산하며, 회전하는 유체의 회전력을 표현할 때 사용됩니다.

- 라플라시안($\nabla^2 f$): 스칼라장의 그래디언트의 발산으로, 함수의 두 번째 도함수의 합을 나타냅니다. 이는 열전도, 확산, 전기장 및 중력장과 같은 물리적 현상을 연구할 때 중요합니다.

파이썬에서는 sympy 라이브러리의 기능을 활용하여 이러한 연산을 수행할 수 있습니다. sympy.vector 모듈은 벡터 미적분 연산을 위한 여러 함수를 제공합니다. 예를 들어, 그래디언트는 gradient 함수로, 발산은 divergence 함수로, 라플라시안은 laplacian 함수로 계산할 수 있습니다. 이를 통해 실제 물리적 시스템을 모델링하고 해석하는 데 필요한 코딩 데모를 보여줄 수 있습니다.

(1) 그래디언트

그래디언트는 스칼라장에서 최대 증가율을 가지는 벡터장을 말하며, 방향은 스칼라 값이 가장 빠르게 증가하는 방향을 가리킵니다. 예를 들어, 어떤 지점에서의 온도를 나타내는 스칼라장에서 그래디언트는 가장 빨리 온도가 올라가는 경로를 벡터로 보여줍니다. 물리적으로 그래디언트는 변화율이 가장 큰 방향으로의 변화를 나타내며, 이는 산을 오르는 가장 가파른 경로를 찾는 것과 비슷합니다.

수식적으로 그래디언트는 ∇f로 표현되며, 이는 함수 $f(x,y,z)$에 대한 각 변수의 편미분을 벡터 형태로 결합한 것입니다. 각 편미분은 함수가 해당 축을 따라 얼마나 변하는지를 나타내며, 이를 결합하여 전체적인 가장 가파른 상승 경로를 얻습니다. 즉, $\nabla f = (\partial f / \partial x, \partial f / \partial y, \partial f / \partial z)$은 각각 x, y, z 축을 따라 함수 f의 변화율을 나타내는 벡터를 형성합니다. 그래디언트는 벡터장 내에서의 공간 변화를 이해하는 데 필수적인 도구로, 많은 과학과 엔지니어링 분야에서 중요한 역할을 합니다.

다음의 파이썬 코드는 그래디언트의 개념을 설명하기 위해 곡면을 만들고 그래디언트 값을 벡터로 표현한 내용입니다.

📝 **소스 코드**

```
import numpy as np
import matplotlib.pyplot as plt

# 그리드에 포인트 수 설정
NY = 20; ymin = -2.; ymax = 2.
dy = (ymax - ymin) / (NY - 1.)   # y 축 간격
```

```python
NX = NY   # x 축 포인트 수는 y와 동일
xmin = -2.; xmax = 2.
dx = (xmax - xmin) / (NX - 1.)   # x 축 간격

# 그래디언트 함수 정의
def gradient(f, ax=0):
    # f 배열의 그래디언트 계산
    return np.gradient(f, axis=ax)

# 좌표 정의
y = np.array([ymin + float(i) * dy for i in range(NY)])   # y 좌표 배열 생성
x = np.array([xmin + float(i) * dx for i in range(NX)])   # x 좌표 배열 생성
x, y = np.meshgrid(x, y, indexing='ij', sparse=False)   # 좌표 그리드 생성

# 그래디언트를 계산할 스칼라 필드 정의
Z = np.sin(0.3*x) * np.cos(0.7*y)   # 스칼라 필드 함수 정의

# 그래디언트 계산
Gx, Gy = np.gradient(Z)   # Z에 대한 x, y 방향 그래디언트 계산

# 스칼라 필드를 색상 맵으로 플롯
plt.figure(figsize=(8, 6))
plt.pcolormesh(x, y, Z, shading='nearest', cmap=plt.cm.get_cmap('coolwarm'))
plt.colorbar()   # 색상 맵에 대한 컬러바 추가

# 그래디언트 필드를 화살표로 플롯
plt.quiver(x, y, Gx, Gy)   # 그래디언트 벡터 플롯
plt.title('Gradient Field of sin(x)cos(y)')
plt.xlabel('x')   # x 축 라벨
plt.ylabel('y')   # y 축 라벨
plt.grid()   # 그리드 표시

plt.savefig('Gradient.png', format='png')   # 그림 파일로 저장
plt.show()   # 플롯 표시
```

💻 실행 결과

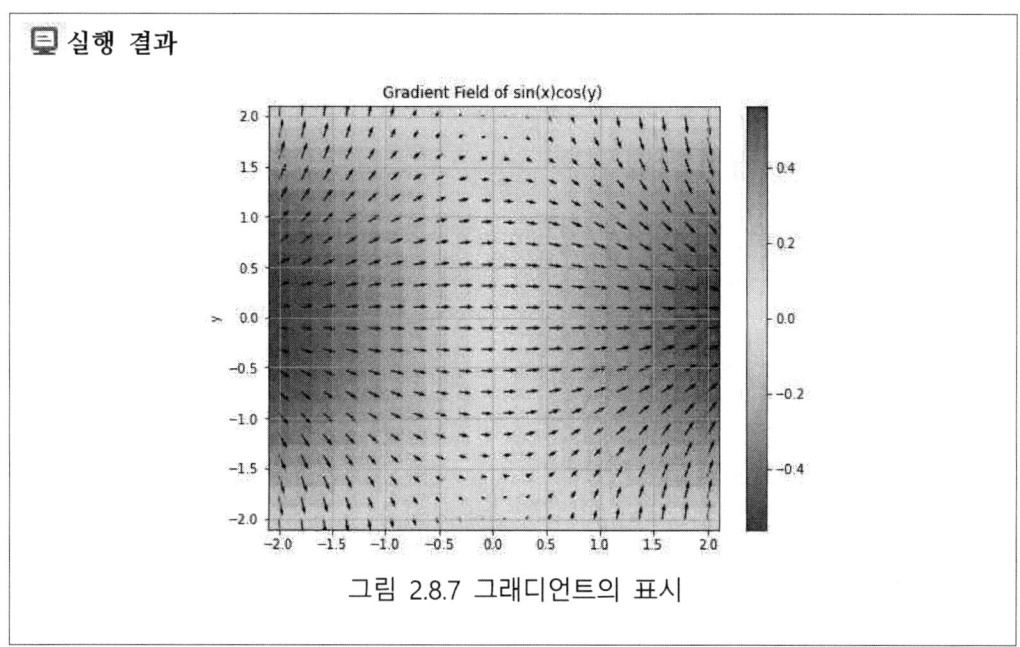

그림 2.8.7 그래디언트의 표시

곡면의 모양이 명료하게 나타나지 않아서 3차원 그래프로 그려 보고 그래디언트를 표기해 보도록 하겠습니다.

📝 소스 코드

```
import numpy as np
import matplotlib.pyplot as plt
from mpl_toolkits.mplot3d import Axes3D

# 그리드 포인트 수 설정
NY = 20
ymin, ymax = -4., 4.
dy = (ymax - ymin) / (NY - 1.)   # y 축 간격
NX = NY   # x 축 포인트 수
xmin, xmax = -4., 4.
dx = (xmax - xmin) / (NX - 1.)   # x 축 간격

# 좌표 정의
x = np.linspace(xmin, xmax, NX)   # x 좌표 배열
```

```python
y = np.linspace(ymin, ymax, NY)  # y 좌표 배열
X, Y = np.meshgrid(x, y)  # X, Y 좌표 격자 생성

# 그래디언트를 계산할 스칼라 필드 정의
Z = np.sin(X) * np.cos(Y)  # X, Y의 함수로 Z 정의

# 그래디언트 계산
Gy, Gx = np.gradient(Z, dx, dy)  # Z의 x, y 방향 편미분 계산

# 그래디언트 벡터 정규화 (Z 성분 무시)
norm = np.sqrt(Gx**2 + Gy**2)  # 정규화를 위한 벡터 크기 계산
U = Gx / norm  # 정규화된 X 성분
V = Gy / norm  # 정규화된 Y 성분
W = np.zeros_like(Z)  # Z 성분은 0으로 설정

# 다양한 시점에서 8개의 서브플롯 생성
fig = plt.figure(figsize=(90, 90))  # 그래프 크기 설정

# 고도에 따른 시점 정의
angles_azim = [i for i in range(45, 360, 10)]
angles_elev = [30] * len(angles_azim)  # 모든 서브플롯의 고도는 30도로 설정

for i, (azim, elev) in enumerate(zip(angles_azim, angles_elev), start=1):
    ax = fig.add_subplot(8, 1, i, projection='3d')  # 3D 서브플롯 추가
    if (i == 8): break  # 8개의 서브플롯만 생성

    # 스칼라 필드의 표면 플롯
    surf = ax.plot_surface(X, Y, Z, cmap='viridis', alpha=0.3)  # 표면을 반투명하게

    # 그래디언트 벡터 플롯
    ax.quiver(X, Y, Z, U, V, W, length=0.2, color='blue')  # 그래디언트를 화살표로
```

```
    # 시점 설정
    ax.view_init(azim, azim)   # azim 각도로 시점 설정

    # 라벨 및 타이틀 설정
    ax.set_xlabel('X axis')
    ax.set_ylabel('Y axis')
    ax.set_zlabel('Z axis')
    ax.set_title(f'View angle {azim}°')
plt.show()
```

실행 결과

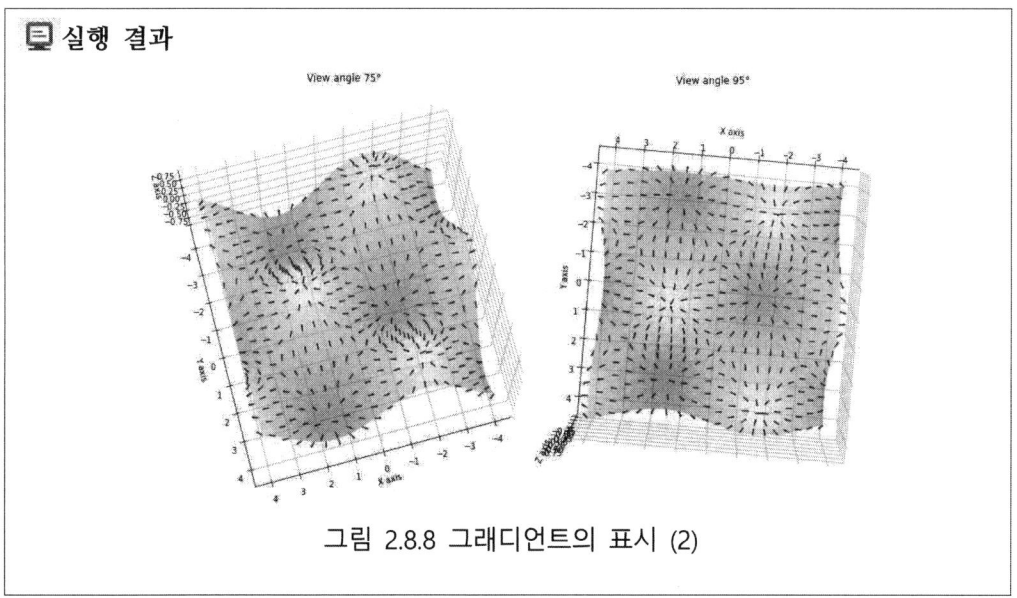

그림 2.8.8 그래디언트의 표시 (2)

그림 2.8.8로부터 각각의 포인트에서 곡면의 기울기를 따라 올라가는 방향으로 그래디언트의 방향이 나오는 것을 확인할 수 있습니다.

Z = np.sqrt(1 - X**2 - Y**2)의 함수를 이용하여 구의 모양을 곡면으로 정의하면 곡면을 통하여 구의 정점으로 향하는 각 포인트의 값을 그림 2.8.9에서 확인할 수 있습니다.

Z = np.cos(0.5*np.sqrt(X**2 + Y**2)) 의 함수를 정의하여 그림 2.8.9에서 확실한 언덕 부분에서 그래디언트의 값이 0이 되는 것을 확인할 수 있습니다.

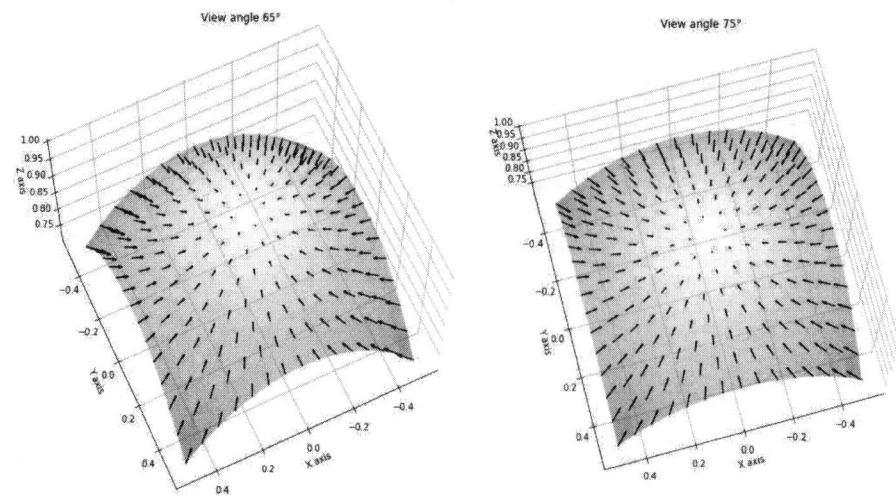

그림 2.8.9 그래디언트의 표시 (3)

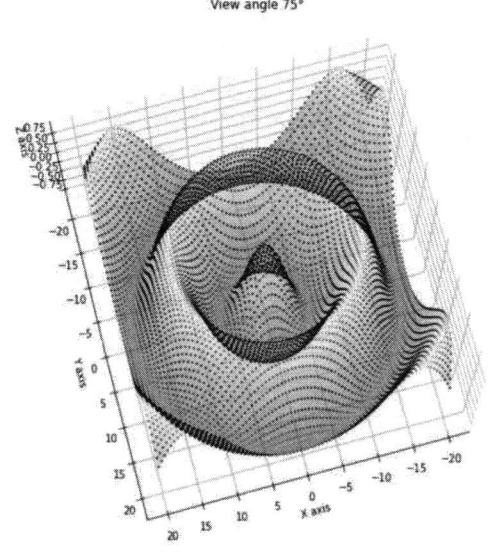

그림 2.8.10 그래디언트의 표시 (4)

(2) 다이버전스

다이버전스는 벡터장 내의 특정 지점에서 벡터가 얼마나 발산하거나 수렴하는지를 측정하는 스칼라 값입니다. 물리적으로는 유체의 흐름에서 어떤 지점에 유체가 얼마나 집중되거나 퍼져나가는지를 나타내며, 전기장에서는 전하가 얼마나 많은 전기장을 생성하거나 흡수하는지를 나타냅니다. 수식으로는 $\nabla \cdot F$로 표현되며, 이는 벡터장 F의 각 구성 요소의 편미분을 더한 것입니다. 즉, 다이버전스는 $\partial F/\partial x + \partial F/\partial y + \partial F/\partial z$와 같이 각 축에 대한 벡터 필드의 변화율을 합한 값입니다. 이 값이 양수라면 벡터장이 해당 지점에서 발산하고 있음을, 음수라면 수렴하고 있음을 의미합니다. 다이버전스가 0인 경우, 그 지점에서 벡터장은 발산도 수렴도 하지 않으며, 이는 유체가 '비압축성'이거나 전하가 보존되는 상황을 나타낼 수 있습니다.

다음의 코드는 주어진 벡터장 F(x) = cos(0.5 x + 3 y + x2), F(y) = sin(x - 0.3 y + y2)에 대해 다이버전스를 구하는 코드입니다.

소스 코드

```python
import numpy as np
import matplotlib.pyplot as plt

# 그리드 포인트 수를 설정합니다
NY = 30; ymin = -2.; ymax = 2.
dy = (ymax - ymin) / (NY - 1.)   # y 축 간격을 계산합니다
NX = NY  # x 축 포인트 수를 y 축과 동일하게 설정합니다
xmin = -2.; xmax = 2.
dx = (xmax - xmin) / (NX - 1.)   # x 축 간격을 계산합니다

# 좌표를 위한 메시그리드를 생성합니다
x, y = np.meshgrid(np.linspace(xmin, xmax, NX), np.linspace(ymin, ymax, NY))

# 벡터 필드 F = [Fx, Fy]를 정의합니다. 이 필드는 원점에서 멀어지는 방향을
# 가리킵니다.
Fx = np.cos(0.5 * x + 3 * y + x * x)   # X 방향의 벡터 필드 구성 요소
Fy = np.sin(1 * x - 0.3 * y + y * y)   # Y 방향의 벡터 필드 구성 요소

# F의 다이버전스를 계산합니다
div_Fx = np.gradient(Fx, dx, axis=1)   # Fx의 x 방향으로의 다이버전스 계산
div_Fy = np.gradient(Fy, dy, axis=0)   # Fy의 y 방향으로의 다이버전스 계산
div_F = div_Fx + div_Fy  # 전체 다이버전스는 각 구성 요소의 다이버전스의 합

# pcolormesh를 사용하여 다이버전스를 플롯합니다
plt.figure(figsize=(8, 8))
divergence_plot = plt.pcolormesh(x, y, div_F, shading='nearest', cmap='coolwarm')
```

```
# 컬러바를 추가하여 다이버전스의 크기를 나타냅니다
plt.colorbar(divergence_plot)

# quiver를 사용하여 벡터 필드를 플롯합니다
plt.quiver(x, y, Fx, Fy)

# 플롯의 라벨과 타이틀을 설정합니다
plt.xlabel('X axis')
plt.ylabel('Y axis')
plt.title('Divergence of a 2D Vector Field')
plt.axis('equal')  # 종횡비를 동일하게 설정하여 벡터 필드를 올바르게 표시합니다

# 플롯을 저장합니다
plt.savefig('Div.png', format='png')
# 플롯을 표시합니다
plt.show()
```

실행 결과

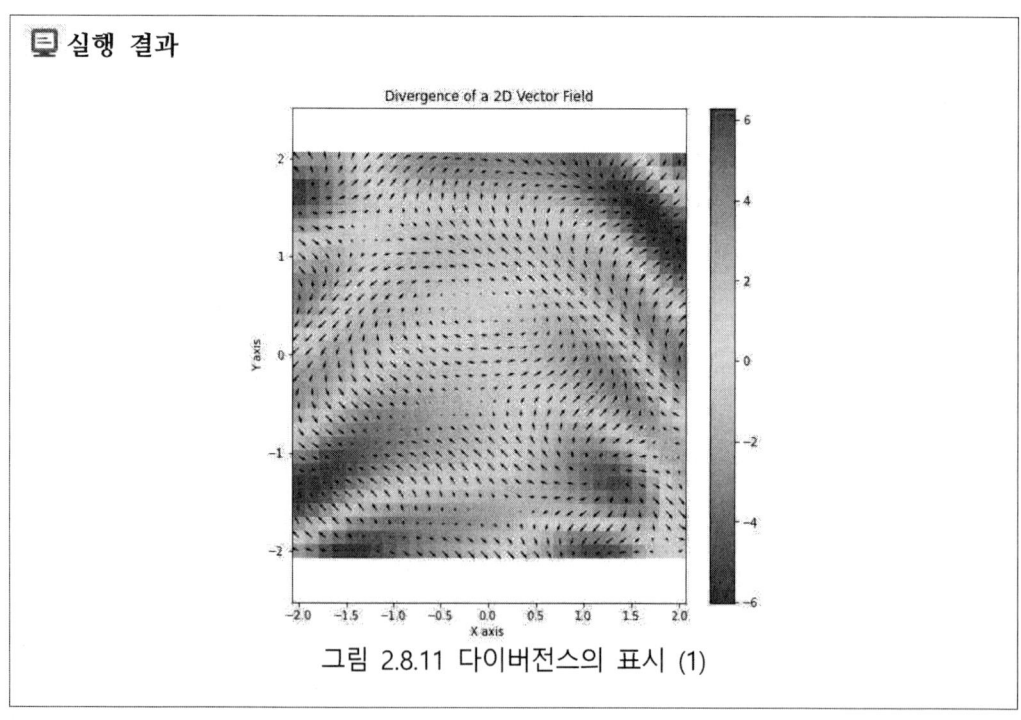

그림 2.8.11 다이버전스의 표시 (1)

결과의 그래프에서 화살표는 벡터 필드의 내용을 표기하며 다이버전스는 스칼라 값으로 클수록 빨간색(값이 발산) 음의 값으로 클수록 파란색(값이 수렴)을 나타냅니다. 구체적으로 원점에서 수렴하고 (1.5,1.5)와 (-1.5,-1.5)에서 발산하는 벡터를 만들기 위해서 세 개의 함수를 정의하여 아래와 같이 모두 더하여 다이버전스를 구해 봅니다.

$$Fx = \frac{(x-1.5)}{\sqrt{(x-1.5)^2+(y-1.5)^2}} + \frac{(x+1.5)}{\sqrt{(x+1.5)^2+(y+1.5)^2}} + \frac{x}{\sqrt{x^2+y^2}}$$

$$Fy = \frac{(y-1.5)}{\sqrt{(x-1.5)^2+(y-1.5)^2}} + \frac{(y+1.5)}{\sqrt{(x+1.5)^2+(y+1.5)^2}} + \frac{y}{\sqrt{x^2+y^2}}$$

📝 소스 코드

```python
import numpy as np
import matplotlib.pyplot as plt
""" 2차원 벡터장에서 다이버전스 개념을 설명하기 위해 간단한 예를 사용합니다.
예를 들어, 회전이 없고 다이버전스가 없는 유동을 나타내는 벡터장 F를 사용하겠습니다.
이는 세 개의 점에서 변화가 발생하도록 만든 벡터장입니다."""

# 2차원 그리드 포인트를 정의
NY = 50   # Y 축을 따라 포인트의 수
ymin, ymax = -2., 2.
dy = (ymax - ymin) / (NY - 1.)
NX = NY   # X 축을 따라 포인트의 수
xmin, xmax = -2., 2.
dx = (xmax - xmin) / (NX - 1.)

# 좌표를 위한 메시그리드를 생성
x, y = np.meshgrid(np.linspace(xmin, xmax, NX), np.linspace(ymin, ymax, NY))

""" 원점에서 수렴하고 (1.5,1.5), (-1.5,1.5)에서 발산하는 벡터장 F = [Fx, Fy]를 정의"""
r1 = np.sqrt((x-1.5)**2 + (y-1.5)**2)
r2 = np.sqrt((x+1.5)**2 + (y+1.5)**2)
r3 = np.sqrt(x**2+y**2)
Fx = (x-1.5)/r1 + (x+1.5)/r2 - x/r3
```

```python
Fy = (y-1.5)/r1 + (y+1.5)/r2 - y/r3

# 원점에서 0으로 나누는 것을 방지
Fx[r1 == 0] = 0
Fy[r1 == 0] = 0
Fx[r2 == 0] = 0
Fy[r2 == 0] = 0
Fx[r3 == 0] = 0
Fy[r3 == 0] = 0

# F의 다이버전스를 계산
div_F = np.gradient(Fx, dx, axis=1) + np.gradient(Fy, dy, axis=0)

# pcolormesh를 사용하여 다이버전스를 플롯
plt.figure(figsize=(80, 80))
divergence_plot = plt.pcolormesh(x, y, div_F, shading='auto', cmap='coolwarm')

# 다이버전스 플롯을 위한 컬러바를 추가
plt.colorbar(divergence_plot)

# quiver를 사용하여 벡터장을 플롯
plt.quiver(x, y, Fx, Fy)

# 플롯 라벨과 타이틀을 설정
plt.xlabel('X axis')
plt.ylabel('Y axis')
plt.title('Divergence of a 2D Vector Field')
plt.axis('equal')  # 벡터장을 제대로 보여주기 위해 종횡비를 동일하게 설정
plt.show()
```

실행 결과

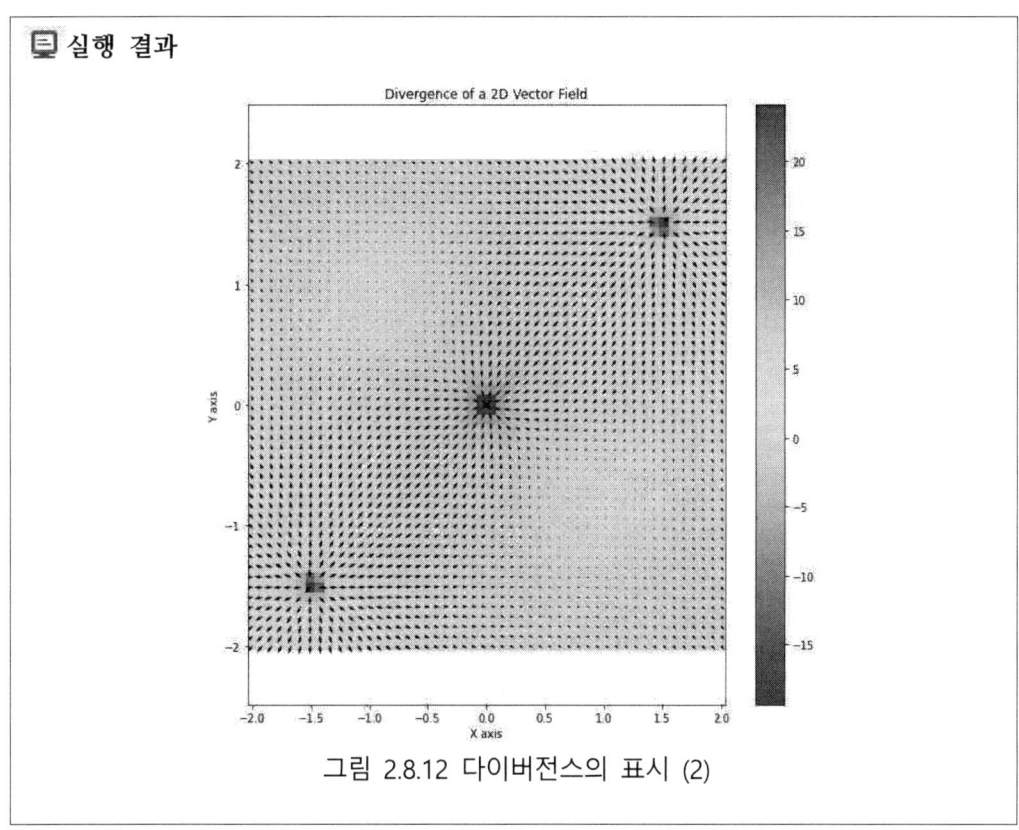

그림 2.8.12 다이버전스의 표시 (2)

원점은 파란색으로 발산이 일어나고 (1.5,1.5), (-15.,-1.5)에서는 수렴이 일어나는 빨간색으로 표시되는 것을 확인할 수 있습니다.

(3) Rotation

회전(rotation)은 벡터장 내에서의 지역적인 회전 또는 소용돌이의 정도를 나타내는 벡터입니다. 물리학에서 회전은 유체가 특정 지점 주위로 얼마나 강하게 돌고 있는지를 측정하며, 기상학에서는 회오리바람이나 사이클론과 같은 현상을 설명할 때 사용됩니다. 회전의 수학적 정의는 벡터장의 컬(curl)로서 $\nabla \times F$로 표현됩니다. 여기서 F는 3차원 벡터장이며, ∇는 그래디언트 연산자를 나타냅니다. 3차원 벡터장 F=(Fx, Fy, Fz)에 대해 회전은 각 축에 대한 편미분을 사용하여 계산된 벡터입니다.

$\nabla \times F = (\partial Fz/\partial y - \partial Fy/\partial z, \ \partial \partial Fx/\partial z - \partial Fz/\partial x, \ \partial Fy/\partial x - \partial Fx/\partial y)$

이 벡터의 각 성분은 해당 축을 중심으로 하는 회전의 정도를 나타내며, 벡터의 방향은 회전의 축을 따라 우선순위 법칙(오른손 법칙)에 따라 정해집니다. 회전의 크기는 회전의 강도를 나타내며, 방향은 회전의 축을 가리킵니다. 회전이 0인 벡터장은 비회전장(rotational-free field)이라고 하며, 이는 유체가 지역적으로 회전하지 않음을 의미합니다.

다음은 Curl의 개념을 설명하기 위한 파이썬 코드입니다. 다이버전스의 결과와 비교하여 상대적으로 더 명확하게 Curl의 개념을 이해할 수 있습니다.

📝 소스 코드

```python
import numpy as np
import matplotlib.pyplot as plt

# 다이버전스와 컬(회전) 개념을 이해하기 위한 2차원 벡터장 예제

# 그리드 포인트 수를 설정
NY = 30; ymin = -2.; ymax = 2.
dy = (ymax - ymin) / (NY - 1.)  # y 축 간격 계산
NX = NY  # x 축 포인트 수는 y 축과 동일
xmin = -2.; xmax = 2.
dx = (xmax - xmin) / (NX - 1.)  # x 축 간격 계산

# 좌표를 위한 메시그리드를 생성
x, y = np.meshgrid(np.linspace(xmin, xmax, NX), np.linspace(ymin, ymax, NY))

# 벡터 필드 F = [Fx, Fy]를 정의. 이 필드는 다양한 지점에서 발산하고 수렴
Fx = np.cos(0.5 * x + 3 * y + x * x)  # X 방향 벡터 필드 구성 요소
Fy = np.sin(1 * x - 0.3 * y + y * y)  # Y 방향 벡터 필드 구성 요소

# 벡터장 F의 다이버전스를 계산
div_Fx = np.gradient(Fx, dx, axis=1)  # Fx의 x 방향 다이버전스
div_Fy = np.gradient(Fy, dy, axis=0)  # Fy의 y 방향 다이버전스
div_F = div_Fx + div_Fy  # 전체 다이버전스는 각 구성 요소의 합

# 다이버전스를 색상 맵으로 표현하여 플롯
```

```python
plt.figure(figsize=(16, 20))
plt.subplot(2, 1, 1)  # 첫 번째 서브플롯
plt.pcolormesh(x, y, div_F, shading='nearest', cmap='coolwarm')
plt.colorbar()  # 다이버전스 크기를 나타내는 컬러바
plt.quiver(x, y, Fx, Fy)  # 벡터장 표현
plt.xlabel('X axis')
plt.ylabel('Y axis')
plt.title('Divergence of a 2D Vector Field')
plt.axis('equal')  # 종횡비를 동일하게 설정

# 벡터장 F의 컬(회전)을 계산
curl_Fz = np.gradient(Fy, dx, axis=1) - np.gradient(Fx, dy, axis=0)
# 컬은 Z 성분만 가짐

# 컬을 색상 맵으로 표현하여 플롯
plt.subplot(2, 1, 2)  # 두 번째 서브플롯
curl_plot = plt.pcolormesh(x, y, curl_Fz, shading='nearest', cmap='coolwarm')
plt.colorbar(curl_plot)  # 컬의 크기를 나타내는 컬러바
plt.quiver(x, y, Fx, Fy)  # 벡터장 표현
plt.xlabel('X ')
plt.ylabel('Y ')
plt.title('Curl of a 2D Vector Field')
plt.axis('equal')  # 종횡비를 동일하게 설정

# 플롯을 표시합니다
plt.tight_layout()  # 레이아웃 조정
plt.show()
```

그림 2.8.13에서 다이버전스는 파란색은 수렴하는 소스이며 빨간색은 발산하는 소스임을 알 수 있습니다. Curl의 결과는 이와 다른데 시계 방향의 소용돌이가 발생하는 지점과 반 시계 방향으로 회전하는 소용돌이가 발생하는 지점을 흰색으로 표현하였습니다. 이 내용은 다이버전스와 관계없이 발생합니다.

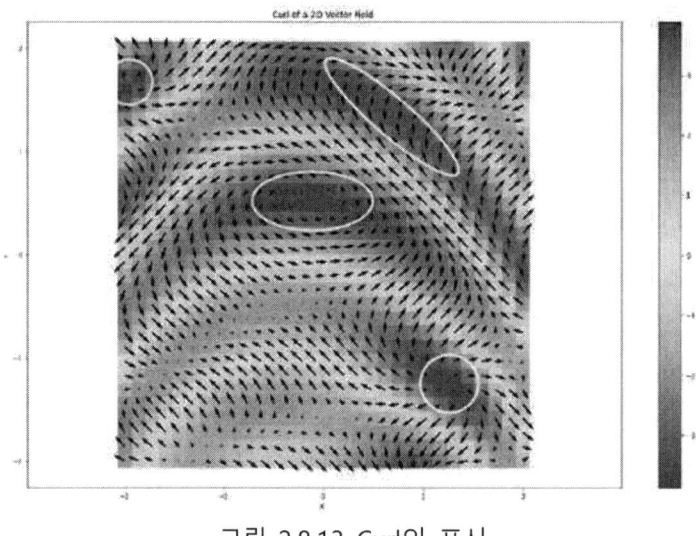

그림 2.8.13 Curl의 표시

(4) 라플라시안

라플라시안(Laplacian)은 스칼라장의 각 점에서의 모든 방향으로의 2차 미분의 합입니다. 이는 어떤 지점에서의 스칼라장 값이 주변 평균값에서 얼마나 벗어나 있는지를 측정하는 것으로 볼 수 있으며, 이를 통해 필드 내에서의 국부적인 극값(최대값 또는 최소값)이나 안장점을 찾을 수 있습니다. 물리학에서 라플라시안은 열 분포, 압력 분포, 전기 잠재력과 같은 다양한 스칼라장에서 발생하는 현상을 분석하는 데 사용됩니다. 수식으로 라플라시안은 $\nabla^2 f$ 또는 $\varDelta f$로 표현되며, 2차원에서는 $\frac{\partial^2 f}{\partial x^2} + \frac{\partial^2 f}{\partial y^2}$로 정의됩니다. 이는 스칼라장 f의 각 지점에서 x와 y 방향으로 두 번 미분한 값의 합으로, 스칼라장이 해당 지점에서 얼마나 빠르게 변화하는지를 나타냅니다. 다음은 2차원 스칼라장의 라플라시안을 계산하고 시각화하는 파이썬 코드의 예시입니다. 결과 그래프를 보면 라플라시안이 2차 미분이라는 개념을 이해할 수 있습니다.

> **소스 코드**
>
> ```
> import numpy as np
> import matplotlib.pyplot as plt
> from mpl_toolkits.mplot3d import Axes3D
>
> # 스칼라장을 정의
> ```

```python
NX, NY = 100, 100
x = np.linspace(-3, 3, NX)
y = np.linspace(-3, 3, NY)
X, Y = np.meshgrid(x, y)
Z = np.sin(-(X**2 + Y**2))

# 그래디언트를 계산
Gx, Gy = np.gradient(Z, axis=0), np.gradient(Z, axis=1)

# 라플라시안을 계산
Laplacian_Z = np.gradient(Gx, axis=0) + np.gradient(Gy, axis=1)

# 첫 번째 서브플롯(3D 표면) 설정
fig = plt.figure(figsize=(8, 20))
ax1 = fig.add_subplot(3, 1, 1, projection='3d')
scalar_field = ax1.plot_surface(X, Y, Z, cmap='viridis', edgecolor='none')
fig.colorbar(scalar_field, ax=ax1, shrink=0.5, aspect=5)
ax1.set_title('Scalar field')

# 두 번째 서브플롯(그래디언트 필드) 설정
ax2 = fig.add_subplot(3, 1, 2)
gradient_magnitude = np.sqrt(Gx**2 + Gy**2)
gradient_field = ax2.pcolormesh(X, Y, gradient_magnitude, cmap='viridis', shading='auto')
fig.colorbar(gradient_field, ax=ax2, shrink=0.5, aspect=5)
#ax2.quiver(X[::5, ::5], Y[::5, ::5], Gx[::5, ::5], Gy[::5, ::5])
ax2.set_title('Gradient field')

# 세 번째 서브플롯(라플라시안 필드) 설정
ax3 = fig.add_subplot(3, 1, 3)
laplacian_field = ax3.pcolormesh(X, Y, Laplacian_Z, cmap='viridis', shading='auto')
fig.colorbar(laplacian_field, ax=ax3, shrink=0.5, aspect=5)
ax3.set_title('Laplacian result')
```

```
# 라벨 설정
ax1.set_xlabel('x')
ax1.set_ylabel('y')
ax2.set_xlabel('x')
ax2.set_ylabel('y')
ax3.set_xlabel('x')
ax3.set_ylabel('y')

plt.tight_layout()
plt.show()
```

실행 결과

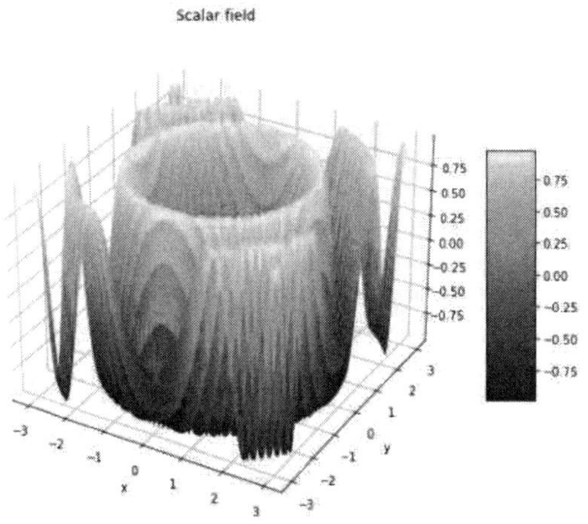

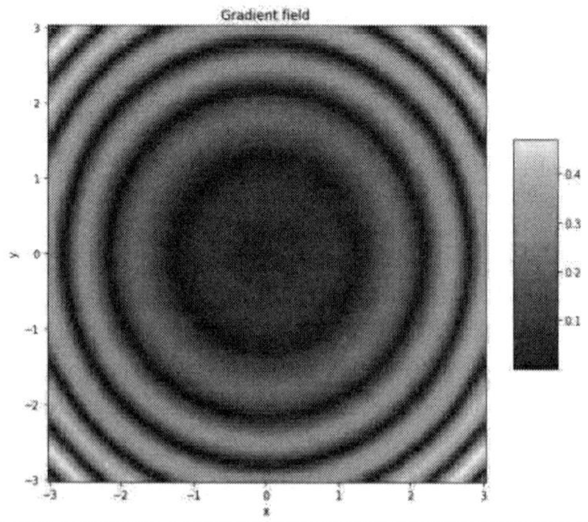

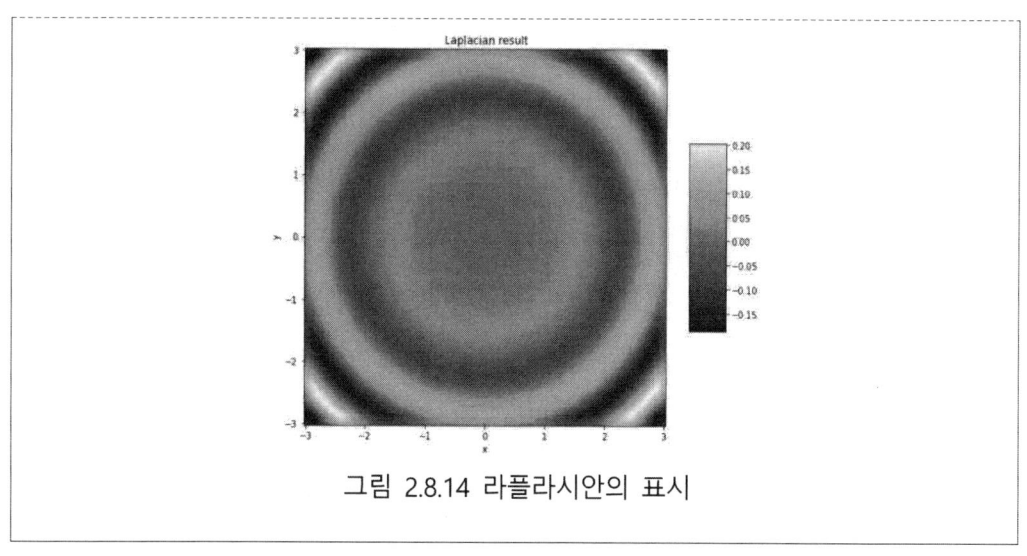

그림 2.8.14 라플라시안의 표시

2.9 확률 통계의 활용

확률 통계는 데이터를 이해하고, 불확실성을 해석하며, 현상을 예측하는 데 필수적인 수학의 한 분야입니다. 이는 과학, 엔지니어링, 의학, 경제학, 사회 과학 등 거의 모든 분야에서 데이터 기반의 결정을 내리는 데 사용됩니다. 확률론은 미래의 사건이 일어날 가능성을 측정하고, 통계학은 이러한 사건들이 수집된 데이터를 분석하여 유용한 정보를 추출하고 모델을 만드는 데 사용됩니다.

데이터 과학과 기계 학습의 현대적 응용 분야에서 확률과 통계는 모델을 개발하고 훈련하는 데 있어 기초적인 역할을 합니다. 예를 들어, 확률 분포는 자연현상 또는 사회현상의 불확실성을 모델링하는 데 사용되며, 통계적 추정과 가설 검정은 연구 가설을 검증하고, 인과 관계를 파악하며, 예측 모델의 신뢰도를 평가하는 데 중요합니다. 확률 통계의 활용은 의사결정 과정에서 특히 중요합니다. 데이터의 변동성과 복잡성을 이해하고, 위험을 관리하며, 전략적 계획을 수립하는 데 필요한 통찰력을 제공합니다. 또한, 통계적 방법론은 대규모 데이터를 다루는 빅데이터 분석, 시장 분석, 의료 연구 및 품질 관리 등 다양한 분야에서 활용되고 있습니다.

이 절에서는 확률 통계의 기본 원리를 다루고, 이를 실제 문제에 적용하는 다양한 방법을 소개합니다. 독자들은 확률 모델의 설정, 데이터로부터의 추론, 통계적 실험 설계, 그리고 데이터 기반 의사결정 기법에 대해 배우게 될 것입니다. 확률 통계의 이론적 배경과 함께 파이썬을 사용한 실용적인 예제들을 통해, 독자들은 이 복잡하지만 흥미로운 분야에서 자신의 기술을 향상할 수 있을 것입니다.

2.9.1 기술 통계

기술 통계는 데이터 집합의 주요 특성을 요약하여 설명하는 통계 기법입니다. 이는 데이터를 수집한 후 데이터를 이해하고 해석하는 데 첫 단계로 사용됩니다. 기술 통계는 크게 중심 경향성을 나타내는 척도와 분산성을 나타내는 척도로 나눌 수 있습니다.

중심 경향성(Central Tendency)은 데이터의 중심이 어디에 위치하는지를 나타내며, 주로 평균(mean), 중앙값(median), 최빈값(mode)이 사용됩니다. 평균은 모든 데이터 값을 더하고 데이터의 개수로 나누어 계산하며, 데이터의 일반적인 수준을 나타냅니다. 중앙값은 데이터를 크기순으로 나열했을 때 중앙에 위치하는 값으로, 극단적인 값의 영향을 덜 받습니다. 최빈값은 데이터 집합에서 가장 자주 나타나는 값입니다.

분산성(Dispersion)은 데이터가 얼마나 퍼져 있는지를 나타내는 척도로, 범위(range), 사분위수 범위(interquartile range, IQR), 표준편차(standard deviation), 분산(variance)이 포함됩니다. 범위는 최대값과 최소값의 차이를 나타내며, IQR은 데이터의 중간 50%가 얼마나 퍼져 있는지 보여줍니다. 표준 편차와 분산은 평균으로부터 데이터가 얼마나 멀리 떨어져 있는지를 나타내며, 데이터의 일관성과 변동성을 측정하는 데 사용됩니다.

기술 통계에 관련된 주요 수식들은 다음과 같습니다.

- 평균 (Mean): 데이터 집합의 평균값을 나타내며, 모든 관측값의 합을 관측값의 개수로 나눈 것입니다. 여기서 x_i는 각 관측값, N은 관측값의 총 개수입니다.

- 중앙값 (Median): 데이터를 크기순으로 배열했을 때 중앙에 위치하는 값입니다.
$$Median = \begin{cases} x_{\left(\frac{N+1}{2}\right)} & N이\ 홀수인\ 경우 \\ \frac{x_{\left(\frac{N}{2}\right)} + x_{\left(\frac{N}{2}+1\right)}}{2} & N이\ 짝수인\ 경우 \end{cases}$$

- 최빈값 (Mode): 데이터 집합에서 가장 자주 나타나는 값입니다. 여러 개일 수도 있습니다.

- 범위 (Range): 데이터의 최대값과 최소값의 차이입니다. $Range = x_{max} - x_{min}$

- 분산 (Variance): 데이터가 평균으로부터 얼마나 멀리 떨어져 있는지를 나타내는 척도입니다. $Variance\ (\sigma^2) = \frac{1}{N-1} \sum_{i=1}^{N} (x_i - \mu)^2$

- 표준 편차 (Standard Deviation): 분산의 제곱근으로, 데이터의 퍼짐 정도를 나타냅니다. $Standard\ Deviation\ (\sigma) = \sqrt{Variance}$

- 사분위수 범위 (Interquartile Range, IQR): 데이터의 중앙 50%의 범위를 나타내며, 75번째 백분위수(Q3)와 25번째 백분위수(Q1)의 차이입니다. IQR=Q3-Q1

다음의 파이썬 코드는 이러한 기술 통계는 데이터 집합을 요약하고, 데이터의 패턴을 이해하며, 데이터 집합 간 비교를 가능하게 하여 의사결정 과정에 중요한 정보를 제공하며, 기술 통계를 통한 데이터 분석의 결과를 세 가지 그래프로 시각화했습니다.

첫 번째 그래프는 샘플 데이터의 히스토그램을 보여줍니다. 여기서 붉은 점선은 평균을, 녹색 선은 중앙값을, 파란 선은 최빈값을 나타냅니다. 이 그래프는 데이터의 분포와 중심 경향성을 직관적으로 이해할 수 있게 해줍니다. 두 번째 그래프인 박스 플롯은 데이터의 분산성을 보여줍니다. 박스의 중앙선은 중앙값을, 박스의 길이는 사분위수 범위(IQR)를 나타내며, 박스 바깥의 점들은 이상치를 나타냅니다. 세 번째 그래프인 바이올린 플롯은 박스플롯의 정보에 더해 데이터의 밀도를 시각화합니다. 바이올린 플롯의 너비는 해당 값의 빈도수를 나타냅니다.

이러한 시각적 분석은 데이터의 전반적인 특성을 이해하는 데 중요하며, 실제 데이터 과학 작업에서 데이터를 빠르게 파악하는 데에 유용합니다

📝 소스 코드

```python
import numpy as np
import pandas as pd
import matplotlib.pyplot as plt
import seaborn as sns

# 샘플 데이터 생성
data = np.random.normal(loc=50, scale=10, size=1000)  # 평균 50, 표준편차 10, 데이터 개수 1000인 정규 분포

# 기술 통계 계산
mean = np.mean(data)   # 평균
median = np.median(data)   # 중앙값
mode = pd.Series(data).mode()[0]   # 최빈값
range_ = np.ptp(data)   # 범위
variance = np.var(data)   # 분산
std_dev = np.std(data)   # 표준편차
iqr = np.percentile(data, 75) - np.percentile(data, 25)   # 사분위수 범위

# 결과 출력
print(f"평균: {mean}")
print(f"중앙값: {median}")
```

```python
print(f"최빈값: {mode}")
print(f"범위: {range_}")
print(f"분산: {variance}")
print(f"표준편차: {std_dev}")
print(f"사분위수 범위(IQR): {iqr}")

# 데이터의 분포를 표시하는 히스토그램
plt.figure(figsize=(10, 6))
sns.histplot(data, bins=30, kde=True)
plt.axvline(mean, color='r', linestyle='--', label=f'Mean: {mean:.2f}')
plt.axvline(median, color='g', linestyle='-', label=f'Median: {median:.2f}')
plt.axvline(mode, color='b', linestyle='-', label=f'Mode: {mode:.2f}')
plt.legend()
plt.title('Histogram of Sample Data')
plt.xlabel('Value')
plt.ylabel('Frequency')

# 박스플롯을 통해 데이터의 분산을 시각화
plt.figure(figsize=(10, 6))
sns.boxplot(x=data)
plt.title('Boxplot of Sample Data')
plt.xlabel('Value')

# 데이터의 분포를 더 자세히 보여주는 바이올린 플롯
plt.figure(figsize=(10, 6))
sns.violinplot(x=data)
plt.title('Violin Plot of Sample Data')
plt.xlabel('Value')

plt.show()
```

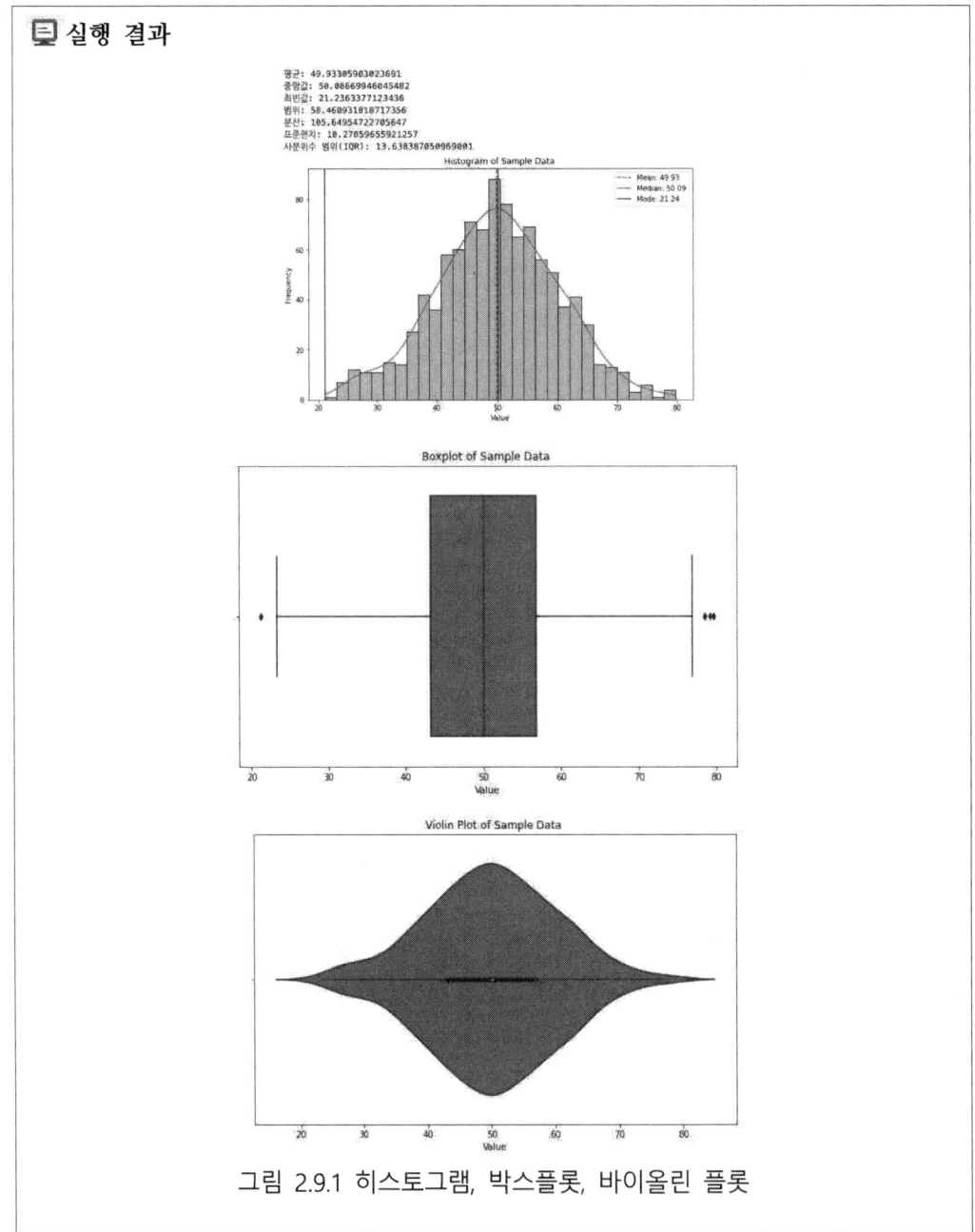

그림 2.9.1 히스토그램, 박스플롯, 바이올린 플롯

2.9.2 확률 분포

확률분포는 확률적인 사건의 결과를 수치적으로 설명하는 방법입니다. 이는 무작위 변수가 특정 값을 가질 확률을 나타내며, 모든 가능한 결과의 확률을 합하면 1이 됩니다. 확률 분포는 이산(discrete)과 연속(continuous) 두 가지 유형이 있습니다.

이산 확률 분포는 특정 개수의 분리된 값들에 대한 확률을 할당합니다. 가장 잘 알려진 이산 분포로는 이항 분포(binomial distribution)와 포아송 분포(poisson distribution)가 있습니다. 이항 분포는 성공 확률이 p인 n번의 베르누이 시행에서 성공 횟수의 분포를 설명합니다. 포아송 분포는 특정 시간 또는 공간에서 발생하는 사건의 수를 나타내며, 사건이 드물게 발생할 때 사용됩니다. 연속 확률 분포는 변수가 연속적인 범위의 값을 가질 수 있을 때 사용됩니다. 정규 분포(normal distribution), 균등 분포(uniform distribution), 지수 분포(exponential distribution) 등이 이에 해당합니다. 정규 분포는 자연 및 사회 과학 데이터에 많이 나타나며, 대칭적인 종 모양의 곡선(bell curve)을 가집니다. 균등 분포는 모든 값이 발생할 확률이 동일한 경우에 사용되며, 지수 분포는 사건 간의 대기 시간을 모델링할 때 사용됩니다.

확률 분포를 설명하는 데 사용되는 몇 가지 핵심적인 수식을 정리하면 다음과 같습니다.

- 이산 확률 분포의 확률 질량 함수 (Probability Mass Function, PMF): $P(X=x_i)=p_i$ 여기서 P(X=x$_i$)는 무작위 변수 X가 특정 값 x$_i$를 가질 확률을 나타냅니다. 모든 p$_i$의 합은 1입니다.

- 연속 확률 분포의 확률 밀도 함수 (Probability Density Function, PDF): $f(x)=\frac{d}{dx}F(x)$ 여기서 f(x)는 확률 밀도 함수이며, F(x)는 누적 분포 함수(CDF)입니다. PDF의 특정 구간에 대한 적분은 그 구간에서 무작위 변수가 존재할 확률을 나타냅니다.

- 누적 분포 함수 (Cumulative Distribution Function, CDF): $F(x)=P(X \leq x)=\int_{-\infty}^{x} f(t)dt$ CDF는 무작위 변수 X가 특정 값 x 이하일 확률을 나타냅니다.

- 이항 분포의 확률 질량 함수: $P(X=k)=\binom{n}{k}p^k(1-p)^{n-k}$ 여기서 $\binom{n}{k}$는 조합을 나타내며, n은 시행 횟수, k는 성공 횟수, p는 각 시행에서 성공할 확률을 나타냅니다.

- 정규 분포의 확률 밀도 함수: $f(x \mid \mu,\sigma^2)=\frac{1}{\sigma\sqrt{2\pi}}\exp\left(-\frac{(x-\mu)^2}{2\sigma^2}\right)$ 여기서 μ는

평균, σ^2는 분산을 나타냅니다.

- 기댓값 (Expectation): $E(X)=\sum_{i} x_i p_i$ (이산의 경우),

  $E(X)=\int_{-\infty}^{\infty} xf(x)dx$ (연속의 경우) 기댓값은 확률변수의 평균적인 값입니다.

- 분산 (Variance): $Var(X)=E[(X-E(X))^2]=\sum_{i}(x_i-\mu)^2 p_i$ (이산의 경우)

  $Var(X)=\int_{-\infty}^{\infty}(x-\mu)^2 f(x)dx$ (연속의 경우) 분산은 확률변수의 값이

  기댓값에서 얼마나 멀리 떨어져 있는지를 측정하는 척도입니다.

이러한 수식들은 확률 분포를 이해하고 계산하는 데 필수적입니다. 각 분포는 이 수식들을 통해 그 특성이 정의되고, 확률변수의 행동을 예측하는 데 사용됩니다. 확률 분포를 이해하는 것은 불확실한 사건의 결과를 분석하고 예측하는 데 중요합니다. 데이터 과학에서 확률 분포는 데이터를 모델링하고, 추론을 수행하며, 의사결정을 하는 데 필수적인 도구입니다.

1,000개의 데이터의 평균값이 0이고 표준 편차가 0.1인 경우를 생각해 보면 이러한 유사 데이터를 생성하도록 랜덤 함수로 데이터 샘플을 생성하고 이 데이터 샘플을 그리고 이론적인 정규 분포 함수와 비교해 보는 파이썬 코드를 작성해 보겠습니다.

📝 소스 코드

```python
import numpy as np
import matplotlib.pyplot as plt
from scipy.stats import norm

# 정규 분포의 파라미터 설정
mu, sigma = 0, 0.1  # 평균과 표준 편차

# 정규 분포에서 1000개의 랜덤 샘플 생성
samples = np.random.normal(mu, sigma, 1000)

# 샘플의 히스토그램과 정규 분포의 확률 밀도 함수(PDF)를 플롯
```

```
count, bins, ignored = plt.hist(samples, 30, density=True, alpha=0.5, color='g')
plt.plot(bins, 1/(sigma * np.sqrt(2 * np.pi)) * np.exp(- (bins - mu)**2 / (2 *
sigma**2)), linewidth=2, color='r')
plt.title('Histogram and PDF of Normally Distributed Samples')
plt.show()
```

두 개의 모양이 많이 일치함을 확인할 수 있습니다. 이 코드는 랜덤 샘플을 생성하고, 히스토그램을 통해 샘플의 분포를 보여주며, 빨간색 선으로 이론적인 정규 분포의 확률 밀도 함수를 함께 그립니다. 이는 정규 분포의 형태와 샘플 데이터가 이론적 분포를 어떻게 따르는지 시각적으로 이해하는 데 도움을 줍니다.

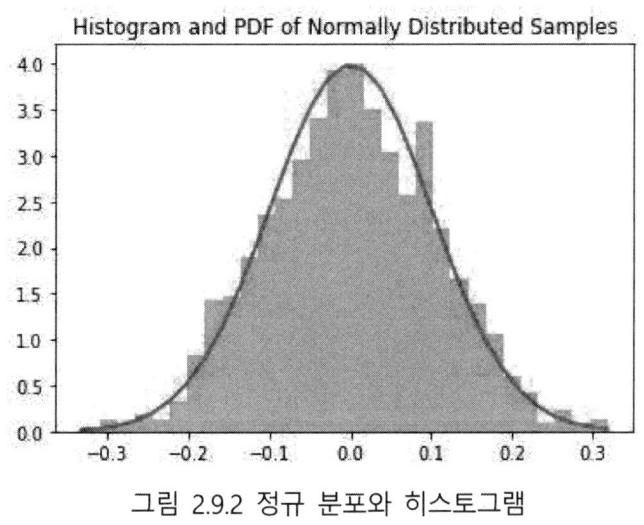

그림 2.9.2 정규 분포와 히스토그램

이항 분포는 성공 확률이 p인 n번의 독립적인 베르누이 시행에서 성공하는 횟수의 확률을 나타냅니다. 자동차의 불량률 문제에 적용하면, 특정한 자동차 모델의 불량률을 알고 있다면, 이항 분포를 사용하여 전체 생산된 자동차 중에서 얼마나 많은 차량이 불량일 가능성이 있는지 추정할 수 있습니다. 이를 통해 리콜에 필요한 비용, 자원, 시간을 계획하는 데 도움을 줄 수 있습니다.

예를 들어, 어떤 자동차 모델의 불량률이 2%이고, 해당 모델의 생산량이 10,000대라고 가정해 봅시다. 이항 분포를 사용하여 불량 차량의 수를 추정하고, 이를 기반으로 리콜 계획을 세울 수 있습니다.

📝 소스 코드

```python
import numpy as np
from scipy.stats import binom
import matplotlib.pyplot as plt

# 불량률과 생산량 설정
p = 0.02    # 자동차의 불량률
n = 10000   # 생산량

# 이항 분포를 사용하여 불량 차량의 수에 대한 확률 분포 계산
rv = binom(n, p)
x = np.arange(0, 300)   # 0대부터 300대까지의 불량 차량 수에 대해 확률을 계산
pmf = rv.pmf(x)

# 확률 분포 플롯
plt.bar(x, pmf)
plt.title('Probability Mass Function of Defective Cars')
plt.xlabel('Number of Defective Cars')
plt.ylabel('Probability')
plt.show()

# 가장 가능성이 높은 불량 차량 수 추정
most_likely_defects = np.argmax(pmf)
print(f"가장 가능성이 높은 불량 차량 수: {most_likely_defects}")
# 리콜에 대비하여 준비해야 하는 예상 최대 불량 차량 수 (95% 신뢰 수준)
upper_bound = rv.ppf(0.95)
print(f"리콜에 대비해야 하는 예상 최대 불량 차량 수 (95% 신뢰 수준): {upper_bound:.0f}")
```

📺 **실행 결과**

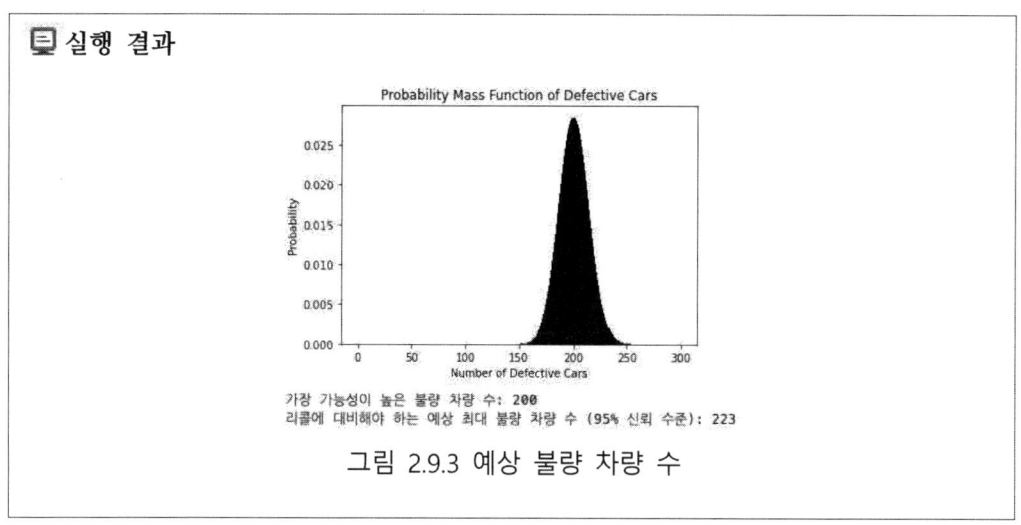

그림 2.9.3 예상 불량 차량 수

코드는 불량 차량의 수에 대한 확률 분포를 계산하고, 가장 가능성이 큰 불량 차량 수와 함께 리콜 계획을 위한 예상 최대 불량 차량 수를 추정합니다. 이 결과를 바탕으로 리콜 비용과 자원을 계획할 수 있습니다.

2.9.3 추론 통계의 원리

추론 통계학은 모집단으로부터 추출된 표본 데이터를 분석하여 모집단의 특성을 추론하는 통계학의 한 분야입니다. 이는 데이터가 수집된 방식과 표본의 크기를 고려하여, 모집단의 매개변수(예: 평균, 비율)에 대한 추정을 제공합니다. 추론 통계학은 또한 데이터를 통한 가설 검정을 통해 특정 가설이 참인지 거짓인지에 대한 결론을 내리는 데 사용됩니다. 기본적인 추론 통계학에 사용되는 수식들은 다음과 같습니다.

- 평균의 추정 (Estimation of the Mean): $\bar{x} = \frac{1}{n}\sum_{i=1}^{n} x_i$, $\bar{x}$는 표본 평균, x_i는 표본 데이터의 각 값, n은 표본의 크기입니다.

- 표준 오차 (Standard Error): $SE = \frac{s}{\sqrt{n}}$, 여기서 s는 표본의 표준 편차, n은 표본의 크기입니다.

- 신뢰 구간 (Confidence Interval): 여기서 $CI = \bar{x} \pm Z_{\frac{\alpha}{2}} \times SE$ 는 정규 분포의 해당 신뢰 수준에 대한 Z-점수입니다.

- 가설 검정 (Hypothesis Testing):

- 귀무 가설 (H0): 가설 검정에서 기본적으로 참으로 가정하는 가설입니다.
- 대립 가설 (H1 또는 Ha): 증명하고자 하는 가설입니다.
- p-값 (p-value): 귀무 가설이 참일 때 관측된 통계량 또는 더 극단적인 값을 얻을 확률입니다.
- t-검정 (t-test): $t = \dfrac{\bar{x} - \mu_0}{SE}$ 여기서 μ_0는 귀무 가설 하에서 기대되는 모집단의 평균입니다.

추론 통계학의 원리를 활용하는 실생활의 예는 제품의 평균 수명을 추정하거나, 어떤 치료법이 기존의 치료법보다 더 효과적인지 검증하는 것입니다.

다음은 파이썬에서 표본 데이터로부터 모집단의 평균에 대한 신뢰 구간을 계산하는 간단한 코드입니다. 특정 모집단으로부터 표본을 추출하고, 이 표본을 사용하여 모집단 평균의 신뢰 구간을 계산합니다. 이 방법은 제품의 품질 관리, 의료 연구 등 다양한 분야에서 의사결정을 내릴 때 중요한 역할을 합니다.

📝 소스 코드

```python
import numpy as np
from scipy import stats

# 모집단에서 무작위로 표본 추출
population = np.random.normal(70, 5, 10000)
sample = np.random.choice(population, size=100)

# 표본 평균과 표준 편차 계산
sample_mean = np.mean(sample)
sample_std = np.std(sample, ddof=1)

# 표준 오차 계산
SE = sample_std / np.sqrt(len(sample))

# 95% 신뢰 구간 계산
confidence_level = 0.95
```

```
degrees_freedom = len(sample) - 1
confidence_interval = stats.t.interval(confidence_level, degrees_freedom, sample_mean, SE)

print(f"표본 평균: {sample_mean}")
print(f"95% 신뢰 구간: {confidence_interval}")
```

실행 결과

표본 평균: 69.82132452247004
95% 신뢰 구간: (68.88105648867227, 70.7615925562678)

위의 코드로부터 "68.8부터 70.7 사이에 평균이 있을 확률이 95% 확실하다"라고 해석할 수 있습니다. 여기서 주의할 점은 확률이 모집단의 평균에 적용되는 것이 아니라 신뢰 구간에 적용된다는 것입니다. 즉, 여러 번 표본을 추출하여 계산한 신뢰 구간 중 약 95%가 실제 모집단 평균을 포함할 것이라는 뜻입니다. 실제 모집단의 평균은 하나의 고정된 값이지만, 우리가 이를 알 수 없으므로 추정을 통해 그 가능성 있는 범위를 정하는 것입니다.

실험 설계(Experimental Design)는 추론 통계의 한 영역입니다. 이는 과학적 실험이나 조사에서 데이터를 수집하는 방법을 체계적으로 계획하고, 실험의 결과로부터 정확하고 유효한 결론을 도출하는 방법을 제공합니다. 실험 설계의 목적은 인과 관계를 밝히고, 변동성을 최소화하며, 효율적인 데이터 수집을 가능하게 하는 것입니다.

실험 설계에는 여러 종류가 있으며, 가장 기본적인 것으로는 무작위화(randomization), 반복(replication), 그리고 블로킹(blocking)이 있습니다. 무작위화는 처리의 효과를 측정할 때 편향을 제거하거나 줄이기 위해 사용되며, 반복은 결과의 일반화 가능성을 높이고, 블로킹은 다른 원인으로 인한 변동성을 제어하기 위해 사용됩니다.

소스 코드

```python
import numpy as np
import scipy.stats as stats

# 두 비료 유형에 대한 작물의 성장 효과를 시뮬레이션
# 비료 A는 평균 20cm, 표준편차 5cm의 성장을 촉진
```

```
# 비료 B는 평균 22cm, 표준편차 5cm의 성장을 촉진
np.random.seed(0)   # 결과의 재현성을 위한 시드 설정
growth_A = np.random.normal(20, 5, 30)
growth_B = np.random.normal(23, 5, 30)

# 두 그룹 간 성장 차이의 통계적 유의성 검정
t_stat, p_value = stats.ttest_ind(growth_A, growth_B)

print(f"T-statistic: {t_stat}, P-value: {p_value}")

# 결과 해석
if p_value < 0.05:
    print("비료 B가 비료 A보다 유의미하게 더 나은 성장을 촉진한다고 할 수 있습니다.")
else:
    print("비료 A와 B 사이에 유의미한 성장 차이가 없다고 할 수 있습니다.")
```

실행 결과

T-statistic: 0.5068340248810056, P-value: 0.6141928126142757
비료 A와 B 사이에 유의미한 성장 차이가 없다고 할 수 있습니다.

즉, 30번의 실험 실행으로 얻은 결과로는 두 데이터가 유의미하게 다르다고 언급할 수 없다는 것입니다. 만약 실험 횟수가 300번으로 실행되었다면 코드를 다음과 같이 변경할 수 있습니다.

소스 코드

```
growth_A = np.random.normal(20, 5, 300)
growth_B = np.random.normal(23, 5, 300)
```
2.10.4 통계 데이터 분석

이때 결과는 다음과 같습니다.

실행 결과

T-statistic: -5.318669328636994, P-value: 1.4790956364850352e-07
비료 B가 비료 A보다 유의미하게 더 나은 성장을 촉진한다고 할 수 있습니다.

즉, 300번의 실험을 통해 얻은 결과의 평균값이 30번의 결과를 통해 얻은 결과의 평균값이 각각 같아서 동일한 평균값 차이를 같더라도 하나는 신뢰를 할 수 있고 다른 하나는 신뢰할 수 없다는 것입니다. 실험을 실행할 횟수 즉, 모집단의 크기에 대한 개연성을 확인시키기에 t 검증이 많이 이용됩니다.

2.9.4 데이터 분석 기술

데이터 분석은 정보 추출과 결론 도출을 위해 다양한 기술적 접근법을 사용합니다. 이는 통계적 방법, 시각화, 데이터 마이닝, 예측 모델링 등을 포함합니다. 데이터 분석에 사용되는 주요 수식들은 다음과 같습니다:

- 상관 계수 (Correlation Coefficient): $r_{xy} = \frac{\sum(x_i - \bar{x})(y_i - \bar{y})}{\sqrt{\sum(x_i - \bar{x})^2}\sqrt{\sum(y_i - \bar{y})^2}}$ 두 변수 간의 선형 관계의 강도와 방향을 측정합니다.

- 회귀 분석 (Regression Analysis): $Y = \beta_0 + \beta_1 X + \epsilon$은 종속 변수 Y와 하나 이상의 독립변수 X 간의 관계를 모델링합니다.

다음의 예제는 그래프는 생성된 샘플 데이터(variable1과 variable2)의 관계를 보여주고, 선형 회귀선이 빨간색으로 표시합니다. 상관 계수는 약 0.82로 두 변수 간에 강한 양의 선형 관계가 있음을 나타냅니다. 회귀선의 기울기는 약 0.49로, variable1의 한 단위 증가에 대해 variable2가 평균적으로 약 0.49만큼 증가한다는 것을 의미합니다. Intercept, 즉 y 절편은 약 2.22로, variable1이 0일 때 variable2의 예상값입니다. 이 예제는 실제 데이터 분석 시나리오에서 변수 간의 관계를 탐색하고 해석하는 방법을 잘 보여줍니다.

📝 **소스 코드**

```python
import pandas as pd
import seaborn as sns
from scipy import stats
import matplotlib.pyplot as plt
from sklearn.linear_model import LinearRegression
import numpy as np
```

```python
# 샘플 데이터 생성
# variable1은 독립 변수, variable2는 종속 변수로 설정
np.random.seed(0)   # 결과의 일관성을 위한 시드 설정
variable1 = np.random.rand(500) * 100
variable2 = 0.5 * variable1 + np.random.normal(0, 10, 500)

data = pd.DataFrame({'variable1': variable1, 'variable2': variable2})

# 상관 계수 계산
correlation = data['variable1'].corr(data['variable2'])

# 선형 회귀 모델 피팅
X = data[['variable1']]   # 독립 변수
Y = data['variable2']     # 종속 변수
model = LinearRegression().fit(X, Y)

# 회귀 계수
intercept = model.intercept_
slope = model.coef_[0]

# 결과 출력
print(f"Correlation Coefficient: {correlation}")
print(f"Intercept: {intercept}, Slope: {slope}")

# 산점도와 회귀선 그래프
plt.figure(figsize=(30, 16))
sns.regplot(x='variable1', y='variable2', data=data, ci=None, line_kws={'color': 'red'})
plt.title('Scatter Plot with Regression Line')
plt.xlabel('Variable 1')
plt.ylabel('Variable 2')
plt.show()
```

실행 결과

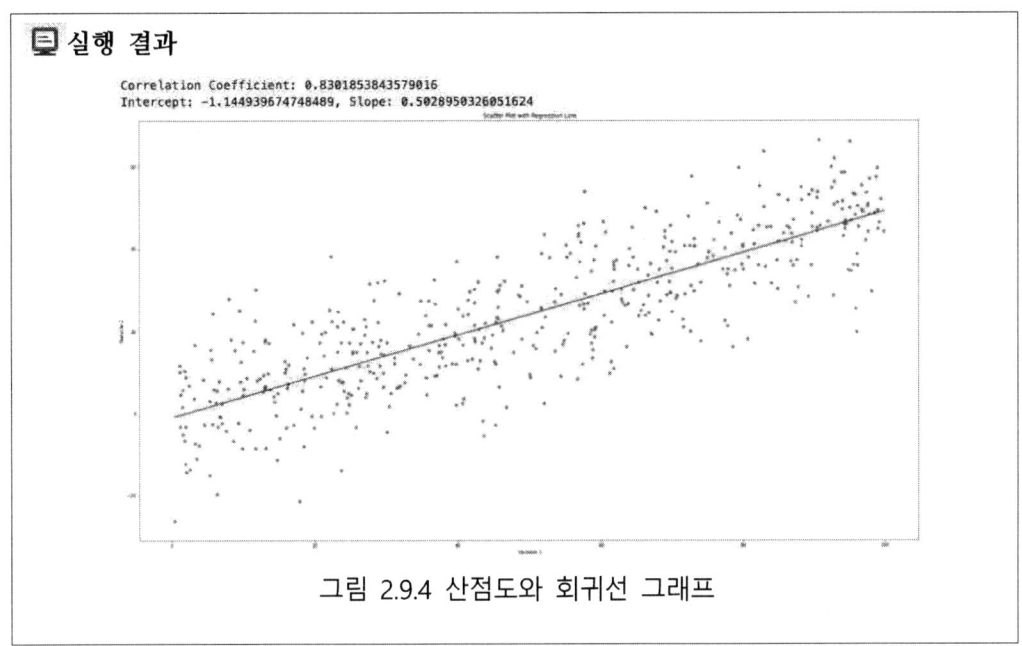

그림 2.9.4 산점도와 회귀선 그래프

[제3장] 파이썬을 이용한 음성 및 영상 처리 솔루션

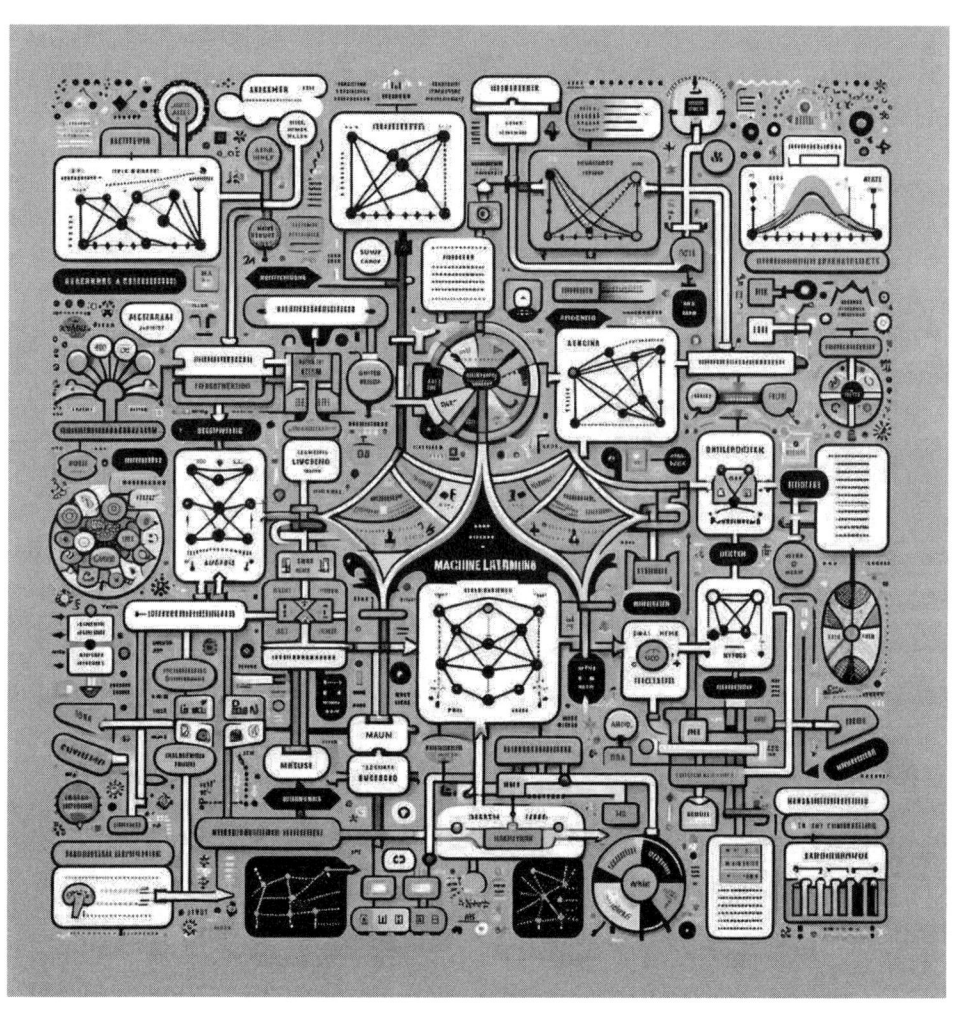

　본 장에서는 파이썬과 인공지능을 활용해 음성과 영상 처리의 혁신적인 솔루션들을 탐구합니다. 우리는 멀티미디어 데이터가 지닌 풍부한 정보를 추출하고, 이를 분석하며, 실제 응용 프로그램에 통합하는 방법을 살펴보겠습니다.
　인공지능 기술의 이해에서 출발하여, 이 장은 음성 인식과 처리 기술의 발전을 깊이 있게 들여다보고, Wav2Lip과 MakeItTalk과 같은 도구를 사용해 음성 데이터를 실시간 립싱크와 애니메이션으로 변환하는 과정을 배울 것입니다. 이미지 인식과 편집

세션에서는 Gimp와 같은 강력한 이미지 처리 도구를 사용하여 흐림 효과 적용, 배경 제거, 스타일 변환, 그리고 3차원 모델 복원 등의 기술을 알아보겠습니다. 영상 분석과 처리 부문에서는 DeepFake와 페이스 모핑과 같은 최신 기술을 통해 영상 데이터의 특성을 이해하고, 이를 활용하는 다양한 방법을 탐구합니다. 영상 품질 개선을 위한 전략적 접근도 다루며, 잡음과 무음 제거 기법을 포함한 다양한 영상 처리 기술의 코드를 이해하고 실습해 보겠습니다.

멀티미디어 데이터와 작업 도구 섹션에서는 Audacity를 비롯하여 OpenShot, OBS, 그리고 Lens Studio를 활용한 실용적인 프로젝트를 구현합니다. 이를 통해, 독자들은 음성, 이미지, 영상 데이터를 전문적으로 처리하고, 다양한 플랫폼에 맞게 콘텐츠를 제작하는 능력을 키우게 됩니다. 마지막으로, 멀티미디어 프로젝트 사례 연구를 통해 실제 음성 및 이미지 처리 프로젝트를 살펴보고, 영상 처리와 분석을 통해 얻은 경험을 바탕으로 창의적인 솔루션을 개발하는 과정을 이해합니다.

이 장을 통해 독자들은 파이썬을 활용한 멀티미디어 처리의 기초부터 고급 기술에 이르기까지의 지식을 쌓고, 인공지능이 제공하는 무한한 가능성을 실제로 체험하게 될 것입니다. 인공지능이 멀티미디어 처리를 어떻게 변화시키고 있는지 알아보고, 인공지능이 음성, 이미지, 영상 데이터를 인식하고 분석하는 고급 기술들을 소개하며, 이를 실제 문제 해결에 적용하는 방법을 살펴볼 것입니다.

음성 인식부터 정교한 립싱크와 애니메이션 생성에 이르기까지, 인간과 기계 간의 상호작용을 더욱 자연스럽고 직관적으로 만드는 최신 기술들을 배웁니다. 이미지 처리 세션에서는 딥러닝이 이미지를 어떻게 생성하고 변환하는지에 대해 학습하며, 영상 처리 부문에서는 현대의 디지털 미디어 환경에서 필요한 영상 결과물들을 만들어 내는 기술들을 소개합니다. 이 장은 기술적 깊이와 실용적 지침을 결합하여, 독자들이 인공지능을 통해 멀티미디어의 새로운 차원을 탐색하도록 이끕니다.

3.1 인공지능 기술의 이해와 음성 인식 처리

인공지능은 인간의 지능적인 행위를 컴퓨터가 모방하고 수행할 수 있도록 하는 컴퓨터 과학의 한 분야로, 데이터 분석, 패턴 인식, 학습 능력 등을 포함합니다. 이는 기계 학습(Machine Learning)과 딥러닝(Deep Learning)의 형태로 세부화 되어 발전해 왔으며, 각각은 인공지능의 목표를 달성하기 위한 다양한 접근 방식을 제공합니다.

기계 학습과 딥러닝의 핵심적인 개념의 이해를 위해 수학적 배경을 명확하게 숙지하는 것이 도움이 될 것입니다. 특히, 딥러닝의 중요한 개념 중 하나는 네트워크를 통해 데이터의 특성을 학습하는 과정입니다. 이 과정을 설명하는 데 사용할 수 있는 수식은 인공신경망에서의 순전파(forward propagation)입니다. 순전파는 네트워크를 통해 입력 데이터가 어떻게 처리되고 최종 출력으로 변환되는지 설명합니다.

$$a^{[l]} = g^{[l]}(W^{[l]}a^{[l-1]} + b^{[l]})$$

여기서 $a^{[l]}$은 l번째 층에서의 활성화 출력, $g^{[l]}$은 l번째 층의 활성화 함수, $W^{[l]}$과 $b^{[l]}$는 각각 l번째 층의 가중치와 바이어스를 나타냅니다. $g^{[l]}$은 이전 층의 출력입니다. 이 과정은 입력 데이터가 네트워크를 통과하며 각 층에서 가중치와 활성화 함수에 의해 변환되는 과정을 나타냅니다. 이러한 방식으로, 딥러닝 모델은 복잡한 데이터 구조를 학습하고, 이를 바탕으로 분류, 예측, 기타 여러 작업을 수행할 수 있습니다.

이 수식은 딥러닝의 근본적인 작동 원리를 나타내며, 모델이 어떻게 입력 데이터로부터 복잡한 패턴과 관계를 추출하는지를 설명하는 데 중요합니다. 이러한 이해는 딥러닝이 데이터의 추상적인 특성을 학습하고, 다양한 문제를 해결하는 데 어떻게 활용될 수 있는지를 보여줍니다. 딥러닝 모델의 핵심은 여러 층(layer)의 인공신경망 구조로, 각 층은 데이터로부터 점차적으로 복잡한 특성을 추출합니다. 이러한 층의 예로 컨볼루션 층(convolutional layers)이 있으며, 이미지 인식에서 주로 사용됩니다. 각 층의 뉴런(neuron)은 가중치(weights)와 바이어스(biases)를 통해 입력 데이터를 처리하고, 활성화 함수(activation function)를 통해 다음 층으로 신호를 전달합니다. 활성화 함수의 예로는 시그모이드(sigmoid), 하이퍼볼릭 탄젠트(hyperbolic tangent), 렐루(ReLU) 등이 있습니다.

딥러닝의 수학적 기초 중 하나는 비용 함수(cost function)이며, 이는 모델의 예측이 실제 데이터와 얼마나 잘 일치하는지 측정합니다. 비용 함수의 한 예로는 평균 제곱 오차(mean squared error, MSE)가 있으며, 다음과 같이 표현됩니다:

$$MSE = \frac{1}{n}\sum_{i=1}^{n}(y_i - \hat{y}_i)^2$$

여기서 n은 데이터 포인트의 수, y_i는 실제 값, $\hat{y}_i$는 예측값입니다. 비용 함수를 최소화하기 위해, 딥러닝 모델은 역전파(backpropagation)와 경사 하강법(gradient descent)과 같은 알고리즘을 사용하여 가중치를 조정합니다.

이상의 내용을 구체적으로 데이터 샘플을 이용하여 가장 간단한 형태로 알고리즘을 실행하여 보았습니다.

Feature_1	Feature_2	Label
0.548814	0.715189	0
0.602763	0.544883	1
0.423655	0.645894	0
0.437587	0.891773	1
0.963663	0.383442	1

데이터 세트를 이용한 백프로퍼게이션을 포함한 수치적 진행 절차를 단계별로 설명하겠습니다. 이 예에서는 간단한 퍼셉트론을 가정하고, 시그모이드 함수를 활성화 함수로 사용합니다.

첫 번째 단계로서 초기 설정에서는 가중치와 편향 초기화: 가중치 w_1, w_2와 편향 b를 작은 랜덤 값으로 초기화합니다. 예를 들어, $w_1=0.1, w_2=0.2, b=-0.1$이고, 학습률 η를 정합니다. 예를 들어, $\eta=0.01$로 하도록 합니다.

두 번째 단계로는 순전파 (Forward Propagation) 단계로 $x_1=0.548814, x_2=0.715189$, 실제 레이블 y=0.의 데이터 샘플을 선택하여 선형 결합 계산 $z=w_1 \times x_1 + w_2 \times x_2 + b = 0.1 \times 0.548814 + 0.2 \times 0.715189 - 0.1$와 같이 선형 결합 계산을 구하고 시그모이드 함수 $\sigma(z)$를 사용하여 활성화 함수를 적용하여 출력 $\hat{y}$를 계산합니다.

세 번째 단계는 손실 계산으로 이진 크로스엔트로피 손실 함수를 사용하여 손실을 계산합니다. 손실은 $Loss = -(y\log(\hat{y}) + (1-y)\log(1-\hat{y}))$로 계산합니다.

네 번째 단계는 역전파 (Backpropagation)으로 가중치에 대한 손실의 편미분 즉, $\frac{\partial Loss}{\partial w_1}, \frac{\partial Loss}{\partial w_2}, \frac{\partial Loss}{\partial b}$을 계산합니다. 이는 손실 함수, 활성화 함수, 그리고 선형 결합의 편미분을 포함합니다.

다섯 번째 단계에서는 가중치를 다음과 같이 업데이트합니다.

$$w_1 := w_1 - \eta \frac{\partial Loss}{\partial w_1}, \quad w_2 := w_2 - \eta \frac{\partial Loss}{\partial w_2}, \quad b := b - \eta \frac{\partial Loss}{\partial b}$$

이 단계를 데이터 세트의 다른 샘플들에 대해서도 반복하며 여러 epoch에 대해서 반복하여 모델을 학습시킵니다. 이 과정을 통해 모델은 점차적으로 실제 레이블과의 오차를 줄이면서 학습합니다. 각 단계는 모델의 가중치와 편향을 조정하는 데 필요한 정보를 제공하며, 이를 통해 모델의 성능이 점차 개선됩니다. 다음의 소스코드는 이를 구현한 내용입니다.

📝 소스 코드

```python
import matplotlib.pyplot as plt
import numpy as np
import pandas as pd

# 시그모이드 함수를 정의
def sigmoid(x):
    return 1 / (1 + np.exp(-x))

# 이진 크로스 엔트로피 함수를 정의
def binary_cross_entropy(y_true, y_pred):
    return -np.mean(y_true * np.log(y_pred) + (1 - y_true) * np.log(1 - y_pred))

# 데이터 세트를 생성
np.random.seed(0)
sample_size = 10
features_class_0 = np.random.rand(sample_size, 2) / 2    # 작은 값들
features_class_1 = np.random.rand(sample_size, 2) / 2 + 0.5 # 큰 값들
features = np.vstack((features_class_0, features_class_1))
labels = np.array([0] * sample_size + [1] * sample_size)  """ 0s for class 0, 1s for class 1"""

# 데이터 세트를 데이터 프레임으로 변환
dataset = pd.DataFrame(features, columns=['Feature_1', 'Feature_2'])
dataset['Label'] = labels

# 데이터를 탑재
X = dataset[['Feature_1', 'Feature_2']].values
y = dataset['Label'].values

# 모델 파라미터를 초기화
```

```python
w = np.random.rand(2)    # 하중
b = np.random.rand(1)    # 편향
learning_rate = 0.1      # 학습률
epochs = 5               # epoch 수
losses = []              # 각 epoch 당 손실

# 학습 과정
for epoch in range(epochs):
    # Forward propagation
    z = np.dot(X, w) + b
    y_pred = sigmoid(z)

    # 손실 계산
    loss = binary_cross_entropy(y, y_pred)
    losses.append(loss)

    # 역전파 계산
    dz = y_pred - y
    dw = np.dot(X.T, dz) / len(y)
    db = np.sum(dz) / len(y)

    # 편향과 웨이트 갱신
    w -= learning_rate * dw
    b -= learning_rate * db

# 결정 경계를 그리는 함수
def plot_decision_boundary(X, w, b):
    x_values = np.array([np.min(X[:, 0]), np.max(X[:, 0])])
    y_values = -(w[0] * x_values + b) / w[1]
    plt.plot(x_values, y_values, label="Decision Boundary", color='black')
```

```python
# 그리기
plt.figure(figsize=(16, 5))

# 초기분산 데이터를 그림
plt.subplot(1, 3, 1)
plt.scatter(X[y == 0][:, 0], X[y == 0][:, 1], color='red', label='Class 0')
plt.scatter(X[y == 1][:, 0], X[y == 1][:, 1], color='blue', label='Class 1')
plt.title("Initial Data Distribution")
plt.xlabel("Feature 1")
plt.ylabel("Feature 2")
plt.legend()

# 에포크당 손실 그리기
plt.subplot(1, 3, 2)
plt.plot(losses, color='purple')
plt.title("Loss Over Epochs")
plt.xlabel("Epoch")
plt.ylabel("Loss")

# 결정 경계의 최종 분류 가시화
plt.subplot(1, 3, 3)
plot_decision_boundary(X, w, b)
plt.scatter(X[y == 0][:, 0], X[y == 0][:, 1], color='red', label='Class 0')
plt.scatter(X[y == 1][:, 0], X[y == 1][:, 1], color='blue', label='Class 1')
plt.title("Final Classification with Decision Boundary")
plt.xlabel("Feature 1")
plt.ylabel("Feature 2")
plt.legend()
plt.tight_layout()
plt.show()
```

프로그램을 실행한 결과는 다음과 같이 분류가 에포크를 거듭할수록 완벽해지는 것을 확인할 수 있습니다.

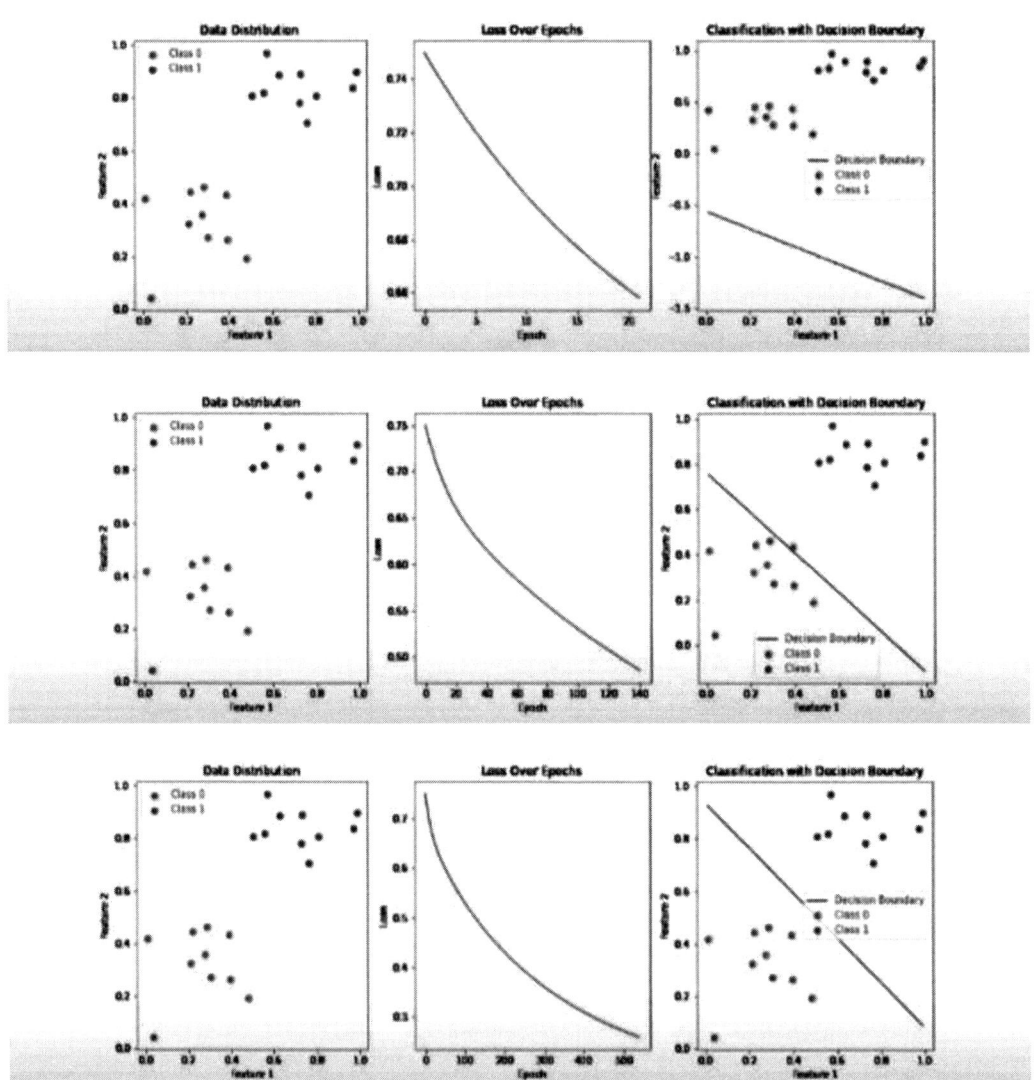

그림 3.1.1 학습에 따른 분류 정교화 과정

> **💡 보충 설명**
>
> 딥러닝은 본질적으로 선형 회귀 함수의 확장으로 볼 수 있습니다. 딥러닝 모델은 여러 개의 선형 및 비선형 변환을 통해 입력 데이터에서 복잡한 패턴을 학습합니다. 이 과정에서 모델의 가중치(계수)는 경사 하강법이나 그 변형들을 사용하여 최적화됩니다. 이는 기본적인 선형 회귀 모델이 데이터 포인트들에 대해 최적의 선을 찾는 것과 유사하게, 딥러닝 모델이 고차원 공간에서 데이터를 가장 잘 설명할 수 있는 패턴을 찾는 과정으로 볼 수 있습니다.

> 그러나 구체적인 차이점을 살펴보자면, 선형 회귀는 연속적인 출력값을 예측하는 데 사용됩니다. 예를 들어 주택 가격이나 기온 같은 수치를 예측하는 데 사용되는데 반해, 퍼셉트론은 분류 문제에 사용됩니다. 이는 주어진 입력이 특정 클래스에 속하는지 여부를 결정하는 이진 분류기의 한 형태입니다. 출력 함수의 면에서 볼 때, 선형 회귀에서 출력은 입력 변수의 선형 조합입니다. 즉, 각 입력에 대한 가중치의 합에 기반합니다. 퍼셉트론에서도 출력은 입력의 가중치 합으로 계산되지만, 이 값에 활성화 함수(예: 계단 함수)가 적용됩니다. 이 활성화 함수는 출력을 이진 값(예: 0 또는 1)으로 변환합니다. 두 모델 모두 가중치를 학습하기 위해 경사 하강법을 사용할 수 있습니다. 그러나 선형 회귀는 주로 평균 제곱 오차와 같은 손실 함수를 최소화하는 반면, 퍼셉트론은 분류 오류를 최소화하는 방향으로 학습합니다. 간단히 말해서, 선형 회귀는 연속적인 값을 예측하는 데 사용되며, 퍼셉트론은 분류 문제를 해결하는 데 사용됩니다. 두 모델 모두 선형 변환을 사용하지만, 그 목적과 출력 처리 방식이 다릅니다. 그들의 사용 사례와 구현 방식은 분명히 다릅니다.

결국 딥러닝은 이 개념의 확장으로 각 분야에서 입력 데이터의 종류를 다양하게 취합니다. 음성에서는 주파수 해석 데이터를 영상에서는 컨볼루션 값을 이용한 데이터를 활용한다고 볼 수 있습니다. 이러한 퍼셉트론의 개념을 확장하여 각 분야에서의 입력 데이터 특성에 따라 다양한 형태의 특성 데이터를 활용하고, 이에 맞는 특정한 네트워크 계층구조와 알고리즘을 사용하게 되는 것입니다.

음성 데이터에서는 일반적으로 주파수 분석을 통해 얻은 특성(예: 멜 주파수 켑스트럼 계수: MFCC)을 사용합니다. 이러한 데이터는 시간에 따라 변화하는 신호의 특성을 포착하여, 음성 인식이나 음성 처리 작업에 사용됩니다. 순환 신경망(RNN)이나 그 변형인 LSTM(Long Short-Term Memory), GRU(Gated Recurrent Unit)과 같은 네트워크가 주로 사용됩니다. 영상 데이터의 경우, 컨볼루션 신경망(CNN, Convolutional Neural Networks)이 널리 사용됩니다. CNN은 이미지의 시각적 패턴을 효과적으로 학습할 수 있는 컨볼루션 레이어를 사용하여, 이미지 내의 공간적 계층구조를 인식합니다. 이는 객체 인식, 이미지 분류, 시각적 콘텐츠 분석 등에 활용됩니다. 자연어 처리(NLP)에서는 단어, 문장의 연속성을 다루기 위해 RNN이나 Transformer 같은 모델이 사용됩니다. 데이터 마이닝, 추천 시스템 등 다른 분야에서도 딥러닝 모델이 특정 문제에 적합하게 조정되어 사용됩니다.

딥러닝의 핵심은 데이터의 복잡한 패턴을 학습하여 이를 바탕으로 예측이나 분류를 수행하는 것입니다. 각 분야에 특화된 데이터 특성과 알고리즘을 이용하여, 정교하고 효과적인 모델을 구축하는 것이 딥러닝의 핵심 목표입니다.

이상의 기술들은 다음과 같이 정리할 수 있습니다.

- RNN (Recurrent Neural Networks): RNN은 시계열 데이터나 순차적인 데이터를 처리하는 데 적합한 딥러닝 모델입니다. 이는 이전의 정보를 현재의 결정에 반영할 수 있는 '메모리' 기능을 하고 있어, 시간에 따른 데이터의 변화를 학습하는 데 유용합니다. RNN의 주요 차별점은 이전 출력이 다음 입력에 영향을 준다는 점이며, 이로 인해 시계열 데이터나 텍스트 처리에 주로 사용됩니다.

- CNN (Convolutional Neural Networks): CNN은 주로 이미지 처리에 사용되는 딥러닝 모델로, 이미지의 공간적 계층 구조를 효과적으로 인식합니다. CNN의 핵심은 컨볼루션 레이어로, 이를 통해 이미지의 특징을 추출하고 이를 분류, 감지 등에 활용합니다. CNN은 RNN과 달리 공간적 패턴 인식에 특화되어 있어, 이미지 및 비디오 분석에 적합합니다. 2장에서 배운 두 번째 컨볼루션의 개념을 활용한 것 입니다.

- LSTM (Long Short-Term Memory): LSTM은 RNN의 한 형태로, 장기 의존성 문제를 해결하기 위해 고안되었습니다. LSTM은 RNN보다 복잡한 구조로 되어 있으며, 중요한 정보를 장기간 기억하고 불필요한 정보를 제거하는 기능을 가집니다. 이는 특히 자연어 처리나 복잡한 시계열 데이터 분석에서 RNN에 비해 우수한 성능을 보입니다.

- CTC (Connectionist Temporal Classification): CTC는 주로 음성 인식에서 사용되는 알고리즘으로, 입력과 출력 시퀀스 간의 길이가 다를 때 유용합니다. 이는 RNN 또는 LSTM과 결합하여, 음성과 같이 시간상으로 변화하는 데이터를 레이블링하는 데 사용됩니다. CTC는 시퀀스 데이터의 정렬 없이 직접 매핑을 학습하는 능력이 특징입니다.

- GAN (Generative Adversarial Networks): GAN은 생성 모델과 판별 모델이 경쟁하는 구조를 가진 딥러닝 알고리즘입니다. 이는 CNN, RNN, LSTM과는 다른 접근 방식을 가지며, 실제와 구별하기 어려운 새로운 데이터를 생성할 수 있습니다. GAN은 이미지 생성, 스타일 전이, 데이터 강화 등에 사용되며, 창의적인 콘텐츠 생성에 특히 유용합니다.

- Two-Stream Networks: 비디오 처리에 사용되는 이 알고리즘은 두 개의 별도 스트림(하나는 공간 정보, 다른 하나는 시간 정보 처리)으로 구성됩니다. 이는 CNN, RNN, LSTM과 같은 기존 모델과 달리, 비디오의 시각적 요소와 동적인 움

직임을 동시에 분석합니다. Two-Stream Networks는 특히 동작 인식과 같은 과제에 적합합니다.

이외에도 딥러닝에는 다양한 알고리즘이 존재하며, 각각은 특정 종류의 데이터와 문제에 맞게 설계되었습니다. 예를 들어, Transformer는 주로 자연어 처리에서 사용되며, 주목 메커니즘(Attention mechanism)을 통해 텍스트 데이터의 복잡한 패턴을 학습합니다.

딥러닝 프로세스는 크게 모델의 생성 및 학습 단계와 활용 단계로 나누어질 수 있습니다. 모델 생성과 학습 단계에서는 먼저 적절한 딥러닝 아키텍처(예: CNN, RNN, LSTM 등)를 선택하고, 이를 특정 문제에 맞게 조정합니다. 이 단계에서 데이터 전처리, 모델 구조 설계, 가중치 초기화, 학습 알고리즘 선택 등이 이루어집니다. 학습 과정에서는 대량의 데이터를 사용하여 모델이 특정 작업(예: 분류, 예측, 생성 등)을 수행하는 방법을 '학습'합니다. 이후, 활용 단계에서는 학습된 모델을 실제 응용 분야에 적용하여, 새로운 데이터에 대한 예측이나 분석을 수행합니다. 이 두 단계는 딥러닝 프로젝트의 성공을 위해 필수적이며, 각 단계의 정확한 수행이 중요한 결과를 도출하는 데 결정적인 역할을 합니다.

본 절에서는 이러한 딥러닝 기술을 실제 문제에 어떻게 적용할 수 있는지 실질적인 예제와 함께 설명합니다. 모델링을 하고 학습을 하는 단계보다 이미 생성된 모델을 가지고 결과를 얻어내는 방법에 집중하여 딥러닝이 현재 기술 환경에서 어떤 일들을 할 수 있는지를 확인할 수 있을 것입니다.

> **보충 설명**
>
> 본 저서의 목적은 수학적 모델과 이론의 깊은 이해에 있지 않습니다. 오히려 그것보다 실질적으로 우리가 무엇을 얻고 무엇을 할 수 있는가에 집중할 것입니다. 이 절에서 설명한 다양한 기술에 대해서도 마찬가지로 해당 기술에 대한 심도 있는 이해보다는 이를 활용하거나 적용하는 실제 응용 사례에 초점을 맞출 것입니다. 이러한 이론적인 배경이 중요하지 않다는 것이 아니고 필요하다면 다른 정보 채널을 통하여 보완하기를 추천합니다.
>
> 2장에서 배웠던 엔지니어링 분야에서의 주파수의 세계, 퓨리에 신호 처리, 컨볼루션의 기본적인 개념과 용어들이 3장에서 유용하게 활용됩니다. 이러한 기본 개념과 현상에 대한 직관적인 개념들을 주의 깊게 살펴보면서 학습하기 바랍니다.

3.1.1 음성 인식과 처리

음성 인식은 기계가 인간의 말을 이해하고 처리하는 기술로, 최근 인공지능(Artificial Intelligence)의 발달로 인해 크게 발전하였습니다. 이 기술의 역사는 몇십 년에 걸쳐 확장됐으며, 초기 단계의 단순 명령 인식에서부터 오늘날의 복잡한 자연어 처리에 이르기까지 이르고 있습니다.

초기 음성 인식 시스템은 제한된 어휘와 명확한 발음이 필요했습니다. 이 시스템들은 주로 패턴 매칭 방식을 사용하여 특정 단어 또는 구를 인식했습니다. 1990년대에 들어서며 숨은 마르코프 모델(Hidden Markov Model, HMM)과 같은 통계적 모델이 도입되어, 더 복잡한 언어 패턴과 다양한 발음을 처리할 수 있게 되었습니다. 21세기에 들어서며, 인공지능의 한 분야인 딥러닝이 음성 인식 분야에 혁명을 가져왔습니다. 특히, 순환 신경망(Recurrent Neural Networks, RNN)과 장단기 메모리(Long Short-Term Memory, LSTM) 네트워크는 음성의 시계열적 특성을 처리하는 데 탁월한 성능을 보였습니다. 이러한 네트워크는 음성 신호에서 복잡한 패턴과 문맥을 인식할 수 있게 되어, 더 자연스러운 음성 인식이 가능해졌습니다.

현재 음성 인식 기술은 구글 어시스턴트, 아마존 알렉사, 애플 시리와 같은 스마트폰 음성 비서에서부터, 음성 기반 검색, 자동화된 고객 서비스 시스템에 이르기까지 다양한 형태로 적용되고 있습니다. 이 기술은 사용자의 말을 실시간으로 텍스트로 변환하고, 복잡한 질문에 답하거나 명령을 수행할 수 있습니다. 음성 인식 기술은 의료, 법률, 교육 등의 분야에서 접근성과 효율성을 향상하는 데 중요한 역할을 합니다. 예를 들어, 의료 분야에서 의사는 환자의 진료 기록을 음성으로 기록할 수 있으며, 법률 분야에서는 법정 진술을 자동으로 텍스트로 변환하는 데 사용됩니다. 음성 인식에 주로 사용되는 기술들은 다음과 같습니다.

- RNN(Recurrent Neural Networks): 시계열 데이터 처리에 적합하여, 음성의 시간적 순서를 고려한 패턴 인식에 주로 사용됩니다.

- LSTM(Long Short-Term Memory): RNN의 한 종류로, 시간에 따른 음성 데이터의 긴 의존성을 학습하는 데 효과적입니다.

- CTC(Connectionist Temporal Classification): 음성 인식에서 음성 프레임을 텍스트 라벨로 매핑하는 데 사용되며, 시간적 정렬을 자동으로 처리합니다.

3.1.2 Whisper 음성 인식 라이브러리

Whisper는 OpenAI에서 개발한 최신 음성 인식 알고리즘으로, 딥러닝 기반의 강력한 기능을 통해 다양한 언어와 방언의 음성을 정확하게 텍스트로 변환합니다. Whisper의 핵심은 대규모 음성 데이터 세트에 기반한 광범위한 학습과 음성의 다양한 특징을 포착할 수 있는 고도화된 인공신경망 구조에 있습니다. Whisper 알고리즘의 주요 특징은 다음과 같습니다.

- 다국어 지원: Whisper는 전 세계 다양한 언어와 방언을 인식하고 처리할 수 있습니다. 이는 국제적 환경에서 음성 인식 기술의 접근성과 활용도를 크게 향상합니다.

- 정확도: 고급 딥러닝 모델을 사용하여 음성의 뉘앙스와 문맥을 정확하게 포착하고, 이를 텍스트로 변환합니다. Whisper는 특히 복잡한 음성 패턴과 배경 소음이 있는 환경에서도 높은 인식 정확도를 보입니다.

- 유연성: Whisper는 다양한 형식의 오디오 입력을 처리할 수 있으며, 휴대용 기기에서부터 서버 기반의 응용 프로그램까지 다양한 환경에서 사용할 수 있습니다.

- 확장성: Whisper는 확장 가능한 아키텍처를 갖추고 있어, 새로운 언어나 방언, 사용자 정의 단어에 대한 학습과 적응을 할 수 있습니다.

Whisper의 작동 원리는 다음과 같습니다:

- 음성 신호 처리: 입력된 오디오 신호는 먼저 디지털 형식으로 전환되고, 음성의 특징을 추출하기 위해 처리됩니다.

- 딥러닝 모델 적용: 추출된 음성 특징은 신경망을 통해 전달되어, 음성에서 단어와 문장 구조를 인식합니다. 이때, LSTM과 같은 순환 신경망 구조가 주로 사용됩니다.

- 텍스트 변환: 신경망은 인식된 단어와 문장을 텍스트로 변환하며, 이 과정에서 문맥과 발음의 미묘한 차이를 고려합니다.

- 결과 출력: 변환된 텍스트는 사용자에게 출력되며, 이는 자막 생성, 음성 명령 인식, 자동 텍스트 기록 등에 사용됩니다.

Whisper는 기존의 음성 인식 시스템을 크게 뛰어넘는 기술로, 그 용도는 교육 자료의 자동화된 필기, 다국어 회의록 작성, 멀티미디어 콘텐츠의 자동 자막 생성 등 다양한 분야에 걸쳐 있습니다. 다음은 Whisper 라이브러리를 활용한 파이썬 코드입니다. 주어진 음성 파일을 읽어서 음성 인식을 진행합니다.

📝 소스 코드

```python
import whisper

def transcribe_audio(file_path):
    # Whisper 모델 로드
    model = whisper.load_model("base")
    # 오디오 파일로부터 텍스트 변환
    result = model.transcribe(file_path)
    # 변환된 텍스트 반환
    return result["text"]

# 오디오 파일 경로
audio_file = "VoiceSample02.wav"

# 오디오 파일의 텍스트 변환 및 출력
transcribed_text = transcribe_audio(audio_file)
print(transcribed_text)
```

💻 실행 결과

Hello, this is a book that is a pencil.

영어로 된 음성을 정확하게 인식하였습니다. 한글 음성은 "한글도 인식하나요? 환영합니다"라는 문구의 음성을 다음과 같이 인식하였습니다.

💻 실행 결과

한금도 인식 하나예요. 반영합니다.

한글 인식에는 정확도가 약간 떨어지는 것으로 보입니다. 영상에서 음성 인식을 통하여 무의미한 췌언을 제거하거나 무음 부분을 제거하는 방법에도 음성 인식이 유용하게 사용될 수 있습니다. 무음/췌언 제거를 위한 Whisper의 사용은 뒤의 영상 처리 부분에서 다시 다루도록 하겠습니다.

3.2 이미지 인식과 처리

딥러닝을 활용한 이미지 개선과 편집 기술에 대해 탐구해 보겠습니다. 이 분야는 디지털 이미지 처리의 전통적인 기법과 최신의 딥러닝 기술을 결합하여, 이미지의 품질을 개선하고 새로운 형태로 변환하는 다양한 방법들을 알아보겠습니다.

- 선명도 향상: 딥러닝은 이미지의 선명도를 높이기 위해 고해상도의 특징을 재구성합니다. 이는 특히 저해상도 이미지의 화질을 개선하는 데 유용합니다.
- 잡음 제거: 디지털 이미지에서 종종 발견되는 잡음을 제거하여 이미지의 선명도를 향상하는 기술입니다. 딥러닝 모델은 다양한 종류의 잡음 패턴을 학습하고, 이를 효과적으로 제거할 수 있습니다.
- 배경 제거: 이미지에서 주요 객체를 강조하기 위해 배경을 제거하는 기술입니다. 딥러닝 모델은 객체와 배경을 구분하고, 배경을 효과적으로 제거할 수 있습니다.
- 만화 스타일 변환: 딥러닝은 이미지를 만화 또는 예술적 스타일로 변환하는 데 사용됩니다. GAN과 같은 모델을 활용하여 이미지에 창의적이고 예술적인 효과를 부여할 수 있습니다.
- 3차원 모델 복원: 2차원 이미지로부터 3차원 구조를 재구성하는 기술입니다. 이는 가상 현실, 게임 개발, 영화 제작 등 다양한 분야에서 응용됩니다.

이 절에서는 이러한 기술들이 이미지 처리와 편집 분야에 어떻게 새로운 가능성을 열고 있는지에 대해 알아보겠습니다. 전통적인 이미지 처리 기법과 최신의 딥러닝 알고리즘을 결합함으로써, 이미지의 품질을 개선하고, 사용자의 창의력을 높이는 새로운 방법들을 소개합니다. 이러한 기술들의 발전은 디지털 미디어, 광고, 엔터테인먼트 등 다양한 산업에서 혁신을 가져오고 있으며, 이 절을 통해 독자들은 딥러닝이 이미지 처리와 편집 분야에 어떻게 적용되고 있는지를 이해할 수 있을 것입니다.
이미지 처리에는 다음과 같은 기술들이 사용됩니다.
- CNN(Convolutional Neural Networks): 이미지의 공간적 계층 구조를 학습하는

데 매우 효과적이며, 이미지 분류, 객체 감지, 얼굴 인식 등에 널리 사용됩니다.

- GAN(Generative Adversarial Networks): 이미지 생성, 스타일 전이, 이미지 강화 등을 위해 사용되며, 실제와 유사한 이미지를 생성할 수 있습니다.

3.2.1 이미지 해상도 개선

GFPGAN (Generative Facial Prior-Generative Adversarial Network)은 Tencent의 AI 연구소인 ARC (Advanced Robotics Center)에서 개발한 최신 딥러닝 기술입니다. 이 기술의 주요 목적은 사람의 얼굴 이미지의 해상도를 향상하는 것으로, 저해상도 또는 손상된 얼굴 이미지를 고해상도로 복원하는 데 사용됩니다.

GFPGAN은 Generative Adversarial Networks (GANs)의 원리를 기반으로 합니다. GAN은 생성자(generator)와 판별자(discriminator) 두 가지 주요 네트워크로 구성되며, 이들이 서로 경쟁하는 과정을 통해 고해상도 이미지를 생성합니다. GFPGAN은 특히 얼굴 이미지의 복원에 초점을 맞추며, 얼굴의 구조와 특징을 정확하게 복원하는 데 특화되어 다음과 같은 특징을 갖습니다.

- 얼굴 구조의 정확한 복원: GFPGAN은 얼굴의 기본 구조와 형태를 정확하게 복원할 수 있는 능력을 갖추고 있습니다. 이는 기존의 이미지 복원 기술보다 우수한 결과를 제공합니다.

- 고해상도 이미지 생성: 이 기술은 저해상도 얼굴 이미지를 고해상도로 변환할 때, 세부 사항을 정확하게 재현할 수 있습니다. 이는 표정, 주름, 피부 질감 등 미세한 부분까지 포착합니다.

- 자연스러운 결과: GFPGAN은 인위적이거나 비현실적이지 않은, 자연스러운 결과를 생성합니다. 이는 실제 사람의 얼굴과 유사한 품질을 달성하는 데 중요합니다.

- 다양한 응용 가능성: 이 기술은 사진 복원, 디지털 엔터테인먼트, 가상 현실 등 다양한 분야에서 응용될 수 있습니다. 특히, 역사적 사진 복원이나 디지털 아이덴티티 생성에 유용하게 사용될 수 있습니다.

GFPGAN에서 생성자는 저해상도의 입력 이미지를 받아 고해상도의 이미지를 생성합니다. 이 과정에서 네트워크는 얼굴의 구조적 특징을 학습하고 이를 적용합니다.

판별자는 생성된 이미지가 실제 이미지인지를 판별하려고 시도합니다. 이 과정에서 생성자는 더 정교한 이미지를 생성하기 위해 지속해서 학습합니다. GFPGAN은 딥러닝과 컴퓨터 비전 분야에서 진보된 기술로서, 사람의 얼굴 이미지를 더 선명하고 자연스럽게 복원할 수 있는 새로운 방법을 제공합니다. 이 기술은 향후 다양한 응용 분야에서 인간의 얼굴을 디지털로 재현하는 데 큰 역할을 할 것으로 예상됩니다.

본 프로그램을 복제한 예제는 구글 코랩으로 구현되었으며 https://tinyurl.com/yqhkxy9o에서 확인 가능합니다. 코드에 대한 설명과 실행결과는 다음과 같습니다.

📝 소스 코드

```python
# 사용자 자신의 이미지 업로드
import os
from google.colab import files
import shutil

upload_folder = 'inputs/upload'

# 이미 업로드된 폴더가 있다면 삭제 후 새 폴더 생성
if os.path.isdir(upload_folder):
    shutil.rmtree(upload_folder)
os.mkdir(upload_folder)

# 이미지 업로드
uploaded = files.upload()
for filename in uploaded.keys():
    dst_path = os.path.join(upload_folder, filename)
    print(f'{filename} 파일을 {dst_path}(으)로 이동합니다')
    shutil.move(filename, dst_path)

# GFPGAN을 사용하여 저해상도 이미지 복원
# 배경(얼굴이 아닌 부분)을 향상시키기 위해 Real-ESRGAN 사용
# 모델에 대한 자세한 정보는
```

```
# https://github.com/TencentARC/GFPGAN#european_castle-model-zoo 참조
!rm -rf results
!python inference_gfpgan.py -i inputs/upload -o results -v 1.3 -s 2 --bg_upsampler realesrgan

# 사용 방법: python inference_gfpgan.py -i 입력 폴더 -o 출력 폴더 -v 모델 버전 -s
# 확대 비율 [옵션]...
#
# -h                   도움말 표시
# -i input             입력 이미지 또는 폴더. 기본값: inputs/whole_imgs
# -o output            출력 폴더. 기본값: results
# -v version           GFPGAN 모델 버전. 옵션: 1 | 1.2 | 1.3. 기본값: 1.3
# -s upscale           이미지 최종 확대 비율. 기본값: 2
# -bg_upsampler        배경 확대 도구. 기본값: realesrgan
# -bg_tile             배경 샘플러의 타일 크기, 테스트 중 타일 사용 안 함: 0.
# 기본값: 400
# -suffix              복원된 얼굴의 접미사
# -only_center_face    중앙 얼굴만 복원
# -aligned             정렬된 얼굴 입력
# -ext                 이미지 확장자. 옵션: auto | jpg | png, auto는 입력과
# 동일한 확장자 사용. 기본값: auto

!ls results/cmp
# 입력된 얼굴 이미지와 GFPGAN 결과 비교
import cv2
import matplotlib.pyplot as plt
def display(img1, img2):
    fig = plt.figure(figsize=(25, 10))
    ax1 = fig.add_subplot(1, 2, 1)
    plt.title('입력 이미지', fontsize=16)
    ax1.axis('off')
    ax2 = fig.add_subplot(1, 2, 2)
```

```
    plt.title('GFPGAN 결과', fontsize=16)
    ax2.axis('off')
    ax1.imshow(img1)
    ax2.imshow(img2)
def imread(img_path):
    img = cv2.imread(img_path)
    img = cv2.cvtColor(img, cv2.COLOR_BGR2RGB)
    return img

# 업로드 폴더의 각 이미지 표시
import os
import glob

input_folder = 'results/cropped_faces'
result_folder = 'results/restored_faces'
input_list = sorted(glob.glob(os.path.join(input_folder, '*')))
output_list = sorted(glob.glob(os.path.join(result_folder, '*')))
for input_path, output_path in zip(input_list, output_list):
    img_input = imread(input_path)
    img_output = imread(output_path)
    display(img_input, img_output)
```

이미지 개선 결과는 다음과 같습니다.

그림 3.2.1 선명도 개선 (단일 이미지)

여러 명의 사진이 있는 경우에는 각각의 인물 사진을 추출하여 모든 얼굴에 대한 선명도 개선 결과를 보여줍니다.

그림 3.2.2 자동 이미지 추출 개선

3.2.2 이미지 잡음 제거

NAFNet(Noise Adaptive Flow Network)는 이미지의 흐림(Deblurring)을 제거하는 최신 딥러닝 알고리즘입니다. 이 기술은 특히 카메라 흔들림이나 초점 문제로 인해 흐려진 이미지를 복원하는 데 효과적입니다. NAFNet은 복잡한 흐림 패턴을 학습하고, 이를 제거하여 이미지의 선명도를 향상하는 데 초점을 맞춥니다. NAFNet의 주요 특징은 다음과 같습니다.

- 적응형 잡음 처리: NAFNet은 다양한 종류와 강도의 흐림을 처리할 수 있도록

설계되었습니다. 이는 복잡한 흐림 패턴을 인식하고 적응적으로 대응하여, 다양한 조건에서 효과적인 복원 결과를 제공합니다.

- Flow 기반 구조: NAFNet는 'Flow' 개념을 사용하여 이미지의 각 픽셀을 고해상도 버전으로 변환합니다. 이 접근 방식은 특히 흐림이 심한 부분의 세부를 복원하는 데 유용합니다.

- 딥러닝 기술: NAFNet는 Convolutional Neural Networks (CNN)를 기반으로 하며, 복잡한 흐림 패턴을 학습하고 이를 효과적으로 제거하는 강력한 알고리즘을 사용합니다. 이는 이미지의 선명도를 높이는 데 중요한 역할을 합니다.

- 고해상도 이미지 복원: NAFNet는 흐린 이미지의 세부 사항을 정확하게 재현하며, 고해상도의 선명한 이미지를 생성합니다. 이를 통해 이미지의 품질을 크게 향상할 수 있습니다.

NAFNet의 작동 원리는 다음과 같습니다.

- 흐림 패턴 학습: 먼저, 네트워크는 대량의 흐린 이미지 데이터 세트를 사용하여 학습합니다. 이 과정에서 다양한 흐림 유형과 강도를 파악하고, 이에 대응하는 방법을 학습합니다.

- 흐림 제거: 학습된 모델은 입력된 흐린 이미지를 분석하고, 흐림을 제거하는 과정을 수행합니다. 이는 흐린 부분의 세부를 복원하며, 전체 이미지의 선명도를 높입니다.

- 결과 출력: 최종적으로, NAFNet는 흐림이 제거된 고해상도 이미지를 생성합니다. 이 이미지는 원본 이미지보다 훨씬 선명하고 자연스러운 품질을 가집니다.

NAFNet는 딥러닝과 이미지 처리 분야에서 획기적 발전으로, 특히 사진 편집, 디지털 아트, 의료 영상 분석 등 다양한 분야에서 흐림 문제를 해결하는 데 유용할 것으로 예상됩니다. 이 알고리즘의 고도화된 처리 능력은 향후 이미지 복원 및 향상 분야에서의 새로운 가능성을 열어줄 것입니다.

다음 링크(https://tinyurl.com/yu77gbj7)로 구글 코랩의 링크가 가능하며 복제하여 사용할 수 있습니다. 파이썬 코드의 내용과 실행 결과는 다음과 같습니다.

📝 소스 코드

```python
import torch
from basicsr.models import create_model
from basicsr.utils import img2tensor as _img2tensor, tensor2img, imwrite
from basicsr.utils.options import parse
import numpy as np
import cv2
import matplotlib.pyplot as plt

# 이미지를 읽고 RGB 형식으로 변환하는 함수
def imread(img_path):
    img = cv2.imread(img_path)
    img = cv2.cvtColor(img, cv2.COLOR_BGR2RGB)
    return img

# 이미지를 텐서로 변환하는 함수
def img2tensor(img, bgr2rgb=False, float32=True):
    img = img.astype(np.float32) / 255.
    return _img2tensor(img, bgr2rgb=bgr2rgb, float32=float32)

# 입력 이미지와 NAFNet 출력을 표시하는 함수
def display(img1, img2):
    fig = plt.figure(figsize=(25, 10))
    ax1 = fig.add_subplot(1, 2, 1)
    plt.title('입력 이미지', fontsize=16)
    ax1.axis('off')
    ax2 = fig.add_subplot(1, 2, 2)
    plt.title('NAFNet 출력', fontsize=16)
    ax2.axis('off')
    ax1.imshow(img1)
    ax2.imshow(img2)
```

```python
# 단일 이미지에 대한 추론을 수행하고 결과를 저장하는 함수
def single_image_inference(model, img, save_path):
    model.feed_data(data={'lq': img.unsqueeze(dim=0)})
    if model.opt['val'].get('grids', False):
        model.grids()
    model.test()
    if model.opt['val'].get('grids', False):
        model.grids_inverse()
    visuals = model.get_current_visuals()
    sr_img = tensor2img([visuals['result']])
    imwrite(sr_img, save_path)

# NAFNet 모델 및 옵션 설정
opt_path = 'options/test/REDS/NAFNet-width64.yml'
opt = parse(opt_path, is_train=False)
opt['dist'] = False
NAFNet = create_model(opt)

# 입력 및 출력 이미지 경로 설정
input_path = 'demo_input/Hand01.jpg'
output_path = 'demo_output/Hand01.jpg'

# 입력 이미지 읽기 및 텐서 변환
img_input = imread(input_path)
inp = img2tensor(img_input)

# NAFNet을 사용하여 이미지 처리 및 결과 저장
single_image_inference(NAFNet, inp, output_path)

# 결과 이미지 읽기 및 표시
```

```
img_output = imread(output_path)
display(img_input, img_output)
```

실행 결과

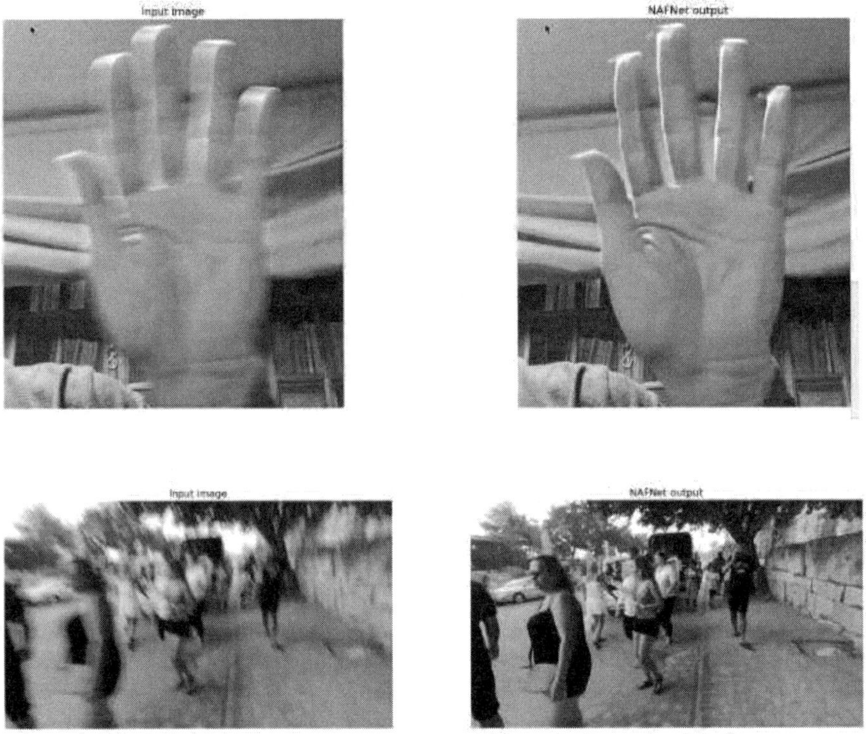

그림 3.2.3 이미지 흔들림 제거

이 코드는 NAFNet 알고리즘을 사용하여 주어진 이미지의 해상도를 향상하는 과정을 보여줍니다. 이미지를 읽고, 텐서로 변환한 후, NAFNet 모델을 사용하여 처리하고, 최종적으로 결과를 저장하고 비교하여 표시합니다. 결과에서 볼 수 있듯이 흐림이 있는 이미지들이 대폭 개선되는 것을 확인할 수 있습니다.

3.2.3 이미지배경 제거

danielgatis/rembg는 이미지에서 배경을 제거하는 강력한 도구로, 딥러닝 기반의 알고리즘을 사용하여 이미지의 전경과 배경을 분리합니다. 이 도구는 특히 e-커머스, 사진 편집, 광고 제작 등의 분야에서 유용하게 사용될 수 있으며, 사용자가 손쉽게 배경을 제거하여 이미지의 중요한 부분만을 강조할 수 있게 해주며 그 특징은 다음과 같습니다.

- 딥러닝 기반 배경 제거: rembg는 U-Net 아키텍처를 기반으로 하는 딥러닝 모델을 사용하여, 이미지의 배경을 정교하게 제거합니다. 이 모델은 이미지의 각 픽셀이 전경에 속하는지 배경에 속하는지를 구분하는 능력을 갖추고 있습니다.
- 다양한 이미지 포맷 지원: rembg는 JPEG, PNG 등 다양한 이미지 포맷을 지원합니다. PNG 포맷의 경우, 투명 배경으로 이미지를 저장하여 배경이 제거된 이미지를 쉽게 얻을 수 있습니다.
- 고품질 이미지 처리: 이 도구는 고해상도 이미지에서도 높은 품질의 배경 제거 결과를 제공합니다. 세밀한 정교함과 윤곽을 유지하면서 배경을 제거할 수 있습니다.
- 용도가 다양한 응용 프로그램: rembg는 온라인 상품 이미지 편집, 포트폴리오 제작, 크리에이티브 프로젝트, 소셜 미디어 콘텐츠 제작 등 다양한 용도로 활용될 수 있습니다.
- 간편한 사용법: 파이썬 라이브러리 형태로 제공되며, 명령줄 인터페이스(CLI) 또는 API를 통해 손쉽게 사용할 수 있습니다.
- 작동 원리: rembg는 이미지를 입력받아 딥러닝 모델을 통해 분석합니다. 모델은 이미지의 각 픽셀에 대해 전경과 배경을 분류하는 작업을 수행하며, 이를 통해 배경을 효과적으로 제거합니다. 결과는 배경이 제거된 이미지로, 사용자는 필요에 따라 다양한 형태로 저장하고 활용할 수 있습니다.

배경 제거는 온라인 상품 이미지의 배경을 제거하여 상품을 더 돋보이게 할 수 있으며, 초상화 사진이나 셀피에서 불필요한 배경을 제거하고, 광고 및 마케팅: 광고 이미지 제작 시, 배경을 제거하고 특정 배경을 삽입하여 창의적인 콘텐츠를 제작할 수 있습니다.

danielgatis/rembg는 사용자가 손쉽게 이미지의 배경을 제거하고, 다양한 목적으로 이미지를 사용할 수 있게 하는 강력한 도구입니다. 딥러닝 기술의 발전으로 가능해진 이러한 배경 제거 기능은 이미지 편집의 효율성을 크게 향상할 수 있습니다. 다음은 배경 제거를 위한 코드와 실행 결과를 보여줍니다.

📝 소스 코드

```python
from rembg import remove
import cv2

# 입력 이미지 경로 설정
input_path = './examples/PrimitiveMan02.jpg'
# 결과 이미지 저장 경로 설정
output_path = './examples/testPrimitiveMan02.jpg'
# OpenCV를 사용하여 이미지 읽기
input = cv2.imread(input_path)
# rembg 라이브러리를 사용하여 배경 제거
output = remove(input)
# 결과 이미지 저장
cv2.imwrite(output_path, output)


from pathlib import Path
from rembg import remove, new_session

# 새로운 rembg 세션 생성
session = new_session()

# 지정된 폴더 내의 모든 .png 파일에 대해 반복
for file in Path('path/to/folder').glob('*.png'):
    # 각 파일의 입력 경로 설정
    input_path = str(file)
    # 결과 파일의 출력 경로 설정 (원본 파일명에 .out1.png 추가)
    output_path = str(file.parent / (file.stem + ".out1.png"))

    # 입력 파일을 바이너리 모드로 열기
    with open(input_path, 'rb') as i:
        # 출력 파일을 바이너리 모드로 열기
        with open(output_path, 'wb') as o:
            # 파일 내용 읽기
```

```
input = i.read()
# rembg 라이브러리를 사용하여 배경 제거 (세션 사용)
output = remove(input, session=session)
# 결과 파일 쓰기
o.write(output)
```

소스 코드

그림 3.2.4 이미지 배경 제거(1)

그림 3.2.5 이미지 배경 제거 (2)

프로그램은 각각의 이미지에 대한 배경 제거 또는 디렉터리에 존재하는 모든 이미지에 대한 배경 제거 일괄처리가 가능합니다. Input_path에는 입력 파일 정보, output_path에는 출력 파일의 정보를 입력하도록 합니다.

3.2.4 만화처럼 만들기

VToonify는 비디오를 만화 스타일로 변환하는 데 사용되는 오픈 소스 프로젝트입니다. 이 도구는 딥러닝을 기반으로 하며, 비디오 클립을 애니메이션 스타일로 변환하는 기능을 제공합니다. 라이브러리 설치 충돌이 발생해서 개인적으로 설치해서 활용해 보지는 못했습니다. 다음은 VToonify의 주요 기능 및 데모 사이트를 통한 사용법에 대한 요약입니다.

- 비디오를 만화 스타일로 변환: VToonify는 주어진 비디오 클립을 만화 스타일로 변환하여 색상과 선명도를 조절하고, 실제 만화처럼 만들어 줍니다.

- 다양한 스타일 옵션: 사용자는 다양한 만화 스타일 중에서 선택할 수 있으며, 스타일 옵션을 조절하여 원하는 시각적 효과를 얻을 수 있습니다.

- 데모 사이트: VToonify는 데모 사이트를 통해 사용자에게 쉬운 인터페이스를 제공하며, 비디오를 업로드하고 변환할 수 있는 간단한 단계로 제공됩니다.

https://tinyurl.com/yv7nqqnp 의 웹사이트에서 데모를 실행해 볼 수 있습니다. 데모를 이용하는 절차는 다음과 같습니다.

- 데모 사이트 접속: 웹 브라우저에서 VToonify의 데모 사이트에 접속합니다. 체크박스에서 원하는 스타일의 만화 유형을 선택하고 "Load Model" 버튼을 클릭합니다. 업로드한 비디오는 만화 스타일로 변환됩니다.

- 변환 시작: 변환 설정을 확인하고 변환 작업을 시작합니다. 이미지 또는 비디오를 표시된 사각형의 위치에 드래그하여 올린 후에 "Rescale Image" 또는 "Rescale Video" 버튼을 클릭하여 가공할 이미지나 비디오를 전처리하도록 합니다.

- "Toonify!" 버튼을 눌러 만화 만들기 작업을 수행합니다. 결과물이 나타나면 오른쪽 상단의 내려받기나 공유하기를 사용하여 공유할 수 있습니다.

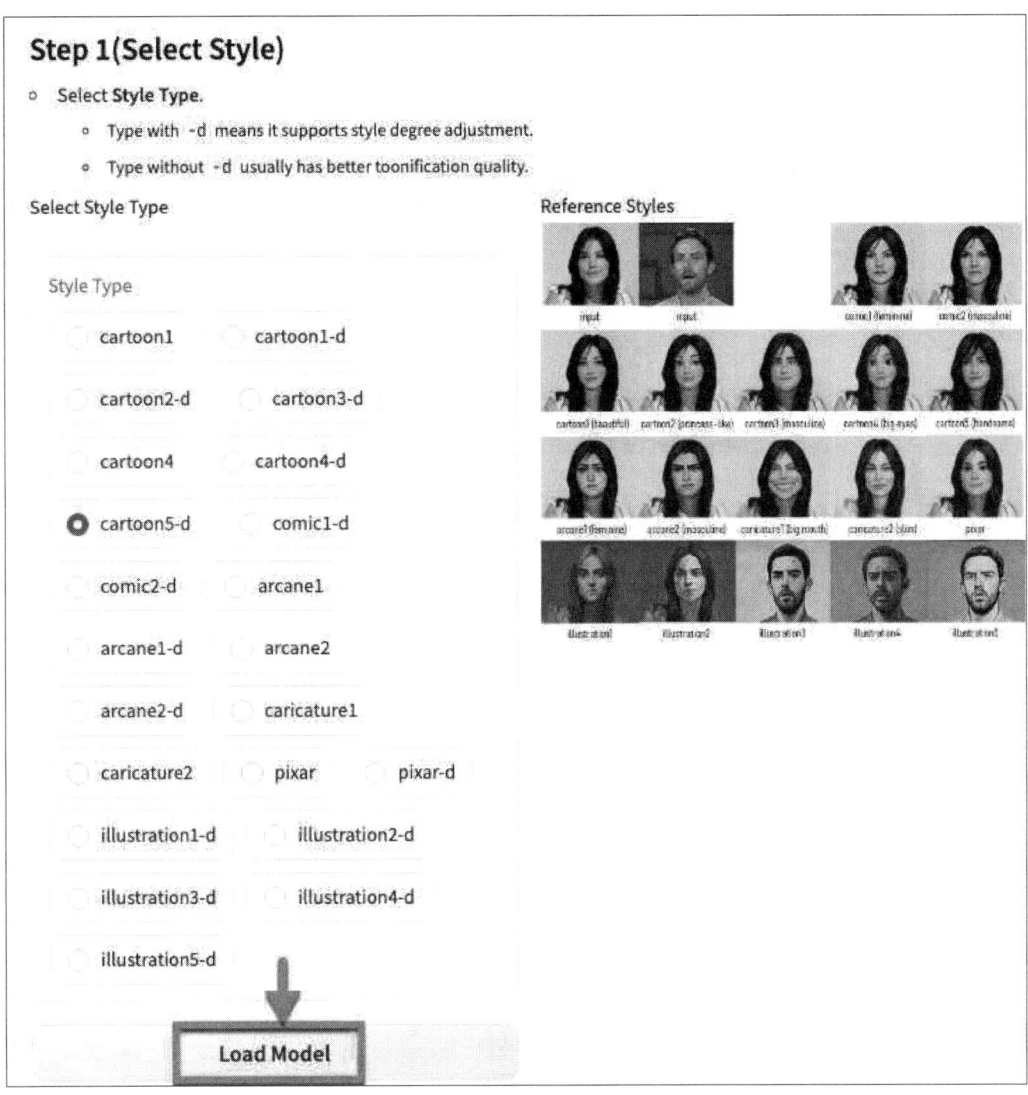

그림 3.2.6 VToonify 활용 첫 단계

- 결과 다운로드: 변환된 비디오를 내려받고 원하는 용도로 사용합니다.

이렇게 간단한 절차로 VToonify의 데모 사이트를 통해 비디오를 만화 스타일로 변환할 수 있습니다. 이를 통해 창의적이고 흥미로운 비주얼 효과를 만들어 내는 데 도움이 됩니다.

그림 3.2.7 VToonify 활용 두 번째 단계

그림 3.2.8 VToonify 활용 마지막 단계

이외에도 이미지를 활용하여 3차원 모델을 얻는 기술도 많은 관심을 받는 분야입니다. 최근, 어도비는 5초 만에 2D 이미지를 3D로 바꿔주는 인공지능 모델을 공개했습니다. 이 모델은 NeRF(Neural Radiance Field)라는 기술을 기반으로 개발되었으며, 2D 이미지에서 3D 방사선장 정보를 학습하여 3D 메시와 텍스처를 생성합니다. 해당 논문은 https://yiconghong.me/LRM/에서 찾을 수 있습니다.

이 기술은 다양한 분야에서 활용될 수 있을 것으로 기대됩니다. 먼저, 제품 디자인 분야에서는 제품의 3D 모델을 빠르게 생성하여 제품 개발 시간을 단축할 수 있습니다. 또한, 건축 분야에서는 건축물의 3D 모델을 생성하여 시공 계획을 수립하거나 홍보에 활용할 수 있습니다. 이외에도, 엔터테인먼트 분야에서는 3D 애니메이션이나 게임을 제작하는 데 활용할 수 있습니다. 2D 이미지를 3D로 변환하는 인공지능 기술은 다음과 같은 장점이 있습니다.

- 빠른 속도: 5초 만에 2D 이미지를 3D로 변환할 수 있어, 기존의 3D 모델링 기술보다 획기적으로 속도가 향상되었습니다.
- 높은 정확도: 2D 이미지에서 3D 방사선장 정보를 학습하기 때문에, 높은 수준의 정확도를 유지할 수 있습니다.
- 저렴한 비용: 기존의 3D 모델링 기술은 전문 장비와 인력이 필요하지만, 인공지능 기술을 이용하면 보다 저렴한 비용으로 3D 모델을 생성할 수 있습니다.

2D 이미지를 3D로 변환하는 인공지능 기술은 다양한 분야에서 활용될 수 있습니다. 제품의 3D 모델을 빠르게 생성하여 제품 개발 시간을 단축하며, 제품의 다양한 각도에서의 모습을 확인하여 디자인을 개선할 수 있습니다. 건축에서는 건축물의 3D 모델을 생성하여 시공 계획을 수립하거나 홍보에 활용할 수 있습니다. 또한, 건축물의 안전성을 평가하거나, 가상현실(VR)이나 증강현실(AR)을 이용하여 건축물을 체험할 수 있습니다. 또한 3D 애니메이션이나 게임을 제작하는 데 활용하며, 3D 콘텐츠를 제작하는 데 필요한 시간과 비용을 절감할 수 있습니다. 의료 부분에서는 의료 영상을 3D로 변환하여 질병을 진단하거나 치료 계획을 수립하는 데 활용할 수 있습니다. 더불어 의료 시뮬레이션을 통해 의료진의 실력을 향상할 수 있습니다.

2D 이미지를 3D로 변환하는 인공지능 기술은 데이터의 양과 질에 따라 성능이 달라질 수 있고, 충분한 양의 고품질 데이터를 학습해야 높은 수준의 정확도를 유지할 수 있습니다. 2D 이미지에서 3D 방사선장 정보를 학습하기 때문에, 복잡한 형태의 물체는 정확하게 변환하기 어려울 수 있습니다. 2D 이미지를 3D로 변환하는 인공지

능 기술은 아직 초기 단계이지만, 빠르게 발전하고 있습니다. 향후 기술이 더욱 발전하면, 더 다양한 분야에서 활용될 것으로 기대됩니다. 해당 논문의 코드는 공개되지 않았으나 기반이 되는 기술로 언급된 Github의 URL을 https://github.com/google/nerfies로 제시하였습니다. 사이트에서 관련 자료를 찾아볼 수 있습니다.

3.3 영상 인식과 처리

영상 분석과 처리는 현대 기술의 진보와 함께 발전하며, 우리의 일상생활과 긴밀하게 연결되어 있습니다. 이 절에서는 영상 데이터의 특성을 파악하고, 그것을 효과적으로 처리하는 방법을 살펴보겠습니다. 영상의 기본 요소들을 이해하는 것으로 시작하여, 우리는 어떻게 데이터를 사용하여 실제와 구분하기 어려운 딥페이크 영상을 생성하거나, 음성 데이터를 가지고 립싱크를 완성하고, 궁극적으로 영상 애니메이션을 만들어 낼 수 있는지 알아보겠습니다.

또한 잡음과 무음 제거와 같은 기법을 통해 영상의 품질을 어떻게 향상하는지를 배웁니다. 이는 영상이 가지는 정보를 더욱 선명하게 전달하고, 시청자의 경험을 개선하는 데 중요한 역할을 합니다. 더불어, 최신의 딥러닝 기술을 활용하여 얼굴 모핑과 같은 기능을 구현하는 방법에 대해서도 알아보겠습니다.

이러한 기술들은 엔터테인먼트 산업에서부터 보안 분야에 이르기까지 다양한 영역에서 응용됩니다. 사용자가 만들어 낸 콘텐츠의 진위를 구별하는 것부터, 새로운 창작물을 만들어 내는 것까지, 영상 분석과 처리는 현대 사회에서 갈수록 중요한 위치를 차지하고 있습니다. 이 주제를 통합적으로 다루며, 이 분야의 기술적 진보가 어떻게 우리의 생활을 변화시키고 있는지를 이해할 수 있습니다.

3.3.1 영상 데이터의 특성 이해

영상 데이터의 분석과 처리는 현대 디지털 커뮤니케이션에서 빼놓을 수 없는 중요한 요소입니다. 고해상도와 높은 프레임 레이트를 갖춘 영상은 선명하고 생동감 있는 정보 전달을 가능하게 합니다. 색상 깊이는 영상의 시각적 풍부함을, 포맷은 영상의 저장 및 전송 방식을 결정짓는 핵심 요소입니다. 이와 같은 영상의 기본적인 특성들은 영상을 처리하고 분석하는 기술의 발전을 통해 더욱 세밀하게 조정되고 최적화됩니다.

딥러닝 기술의 발전은 영상 데이터의 처리와 분석 방법을 근본적으로 변화시켰습니다. 3D CNN은 영상의 시공간적 패턴을 인식하여 동작 인식과 같은 복잡한 과제를 수행하며, RNN과 LSTM은 비디오의 시간적 순서를 포착하여 장기적인 의존성을 가진 데이터의 흐름을 모델링합니다. Two-Stream Networks는 공간적 정보와 시간적 정보를 분리하여 처리함으로써, 비디오의 동적인 특성을 더욱 정밀하게 분석할 수 있는 새로운 차원을 제공합니다.

영상 데이터의 심층 분석을 가능하게 하는 이 기술들은 DeepFake와 페이스 모핑 같은 첨단 응용 분야에도 중요한 역할을 합니다. DeepFake 기술은 인공지능을 통해 실시간으로 영상 속 인물의 얼굴이나 표정을 변경하는 것을 가능하게 하며, 페이스 모핑은 여러 얼굴의 특징을 결합하여 새로운 가상의 얼굴을 생성합니다. 이와 같은 기술은 엔터테인먼트, 교육, 심지어 보안 분야에 이르기까지 폭넓은 영역에서 응용될 수 있습니다.

영상 품질 개선은 잡음 제거, 무음 부분 제거, 그리고 선명도 향상과 같은 기술을 통해 이루어집니다. Wav2Lip과 MakeItTalk 기술은 음성과 영상 데이터를 결합하여, 사용자가 경험하는 멀티미디어의 현실감을 극대화합니다. 이러한 기술들은 영화, 비디오 게임, 가상 현실과 같은 분야에서 사용자 경험을 풍부하게 하고, 더욱 몰입감 있는 콘텐츠를 창출하는 데 이바지합니다.

이처럼 영상 데이터의 특성 이해는 기계 학습과 딥러닝 알고리즘을 활용한 영상 처리 기술의 발전에 있어 필수적인 기반이며, 끊임없이 변화하는 디지털 정보 전달의 맥락 속에서 새로운 응용 가능성을 탐색하는 데 중심적인 역할을 합니다.

3.3.2 페이스 모핑 기술

페이스 모핑은 두 개 이상의 얼굴 이미지를 디지털적으로 융합하여 새로운 얼굴 이미지를 생성하는 기술입니다. 이 기술은 주로 엔터테인먼트, 개인 보안, 그리고 여러 창의적인 매체에서 사용됩니다. 모핑의 기본 원리는 특징점(Feature points)의 매핑과 이미지의 변환을 기반으로 합니다. 각 얼굴 이미지에서 눈, 코, 입과 같은 주요 특징점들이 식별되고, 이 특징점들이 다른 이미지의 해당 특징점과 일치하도록 변환됩니다. 이 과정을 통해 생성된 중간 얼굴 이미지는 두 원본 이미지의 특성을 공유하며 페이스 모핑 과정은 대체로 다음과 같은 단계로 구성됩니다.

- 특징점 식별: 두 얼굴 이미지에서 일치하는 특징점을 찾아내고 식별합니다.
- 특징점 매칭: 식별된 특징점들을 서로 연결하여 두 이미지 간의 변환을 정의합니다.

- 이미지 와핑(warping): 각 이미지를 새로운 형태로 변형하여 특징점들이 일치하도록 합니다.
- 이미지 블렌딩(blending): 변형된 이미지들을 서로 합성하여 자연스러운 중간 이미지를 생성합니다.

Azmarie의 Face-Morphing GitHub 저장소는 이러한 페이스 모핑 기술을 구현한 오픈소스 프로젝트입니다. 이 프로젝트는 파이썬을 기반으로 하며, OpenCV와 Dlib과 같은 라이브러리를 사용하여 얼굴 인식과 이미지 처리를 수행합니다. 코드는 크게 다음과 같은 구조로 이루어집니다.

- 얼굴 인식: Dlib의 얼굴 인식 기능을 사용하여 이미지에서 얼굴을 찾고 68개의 특징점을 추출합니다.
- 특징점 매칭: 추출된 특징점을 기반으로 얼굴 이미지 간의 변환 매트릭스를 계산합니다.
- 이미지 와핑: 계산된 변환 매트릭스를 사용하여 각 이미지의 특징점을 중간 얼굴의 위치로 변형합니다.
- 이미지 블렌딩: 변형된 이미지들을 서로 혼합하여 최종적인 모핑 얼굴을 생성합니다.

이 프로젝트의 코드는 사용자가 자신의 이미지를 쉽게 모핑할 수 있도록 사용자 친화적인 인터페이스를 제공합니다. 사용자는 소스 이미지를 입력으로 제공하고, 스크립트를 실행하기만 하면, 자동으로 모핑된 결과물을 얻을 수 있습니다. 코드 내에서 사용자는 모핑 정도, 와핑 방식, 블렌딩 정도 등을 조절할 수 있는 옵션을 받아, 다양한 스타일의 모핑 효과를 실험할 수 있습니다.

다음의 파이썬 코드는 두 얼굴 이미지 간의 모핑 시퀀스를 생성합니다. 코드는 두 이미지 사이의 특징점들을 사용하여 얼굴의 모핑 애니메이션을 만들어 내는 과정을 구현합니다. morph_triangle 함수는 두 이미지의 삼각형 영역을 서로 혼합하고, apply_affine_transform 함수는 주어진 삼각형 영역에 affine변환을 적용합니다. 최종적으로 generate_morph_sequence 함수는 지정된 시간과 프레임률에 따라 전체 모핑 시퀀스를 생성하고, FFMPEG를 사용하여 이를 비디오 파일로 인코딩합니다.

> 📝 **소스 코드**

```python
import numpy as np
import cv2
import sys
import os
import math
from subprocess import Popen, PIPE
from PIL import Image
# 주어진 srcTri와 dstTri를 사용하여 src에 아핀 변환을 적용하고, size 크기의 이미지를
# 출력 def apply_affine_transform(src, srcTri, dstTri, size) :
    # 주어진 두 삼각형 쌍에 대해 Affine 변환을 계산
    warpMat = cv2.getAffineTransform(np.float32(srcTri), np.float32(dstTri))
    # 찾은 affine 변환을 src 이미지에 적용
    dst = cv2.warpAffine(src, warpMat, (size[0], size[1]), None, flags=cv2.INTER_LINEAR, borderMode=cv2.BORDER_REFLECT_101)
    return dst


# img1과 img2의 삼각형 영역을 img에 와핑하고 알파 블렌딩
def morph_triangle(img1, img2, img, t1, t2, t, alpha) :
    # 각 삼각형에 대한 경계 사각형 검색
    r1 = cv2.boundingRect(np.float32([t1]))
    r2 = cv2.boundingRect(np.float32([t2]))
    r = cv2.boundingRect(np.float32([t]))

    # 각각의 사각형에 대한 점들을 상대적인 좌표로 조정
    t1Rect = []
    t2Rect = []
    tRect = []

    for i in range(0, 3):
```

```python
        tRect.append((((t[i][0] - r[0]),(t[i][1] - r[1])))
        t1Rect.append((((t1[i][0] - r1[0]),(t1[i][1] - r1[1])))
        t2Rect.append((((t2[i][0] - r2[0]),(t2[i][1] - r2[1])))

    # 삼각형을 채워 마스크를 생성
    mask = np.zeros((r[3], r[2], 3), dtype = np.float32)
    cv2.fillConvexPoly(mask, np.int32(tRect), (1.0, 1.0, 1.0), 16, 0)

    # 작은 사각형 패치에 warpImage를 적용
    img1Rect = img1[r1[1]:r1[1] + r1[3], r1[0]:r1[0] + r1[2]]
    img2Rect = img2[r2[1]:r2[1] + r2[3], r2[0]:r2[0] + r2[2]]

    size = (r[2], r[3])
    warpImage1 = apply_affine_transform(img1Rect, t1Rect, tRect, size)
    warpImage2 = apply_affine_transform(img2Rect, t2Rect, tRect, size)

    # 사각형 패치들을 알파 블렌딩
    imgRect = (1.0 - alpha) * warpImage1 + alpha * warpImage2

    # 사각형 패치의 삼각형 영역을 출력 이미지에 복사
    img[r[1]:r[1]+r[3], r[0]:r[0]+r[2]] = img[r[1]:r[1]+r[3], r[0]:r[0]+r[2]] * ( 1 - mask ) + imgRect * mask


# 지속 시간, 프레임 속도, 두 이미지, 두 포인트 세트, 삼각형 리스트, 사이즈, 출력을
# 기반으로 모핑 시퀀스를 생성
def generate_morph_sequence(duration, frame_rate, img1, img2, points1, points2, tri_list, size, output):
    # 지정된 프레임 속도와 지속 시간을 바탕으로 이미지 수를 계산
    num_images = int(duration*frame_rate)
    p = Popen(['ffmpeg', '-y', '-f', 'image2pipe', '-r', str(frame_rate),'-s',str(size[1])+'x'+str(size[0]), '-i', '-', '-c:v', 'libx264', '-crf', '25','-vf','scale=trunc(iw/2)*2:trunc(ih/2)*2','-pix_fmt','yuv420p', output], stdin=PIPE)
```

```
for j in range(0, num_images):
    # Mat을 float 데이터 타입으로 변환
    img1 = np.float32(img1)
    img2 = np.float32(img2)

    # 해당 포인트의 배열을 읽음
    points = []
    alpha = j/(num_images-1)

    # 가중 평균 포인트 좌표를 계산
    for i in range(0, len(points1)):
        x = (1 - alpha) * points1[i][0] + alpha * points2[i][0]
        y = (1 - alpha) * points1[i][1] + alpha * points2[i][1]
        points.append((x,y))

    # 최종 출력을 위한 공간을 할당
    morphed_frame = np.zeros(img1.shape, dtype = img1.dtype)

    for i in range(len(tri_list)):
        x = int(tri_list[i][0])
        y = int(tri_list[i][1])
        z = int(tri_list[i][2])

        t1 = [points1[x], points1[y], points1[z]]
        t2 = [points2[x], points2[y], points2[z]]
        t = [points[x], points[y], points[z]]

        # 한 번에 한 삼각형씩 모핑
        morph_triangle(img1, img2, morphed_frame, t1, t2, t, alpha)
```

```
                # 삼각형의 꼭지점을 연결하는 선을 그림
                pt1 = (int(t[0][0]), int(t[0][1]))
                pt2 = (int(t[1][0]), int(t[1][1]))
                pt3 = (int(t[2][0]), int(t[2][1]))

#               cv2.line(morphed_frame, pt1, pt2, (255, 255, 255), 1, 8, 0)
#               cv2.line(morphed_frame, pt2, pt3, (255, 255, 255), 1, 8, 0)
#               cv2.line(morphed_frame, pt3, pt1, (255, 255, 255), 1, 8, 0)

            # FFMPEG를 통해 변환된 이미지를 JPEG 형식으로 저장
            res = Image.fromarray(cv2.cvtColor(np.uint8(morphed_frame), cv2.COLOR_BGR2RGB))
            res.save(p.stdin,'JPEG')

    p.stdin.close()
    p.wait()
```

해당 프로그램은 GitHub에서 소스 코드를 복제하고, Conda를 사용하여 전용 환경을 생성 및 활성화한 후, 필요한 라이브러리를 설치하여 실행하였습니다. 환경구축 및 실행 절차는 다음과 같습니다.

- GitHub에서 소스 코드 복제: 터미널에서 git clone https://github.com/Azmarie/Face-Morphing.git 명령어를 사용하여 로컬 시스템으로 코드를 복제합니다.
- Conda 환경 생성 및 활성화: 터미널에서 conda create -n FaceMorph python=3.7.9명령어로 새 환경을 생성합니다.
- 생성된 환경을 활성화하기 위해 conda activate FaceMorph을 입력합니다.
- requirements.txt를 사용한 의존성 설치: requirements.txt 파일이 있는 디렉토리로 이동합니다.
- pip install -r requirements.txt 명령어로 필요한 라이브러리들을 설치합니다.
- 환경 비활성화 (선택적): 작업 완료 후 conda deactivate 명령어로 환경을 비활성화합니다.

> 보충 설명

원래의 코드에 있는 requirements.txt로 라이브러리를 사용하였는데 저자의 컴퓨터 환경에서는 추가라이브러리 요청이 있어서 약간의 수정을 가했습니다. 파이썬 버전, 개인 컴퓨터, 운영체제에 따라서 서로 다른 문제가 발생할 수 있습니다. 저자의 컴퓨터는 맥북프로이므로 수정한 라이브러리를 pip freeze〉requirements.txt로 얻은 결과는 아래와 같으니 참고하기 바랍니다.

certifi==2020.6.20
cmake==3.22.3
dlib==19.23.1
imageio==2.16.1
imutils==0.5.4
networkx==2.6.3
numpy==1.21.5
opencv-python==4.5.5.64
packaging==21.3
Pillow==9.0.1
pyparsing==3.0.7
PyWavelets==1.3.0
scikit-image==0.19.2
scipy==1.7.3
tifffile==2021.11.2

파일의 특정 부분을 주석처리해야 결과를 얻을 수 있었으니 참고하기를 바랍니다.

```
#         cv2.line(morphed_frame, pt1, pt2, (255, 255, 255), 1, 8, 0)
#         cv2.line(morphed_frame, pt2, pt3, (255, 255, 255), 1, 8, 0)
#         cv2.line(morphed_frame, pt3, pt1, (255, 255, 255), 1, 8, 0)
```

다음과 같이 파이썬 명령어를 실행하여 모핑 되는 과정의 동영상을 얻을 수 있습니다.

python3 code/__init__.py --img1 images/aligned_images/jennie.png --img2 images/aligned_images/rih.png --output output.mp4

여기에서 jennie.png를 모핑할 첫 번째 사진으로 해당 디렉터리에 업로드하고 이미지 파일 이름을 교체하고 rih.png에는 두 번째 사진을 올려 이미지 이름을 교체해 주면 됩니다. 결과는 output.mp4에 모핑 되는 동영상이 저장됩니다. 사진 이미지는 크기와 중심이 맞아야 하므로 이미지 전처리를 해야 하는데 다음과 같이 파이썬 명령어를 실행하여 이미지 정렬을 위한 전처리를 할 수 있습니다.
python code/utils/align_images.py images/ images/aligned_images --output_size=1024

그림 3.3.1 이미지 모핑하기

> 📖🔍 **과제하기**
> 본인의 얼굴을 마릴린 몬로나 레오나르드 디카프리오의 얼굴과 모핑해 봅니다.

3.3.3 영상 잡음 및 무음 제거

본 절에서는 비디오 편집과 제작 과정에서 자주 마주치는 문제인 불필요한 침묵 부분과 췌언을 제거하는 다양한 방법을 탐구합니다. 이러한 요소들은 비디오의 전달력을 떨어뜨리고 시청자의 관심을 분산시키는 주요 요인으로 작용합니다. 따라서, 이들을 효과적으로 제거하는 것은 비디오의 전반적인 품질을 향상하고, 시청자의 집중도를 높이는 데 중요합니다. 본 절에서 소개하는 세 가지 접근 방식은 다음과 같습니다.

- 수동 편집을 통한 무음 부분 제거: Olive 0.1과 같은 비선형 편집 도구를 사용하여, 사용자는 비디오의 오디오 파형을 시각적으로 분석하고, 무음 부분을 수동으로 잘라냅니다. 이 방법은 사용자가 직접 편집 과정에 참여함으로써 더 높은 통제력을 제공합니다.

- 파이썬 음성 및 영상 라이브러리를 이용한 자동 무음 제거: 이 방법은 파이썬 스크립트와 음성, 영상 관련 라이브러리를 사용하여 비디오에서 무음 부분을 자동으로 탐지하고 제거합니다. 이 접근법은 시간을 절약하고 대규모 비디오 파일

을 효율적으로 처리할 수 있는 장점이 있습니다.

- 음성 인식 인공지능을 이용한 영상 개선: 인공지능 기술을 활용하여 음성 인식 모델을 사용해 무음 부분과 필러 단어를 감지하고 제거합니다. 이 방법은 더 정교한 오디오 분석을 통해 전문적인 비디오 품질을 달성할 수 있습니다.

이 세 가지 방법은 각각의 장단점을 가지며, 편집자의 필요와 상황에 따라 적절한 방법을 선택할 수 있도록 합니다. 예를 들어, 세밀한 편집이 필요한 경우 수동 편집 방식을, 시간과 노력을 최소화하고자 하는 경우 자동 무음 제거 방식을, 그리고 더 정밀한 오디오 분석과 품질 개선이 필요한 경우 인공지능 기반의 방식을 선택할 수 있습니다. 이러한 다양한 방법들을 통해, 독자는 자신의 비디오 프로젝트에 최적화된 솔루션을 찾을 수 있게 됩니다.

(1) Olive 0.1 비디오 편집 도구를 이용한 방법

Olive 0.1을 이용한 수동 무음 부분 제거 방법은 비디오 편집에서 중요한 부분을 강조하고, 불필요한 침묵을 제거하여 시청자의 주의를 집중시키는 데 효과적인 접근법입니다. Olive 0.1은 초보자부터 전문가까지 모두 사용할 수 있는 사용자 친화적인 비선형 비디오 편집 도구로, 간편한 인터페이스를 통해 무음 부분을 식별하고 잘라내는 작업을 단순화합니다.

- 비디오 가져오기: Olive 0.1을 시작한 후, 'File 〉 Import'를 선택하거나 Ctrl+I 단축키를 이용해 비디오 파일을 불러옵니다. 이후 'Open'을 클릭하여 원하는 비디오 파일을 선택합니다.

- 비디오를 타임라인에 추가: 프로젝트 창에서 가져온 비디오 파일을 그림 3.3.2와 같이 타임라인으로 드래그 앤 드롭합니다. 이렇게 하면 비디오가 편집 창에 나타납니다.

- 오디오 파형 보기: 타임라인에서 비디오의 오디오 트랙을 확장하여 오디오 파형을 확인합니다. 파형에서 변동이 없는 부분은 일반적으로 침묵의 구간을 나타냅니다.

- 무음 부분 식별 및 잘라내기: 타임라인을 살펴보며 무음 부분을 찾습니다. 타임라인 트랙의 내용을 선택한 후 오른쪽 마우스를 선택하고 그림 3.3.3과 같이 "Auto Cut Silence"를 선택하면 무음 선택 조건이 나옵니다. 별다른 변경 없이 "OK" 버튼을 누르면 무음 부분을 기준으로 트랙 미디어 요소들의 내용을 나누게 됩니다.

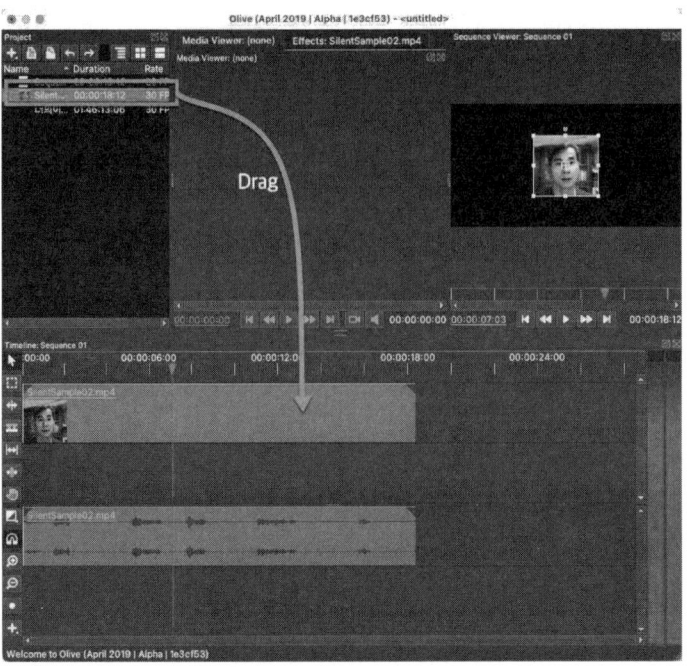

그림 3.3.2 파일 가져오기 절차

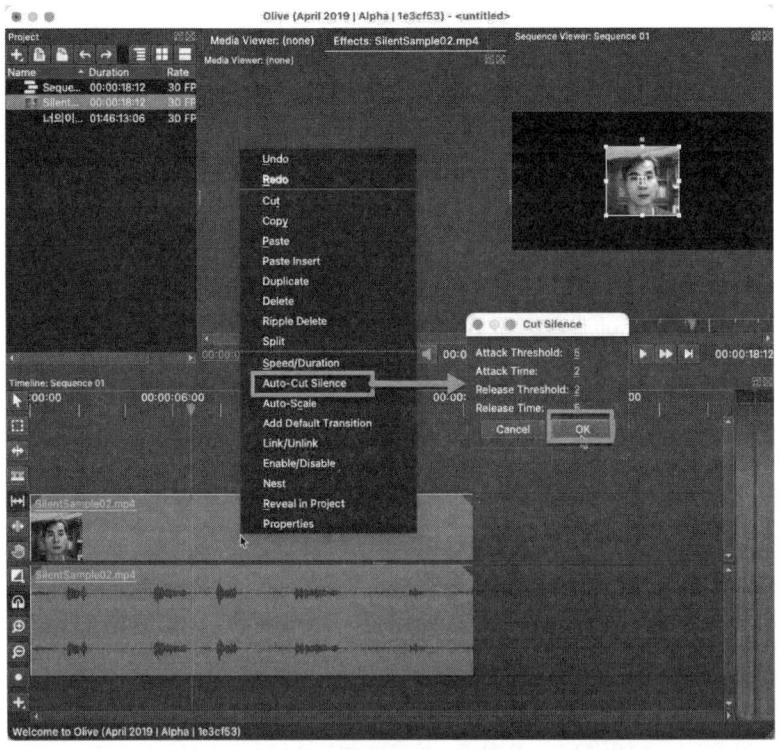

그림 3.3.3 "Auto-Cut"을 사용한 소리 분리

- 삭제하기: Shift키를 누른 상태에서 마우스로 무음 부분을 선택한 후 그림 3.3.4 와 같이 키보드의 Delete키를 누르면 무음 부분이 모두 삭제됩니다.

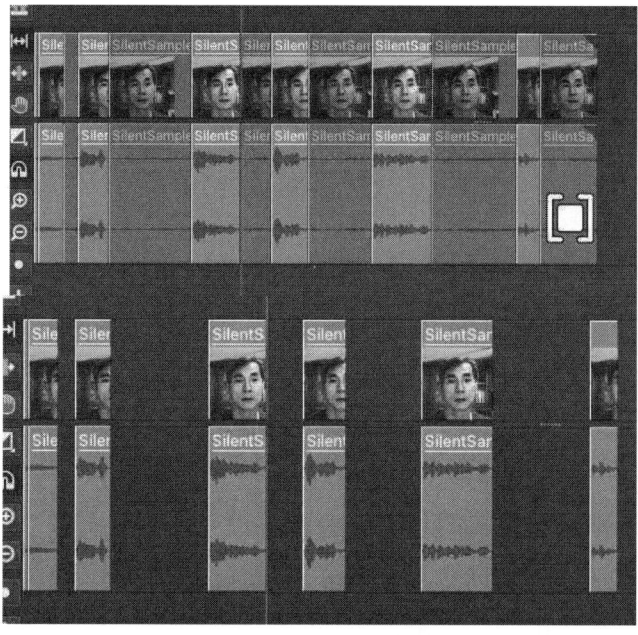

그림 3.3.4 무음 제거

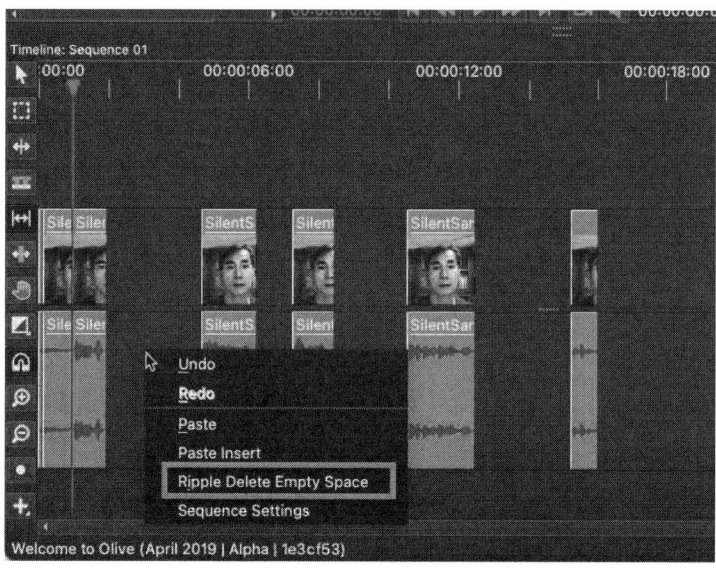

그림 3.3.5 무음 반복 제거

- 간격 닫기: 타임라인에서 빈 공간 위에서 마우스 오른쪽 버튼을 클릭하고 그림 3.3.5와 같이 'Ripple Delete'를 선택하여 잘라낸 부분의 간격을 닫습니다. 모든 공간에 대해서 동일한 작업을 수행합니다.
- 비디오 내보내기: 'File 〉 Export'로 이동하여 비디오의 포맷, 품질, 저장 위치를 선택한 후 'Export'를 클릭하여 편집한 비디오를 내보냅니다.

이러한 단계별 가이드를 따라 Olive 0.1을 사용하여 비디오의 무음 부분을 수동으로 효과적으로 제거할 수 있습니다. 이 접근 방식은 편집자가 일일이 비디오의 특정 부분에 대해 상세한 편집을 할 때 이상적이며, 파이썬 프로그램을 사용하여 이러한 절차를 자동화할 수 있습니다. 다음은 파이썬 프로그램을 이용하여 무음이나 췌언을 제거하는 방법에 대해서 다루어 보겠습니다.

(2) 파이썬 라이브러리를 이용한 무음/췌언 제거

본 절에서는 비디오의 오디오 품질을 개선하는 다양한 기술을 살펴 봅니다. 비디오에서 불필요한 침묵 부분이나 췌언은 비디오 청취자의 집중과 몰입을 방해하는 부분입니다. 앞서 올리브 동영상 편집 도구를 사용하여 수동적으로 제거하는 방법 말고 자동으로 이러한 부분을 제거하여 효과적으로 비디오를 개선하는 파이썬 프로그램을 개발해 보도록 합니다.

먼저 음성의 무음을 제거하는 코드를 작성해 보겠습니다. 파이썬을 이용하여 비디오에서 무음 부분을 자동으로 제거하려는 목적으로 이 방법은 librosa 라이브러리를 사용하여 오디오 신호를 분석하고, 특정 데시벨 이하의 영역을 무음으로 간주하여 제거합니다. 이 과정은 ffmpeg 필터 그래프를 통해 비디오와 오디오에서 무음 부분을 정확하게 식별하고 제거합니다. 이러한 방식으로 무음 부분을 **빠르게 제거**하고, 비디오의 전반적인 페이스를 개선할 수 있습니다.

📝 소스 코드

```
# 완성본 특정 데시벨이 안되는 영역을 무음성 부분으로 처리하여 제거한
# 동영상을 출력하는 프로그램
import librosa
import numpy as np
import matplotlib.pyplot as plt
```

```python
import subprocess

def remove_silence(input_file, output_file, cut_db=-35):
    # 오디오 분석
    y, sr = librosa.load(input_file, sr=None)
    non_silent_intervals = librosa.effects.split(y, top_db=-cut_db)
    # ffmpeg 필터 그래프 수정
    video_filters = [f"[0:v]trim=start={start/sr}:end={end/sr},setpts=PTS-STARTPTS[v{idx}];" for idx, (start, end) in enumerate(non_silent_intervals)]
    audio_filters = [f"[0:a]atrim=start={start/sr}:end={end/sr},asetpts=PTS-STARTPTS[a{idx}];" for idx, (start, end) in enumerate(non_silent_intervals)]
    concat_filter = f"concat=n={len(non_silent_intervals)}:v=1:a=1[v][a]"
    filter_graph = ''.join(video_filters) + ''.join(audio_filters) + ''.join([f"[v{idx}][a{idx}]" for idx in range(len(non_silent_intervals))]) + concat_filter

    # ffmpeg를 사용하여 오디오와 비디오에서 무음 부분 제거
    subprocess.run(['ffmpeg', '-i', input_file, '-filter_complex', filter_graph,
                    '-map', '[v]', '-map', '[a]', output_file])

def analyze_silence(input_file,cut_db=-35):
    # 오디오 분석 및 무음 부분 시각화
    y, sr = librosa.load(input_file, sr=None)
    non_silent_intervals = librosa.effects.split(y, top_db=-cut_db)

    plt.figure(figsize=(12, 4))
    plt.plot(np.linspace(0, len(y)/sr, num=len(y)), y, alpha=0.5)
    plt.title('Audio with Non-Silent Parts Highlighted')
    plt.xlabel('Time (s)')
    plt.ylabel('Amplitude')

    for start, end in non_silent_intervals:
        plt.axvspan(start/sr, end/sr, color='green', alpha=0.5)
```

```
        plt.tight_layout()
        plt.show()

# 파일 경로 설정
input_file = "SilentSample02.mp4"
output_file = "output_without_silence.mp4"

# 함수 실행
analyze_silence("SilentSample02.mp4", cut_db=-15) # -15데시벨 이하를 무음 간주
remove_silence("SilentSample02.mp4", "output_SilentSample02.mp4", cut_db=-35)
analyze_silence("output_SilentSample02.mp4", cut_db=-35)
```

다음은 프로그램의 실행 결과입니다.

 보충 설명

SilentSample02.mp4 의 파일은 일부러 중간에 무음을 만들기 위해 간격을 띄웠습니다. 다음과 같은 음성으로 녹음을 하였습니다. "이러한 이유로 ~~무음을 제거하는~~ 프로그램이 제대로 ~~동작하는 것을 확인할 수 ~~있습니다." 중간의 ~~부분은 일부러 간격을 띄우기 위하여 묵음을 유지하였습니다.

중간마다 포함된 묵음을 걸러내고 새로운 동영상을 만드는 것이 코드의 목적입니다. 영상 파일의 음성을 분석하여 그래프로 표기하였으며 해당 그래프에서 무음이 아닌 부분으로 인식된 부분은 녹색 영역으로 표현됩니다. -35 데시벨을 기준으로 이보다 작은 부분을 무음으로 인식하여 그래프 결과를 확인하면 다음의 그림 3.3.6과 같습니다. 저장된 output_SilentSample02.mp4의 파일을 확인하면 무음 부분이 소거된 동영상의 내용을 확인할 수 있습니다. 무음 분리를 -35 데시벨에서 -15 데시벨로 변경하면 더 큰 잡음도 무음으로 처리하여 파일의 분량을 줄일 수 있습니다. 그림 3.3.7은 -15로 변경하여 무음을 처리하여 최종 파일이 4초 정도로 짧게 처리된 것을 확인할 수 있습니다.

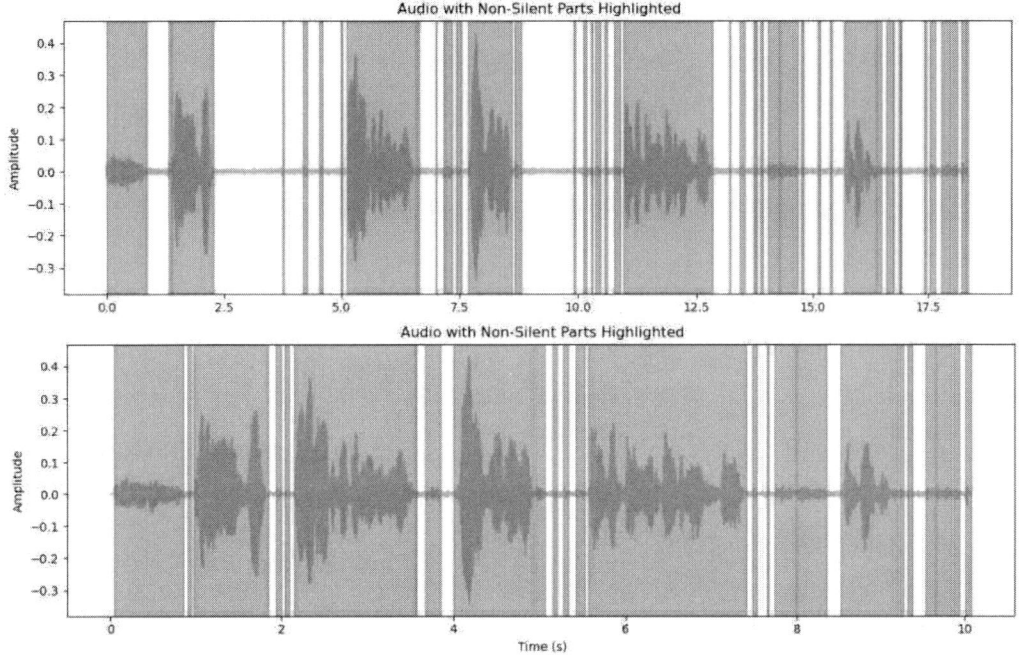

그림 3.3.6 −35데시벨로 무음 인식 후 제거

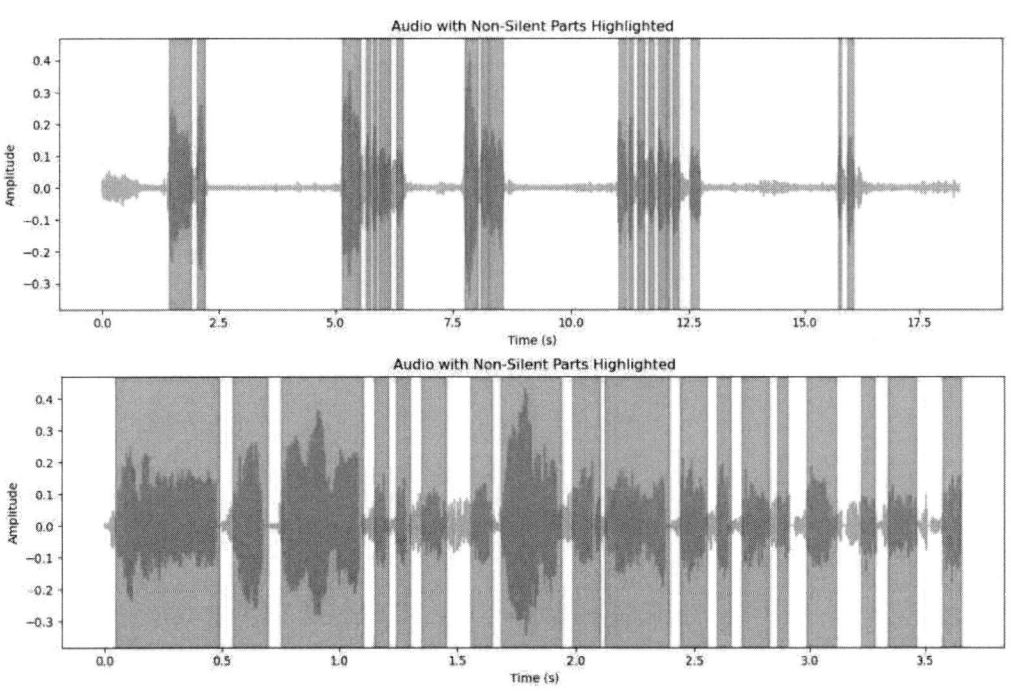

그림 3.3.7 −15데시벨로 무음 인식 후 제거

췌언은 음성중 "에", "음" 등과 같이 의미가 없는 소리를 뜻합니다. 무음이 아니기 때문에 데시벨의 크기로만 검출하기가 어렵습니다. 췌언의 특성상 파형 적으로 의미가 있다고 할 수 있는 지표가 ZCR입니다. 필러 검출에 사용되는 'Zero Crossing Rate (ZCR)'와 'Duration'은 오디오 신호 처리에서 중요한 지표입니다. 이들은 오디오 세그먼트의 특성을 분석하고 필러와 같은 불필요한 오디오 부분을 식별하는 데 사용됩니다.

ZCR은 오디오 신호가 시간 축을 따라 얼마나 자주 '0'을 지나는지를 나타내는 비율로, 신호의 주파수 특성을 간접적으로 반영합니다. 높은 ZCR 값은 신호의 빠른 변화 또는 높은 주파수 성분을 의미합니다. 예를 들어, 말하는 동안의 갑작스러운 변화나 발음 등에서 높은 ZCR 값을 보일 수 있습니다. 필러 검출에서 ZCR 임계값을 설정함으로써, 필러와 같은 짧고 반복적인 소리를 특정 주파수 특성을 가진 오디오 세그먼트로 구분할 수 있습니다.

Duration, 즉 지속 시간은 오디오 세그먼트가 얼마나 길게 지속되는지를 나타냅니다. 필러 검출에서는 일반적으로 짧은 시간 동안 반복되는 소리나 불필요한 소음을 찾기 위해 최소 및 최대 지속 시간을 설정합니다. 짧은 지속 시간은 일반적으로 필러 또는 간단한 소리를, 긴 지속 시간은 연속적인 대화나 중요한 오디오 내용을 나타낼 수 있습니다.

> **소스 코드**
>
> ```python
> import os
> import subprocess
> import librosa
> import numpy as np
> import matplotlib.pyplot as plt
> import soundfile as sf  # soundfile 라이브러리 임포트
>
> # 파일 경로 설정
> input_file_path = 'FillerSample01.mp4'  # 입력 파일 경로
> temp_audio_path = 'temp_audio.wav'       # 임시 오디오 파일 경로
> output_file_path = 'OutputFillerSample01.mp4'  # 출력 파일 경로
>
> # 오디오 로드
> ```

```python
y, sr = librosa.load(input_file_path, sr=None)

# 필러 판단 함수
def is_filler(segment, sr, zcr_threshold, duration_min, duration_max):
    # 제로 크로싱 비율 계산
    zcr = librosa.feature.zero_crossing_rate(segment)[0]
    mean_zcr = np.mean(zcr)
    duration = len(segment) / sr
    print(f"Segment Duration: {duration:.2f}s, Mean ZCR: {mean_zcr:.3f}")
    return mean_zcr > zcr_threshold and duration_min < duration < duration_max

# 필러 감지 및 설정
while True:
    # 사용자로부터 파라미터 입력 받기
    zcr_threshold = float(input("Enter the ZCR threshold: "))
    duration_min = float(input("Enter the minimum duration for filler (seconds): "))
    duration_max = float(input("Enter the maximum duration for filler (seconds): "))

    # 비음성 부분 감지
    non_silent_parts = librosa.effects.split(y, top_db=20)
    filler_parts = []

    # 각 부분에 대해 필러 여부 확인
    for start, end in non_silent_parts:
        segment = y[start:end]
        if is_filler(segment, sr, zcr_threshold, duration_min, duration_max):
            filler_parts.append((start, end))

    # 시각화
    plt.figure(figsize=(12, 4))
    plt.plot(np.linspace(0, len(y)/sr, num=len(y)), y, alpha=0.5)
    plt.title('Audio with Non-Silent Parts and Detected Fillers')
```

```
    plt.xlabel('Time (s)')
    plt.ylabel('Amplitude')

    # 비음성 부분을 빨간색으로 표시
    for start, end in non_silent_parts:
        plt.axvspan(start/sr, end/sr, color='red', alpha=0.5)

    # 감지된 필러 부분을 녹색으로 표시
    for start, end in filler_parts:
        plt.axvspan(start/sr, end/sr, color='green', alpha=0.5)

    plt.xlim(0, len(y)/sr)
    plt.tight_layout()
    plt.show()

    # 사용자 만족 여부 확인
    user_satisfaction = input("Are you satisfied with the settings? (yes/no): ").strip().lower()
    if user_satisfaction == 'yes':
        break

# 필러가 아닌 부분만 추출
non_filler_parts = [part for part in non_silent_parts if not any(all(p == f for p, f in zip(part, filler_part)) for filler_part in filler_parts)]

# ffmpeg 필터 그래프 구성
video_filters = [f"[0:v]trim=start={start/sr}:end={end/sr},setpts=PTS-STARTPTS[v{idx}];" for idx, (start, end) in enumerate(non_filler_parts)]
audio_filters = [f"[0:a]atrim=start={start/sr}:end={end/sr},asetpts=PTS-STARTPTS[a{idx}];" for idx, (start, end) in enumerate(non_filler_parts)]

concat_filter = f"concat=n={len(non_filler_parts)}:v=1:a=1[v][a]"
```

```
filter_graph = ''.join(video_filters) + ''.join(audio_filters) + ''.join([f"[v{idx}][a{idx}]" for idx
in range(len(non_filler_parts))]) + concat_filter

# ffmpeg를 사용하여 오디오와 비디오에서 필러 부분 제거
subprocess.run(['ffmpeg', '-i', input_file_path, '-filter_complex', filter_graph, '-map', '[v]',
'-map', '[a]', output_file_path])
```

샘플 파일인 FillerSample01.mp4 에는 다음과 같이 일부러 췌언을 네 군데 발성하여 넣었습니다. "이러닝으로 (에) 그러한 내용을 (음) 없애기 위한 필러를 (음) 제거하기 위한 기법을 사용하기 (어)도 합니다."

이 음성 파일에 대하여 24의 음성 세그먼트를 얻을 수 있습니다. 각각의 세그먼트에 대한 ZCR 과 세그먼트의 길이를 출력하여 확인하여 췌언은 5, 7, 11, 21 세그먼트임을 확인하였습니다. 췌언은 보통 ZCR 이 0~0.02사이에 있다고 봅니다. 췌언의 최소, 최대 길이는 발성자의 습관과 발표 분위기에 따라 변할 수 있습니다. 데이터 각각의 ZCR 과 세그먼트 최소 최대 길이를 입력하여 얻은 그래프 결과값은 그림 3.3.8과 같습니다. 프로그램을 실행하면 다음과 같이 24개의 세그먼트로 음성 부분을 나눕니다.

> **실행 결과**
> 1.Segment Duration: 0.03s, Mean ZCR: 0.004
> 2.Segment Duration: 0.03s, Mean ZCR: 0.004
> 3.Segment Duration: 0.50s, Mean ZCR: 0.013
> 4.Segment Duration: 0.22s, Mean ZCR: 0.015
> 5.Segment Duration: 0.49s, Mean ZCR: 0.020
> 6.Segment Duration: 1.24s, Mean ZCR: 0.014
> 7.Segment Duration: 0.62s, Mean ZCR: 0.011
> 8.Segment Duration: 0.13s, Mean ZCR: 0.017
> 9.Segment Duration: 0.80s, Mean ZCR: 0.014
> 10.Segment Duration: 0.96s, Mean ZCR: 0.015
> 11.Segment Duration: 0.48s, Mean ZCR: 0.010
> 12.Segment Duration: 0.55s, Mean ZCR: 0.022
> 13.Segment Duration: 0.35s, Mean ZCR: 0.015
> 14.Segment Duration: 0.23s, Mean ZCR: 0.009
> 15.Segment Duration: 0.05s, Mean ZCR: 0.013
> 16.Segment Duration: 0.46s, Mean ZCR: 0.016
> 17.Segment Duration: 0.42s, Mean ZCR: 0.013
> 18.Segment Duration: 0.52s, Mean ZCR: 0.015
> 19.Segment Duration: 0.01s, Mean ZCR: 0.003
> 20.Segment Duration: 0.12s, Mean ZCR: 0.022
> 21.Segment Duration: 0.31s, Mean ZCR: 0.023
> 22.Segment Duration: 0.06s, Mean ZCR: 0.019
> 23.Segment Duration: 0.29s, Mean ZCR: 0.012
> 24.Segment Duration: 0.37s, Mean ZCR: 0.018

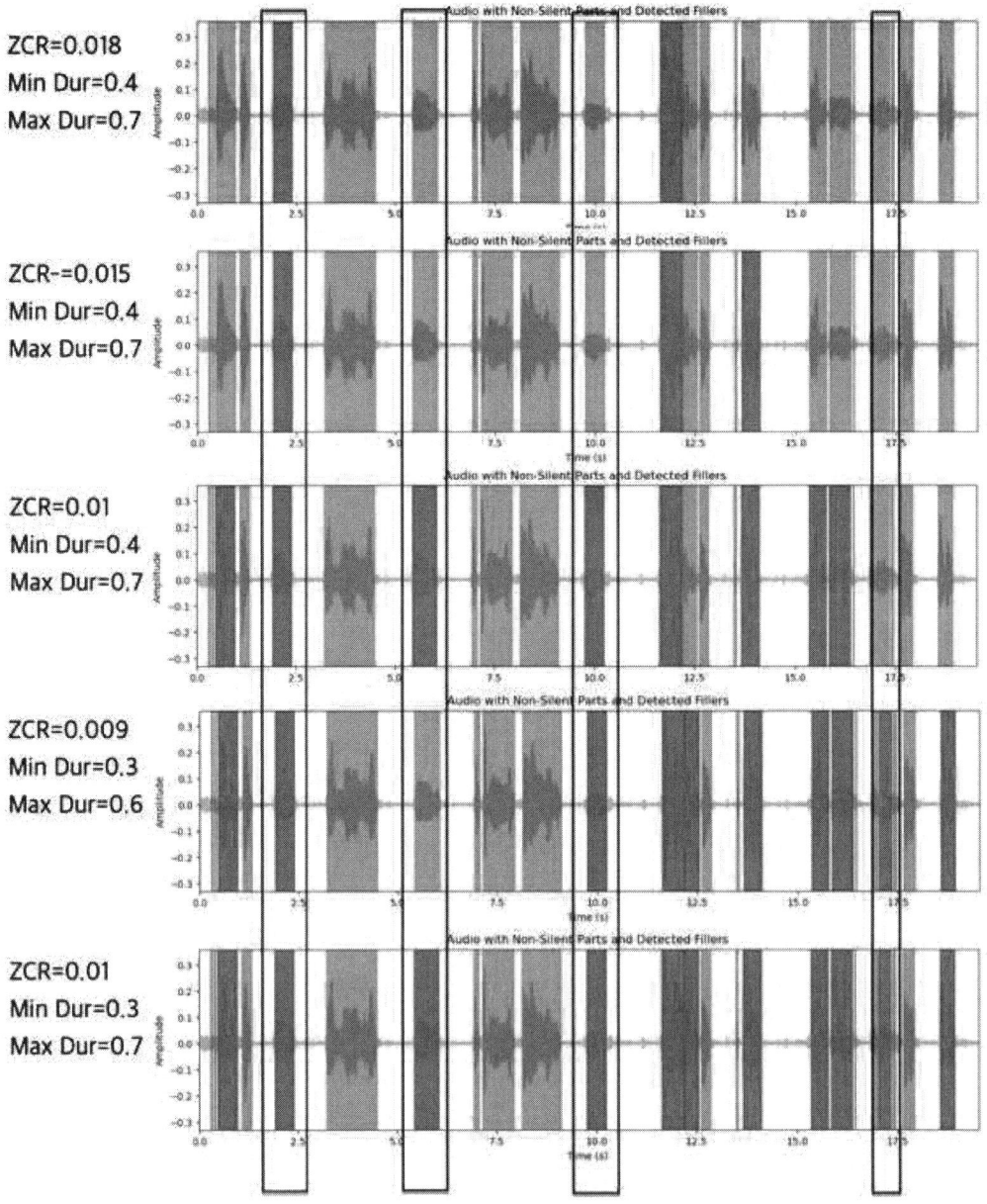

그림 3.3.8 ZCR을 추가한 무음 인식 방법

그림 3.3.8에서 실제로 췌언에 해당하는 부분을 네 개의 박스로 표시하였습니다. ZCR=0.01, Min Dur=0.3, Max Dur=0.7인 경우 4개의 췌언을 모두 감지할 수 있으나 음성 부분도 포함되어 제거됩니다. 출력 파일 'OutputFillerSample01.mp4'을 확인하면 필러 제거 동영상을 확인할 수 있습니다. 음성 부분의 데시벨 값이 필러보다 크므로 이 조건을 활용하고 췌언의 예상 길이를 더욱 정교화하여 췌언만 제거할 수 있도록

프로그램을 개선하는 것이 가능합니다. 다음 데이터는 각 세그먼트당 실제 ZCR과 세그먼트 길이에 대한 정보를 나타냅니다.

파이썬 음성/영상 처리 라이브러리를 사용하는 것보다 다음의 딥러닝에 의한 음성 인식 기능을 활용하여 췌언 제거 기능을 더 개선 시킬 수 있습니다.

(3) 음성 인식 기능을 활용한 췌언 제거

Whisper 음성 인식 기능을 활용한 구글 코랩으로 개발하였습니다. Whisper는 OpenAI에서 개발한 강력한 음성 인식 모델로, 다양한 언어와 방언에 대해 높은 정확도를 제공합니다. 이 코드는 Whisper 모델을 사용하여 오디오 파일을 텍스트로 변환하고, 췌언이나 말더듬증이 같은 발화 불명료 성을 탐지하는 방법을 제공합니다. https://tinyurl.com/ynwtyyrg의 내용을 확인하기 바랍니다.

본 구현에서는 먼저 moviepy 라이브러리를 사용해 비디오 파일에서 오디오를 추출하고, 이 오디오 파일을 Whisper 모델로 처리하여 필러가 아닌 유효한 오디오 세그먼트를 식별합니다. 이러한 처리는 특히 언어 교육 또는 eLearning 콘텐츠 분야에서 매우 유용합니다. 여기서는 whisper_timestamped 라이브러리를 사용해 변환된 텍스트에 시간 정보를 포함하고 있으며, 이를 통해 필러가 아닌 단어를 비디오의 특정 부분과 정확히 매핑한 후 matplotlib를 사용하여 오디오 파형을 시각화하고, 유효한 오디오 세그먼트를 파형 위에 오버레이 합니다. 이는 사용자가 오디오의 어떤 부분이 유효하고 어떤 부분이 필러인지 쉽게 파악할 수 있도록 도와줍니다.

마지막으로, 식별된 유효한 오디오 세그먼트에 해당하는 비디오 부분만을 추출하여 연결함으로써 최종 비디오를 생성합니다. 이 방식은 비디오의 품질을 개선하고, 불필요한 부분을 제거하여 시청자의 집중력을 높이는 데 도움이 됩니다. 이러한 접근 방식의 장점으로는 수동 편집보다 시간과 노력을 크게 절약할 수 있고, Whisper 모델을 활용하여 다양한 언어와 방언에서 높은 정확도를 얻을 수 있으며, 필러 또는 말더듬이를 포함한 다양한 발화 불명료성을 탐지할 수 있으며, 오디오 파형의 시각화를 통해 오디오 내용을 쉽게 이해하고 분석할 수 있도록 코딩하였습니다.

📝 **소스 코드**

```python
from moviepy.editor import VideoFileClip
import whisper_timestamped as whisper
import json
```

```python
from moviepy.video.io.ffmpeg_tools import ffmpeg_extract_subclip
from moviepy.editor import VideoFileClip, concatenate_videoclips
import os
### Set ROOT_DIR
ROOT_DIR = os.getcwd()

import os
from moviepy.editor import VideoFileClip

# 현재 작업 디렉토리의 경로를 출력
print("Current Working Directory:", os.getcwd())

# 현재 작업 디렉토리에 있는 파일들의 목록을 출력
print("Files in Current Working Directory:", os.listdir())

"""" 현재 작업 디렉토리의 경로와 비디오 파일명을 결합, 비디오 파일의 전체 경로 생성"""
video_path = os.path.join(os.getcwd(), "FillerSample01.mp4")

# moviepy를 사용하여 비디오 파일을 로드
video = VideoFileClip(video_path)

"""비디오 파일에서 오디오를 추출하여 WAV 파일로 저장
이때, 저장될 오디오 파일의 경로는 현재 작업 디렉토리에 "myaudio.wav"로 설정"""
video.audio.write_audiofile(os.path.join(os.getcwd(), "myaudio.wav"))

import os
import whisper_timestamped as wt

# 오디오 파일을 로드, 파일은 현재 작업 디렉토리에 있는 "myaudio.wav"
audio = whisper.load_audio(os.path.join(os.getcwd(), "myaudio.wav"))
```

```python
# Whisper 모델을 로드, "tiny" 모델을 사용, 연산은 CPU에서 수행.
model = whisper.load_model("tiny", device="cpu")

# Whisper 모델을 사용하여 오디오를 텍스트로 변환
# 여기서는 한국어('ko')로 인식하고, 말 더듬이나 필러 같은 발화 불명료성을 감지

result =wt.transcribe_timestamped(model, audio, language="ko", detect_disfluencies=True)
#result = whisper.transcribe_timestamped(model, audio, language="ko", detect_disfluencies=True)
#result = whisper.transcribe(model, audio, language="ko", word_timestamps=True)

# 변환된 결과를 출력
print(result)


import matplotlib.pyplot as plt
import numpy as np
import librosa
from moviepy.editor import VideoFileClip, concatenate_videoclips
import os

# 필요한 변수 정의
valid_audio_segments = []
valid_video_segments = []

# 파형을 표시할 플롯 크기 설정
plt.figure(figsize=(15, 6))

# librosa를 사용하여 오디오 파일 로드
# ROOT_DIR은 오디오 파일이 위치한 디렉토리를 가리키는 변수
y, sr = librosa.load(os.path.join(ROOT_DIR, "myaudio.wav"), sr=None)

# 오디오 파형 표시
```

```python
librosa.display.waveshow(y, sr=sr, alpha=0.7, label='Original Waveform')

# 시간 배열 생성
times = np.linspace(0, len(y) / sr, num=len(y))

# 영상의 유효한 세그먼트 위에 파형을 오버레이
last_end_time = 0   # 첫 번째 세그먼트 시작 시간은 0으로 설정
gap_durationS = 0.4  # 세그먼트 시작 전 간격
gap_durationE = 0.6  # 세그먼트 종료 후 간격

# result의 세그먼트들을 반복하여 처리
for segment in result['segments']:
    for word in segment['words']:
        if '[*]' not in word['text']:  # 필러가 아닌 단어만 처리
            start_time = word['start']  # 세그먼트 시작 시간
            end_time = word['end']      # 세그먼트 종료 시간
            if start_time < end_time and start_time < video.duration:
                # 파형 위에 유효한 세그먼트 표시
                plt.fill_between(times, y, where=((times >= start_time) & (times <= end_time)), color='green', alpha=0.5)
                # 비디오 클립에서 해당 세그먼트 추출
                video_segment = video.subclip(start_time, end_time)
                # 추출된 비디오 세그먼트를 리스트에 추가
                valid_video_segments.append(video_segment)

# 파형 플롯 설정
plt.title('Valid Audio Segments vs. Original Waveform')
plt.xlabel('Time (s)')
plt.ylabel('Amplitude')
plt.legend()
plt.tight_layout()
plt.show()
```

```
# 추출된 비디오 세그먼트들을 연결하여 최종 비디오 생성
final_video = concatenate_videoclips(valid_video_segments, method="compose")

# 최종 비디오 파일 출력
output_path = os.path.join(os.getcwd(), "Processed_FillerSample01.mp4")
final_video.write_videofile(output_path, codec='libx264', audio_codec='aac')
```

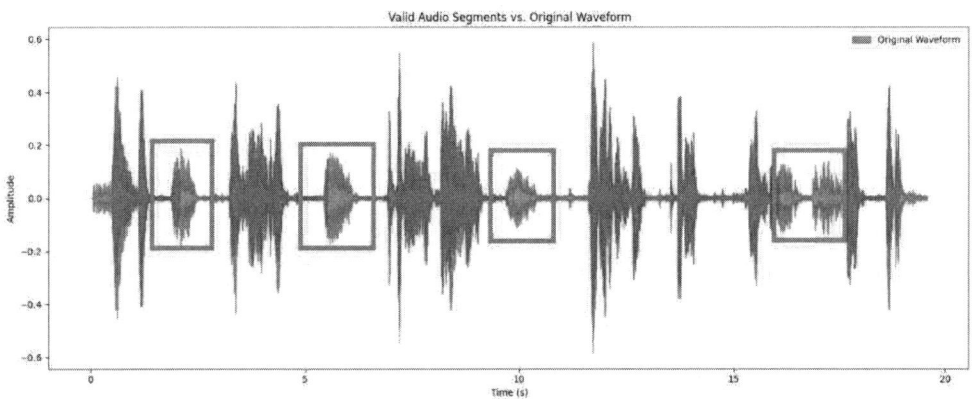

그림 3.3.9 파형에서 인식된 필러의 위치

그래프의 모양에서 네 군데의 필러의 내용이 정확히 감지(파란색)된 것을 확인할 수 있습니다. 이 내용은 프로그램 중에 result 리스트의 내용을 살펴보면 더 이해가 쉽습니다.

> **실행 결과**
>
> 100%|████████████| 1957/1957 [00:02<00:00, 721.30frames/s]{'text': ' 이런 이유로 그런 내용들을 없애기 위한 피로를 제거하기 위한 기쁨을 사용하기 또입니다.', 'segments': [{'id': 0, 'seek': 0, 'start': 0.5, 'end': 16.04, 'text': ' 이런 이유로 그런 내용들을 없애기 위한 피로를 제거하기 위한 기쁨을 사용하기', 'tokens': [50364, 8381, 4329, 250, 4673, 1955, 9306, 36898, 37513, 5711, 28408, 2401, 41475, 24009, 1955, 11297, 4424, 4285, 22700, 41475, 7047, 15404, 246, 1638, 14422, 22700, 51211], 'temperature': 0.0, 'avg_logprob': -0.8398287224047112, 'compression_ratio': 1.0714285714285714, 'no_speech_prob': 0.016426265239715576, 'confidence': 0.497, 'words': [{'text': '이런', 'start': 0.5, 'end': 0.84, 'confidence': 0.797}, {'text': '이유로', 'start': 0.84, 'end': 2.06, 'confidence': 0.435}, {'text': '[*]', 'start': 2.06, 'end': 3.2,

'confidence': 0.0}, {'text': '그런', 'start': 3.2, 'end': 3.56, 'confidence': 0.144}, {'text': '내용들을', 'start': 3.56, 'end': 5.52, 'confidence': 0.928}, {'text': '[*]', 'start': 5.52, 'end': 6.86, 'confidence': 0.0}, {'text': '없애기', 'start': 6.86, 'end': 7.56, 'confidence': 0.563}, {'text': '위한', 'start': 7.56, 'end': 7.98, 'confidence': 0.959}, {'text': '피로를', 'start': 7.98, 'end': 9.74, 'confidence': 0.238}, {'text': '[*]', 'start': 9.74, 'end': 11.6, 'confidence': 0.0}, {'text': '제거하기', 'start': 11.6, 'end': 12.38, 'confidence': 0.833}, {'text': '위한', 'start': 12.38, 'end': 12.92, 'confidence': 0.796}, {'text': '[*]', 'start': 12.92, 'end': 13.32, 'confidence': 0.0}, {'text': '기쁨을', 'start': 13.32, 'end': 15.16, 'confidence': 0.292}, {'text': '사용하기', 'start': 15.16, 'end': 16.04, 'confidence': 0.972}]}, {'id': 1, 'seek': 0, 'start': 16.9, 'end': 18.88, 'text': ' 또입니다.', 'tokens': [51211, 7992, 7416, 13, 51320], 'temperature': 0.0, 'avg_logprob': -0.8398287224047112, 'compression_ratio': 1.0714285714285714, 'no_speech_prob': 0.016426265239715576, 'confidence': 0.414, 'words': [{'text': '[*]', 'start': 16.9, 'end': 17.64, 'confidence': 0.0}, {'text': '또입니다.', 'start': 17.64, 'end': 18.88, 'confidence': 0.414}]}], 'language': 'ko'}

리스트의 내용에서 보는 바와 같이 본 프로그램의 목적은 정확한 음성 인식이 아니므로 음성 인식이 완벽하게 맞지 않더라도 크게 문제가 되지는 않습니다. 'text' 옵션은 음성으로 인식된 부분이며 '*' 옵션은 필러에 해당하는 부분입니다. 필러는 5개가 인식되었는데 음성 뒤에 모호하게 표현된 부분도 검출해 내는 것을 확인할 수 있습니다.

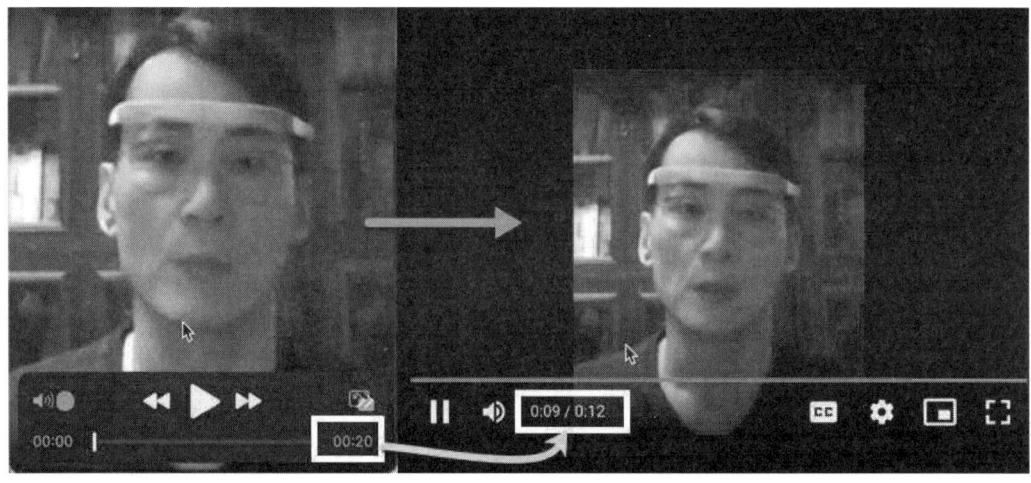

그림 3.3.10 필러를 제거 파일 크기 (20초->12초)

샘플 파일은 20초의 길이로 췌언을 포함한 비디오로 췌언 제거 후 12초의 영상으로 단축된 결과를 얻을 수 있었습니다.

3.3.4 Wav2Lip을 사용한 립싱크

Wav2Lip은 음악 오디오 파일과 비디오를 결합하여 동영상 속 인물이 음성에 맞추어 립싱크하도록 하는 기술입니다. 이는 음성 데이터와 영상 데이터를 동기화하는 딥러닝 기반의 기술로, 특히 뮤직비디오 제작이나 온라인 강의, 엔터테인먼트 콘텐츠 등에서 유용하게 활용될 수 있습니다. Wav2Lip의 주된 기능은 주어진 오디오에 맞추어 비디오 내의 인물이 자연스럽게 입을 움직이는 것처럼 보이게 하는 것입니다. 이 기술은 구글 코랩과 같은 클라우드 기반 플랫폼에서 쉽게 구현하고 실행할 수 있으며, 사용자는 복잡한 설정 없이도 손쉽게 이 기능을 이용할 수 있습니다.

Wav2Lip의 작동 방식은 다음과 같습니다. 먼저, 사용자는 DeepfakeTest01.mp4와 같은 비디오 파일과 DeepfakeTest01.wav와 같은 오디오 파일을 준비합니다. 이 두 파일은 길이가 같아야 합니다. 그런 다음, 이 파일들을 구글 드라이브에 업로드하고, Wav2Lip의 inference.py 스크립트를 실행하여 두 파일을 결합합니다. 결과로, 동기화된 오디오와 비디오가 결합된 비디오 파일이 생성됩니다. 파일의 길이가 5분을 넘는 경우 처리가 불가하여 긴 비디오를 처리할 때는 이를 5분 단위로 잘라서 처리하는 방법이 필요합니다. 일반적으로 강의의 길이는 20~25분 정도로 진행된다면 30분 정도의 강의자 영상을 따로 만들어 놓고 이 영상과 실제 강의자 녹화 음성과 길이를 맞추고 5분 간격으로 나누어 립싱크를 수행한 후에 파일을 합쳐서 최종 비디오를 생산할 수 있습니다. 미리 만들어 놓은 얼굴의 영상이 음성 녹음에 맞추어 더빙되는 것입니다. 이 경우에는 미리 만들어 놓은 강의자 표정이나 동작이 강의 콘텐츠의 내용과 일치하지는 않을 수 있으나 입술 모양은 정확하게 발음과 더빙이 됩니다.

이 기술의 장점은 비디오 제작 과정에서 립싱크를 위한 복잡한 수동 조정이 필요 없다는 것입니다. 딥러닝 모델이 오디오의 말소리와 비디오의 입 모양을 자동으로 동기화시켜, 실제로 해당 대사를 말하는 것처럼 보이게 만듭니다. 이는 특히 다양한 언어로 더빙이 필요한 상황이나, 기존 비디오에 새로운 오디오를 입히고자 할 때 유용합니다. 제공되는 코드에는 몇 가지 제한 사항이 있습니다. 예를 들어, 파일 길이가 5분을 초과하는 경우 작동하지 않을 수 있으며, 이러면 파일을 적절한 길이로 나누는 추가 작업이 필요할 수 있습니다. 또한, 비디오의 품질이나 인물의 움직임에 따라 결과의 자연스러움이 달라질 수 있습니다.

Wav2Lip은 비디오 제작 및 편집의 새로운 가능성을 열어주는 혁신적인 기술로, 특히 디지털 콘텐츠 제작자들에게 큰 도움이 될 것입니다. 이 기술을 통해 사용자는 비디오 제작 과정을 간소화하고, 보다 전문적이고 매력적인 결과물을 얻을 수 있습니다. 코드의 내용은 https://tinyurl.com/ylodoa8t에서 열람할 수 있습니다.

코드의 활용 방법은 다음과 같습니다.

KeepOriginalPuppet30.mp4는 립싱크용 강의자 얼굴 영상으로 30분 길이로 미리 생성하여 놓았습니다. 강의자 음성 강의 길이가 10분 9초라고 하면 다음과 같은 명령어를 수행합니다.

!ffmpeg -i KeepOriginalPuppet30.mp4 -ss 00:00:00 -t 00:10:09 -async 1 DeepfakeTest02.mp4

KeepOriginalPuppet30.mp4 파일을 시작 시점을 00:00:00(시작부터)으로부터 총 길이를 00:10:09까지로 잘라내어 DeepfakeTest02.mp4 의 이름으로 저장합니다.

-async 1 옵션은 오디오 싱크를 맞추기 위해 사용합니다.

!ffmpeg -i DeepfakeTest02.mp4 -c copy -map 0 -segment_time 00:05:00 -f segment -reset_timestamps 1 outputmp4%03d.mp4

DeepfakeTest02.mp4 파일을 5분 간격(00:05:00)으로 여러 개의 작은 파일로 나누어, outputmp4001.mp4, outputmp4002.mp4 등의 순서를 갖춘 형태로 저장됩니다.

-reset_timestamps 1 옵션은 각 세그먼트의 타임스탬프를 재설정합니다.

!ffmpeg -i Serbia_Edtec_Exercise01.mp3 -acodec copy -vn -f segment -segment_time 00:05:00 outputmp3%3d.mp3

Serbia_Edtec_Exercise01.mp3 오디오 파일을 5분 간격으로 나누어 outputmp3001.mp3, outputmp3002.mp3 등의 순서를 갖춘 형태로 저장합니다.

-vn 옵션은 비디오 트랙을 제외하고 오디오만 처리합니다.

-acodec copy는 오디오 코덱을 변경하지 않고 복사합니다.

이 명령어들로 긴 비디오나 오디오 파일을 작은 단위로 나누는 방법을 보여줍니다. 영상과 음성을 같은 길이로 맞추고 5분 간격으로 나눕니다.

📝 소스 코드

```python
import os
# 현재 디렉토리의 파일 목록을 가져옴
directory_list = os.listdir()
for a in directory_list:
    # 파일명에 'outputmp4'가 포함된 경우 해당 파일을 처리
    if("outputmp4" in a):
        # 대응되는 오디오 파일명을 생성
        b = a.replace("mp4", "mp3")
        # 결과 파일명을 생성
        c = a.replace("outputmp4", "resultWH")
        print(a.replace("mp4", "mp3"))
        print(a)
        print(c)
        # 결과 파일이 아직 생성되지 않았다면 Wav2Lip으로 립싱크 처리를 수행
        if(c not in directory_list):
            !python inference.py --checkpoint_path checkpoints/wav2lip_gan.pth --face $a --audio $b --outfile $c
import os
# 현재 디렉토리의 파일 목록을 가져옴
directory_list = os.listdir()
# 파일 목록을 정렬
sorted_list = sorted(directory_list)
print(directory_list)
!pwd
# 결과 비디오 파일 목록을 mylist.txt 파일에 저장
for a in sorted_list:
    if("resultWH" in a):
        print(a)
        !echo file $a >> mylist.txt
```

```
# mylist.txt에 저장된 파일 목록을 바탕으로 하나의 비디오 파일을 생성
!ffmpeg -f concat -safe 0 -i mylist.txt -c copy output.mp4
```

이 스크립트는 디렉터리 내의 특정 패턴을 가진 파일들을 대상으로 Wav2Lip을 이용해 립싱크 처리를 하고, 처리된 파일들을 병합하여 하나의 연속된 비디오 파일로 만드는 과정을 자동화합니다. 동영상 처리 과정과 결과물은 https://tinyurl.com/yrgr48kr 에서 확인할 수 있습니다. 그림 3.3.11과 같이 비틀즈의 노래 음성에 맞추어 기타를 연주하는 영상을 만들 수 있습니다. 저자의 얼굴은 뒤에 설명할 Lens Studio를 이용하여 캐릭터 변형을 하였습니다.

저자의 유튜브 채널에 많은 Wav2lip기술을 활용한 많은 동영상 결과물을 확인할 수 있습니다. 그림 3.3.12의 동영상은 강의 제작에 사용한 동영상 사례입니다. (https://tinyurl.com/yu5nay6m)

그림 3.3.11 Wav2Lip 활용 영상

그림 3.3.12 강의에 활용한 Wav2Lip

3.3.5 MakeItTalk을 통한 음성 애니메이션

사진이나 이미지에 음성을 입혀 실제로 말하는 것처럼 보이게 하는 MakeItTalk 기술을 활용해 보겠습니다. 이 기술은 인공지능과 딥러닝을 활용해 이미지 내의 인물이 실제로 말하는 것처럼 입 모양을 움직이게 하는 최신 음성 애니메이션 기법입니다. MakeItTalk는 음성 파일을 입력으로 받아 정적인 이미지를 생동감 넘치는 애니메이션으로 변환합니다. 이 기술은 특히 강연, 교육 콘텐츠, 엔터테인먼트 분야에서 유용하게 사용될 수 있습니다. 이 기법은 사용자가 제공한 음성 파일에 따라 이미지 속 인물의 입 모양과 표정을 자연스럽게 움직이게 만듭니다.

먼저, 필요한 모든 라이브러리와 코드를 코랩에 설치하고 준비합니다. 음성 파일과 애니메이션을 적용할 이미지를 올립니다. 음성 파일은 WAV 형식이며, 이미지는 얼굴이 명확하게 보이는 사진이 좋습니다. 다음에는 MakeItTalk 알고리즘을 실행하여 음성 데이터와 이미지를 분석합니다. 알고리즘은 음성의 리듬과 강세를 파악하여 이미지의 입 모양과 표정을 조절합니다. 처리가 완료되면, 결과물로 이미지가 음성에 맞춰 입을 움직이는 애니메이션 비디오를 얻을 수 있습니다.

MakeItTalk은 교육 자료, 디지털 마케팅, 인터랙티브 미디어 등 다양한 분야에서 활용될 수 있습니다. 예를 들어, 역사적 인물의 사진에 음성을 입혀 학생들에게 역사를 더 흥미롭게 가르칠 수 있습니다. 또는, 마케팅에서는 제품을 소개하는 가상의 대변인을 만들어 고객과의 상호작용을 강화할 수 있습니다. MakeItTalk는 인공지능과 컴퓨터 비전 기술의 발전을 보여주는 예시입니다. 이 기술을 활용하면, 단순한 이미지가 활기차고 매력적인 콘텐츠로 변환하여, 관객과의 상호작용을 높이고 새로운 경험을 제공할 수 있습니다. MakeItTalk는 창의적인 콘텐츠 제작에 큰 잠재력을 지니고 있습니다. 수정된 코드는 https://tinyurl.com/yrhsumw5 에서 열람할 수 있습니다.

코드의 주요 부분에 대한 설명은 다음과 같습니다. 다음의 코드는 주어진 이미지에서 얼굴의 3D 랜드마크를 감지하고, 필요한 경우 사용자의 선택에 따라 얼굴의 입 부분을 닫는 기능을 수행합니다. 이러한 기능은 얼굴 랜드마크 기반의 응용 프로그램에서 흔히 사용되는 처리 과정입니다.

📝 **소스 코드**

```
# 'examples/' 폴더 내의 이미지를 불러옴, 이미지 파일 이름은 opt_parser의 jpg
# 속성으로 지정
img = cv2.imread('examples/' + opt_parser.jpg)
```

```python
# face_alignment 라이브러리를 사용 3D 얼굴 랜드마크 감지기 초기화
# 여기서는 CPU를 사용하고, 입력 이미지를 좌우 반전
predictor = face_alignment.FaceAlignment(face_alignment.LandmarksType._3D, device='cpu', flip_input=True)

# 불러온 이미지를 출력
print(img)

# 초기화된 감지기를 사용하여 이미지에서 얼굴 랜드마크를 감지
shapes = predictor.get_landmarks(img)

# 얼굴 랜드마크를 감지하지 못하거나 여러 개 감지된 경우, 오류 메시지를
# 출력하고 프로그램을 종료
if (not shapes or len(shapes) != 1):
    print('Cannot detect face landmarks. Exit.')
    exit(-1)

# 감지된 첫 번째 얼굴의 3D 랜드마크를 저장
shape_3d = shapes[0]

# 사용자가 선택적으로 입력 얼굴의 입을 닫도록 설정한 경우, 해당 기능을 수행
if(opt_parser.close_input_face_mouth):
    util.close_input_face_mouth(shape_3d)

# 얼굴 랜드마크 조정
shape_3d[48:, 0] = (shape_3d[48:, 0] - np.mean(shape_3d[48:, 0])) * 1.05 + np.mean(shape_3d[48:, 0]) # 입술을 더 넓게 조정
shape_3d[49:54, 1] += 0.         # 윗입술을 더 얇게 조정
shape_3d[55:60, 1] -= 1.         # 아랫입술을 더 얇게 조정
shape_3d[[37,38,43,44], 1] -=2.  # 눈을 더 크게 조정
shape_3d[[40,41,46,47], 1] +=2.  # 눈을 더 크게 조정
shape_3d, scale, shift = util.norm_input_face(shape_3d)
```

```python
# 오디오 데이터 준비
au_data = []
au_emb = []
ains = glob.glob1('examples', '*.wav')
ains = [item for item in ains if item is not 'tmp.wav']
ains.sort()
for ain in ains:
    os.system('ffmpeg -y -loglevel error -i examples/{} -ar 16000 examples/tmp.wav'.format(ain))
    shutil.copyfile('examples/tmp.wav', 'examples/{}'.format(ain))

    # 오디오 임베딩 추출
    from thirdparty.resemblyer_util.speaker_emb import get_spk_emb
    me, ae = get_spk_emb('examples/{}'.format(ain))
    au_emb.append(me.reshape(-1))

    print('Processing audio file', ain)
    c = AutoVC_mel_Convertor('examples')

    # 오디오 파일을 AutoVC 입력 형식으로 변환
    au_data_i = c.convert_single_wav_to_autovc_input(audio_filename=os.path.join('examples', ain),
            autovc_model_path=opt_parser.load_AUTOVC_name)
    au_data += au_data_i
if(os.path.isfile('examples/tmp.wav')):
    os.remove('examples/tmp.wav')

# 랜드마크 데이터 준비
fl_data = []
rot_tran, rot_quat, anchor_t_shape = [], [], []
for au, info in au_data:
```

```python
        au_length = au.shape[0]
        fl = np.zeros(shape=(au_length, 68 * 3))
        fl_data.append((fl, info))
        rot_tran.append(np.zeros(shape=(au_length, 3, 4)))
        rot_quat.append(np.zeros(shape=(au_length, 4)))
        anchor_t_shape.append(np.zeros(shape=(au_length, 68 * 3)))

# 저장된 파일이 있는 경우 삭제
if(os.path.exists(os.path.join('examples', 'dump', 'random_val_fl.pickle'))):
    os.remove(os.path.join('examples', 'dump', 'random_val_fl.pickle'))
if(os.path.exists(os.path.join('examples', 'dump', 'random_val_fl_interp.pickle'))):
    os.remove(os.path.join('examples', 'dump', 'random_val_fl_interp.pickle'))
if(os.path.exists(os.path.join('examples', 'dump', 'random_val_au.pickle'))):
    os.remove(os.path.join('examples', 'dump', 'random_val_au.pickle'))
if (os.path.exists(os.path.join('examples', 'dump', 'random_val_gaze.pickle'))):
    os.remove(os.path.join('examples', 'dump', 'random_val_gaze.pickle'))

# 랜드마크 및 오디오 데이터 저장
with open(os.path.join('examples', 'dump', 'random_val_fl.pickle'), 'wb') as fp:
    pickle.dump(fl_data, fp)
with open(os.path.join('examples', 'dump', 'random_val_au.pickle'), 'wb') as fp:
    pickle.dump(au_data, fp)
with open(os.path.join('examples', 'dump', 'random_val_gaze.pickle'), 'wb') as fp:
    gaze = {'rot_trans':rot_tran, 'rot_quat':rot_quat, 'anchor_t_shape':anchor_t_shape}
    pickle.dump(gaze, fp)

# 현재 디렉토리 출력
!pwd

# Audio2landmark 모델 생성 및 테스트
model = Audio2landmark_model(opt_parser, jpg_shape=shape_3d)
if(len(opt_parser.reuse_train_emb_list) == 0):
```

```python
        model.test(au_emb=au_emb)
else:
        model.test(au_emb=None)

# 현재 디렉토리 출력
!pwd

# Audio2landmark 모델 재생성 및 테스트
model = Audio2landmark_model(opt_parser, jpg_shape=shape_3d)
if(len(opt_parser.reuse_train_emb_list) == 0):
        model.test(au_emb=au_emb)
else:
        model.test(au_emb=None)

# 예측된 랜드마크 파일 검색 및 처리
fls = glob.glob1('examples', 'pred_fls_*.txt')
fls.sort()

for i in range(0,len(fls)):
        fl = np.loadtxt(os.path.join('examples', fls[i])).reshape((-1, 68,3))
        fl[:, :, 0:2] = -fl[:, :, 0:2]
        fl[:, :, 0:2] = fl[:, :, 0:2] / scale - shift

        if (ADD_NAIVE_EYE):
                fl = util.add_naive_eye(fl)

        # 추가적인 평활화
        fl = fl.reshape((-1, 204))
        fl[:, :48 * 3] = savgol_filter(fl[:, :48 * 3], 15, 3, axis=0)
        fl[:, 48*3:] = savgol_filter(fl[:, 48*3:], 5, 3, axis=0)
        fl = fl.reshape((-1, 68, 3))
```

```
    # 이미지 번역 블록 생성 및 테스트
    model = Image_translation_block(opt_parser, single_test=True)
    with torch.no_grad():
        model.single_test(jpg=img, fls=fl, filename=fls[i],
prefix=opt_parser.jpg.split('.')[0])
        print('finish image2image gen')
    os.remove(os.path.join('examples', fls[i]))

# 생성된 애니메이션 표시
from IPython.display import HTML
from base64 import b64encode

for ain in ains:
    OUTPUT_MP4_NAME = '{}_pred_fls_{}_audio_embed.mp4'.format(
        opt_parser.jpg.split('.')[0],
        ain.split('.')[0]
        )
    mp4 = open('examples/{}'.format(OUTPUT_MP4_NAME),'rb').read()
    data_url = "data:video/mp4;base64," + b64encode(mp4).decode()

    print('Display animation: examples/{}'.format(OUTPUT_MP4_NAME))
    display(HTML("""
    <video width=600 controls>
        <source src="%s" type="video/mp4">
    </video>
    """ % data_url))
```

이 코드는 오디오 데이터와 얼굴 랜드마크를 기반으로 이미지에 애니메이션 효과를 추가하는 복잡한 처리 과정을 수행합니다. MakeItTalk를 적용한 영상은 https://tinyurl.com/ymkq42f8에서 확인할 수 있습니다. 그림 3.3.13에서의 여자는 옛날 배우인 마릴린 몬로와 오드리햅번의 얼굴을 모핑하여 이미지를 만들고 그 이미지를 음성과 합성하여 동작하도록 작업하였습니다.

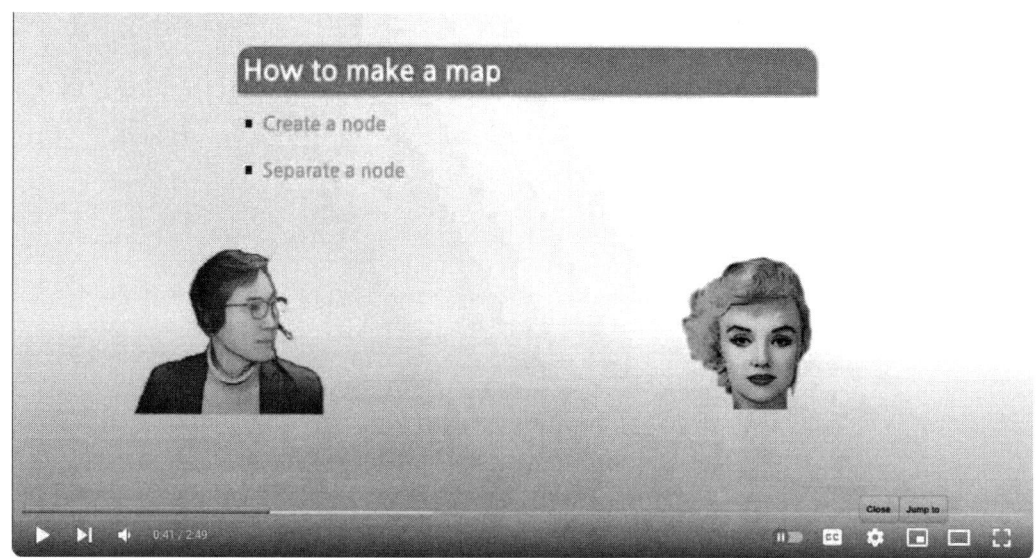

그림 3.3.13 MakeItTalk를 사용하여 개발한 동영상

3.3.6 기타 DeepFake 기술

지금까지 설명한 여러 가지 딥러닝을 이용한 기술 이외에도 다양한 기술들이 공개되어 있습니다. 이중의 관심을 기울여야 할 몇 개의 코드를 소개하겠습니다.

https://github.com/AliaksandrSiarohin/first-order-model

이 코드는 이미지 애니메이션을 위한 코드입니다. MakeItTalk는 음성과 이미지가 동기화되어 움직이는 이미지가 되었고 영상에 대한 정보는 없었지만, 이 모델은 주어진 이미지나 비디오 속 인물 또는 객체의 움직임을 다른 이미지나 비디오에 적용하여 실시간으로 애니메이션 효과를 생성할 수 있게 해줍니다. 이러한 기능은 다양한 응용 분야에서 활용될 수 있으며, 특히 디지털 엔터테인먼트, 교육, 마케팅, 가상 현실 등에서의 적용 가능성이 큽니다.

프로젝트의 핵심은 "First Order Motion Model"로, 이는 객체의 움직임을 분석하고 모델링하는 데 초점을 맞춥니다. 모델은 주어진 입력 이미지의 특정 부분(예: 얼굴, 몸)을 추출하고, 이를 다른 이미지나 비디오에 매핑하는 방식으로 동작합니다. 이 과정은 두 가지 주요 단계로 구성됩니다.

- 움직임 추출: 이 단계에서는 소스 비디오에서 움직임을 분석하여 움직임의 특성 (예: 얼굴의 방향, 표정 변화, 몸의 자세)을 추출합니다. 이를 통해 모델은 움직

임의 기본 구조를 이해하고 움직임 패턴을 학습합니다.

- 움직임 전이: 추출된 움직임 데이터는 대상 이미지에 적용됩니다. 이 과정에서는 소스의 움직임이 대상 이미지에 매핑되어, 마치 대상 이미지 속 객체가 소스 비디오의 움직임을 따라 하는 것처럼 보이게 됩니다.

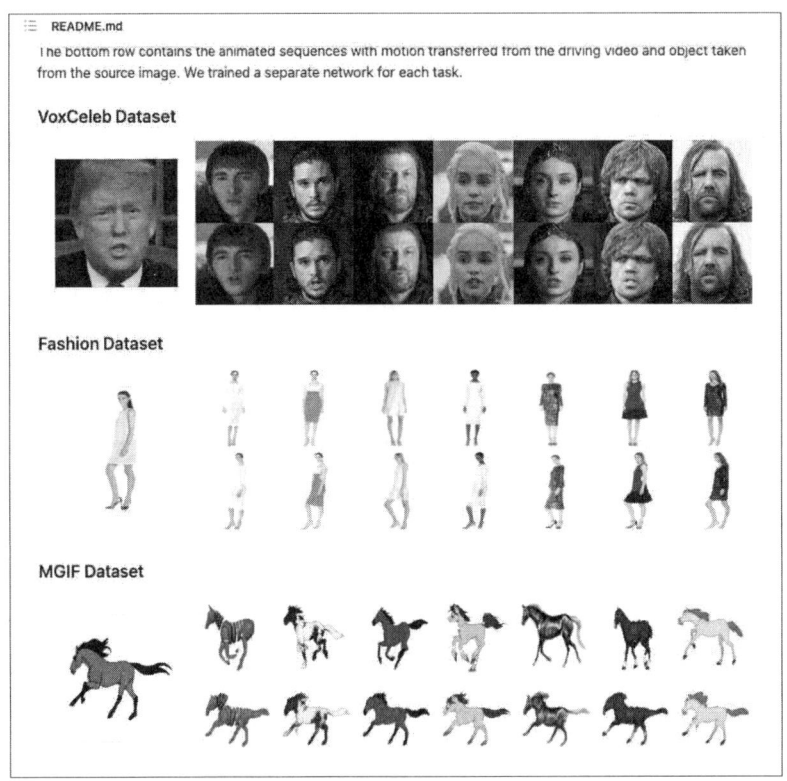

그림 3.3.14 First-order-model 소개 화면

이 모델의 중요한 특징 중 하나는 '일차원적 움직임'을 처리한다는 점입니다. 즉, 복잡한 3D 모델링이나 깊이 정보 없이도 2D 이미지상에서 신뢰할 수 있는 움직임 효과를 생성할 수 있습니다. 이러한 접근 방식은 컴퓨터 비전과 딥러닝 분야에서 중요한 진전을 의미하며, 더 넓은 범위의 응용과 접근성을 가능하게 합니다.

GitHub 페이지는 이 프로젝트의 사용 방법, 코드, 관련 연구 논문 및 추가 자료에 대한 상세한 정보를 제공합니다. 사용자는 이 GitHub 저장소를 복제하고, 필요한 라이브러리와 환경을 설정하여 자신의 프로젝트에 쉽게 통합할 수 있습니다. 또한, 다양한 예제와 데모가 제공되어 이 모델의 기능과 가능성을 직접 확인할 수 있습니다. (https://github.com/maum-ai/faceshifter)

GitHub의 "maum-ai/faceshifter" 프로젝트는 얼굴 교체(face swapping) 기술에 초점을 맞춘 딥러닝 기반 솔루션입니다. 이 프로젝트는 원본 이미지에서 대상 이미지로 얼굴을 실감이 나게 교체하는 고급 기능을 제공합니다. 이 기술은 주로 엔터테인먼트, 게임, 가상 현실, 보안 등의 분야에서 활용될 수 있으며, 디지털 콘텐츠 제작과 편집에 혁신을 가져다줄 수 있습니다. Faceshifter는 다음과 같은 기술적 특징과 장점이 있습니다.

- 고품질 얼굴 교체: Faceshifter는 고해상도의 얼굴 이미지에도 효과적으로 작동하며, 실제와 구별하기 어려운 결과물을 생성합니다. 이는 딥러닝 모델의 정교한 학습과 높은 처리 능력 덕분에 가능합니다.

- 실시간 처리: 이 기술은 빠른 처리 속도를 자랑하며, 실시간 어플리케이션에서도 사용될 수 있습니다. 이는 비디오 스트리밍, 게임, 실시간 시뮬레이션 등에서 유용하게 활용될 수 있습니다.

- 다양한 응용 가능성: Faceshifter는 단순히 얼굴 교체뿐만 아니라, 다양한 표정과 감정을 전달하는 얼굴 이미지 생성에도 사용될 수 있습니다. 이를 통해 사용자는 다양한 감정 표현을 가진 새로운 이미지를 생성할 수 있습니다.

- 사용자 친화적인 인터페이스: 이 프로젝트는 사용자가 쉽게 접근하고 사용할 수 있도록 설계되었습니다. GitHub 페이지는 사용 방법, 필요한 라이브러리, 설치 및 실행 방법에 대한 상세한 정보를 제공합니다.

- 개방성과 확장성: 프로젝트의 소스 코드는 오픈소스로 제공되어, 개발자들이 자유롭게 사용, 수정 및 확장할 수 있습니다. 이는 커뮤니티 기반의 개발과 협업을 촉진하며, 프로젝트의 지속적인 발전을 가능하게 합니다.

- 데이터 보호 및 프라이버시: 얼굴 교체 기술은 프라이버시와 데이터 보호에 민감한 영역입니다. Faceshifter 프로젝트는 이러한 측면을 고려하여 개발되었으며, 사용자 데이터의 보안과 프라이버시를 중요시합니다.

GitHub 저장소에서는 프로젝트에 대한 더욱 자세한 기술적 세부 사항, 사용 사례, 그리고 데모 비디오를 제공합니다. 이를 통해 사용자는 Faceshifter의 기능과 가능성을 직접 체험하고, 자신의 프로젝트에 적용할 수 있는 아이디어를 얻을 수 있습니다. Faceshifter는 기술적 진보뿐만 아니라 창의적인 콘텐츠 제작과 디지털 아이덴티티 구축에도 새로운 가능성을 열어주고 있습니다.

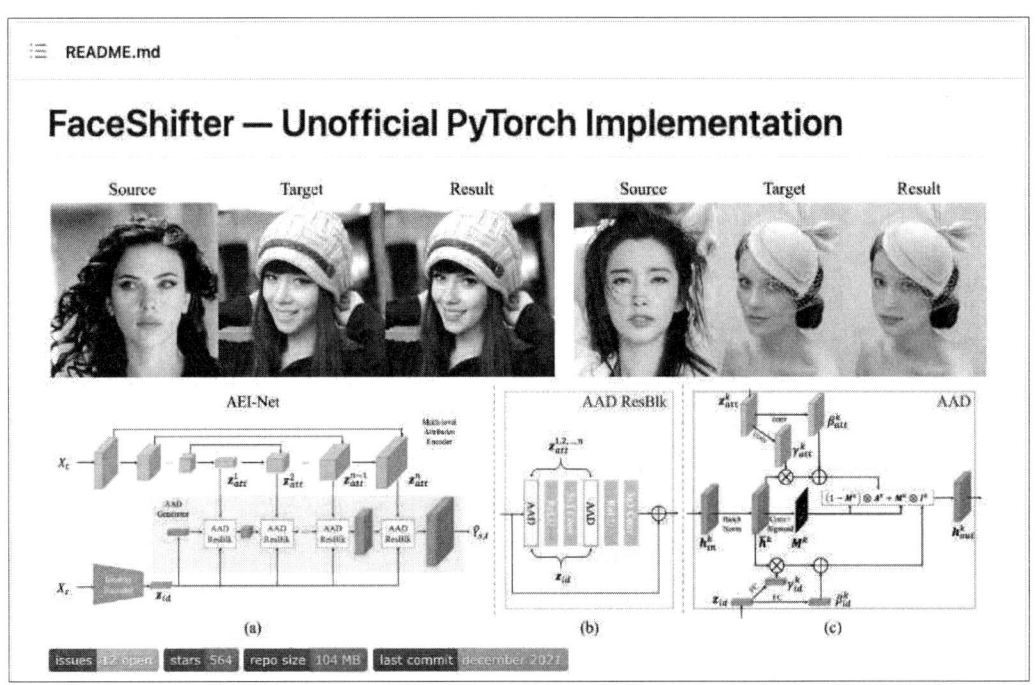

그림 3.3.15 FaceShifter 소개 화면

https://github.com/deepfakes/faceswap은 GitHub의 "deepfakes/faceswap" 프로젝트로 딥페이크 기술을 활용한 얼굴 교체 도구입니다. 이 프로젝트는 기계 학습과 딥러닝 알고리즘을 이용하여서 한 이미지 또는 비디오에서 다른 이미지 또는 비디오로 얼굴을 실감이 나게 교체하는 기능을 제공합니다. 이러한 기술은 주로 영화 제작, 광고, 게임 개발, 그리고 디지털 아트와 같은 창의적 분야에서 활용될 수 있습니다. Faceswap의 주요 특징은 다음과 같습니다.

- 고품질 얼굴 교체: 이 도구는 높은 수준의 정확성과 실감이 나는 결과물을 생성합니다. 고급 딥러닝 모델을 활용하여 자연스러운 얼굴 교체를 가능하게 합니다.

- 실시간 처리 능력: Faceswap는 빠른 처리 속도를 자랑하며, 실시간으로 얼굴을 교체할 수 있는 기능을 제공합니다. 이는 실시간 비디오 스트리밍, 게임, 라이브 이벤트 등에서 활용될 수 있습니다.

- 다양한 응용 가능성: 이 기술은 단순히 얼굴 교체뿐만 아니라, 다양한 표정과 감정을 전달할 수 있습니다. 사용자는 다양한 감정 표현을 가진 새로운 이미지나 비디오를 생성할 수 있습니다.

- 사용자 친화적인 인터페이스: Faceswap은 사용자가 쉽게 접근하고 사용할 수 있

는 인터페이스를 제공합니다. 사용 방법, 필요한 라이브러리, 설치 및 실행 방법에 대한 상세한 지침을 GitHub 페이지에서 제공합니다.

- 커뮤니티 지원과 개방성: 프로젝트는 오픈 소스로 제공되며, 개발자들이 자유롭게 사용, 수정 및 확장할 수 있습니다. 커뮤니티 기반의 개발과 협업을 통해 지속해서 개선되고 있습니다.

- 윤리적 사용과 데이터 보호: 얼굴 교체 기술은 윤리적으로 민감하며, 사용자의 프라이버시와 데이터 보호가 중요합니다. Faceswap 프로젝트는 이러한 측면을 고려하여 개발되었으며, 사용자 데이터의 안전과 보안을 우선시합니다.

그림 3.3.16 FaceShifter 소개 화면

Faceswap의 기술적 세부사항은 GitHub 저장소에서 상세하게 설명되어 있습니다. 프로젝트는 TensorFlow, Keras, 파이썬 등을 기반으로 구현되었으며, 다양한 딥러닝 모델과 알고리즘을 사용합니다. 또한, 사용자는 얼굴 검출, 랜드마크 추출, 학습 데이터 준비, 모델 학습 및 테스트 등의 전 과정을 직접 수행할 수 있습니다. Faceswap는 기술적인 진보뿐만 아니라 창의적인 콘텐츠 제작과 디지털 아이덴티티 구축에도 새로운 가능성을 열어주고 있습니다. 이러한 기술은 영화 산업에서 배우의 얼굴을 다른 배우의 얼굴로 교체하거나, 디지털 더빙, 가상 현실, 증강 현실 등에서 활용될 수 있습니다. 하지만, 딥페이크 기술의 오용 가능성도 있으므로, 윤리적인 사용과 법적 기준을 준수하는 것이 매우 중요합니다.

3.4 멀티미디어 데이터와 작업 도구

본 절에서는 다양한 멀티미디어 작업을 위한 핵심 도구와 기술에 대해 다룹니다. 이 장은 Audacity, Gimp, OpenShot, OBS, Lens Studio 등 다양한 오픈소스 또는 무료 소프트웨어를 중심으로 구성되어 있습니다. Audacity는 탁월한 음성 편집 기능을 제공하여 사용자가 오디오 데이터를 자유롭게 편집하고 개선할 수 있습니다. 이를 통해 사용자는 음질을 개선하거나, 특정 부분을 강조하는 등의 작업을 쉽게 수행할 수 있습니다. Gimp는 이미지 편집과 관련한 다양한 기능을 갖춘 소프트웨어로, 기본적인 이미지 수정부터 고급 편집 기술까지 다룹니다. 사용자는 이 도구를 통해 사진의 색상 조정, 레이어 작업, 특수 효과 적용 등을 할 수 있습니다. OpenShot과 OBS는 강력한 비디오 편집 및 스트리밍 기능을 제공합니다. OpenShot은 사용자 친화적인 인터페이스와 다양한 편집 옵션으로 비디오 편집을 간편하게 만들어 주며, OBS는 라이브 스트리밍과 녹화에 최적화된 도구로서, 고화질의 스트리밍과 다중 소스 녹화를 가능하게 합니다. 마지막으로, Lens Studio는 애니메이션과 모션 그래픽스 제작을 위한 도구로, 사용자가 창의적이고 독창적인 애니메이션 콘텐츠를 제작할 수 있도록 지원합니다. 이러한 도구들은 멀티미디어 작업을 더 쉽고 효율적으로 만들어 줍니다.

3.4.1 Audacity를 이용한 음성 처리

Audacity는 고급 음성 편집 및 녹음에 사용되는 강력한 오픈 소스 소프트웨어입니다. 사용자 친화적인 인터페이스와 다양한 편집 도구를 갖추고 있어, 음성 파일의 녹음, 편집, 개선 및 변환 작업을 쉽고 효율적으로 수행할 수 있습니다.

(1) Audacity의 GUI

그림 3.4.1과 같이 Audacity의 사용자 인터페이스는 직관적이고 사용하기 쉬워 다

양한 오디오 편집 작업에 효과적입니다. 다음은 Audacity의 핵심 기능과 인터페이스 구성 요소에 대한 설명입니다.

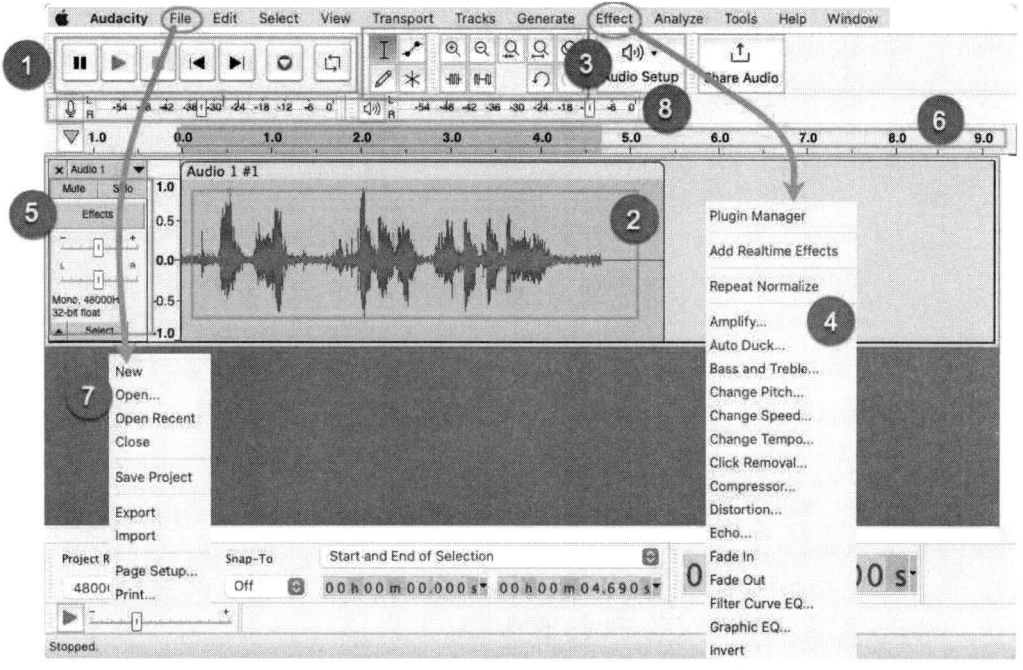

그림 3.4.1 Audacity 실행 화면

① 메인 툴바: 메인 툴바는 오디오의 재생, 일시 정지, 정지, 녹음 등의 기본 컨트롤을 제공합니다. 사용자는 이 툴바를 통해 오디오 트랙의 재생 및 녹음을 쉽게 제어할 수 있습니다.

② 트랙 뷰: 트랙 뷰는 녹음된 오디오의 파형을 시각적으로 표시합니다. 사용자는 이 뷰를 통해 오디오의 특정 부분을 선택하고, 편집할 수 있습니다. 트랙의 파형을 보면서 자르기, 복사, 붙여넣기 등의 편집 작업을 수행할 수 있습니다.

③ 툴바 선택: 다양한 편집 도구를 선택할 수 있는 툴바가 제공됩니다. 예를 들어, 선택 도구, 컷 도구, 줌 도구 등이 있으며, 이를 통해 사용자는 오디오를 더 세밀하게 편집할 수 있습니다.

④ 효과 메뉴: 효과 메뉴는 노이즈 감소, 이퀄라이저, 베이스 부스트 등 다양한 오디오 효과를 적용할 수 있는 옵션을 제공합니다. 이 메뉴를 사용하여 오디오의 품질을 개선하고, 다양한 소리 효과를 추가할 수 있습니다.

⑤ 트랙 관리: 사용자는 여러 개의 오디오 트랙을 동시에 관리할 수 있습니다. 각 트랙은 개별적으로 조절 가능하여, 볼륨 조절, 소리 위치 변경, 트랙 뮤트 등의 조작을 할 수 있습니다.

⑥ 타임라인: 오디오 파일의 시간을 표시하는 타임라인이 제공됩니다. 이를 통해 오디오의 특정 시간대를 정확하게 파악하고, 해당 구간을 선택하여 편집할 수 있습니다.

⑦ 파일 및 내보내기 옵션: 오디오 파일을 불러오거나 저장할 수 있는 메뉴가 있습니다. 또한, 다양한 파일 형식으로 오디오를 내보낼 수 있는 옵션이 제공되어, 편집한 오디오를 원하는 형식으로 저장할 수 있습니다.

⑧ 측정기: 오디오의 레벨을 시각적으로 확인할 수 있는 측정기가 제공됩니다. 이를 통해 오디오의 볼륨 레벨을 모니터링하고 적절한 조절을 할 수 있습니다.

이와 같은 기능들을 통해 Audacity는 오디오 파일의 편집과 개선을 위한 포괄적인 도구를 제공합니다. 초보자부터 전문가까지 다양한 사용자들이 직관적인 인터페이스를 통해 쉽게 접근하고 사용할 수 있으며, 다양한 오디오 작업을 수행할 수 있습니다. Audacity는 특히 오디오 북 제작, 팟캐스트 편집, 음악 제작과 같은 분야에서 유용하게 사용될 수 있습니다.

(2) Audacity의 기능

Audacity는 가장 널리 사용되는 무료 소프트웨어 중 하나로, 음성 데이터의 편집과 개선을 위한 다양한 기능을 제공합니다. 아래는 Audacity를 사용한 음성 데이터 편집과 개선의 구체적인 사례 및 방법에 대한 설명입니다.

- 배경 잡음 제거: Audacity의 '잡음 감소' 기능을 사용하면 배경 소음을 효과적으로 제거할 수 있습니다. 사용자는 잡음이 있는 부분을 먼저 선택하고 '잡음 프로파일 얻기'를 클릭하여 잡음의 특성을 분석한 후, 전체 트랙에 이를 적용하여 잡음을 제거합니다.

- 음량 조절 및 다이내믹 레인지 조절: '강조' 및 '컴프레서' 기능을 사용하여 오디오의 음량을 일정하게 유지하고 다이내믹 레인지를 조절할 수 있습니다. 이를 통해 음성이 일정한 수준의 크기로 유지되도록 하여 명확도를 높일 수 있습니다.

- 음성 파일 형식 변환: '파일' 메뉴의 '내보내기' 옵션을 통해 오디오 파일을 다양한 형식으로 저장할 수 있습니다. MP3, WAV, AIFF 등의 포맷으로 내보내기 기능을 지원하여, 다양한 용도로 오디오 파일을 활용할 수 있습니다.

- 다중 트랙 믹싱: 여러 오디오 트랙을 하나의 프로젝트에서 동시에 작업할 수 있습니다. 각 트랙의 볼륨, 위치, 페이드 인/아웃 등을 조절하여 복잡한 오디오 프로젝트를 완성할 수 있습니다.

- 실 사용례: 예를 들어, 팟캐스트 제작 시, Audacity를 사용하여 녹음된 대화의 불필요한 부분을 잘라내고, 다양한 음성 효과를 적용하여 전문적인 소리를 만들 수 있습니다. 또한, 음악 제작에서는 다양한 악기의 소리를 믹싱하고, 이퀄라이징을 통해 전체적인 음향을 조정할 수 있습니다. 또한 화면 캡처를 통해 얻은 시각적 매체와 덧붙여, 음성정보를 Audacity를 활용하여 효과적으로 추가할 수 있습니다.

Audacity는 이처럼 다양한 기능을 갖추고 있어, 오디오 편집의 기초부터 고급 기술까지 폭넓게 다룰 수 있습니다. 이러한 다재다능함으로 인해 Audacity는 오디오 북 제작, 팟캐스트 편집, 음악 제작, 사운드 디자인 등 다양한 분야에서 활용되며, 전문가뿐만 아니라 초보자들에게도 접근하기 쉬운 오디오 편집 도구로 평가받고 있습니다.

3.4.2 이미지 처리 도구(Gimp)

Gimp는 무료이면서 강력한 이미지 편집 도구로, 기본 이미지 편집부터 고급 이미지 처리 기법에 이르기까지 다양한 기능을 제공합니다. 다음은 Gimp를 활용한 이미지 편집 및 처리 방법에 대한 상세한 설명입니다.

그림 3.4.2와 같은 GUI를 가진 Gimp (GNU Image Manipulation Program)는 강력한 이미지 편집 소프트웨어로, 사용자에게 직관적이고 다양한 기능을 제공하는 인터페이스를 갖추고 있습니다. 다음은 Gimp의 주요 인터페이스 요소와 그 활용법에 대한 설명입니다.

① 메인 윈도우: Gimp를 시작하면 메인 윈도우가 나타납니다. 이 윈도우의 중앙에는 작업할 이미지가 표시됩니다. 상단의 메뉴 바에는 파일, 편집, 선택, 보기, 이미지, 레이어, 색상, 도구 등 다양한 메뉴가 있어, 필요한 기능에 쉽게 접근할 수 있습니다.

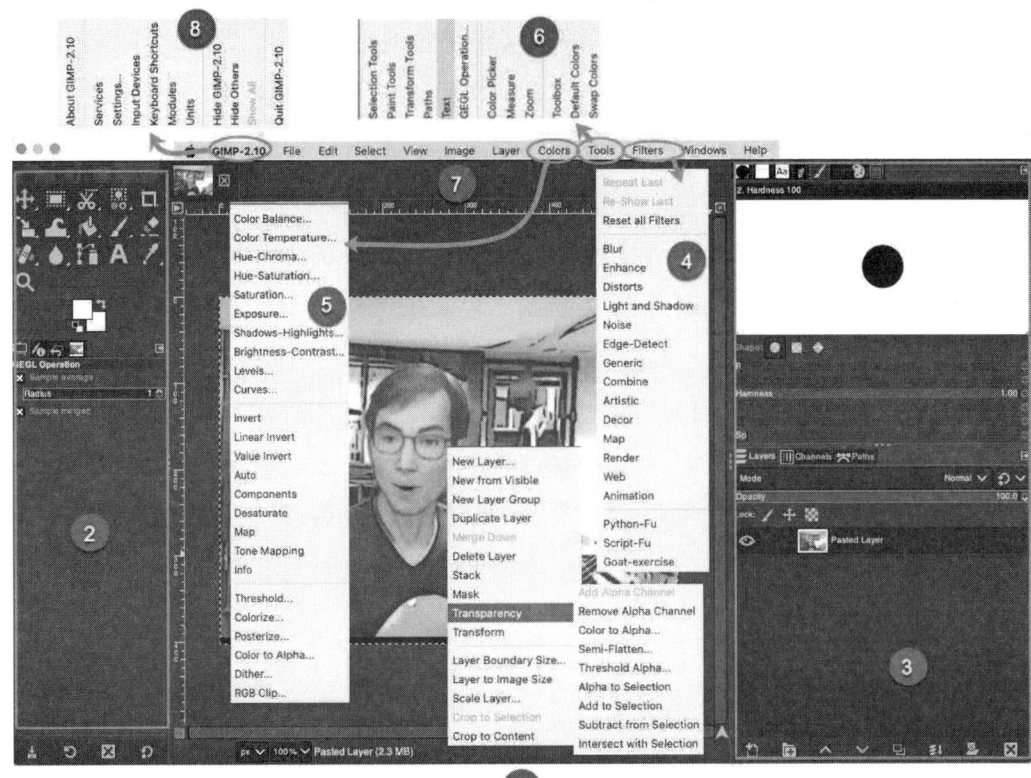

그림 3.4.2 Gimp 실행 화면

② 도구 상자 (Toolbox): 왼쪽에 있는 도구 상자는 다양한 편집 도구를 제공합니다. 선택 도구, 자르기 도구, 그리기 도구, 텍스트 도구, 채우기 도구 등 기본적인 이미지 편집에 필요한 도구들이 포함되어 있습니다.

③ 레이어, 채널, 경로 (Layers, Channels, Paths): 오른쪽 패널에는 레이어, 채널, 경로 등을 관리할 수 있는 탭이 있습니다. 레이어 탭에서는 이미지의 각 레이어를 개별적으로 조작하고 편집할 수 있습니다. 채널 탭에서는 색상 채널을 조정하고, 경로 탭에서는 벡터 경로를 만들고 편집할 수 있습니다.

④ 효과 및 필터: 메뉴 바의 '필터' 메뉴를 통해 다양한 효과와 필터를 이미지에 적용할 수 있습니다. 예를 들어, 흐림, 샤프닝, 색상 변형, 예술적 효과 등을 적용하여 이미지를 창의적으로 변형시킬 수 있습니다.

⑤ 이미지 조정 도구: 색상' 메뉴에서 색상 균형, 채도, 밝기 및 대비 조절 등을 통해 이미지의 색상을 세밀하게 조절할 수 있습니다.

⑥ 텍스트 편집: 텍스트 도구를 사용하여 이미지에 텍스트를 추가하고, 다양한 폰트, 크기, 스타일로 텍스트를 편집할 수 있습니다.

⑦ 고급 기능: Gimp는 마스크, 알파 채널, 블렌딩 모드 등 고급 이미지 편집 기능을 제공합니다. 이를 통해 전문적인 이미지 편집 작업을 수행할 수 있습니다.

⑧ 사용자 맞춤 설정: 환경 설정을 통해 도구 상자의 도구, 키보드 단축키, 인터페이스 테마 등을 사용자의 취향에 맞게 맞춤 설정할 수 있습니다.

이외에도 사용자의 요구에 따라 다양한 플러그인을 설치하여 Gimp의 기능을 확장할 수 있습니다. Gimp는 이러한 다양한 기능과 사용자 친화적인 인터페이스로 인해, 이미지 편집해야 하는 다양한 사용자들에게 적합한 소프트웨어입니다. 포토샵과 같은 고가의 소프트웨어 대안으로 많이 사용되며, 그 기능적인 측면에서도 전혀 손색이 없습니다. Gimp의 다양한 기능은 다음과 같습니다.

- 크기 조정 및 자르기: 이미지의 크기를 조정하거나 불필요한 부분을 자르는 기능을 제공합니다. 이를 통해 이미지를 원하는 크기와 형태로 쉽게 조절할 수 있습니다.

- 색상 및 대비 조정: 색상 밸런스, 채도, 밝기, 대비 등을 조절하여 이미지의 시각적 품질을 향상할 수 있습니다.

- 회전 및 반전: 이미지를 쉽게 회전하거나 반전시켜 원하는 방향으로 정렬할 수 있습니다.

- 레이어 및 마스크 사용: Gimp는 레이어 기반의 편집을 지원하여, 여러 레이어를 중첩하고 개별적으로 편집할 수 있습니다. 이는 복잡한 이미지 편집 작업을 쉽게 합니다. 마스크를 사용하여 특정 부분의 편집을 제한하거나 효과를 적용할 수 있으며, 이는 세밀한 이미지 편집에 필수적입니다.

- 필터 및 효과 적용: Gimp는 다양한 필터와 효과를 제공합니다. 이를 통해 이미지에 예술적인 터치를 추가하거나 특정 스타일을 적용할 수 있습니다.

- 흐림, 샤프닝, 색상 효과, 특수 효과 등 다양한 필터를 사용하여 이미지를 창의적으로 변형할 수 있습니다.

- 레이어 마스크와 블렌딩 모드: 레이어 마스크를 사용하여 미세한 영역을 조절하거나, 블렌딩 모드를 사용하여 레이어 간의 상호작용을 조절할 수 있습니다.

- 경로 도구와 벡터 그래픽: 복잡한 형태를 정확하게 잘라내거나 벡터 기반의 그래픽 작업을 수행할 수 있습니다.
- 텍스트 편집 및 타이포그래피: 이미지에 텍스트를 추가하고, 글꼴, 크기, 색상, 스타일 등을 조절하여 효과적인 타이포그래피를 생성할 수 있습니다.
- 플러그인 및 스크립트: Gimp는 다양한 플러그인과 스크립트를 지원하여, 추가적인 기능을 확장할 수 있습니다. 이를 통해 사용자의 특정 요구에 맞는 편집 작업을 수행할 수 있습니다.

이처럼 Gimp는 기본적인 이미지 편집부터 고급 기술에 이르기까지 다양한 기능을 제공합니다. 이러한 다양성과 유연성으로 인해 Gimp는 디지털 아트, 사진 편집, 그래픽 디자인 등 다양한 분야에서 사용될 수 있으며, 전문가뿐만 아니라 취미로 이미지 편집을 하는 사용자들에게도 적합한 도구로 평가받고 있습니다. Gimp의 사용례에는 포스터 디자인, 사진 보정, 디지털 일러스트레이션, 웹 디자인 등이 있습니다.

3.4.3 영상편집 도구(OpenShot, OBS)

OpenShot은 초보자도 쉽게 사용할 수 있는 오픈 소스 비디오 편집 도구입니다. 다중 트랙 편집, 효과와 트랜지션 추가, 비디오 자르기 및 합치기 등의 기본적인 비디오 편집 기능을 제공합니다. 사용자 친화적인 인터페이스와 다양한 형식으로의 비디오 내보내기 기능으로, 개인 프로젝트부터 전문적인 작업에 이르기까지 폭넓게 활용됩니다.

OBS Studio는 실시간 스트리밍 및 녹화를 위한 강력한 도구로, 고화질 비디오 캡처와 방송을 할 수 있습니다. 다양한 소스와 장면을 관리할 수 있으며, 오디오 믹싱, 실시간 효과 적용, 다양한 스트리밍 플랫폼 지원 등을 통해 전문적인 방송 환경을 제공합니다. OBS는 라이브 스트리밍, 화상 토론회, 게임 방송 등 다양한 영역에서 활용되고 있습니다. OBS로 녹화하고 OpenShot으로 편집하여 이러닝 콘텐츠를 개발할 수 있습니다.

(1) OpenShot을 이용한 비디오 편집

OpenShot은 사용자 친화적인 인터페이스와 풍부한 기능을 갖춘 오픈 소스 비디오 편집 소프트웨어입니다. OpenShot을 사용하여 비디오 클립을 자르고, 효과를 추가하며, 트랜지션을 적용하는 등 다양한 비디오 편집 작업을 수행할 수 있습니다. 그림

3.4.3은 OpenShot의 화면 구성을 보여줍니다.

그림 3.4.3 OpenShot의 실행 화면

① 타임라인: OpenShot의 핵심 기능 중 하나는 멀티트랙 타임라인입니다. 이곳에서 비디오, 오디오, 이미지 클립을 시간 순서에 맞게 배열하고 편집합니다.

② 미리보기 창: 타임라인에 배치된 클립은 상단 중앙의 미리보기 창에서 실시간으로 확인할 수 있습니다.

③ 프로젝트 파일: 프로젝트에 사용되는 모든 파일은 이 패널에 표시되며, 여기서 클립을 끌어다 타임라인에 놓을 수 있습니다.

④ 효과 및 전환: 다양한 효과와 전환은 이 패널에서 찾을 수 있으며, 이를 타임라인의 클립에 적용하여 비디오에 다이내믹을 추가할 수 있습니다.

⑥ 프로퍼티 창: 선택한 클립의 속성은 속성 창에서 상세하게 조정할 수 있습니다. 예를 들어, 크기 조정, 회전, 색상 변경 등이 가능합니다.

사용자는 파일을 드래그 앤 드롭하여 타임라인에 추가하고, 타임라인에서 클립을 자르거나 조정할 수 있으며 다음과 같은 작업을 수행할 수 있습니다.

- 비디오 클립 편집: 클립 자르기, 분할, 속도 조절 등의 기본적인 비디오 편집 기능을 제공합니다. 클립의 시작점과 끝점을 조정하여 필요한 부분만을 추출할 수 있습니다.

- 트랜지션과 효과: 다양한 트랜지션을 적용하여 클립 사이의 전환을 부드럽게 만들 수 있습니다. 효과 메뉴를 통해 비디오와 오디오에 다양한 효과를 추가할 수 있습니다.

- 오디오 편집: 오디오 트랙을 별도로 편집하고, 음량 조절, 페이드 인/아웃 등의 오디오 효과를 적용할 수 있습니다.

- 타이틀 및 자막 추가: 다양한 스타일의 타이틀과 자막을 쉽게 추가할 수 있으며, 텍스트의 글꼴, 색상, 크기 등을 자유롭게 조절할 수 있습니다.

- 출력 및 공유: 완성된 비디오는 다양한 형식으로 출력할 수 있으며, 직접 소셜 미디어 플랫폼에 공유할 수 있습니다.

(2) OBS를 활용한 스트리밍 및 녹화

OBS Studio (Open Broadcast Software)는 실시간 스트리밍 및 비디오 녹화를 위한 강력한 무료 오픈 소스 소프트웨어입니다. OBS를 사용하여 고화질의 스트리밍 및 녹화를 진행할 수 있으며, 여러 소스와 효과를 동시에 관리할 수 있습니다. 그림 3.4.4는 OBS 화면 구성을 보여줍니다.

① 메인 윈도우: OBS Studio의 메인 윈도우는 크게 여러 섹션으로 나뉩니다. 중앙에는 현재 방송 또는 녹화되고 있는 화면이 실시간으로 보입니다.

② Scene 패널: OBS Studio의 화면 구성 조합을 메인 윈도우에 보여줍니다. 다양한 소스로 구성된 Scene을 만들고 필요에 따라서 원하는 Scene을 선택하여 화면 구성을 바꾸며 녹화하거나 방송할 수 있습니다.

③ 소스 패널: 화면 하단의 '소스' 패널에서는 카메라, 마이크, 화면 캡처 등 다양한 입력 소스를 관리할 수 있습니다. 카메라, 마이크, 화면 캡처, 이미지, 텍스트 등 다양한 종류의 소스를 추가하고 각 소스의 크기와 위치를 조정하고, 필요에 따라 필터를 적용할 수 있습니다.

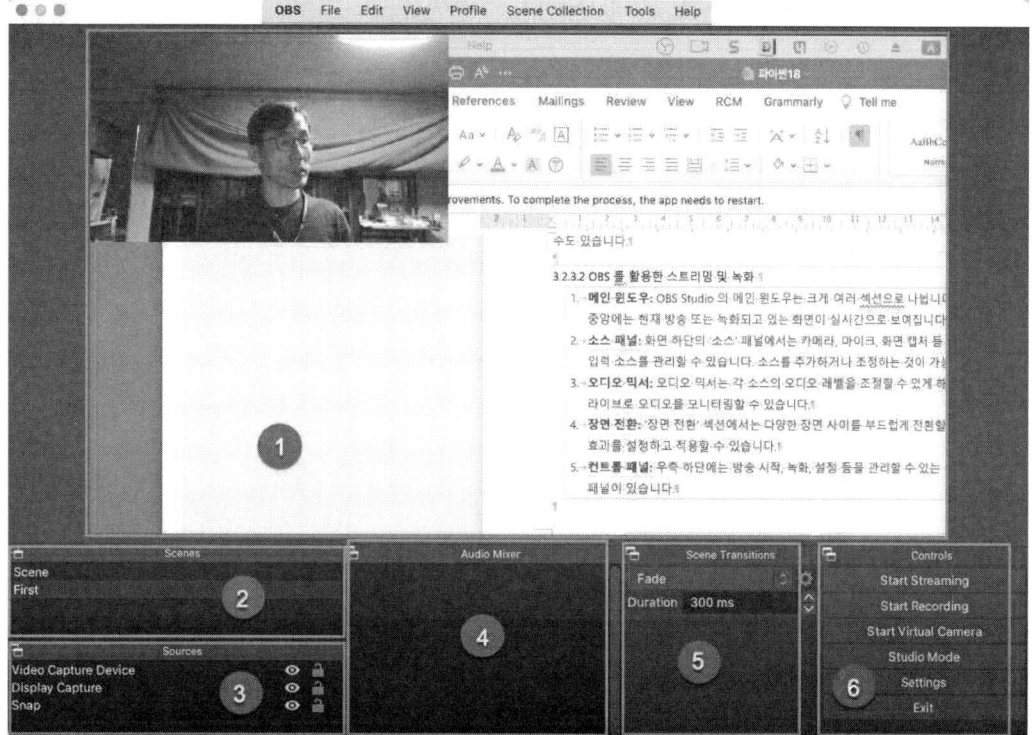

그림 3.4.4 OBS 실행 화면

④ 오디오 믹서: 오디오 믹서는 각 소스의 오디오 레벨을 조절할 수 있게 해주며, 라이브로 오디오를 관찰할 수 있습니다. 여러 오디오 소스를 동시에 관리하고, 각 소스의 볼륨을 조절할 수 있습니다. 예를 들어, 소음 억제, 이퀄라이저 등의 오디오 필터를 적용하여 오디오 품질을 개선할 수 있습니다.

⑤ 장면 전환: '장면 전환' 섹션에서는 다양한 장면 사이를 부드럽게 전환할 수 있는 효과를 설정하고 적용할 수 있습니다. 다양한 전환 효과를 사용하여 장면을 부드럽게 전환할 수 있습니다. 사용자 정의 장면을 만들어 키보드 단축키로 빠르게 전환할 수 있습니다

⑥ 통제 패널: 우측 하단에는 방송 시작, 녹화, 설정 등을 관리할 수 있는 통제 패널이 있습니다.

OBS는 Twitch, YouTube, Facebook 등 다양한 스트리밍 플랫폼과 호환됩니다. 고화질의 스트리밍과 녹화를 동시에 진행할 수 있으며, 다양한 출력 설정을 조절할 수 있으며, 가상 카메라, 멀티 스트리밍, 스크립트 지원 등 고급 기능을 통해 전문적인 스트리밍을 구현할 수 있습니다.

3.4.4 가상 캐릭터 제작 도구(Lens Studio)

Lens Studio는 Snapchat의 증강 현실(AR) 필터와 렌즈를 만들기 위한 창작 도구입니다. 이 소프트웨어는 다양한 기능과 사용자 친화적인 인터페이스를 제공하여, 개발자와 디자이너가 Snapchat 사용자들을 위한 인터랙티브하고 재미있는 AR 경험을 쉽게 제작할 수 있게 해줍니다. Lens Studio의 그래픽 사용자 인터페이스(GUI)는 그림 3.4.5와 같이 주요 구성 요소로 이루어져 있습니다.

그림 3.4.5 Lens Studio실행 화면

① 메인 메뉴 및 툴바: 소프트웨어의 상단에 위치하며, 파일 관리, 편집 옵션, 뷰 설정, 도구 접근 등의 기능을 포함합니다. 툴바에서는 프로젝트의 주요 기능에 빠르게 접근할 수 있습니다.

② 장면 패널 (Scene Panel): 이 패널은 프로젝트의 3D 장면을 구성하는 모든 오브젝트를 나열합니다. 사용자는 이곳에서 오브젝트를 선택하고, 조작할 수 있습니다.

③ 오브젝트 패널 (Objects Panel): 이 패널에서는 프로젝트에 추가된 모든 3D 모델, 이미지, 스크립트 등을 관리할 수 있습니다.

④ 프리뷰 (Preview): 중앙의 큰 창에서는 AR 필터의 실시간 프리뷰를 볼 수 있습니다. 이곳에서 실제 스냅챗 환경에서 필터가 어떻게 보일지 확인할 수 있습니다.

⑤ 인스펙터 (Inspector): 선택된 오브젝트나 요소의 세부 사항을 조절할 수 있는 패널입니다. 위치, 크기, 색상, 효과 등을 세밀하게 조절할 수 있습니다.

⑥ 어셋 라이브러리 (Asset Library): 필터에 사용할 수 있는 다양한 3D 모델, 소리, 텍스처 등을 포함한 라이브러리입니다.

Lens Studio를 사용하여 캐릭터 이미지를 가져오고, 이를 활용하여 장면을 만든 뒤 강의자의 동영상을 제작하는 과정은 다음과 같은 단계로 진행됩니다.

- Lens Studio 설치 및 실행: Lens Studio 웹사이트에서 소프트웨어를 내려받고 설치합니다. 프로그램을 실행한 후 새 프로젝트를 생성하거나 기존 템플릿 중 하나를 선택합니다.
- 캐릭터 이미지 가져오기: 자산 라이브러리 (Assets Library)에서 캐릭터 이미지를 가져옵니다. 이 이미지는 3D 모델이나 2D 그래픽일 수 있습니다. 오브젝트 패널을 사용하여 캐릭터를 장면에 추가합니다.
- 장면 구성: 캐릭터의 위치, 크기 및 방향을 조정하여 장면을 구성합니다. 필요한 경우, 배경, 조명, 카메라 앵글 등을 설정합니다.
- 애니메이션 및 상호작용 추가: 캐릭터에 애니메이션을 추가합니다. 예를 들어, 입 모양을 움직이게 하거나 몸짓을 표현할 수 있습니다. 상호작용하는 요소를 추가할 수도 있습니다. 예를 들어, 사용자의 동작에 반응하도록 설정할 수 있습니다.
- 오디오 추가: 강의 내용에 해당하는 오디오 파일을 가져와 장면에 추가합니다. 이 오디오는 캐릭터의 입 모양과 동기화될 수 있습니다.
- 프리뷰 및 조정: 프리뷰 창을 사용하여 장면의 최종 모습을 확인합니다. 필요에 따라 장면의 요소를 조정하고, 애니메이션과 오디오 동기화를 세밀하게 맞춥니다.

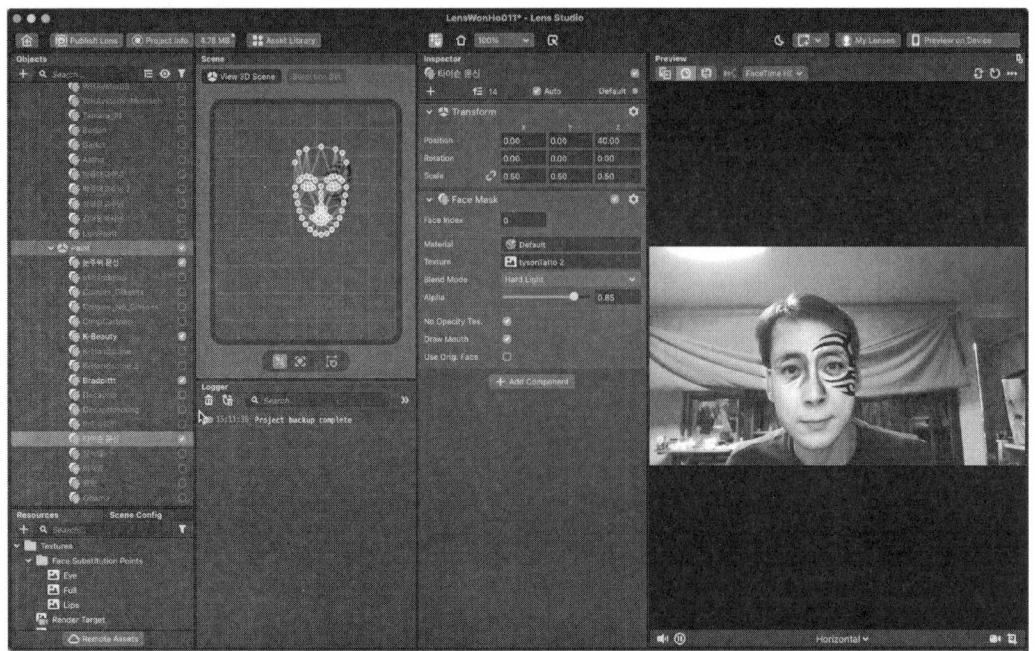

그림 3.4.6 Lens Studio 사용 사례

- 녹화: Lens Studio 내장 녹화 기능을 사용하거나, 외부 녹화 소프트웨어(예: OBS Studio)를 사용하여 장면을 녹화합니다. 녹화는 프로젝트의 목적에 맞게 설정된 시간 동안 진행됩니다.

- 동영상 내보내기: 녹화된 동영상을 원하는 형식(예: MP4)으로 내보냅니다. 필요에 따라 동영상 편집 소프트웨어를 사용하여 추가 편집을 진행할 수 있습니다.

- 최종 강의자 동영상 제작: 완성된 동영상을 최종적으로 강의자의 동영상으로 사용합니다.

이 과정을 통해 Lens Studio에서 제작한 캐릭터를 활용하여 강의자의 동영상을 제작할 수 있습니다. 이러한 방식은 창의적이고 상호작용하는 강의 콘텐츠 제작에 유용하게 활용될 수 있습니다. Lens Studio는 AR 콘텐츠 제작자, 디자이너, 브랜드, 마케팅 전문가 등 다양한 사용자에게 적합한 도구입니다. 이 플랫폼을 통해 창의적이고 개성 있는 Snapchat AR을 경험하고 유용한 콘텐츠를 만들 수 있습니다. Lens Studio 사례는 https://tinyurl.com/yo7mpqg9의 동영상을 참고하십시오.

위의 그림 3.4.6은 다양한 종류의 얼굴 이미지를 오브젝트에 추가하고 얼굴화장과 문신 등의 내용을 얼굴에 덧씌워 새로운 캐릭터를 만든 모양입니다. 미리보기 창 아래의 비디오 모양의 아이콘을 클릭하여 동영상을 녹화할 수 있습니다. 녹화된 동영상은 같이 녹화한 화면 동영상과 같이 OpenShot 편집기에서 동영상 편집을 하여 강의자 화면이 삽입된 화면 녹화 강의 비디오를 제작할 수 있습니다. 강의자의 모습만 합성하기 위해서는 블루 스크린을 사용하여 이를 OpenShot 편집기에서 제거할 수 있습니다. 또한 OBS를 사용하여 녹화할 화면 구성을 여러 윈도우 입력 창들을 결합하여 다양하며 전문성 있는 비디오 동영상 생성이 가능합니다.

3.5 멀티미디어 프로젝트 활용 사례

3장에서는 음성, 이미지, 동영상들을 처리하는 파이썬 코딩 기법에 대해서 배우고 이외에 멀티미디어 관련 분야에서 다양하게 활용할 수 있는 Gimp, Audacity, OBS, OpenShot 편집기, Lens Studio 등에 대해서 배웠습니다. 입력 창들을 결합하여 구성함으로써 다양하며 전문성 있는 비디오 동영상 제작이 가능합니다. Lens studio를 제외한 모든 소프트웨어가 오픈소스이며 Lens Studio도 모든 기능을 무료로 활용할 수 있는 프리웨어입니다. 3장에서 배운 내용을 종합적으로 활용하여 멀티미디어 저작도구로 활용하기에 완전한 무료 환경을 제공한 것입니다. 이러한 기술과 제품들을 활용한 멀티 미디어 분야에서의 활용 사례는 다음과 같이 설명할 수 있습니다.

단독으로 음성을 편집할 필요가 있으면 Audacity를 사용하고 이미지 편집이 필요할 때는 Gimp를 사용합니다. 이러한 편집 도구들은 단순하게 독립적인 이미지 음성 작업으로만 끝나는 것이 아니라 비디오에 활용할 이미지 또는 비디오에서 추출한 음성에 대한 효과와 필터 작업을 사용 후에 다시 비디오에 결합할 수 있습니다. Gimp로 개선된 얼굴 이미지는 Lens Studio에서 가져오기를 실행하여 캐릭터의 얼굴로 오버레이 하여 사용할 수 있습니다. 잘 만들어 놓은 캐릭터를 사용하면 본인의 얼굴을 메이크업 없이 특별히 조명을 조절하지 않더라도 매우 양호한 화질의 강의자 얼굴이 들어간 강의 동영상을 얻을 수 있습니다.

강의자 얼굴은 Lens Studio에서 Gimp에서 개선된 이미지를 가져오거나 인공지능으로 생성된 캐릭터 또는 파이썬 코드를 활용하여 여러 인물을 모핑하거나, 개선되거나 변형 효과를 준 캐릭터를 사용하는 것이 가능합니다.

최종 출력된 동영상은 무음 구간을 제거하거나 췌언을 감지하여 제거하는 파이썬 프로그램을 실행하여 시간을 단축할 수 있습니다. 별도로 음성 녹음에 잡음이 많이 들어가 있는 경우에는 음성을 분리하여 Audacity에서 잡음 제거를 시도하거나 인공지능을 이용한 잡음 제거를 실행한 후에 다시 동영상 파일과 합칠 수 있습니다. 이러한 일련의 과정에서 비디오 편집은 물론 OpenShot 편집기를 활용할 수 있습니다.

인공지능의 Deepfake 기능을 이용하여 얼굴을 바꾸거나 새로운 캐릭터의 음성으로 변화하거나 이미지의 영상에 직접 음성을 결합하여 비디오를 생성하는 것도 가능합니다. 이러한 방식은 강연자의 음성을 개선하는 목적 이외에 강연자 없이 강연자의 음성만 가지고 캐릭터나 얼굴 이미지로 동영상을 만드는 것이 가능합니다. 심지어는 음성을 TTS 기능으로 생성하여 원고만 가지고 비디오를 만들어 내는 것도 가능합니다. 다음의 사례는 이러한 기술들을 다양하게 사용하여 만든 콘텐츠의 사례입니다. (https://tinyurl.com/ysp6g2aa)

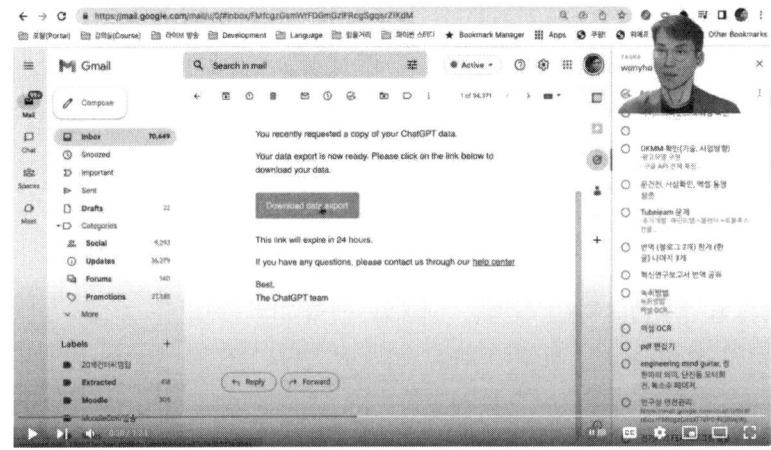

그림 3.5.1 음성신호+반복 비디오 동영상

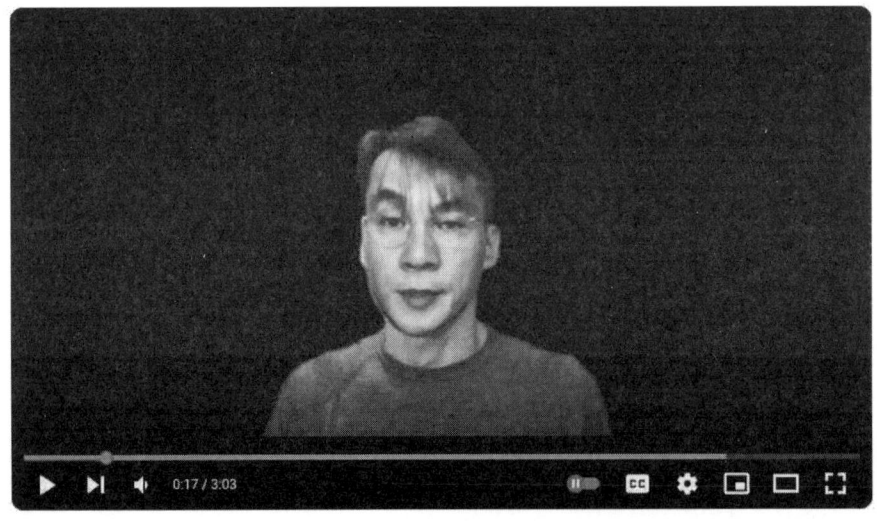

그림 3.5.2 Lens Studio 실시간 녹화

그림 3.5.1은 화면 녹화를 한 음성 신호를 준비된 비디오 영상과 립싱크를 하여 생성한 캐릭터로 제작된 비디오의 사례입니다. Wav2Lips 기술은 동영상이 있어야 하는데 동일한 얼굴 형태의 반복되는 움직임을 가진 얼굴 동영상을 만들고 립싱크를 한 경우입니다. 앞서 설명한 바와 같이 캐릭터의 얼굴 움직임은 실제로 음성과 동기화되지 않고 주기적으로 반복된 움직임만 존재합니다. (https://tinyurl.com/2xgprps7)

그림 3.5.2의 동영상은 앞의 동영상과 유사해 보이나 Lens Studio를 통하여 녹화한 동영상을 화면 녹화 동영상과 함께 편집하여 구성한 것입니다. 미리 만든 반복 동영상이 아니고 실시간 영상이므로 얼굴의 표현과 움직임이 다양합니다. 하지만 강의자는 웹카메라로 Lens Studio의 출력 영상을 화면 녹화와 더불어 녹화하는 수고를 해야 합니다.

그림 3.5.3의 동영상은 여자 배우들의 이미지를 모핑한 이미지를 MakeItTalk로 음성과 동기화한 애니메이션을 생성하여 전체 동영상을 구성한 것입니다. 왼쪽의 동영상은 Lens Studio에서 캐릭터를 입은 동영상을 실시간 녹화한 다른 동영상입니다. 화면 녹화 동영상과 다른 두 개의 동영상을 함께 편집하여 새로운 대화식 동영상을 제작하였습니다. (https://tinyurl.com/yp4vuxqd)

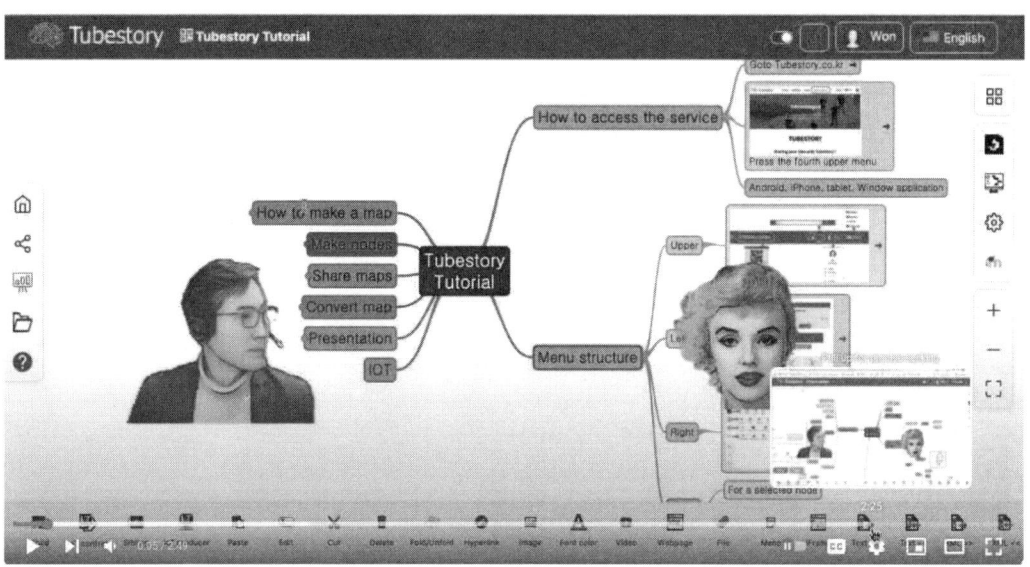

그림 3.5.3 Lens Studio+Face Morphing+MakeItTalk

에필로그

이 책의 끝맺음에 즈음하여, 파이썬과 그것이 가능하게 하는 무한한 가능성에 대한 여정을 함께 해주신 여러분께 진심으로 감사드립니다. 파이썬의 기본부터 시작하여 엔지니어링 솔루션, 그리고 음성 및 영상 처리에 이르기까지, 우리는 파이썬이라는 강력한 도구를 통해 다양한 문제를 해결하는 방법을 배웠습니다. 이 책이 제공하는 지식과 실습은 단순히 기술적인 정보의 전달을 넘어, 여러분이 세상을 바라보고 문제를 해결하는 새로운 방식을 제시했기를 바랍니다.

파이썬은 단순한 프로그래밍 언어가 아닌, 창의적인 해결책을 구상하고 구현하는 데 있어 중요한 역할을 합니다. 이 책을 통해 여러분은 파이썬의 기본 원리를 이해하고, 실제 세계의 문제에 적용하는 방법을 배웠습니다. 또한, 파이썬을 통해 음성과 영상과 같은 멀티미디어 데이터를 처리하고, 인공지능 기술을 접목하는 혁신적인 방법을 탐구했습니다.

기술의 세계는 끊임없이 변화하고 있으며, 새로운 도전과 기회가 항상 존재합니다. 파이썬은 이러한 변화 속에서도 여러분이 항상 앞서 나갈 수 있도록 도와줄 것입니다. 이 책을 통해 습득한 지식과 기술을 바탕으로, 여러분만의 독창적인 프로젝트를 개발하고, 새로운 솔루션을 창출하는 데 적극적으로 정진하기를 바랍니다.

마지막으로, 이 책이 여러분에게 단순한 학습 자료를 넘어서, 영감을 주는 매체가 되었기를 희망합니다. 여러분의 끊임없는 호기심과 창의력이 파이썬을 통해 무한한 가능성을 탐구하는 원동력이 되길 바라며, 여러분이 앞으로 나아가는 길에 항상 성취의 기쁨이 함께하기를 기원합니다. 늘 새로운 것을 배우고, 탐구하며, 성장하며 학습하는 여러분의 미래를 기대합니다.

2023년 12월

허 원

파이썬으로 배우는 엔지니어링
일반공학부터 음성·영상·인공지능까지

인 쇄	2024년 2월 28일
발 행	2024년 2월 28일
저 자	허 원
발행인	임 경 호
발행처	국립공주대학교출판부
	충남 공주시 공주대학로 56
	☎ (041) 850-8752
인쇄처	도서출판 보성
	☎ (042) 673-1511
ISBN	979-11-86737-31-6 93560

정가 25,000원